普通高等教育信息技术类系列教材

R 语言及其在统计分析中的应用

熊刚强　曾　华　王嘉佳　编著

科 学 出 版 社

北　京

内 容 简 介

本书由 R 语言和统计分析两部分构成。第一部分主要包括 R 语言概述、数据对象及其处理、文件操作、R 程序设计、数据可视化；第二部分主要包括概率论与数理统计基础、参数估计、假设检验、多总体数据分析。

本书可作为高等院校信息技术基础或计算机应用基础课程教材与参考书，也可作为应用统计学和大数据分析等相关专业的基础课程教材与参考书。

图书在版编目(CIP)数据

R 语言及其在统计分析中的应用 / 熊刚强，曾华，王嘉佳编著. —北京：科学出版社，2024.1

（普通高等教育信息技术类系列教材）

ISBN 978-7-03-077197-1

Ⅰ. ①R… Ⅱ. ①熊… ②曾… ③王… Ⅲ. ①统计分析-统计程序-高等学校-教材 Ⅳ. ①C819

中国国家版本馆 CIP 数据核字（2023）第 242199 号

责任编辑：吕燕新　吴超莉 / 责任校对：王万红

责任印制：吕春珉 / 封面设计：东方人华平面设计部

科学出版社 出版

北京东黄城根北街 16 号

邮政编码：100717

http://www.sciencep.com

廊坊市都印印刷有限公司 印刷

科学出版社发行　各地新华书店经销

*

2024 年 1 月第　一　版　开本：787×1092 1/16

2025 年 2 月第二次印刷　印张：20 1/2

字数 512 000

定价：65.00 元

（如有印装质量问题，我社负责调换）

销售部电话 010-62136230　编辑部电话 010-62135319-2055

版权所有，侵权必究

前　　言

多年来，在高等院校信息技术基础或计算机应用基础课程的教学实践中，如何选择教学内容或选择什么教学内容是大学生综合素质培养所面临的重要问题。各高等学校根据各专业培养目标选择不同的教学内容，如 Visual Basic 程序设计、Python 程序设计、C/C++ 程序设计、Java 程序设计等。但是对于某些高等学校或某些专业来说，这种选择并不合适。例如，医学院校的信息技术公共课程一般不选择 Visual Basic 程序设计或 Java 程序设计等，因为这类程序设计语言的难度较大，需要花费很长的学习时间才能掌握；另外，对于医学专业的学生来说，这些教学内容对他们的专业学习和今后的工作帮助很小，教学内容游离于专业知识链之外。对于那些对数据分析要求比较高、需求比较大的专业来说，其信息技术公共基础课程的教学内容首先应考虑提高学生的数据分析能力，其次应考虑知识的连贯性。例如，某些医学院校的某些专业并未开设“医学高等数学”课程或课程教学时间很少，而后续课程一般涉及统计学，这样在知识链上就出现了脱节，因此信息技术公共基础课程可以考虑补充有关数理统计和计算机技术相关的知识，解决这类知识脱节的问题。为此，本书作者根据多年教学经验和医学类院校的实际情况，对信息技术基础课程的教学内容进行了重新规划，以 R 语言为基础讲授数理统计的基本原理。

R 语言是目前流行的统计编程脚本语言，适用于各个数据分析应用领域。R 语言简单易学，读者可以在短时间内学会 R 编程技术，并能快速地用来解决应用统计中的实际问题。虽然也有其他类似的程序设计语言广泛地应用于经典统计分析与现代大数据分析中，但是与 R 语言对比，更难掌握，所花费的学习时间更长，对于学习时间不太充裕或计算机基础较差的读者来说并不适合。用其他专业软件作为学习统计学基本原理和计算机技术的基础工具，如 SPSS，在理解统计学原理和计算机编程技术方面又稍显不足。因此 R 语言是平衡计算机应用技术学习与统计原理学习的最佳选择。

本书首先讲授 R 语言的基础知识与编程技术，然后把 R 语言应用到数理统计中，介绍统计学的基本原理与方法，并用 R 语言自定义函数实现基本统计算法。因此，本书具有以下特点。

（1）适用于不同层次的读者。本书的设计目标是为高等院校本科生提供计算机技术和统计学原理的相关学习内容。

（2）难度低、易于理解。在满足读者理解统计学原理的条件下，本书摒弃了所有与数学相关的理论推导过程，重点强调对统计学原理和数据分析过程的理解，对数学相关知识和概念只做简单的介绍与通俗的解释。

（3）R 程序设计与统计学高度融合。与其他类似的书籍不同，本书重点强调通过 R 程序设计实现统计学方法，即用自定义函数而非简单地使用 R 函数或 R 程序包解决实际问题，这样既能加深读者对统计学原理的理解，又能帮助读者熟练掌握 R 语言及其程序设计技术。

（4）以实践为导向，提供丰富的教学资源。本书强调实践操作，强调用 R 语言解决实际问题，并提供了大量的例题与习题，以及配套源程序、习题答案、教学 PPT。读者可登录 http://www.abook.cn 自行下载。

本书的理论教学时数大约为 72 学时。在使用本书作为教材时，教师可以根据自身教学情况选择教学内容，调整教学难度。本书由熊刚强、曾华、王嘉佳编著，具体分工如下：第 1 章和第 2 章由王嘉佳编写，第 3 章～第 5 章由曾华编写，第 6 章～第 9 章由熊刚强编写。在本书编写过程中，丁元林教授和于海兵教授对本书的内容进行了审校，并给出了宝贵的建议与帮助，在此表示衷心感谢。本书得到了广东省本科高校教学质量与教学改革工程建设项目“以数据思维为导向符合专业发展的信息技术基础课程教学改革与实践”与“基于 OBE 与 PDCA 相结合的课程思政教学效果评价探索与实践——以卫生统计学为例”（粤教高函〔2023〕4 号）、东莞市科技特派员项目“基于 R 语言软件的生物信息数据集约化挖掘系统”（项目编号：20221800500342）、广东医科大学高等教育教学改革项目“后疫情时代基于‘超星学习通’的线上线下混合式教学研究——以高校计算机基础课程为例”（项目编号：1JG22168）、广东医科大学高等教育教学研究课题“信息技术基础课程线上线下混合式教学研究”（项目编号：2JY22024）、广东医科大学本科教学质量和教学改革工程项目（专项人才培养计划）“复合应用型健康医疗大数据人才创新实验班”（项目编号：1JG22125）的资助，在此表示感谢。

由于作者水平有限，书中难免存在不妥之处，恳请广大读者批评指正。

目　录

第1章 R语言概述

【内容提要】

本章首先简单介绍R语言的特点和优势，使读者对R语言有初步的了解；然后详细介绍R和RStudio两款软件的下载、安装和操作；最后介绍R脚本的编写、R语言基本数据类型和赋值语句的使用。

【学习目标】

（1）下载并安装R语言和RStudio编译环境，能自行安装这两款软件。
（2）掌握RStudio软件的操作。
（3）认识R包，并掌握R包的安装和加载操作方法。
（4）掌握变量的含义，能熟练使用变量保存数据。
（5）掌握R语言基本数据类型，并能熟练使用各种表达式。
（6）掌握R脚本编写的步骤和程序运行的方式和特点。

1.1 R语言简介

1.1.1 R语言的发展与特点

R语言的前身是S语言，S语言是一门专用于统计分析的解释型语言，由John M. Chambers（约翰·钱伯斯）和他的同事于1976年在贝尔实验室开发。1993年，新西兰奥克兰大学的Ross Ihaka（罗斯·伊哈卡）和Robert Gentleman（罗伯特·金特尔曼）为了教学目的基于S语言开发了一门新的语言，并根据二人名的首字母将其命名为R语言。1995年，R语言作为开源软件发布，两位创始者也吸纳了其他开发者参与R的更新，于1997年，成立了R语言核心团队。

R语言早期主要是学术界的统计学家在使用，后来逐渐推广到其他领域。尤其是随着大数据的爆发，越来越多有计算机和工程背景的人加入R语言开源社区，对R语言的计算引擎、性能及各种程序包进行改进和升级，大大推动了R语言的发展。

R语言是目前极佳的学习数据科学的工具，因具备出色的作图功能、丰富的统计学方法、超强的建模能力、资源丰富的可用分析包及简洁的操作，受到用户的青睐。它既是一门编程语言，又是一款集数据分析、统计建模和数据可视化功能于一体的软件系统。R 语言是免费的开源软件，适用于 UNIX、Linux、macOS 和 Windows 等多种操作系统。

医学数据分析是一门集统计学与医学专业知识于一体的复合学科。无论是统计计算还是数据的可视化都离不开计算机软件。目前，在数据分析领域有多种软件和语言可供用户使用，但各有优缺点。例如，主流的统计分析软件中，SPSS 虽然操作简单但功能灵活性不足；SAS 虽然功能强大，但巨大的安装包常常导致无法被正常执行，可扩展性稍差且费用高昂。与之相比，R 语言兼有操作与功能两方面的优势。近年来，R 语言的功能快速拓展到自然语言处理、机器学习和生物信息学等诸多领域。

R 语言是生物医学研究发展最重要的工具之一。首先，现代生物医学的方法论基础逐渐从基于假设检验的统计分析演化为基于数据挖掘的知识发现。利用 R 语言可以实现海量数据的数据清洗、建模和计算，这是传统临床设计的统计工具所无法实现的。海量数据的产生，还对计算机统计算法提出了新的要求，即统计分析的参数选择从基于研究者的主观经验逐渐过渡到客观的智能化、自动化选择，这为临床数据分析引入了一个全新的计算机研究领域——机器学习。机器学习不仅要求对已经存在的数据进行分析和知识挖掘，还要求计算机能够通过对已有数据的学习来实现临床上对各种趋势的预测，R 语言正好实现了这一功能。近年来，越来越多的临床数据挖掘工作将 R 语言作为统计和数据分析的基本工具，并在急诊医学、灾难医学等多个领域开展了有益的探索。

为何要选择 R 语言呢？具体来讲，R 语言具有以下优势。

（1）随着人们数据分析能力的不断提升，需要更专业的软件来帮助自己完成数据分析。R 语言功能强大，是一个全面的统计研究平台，提供了各种各样的数据分析技术，几乎任何类型的数据分析工作都可以利用 R 语言完成。

（2）R 语言是在统计和数据科学界都有广泛应用的编程语言和开发环境。目前，R 语言网站提供了很多程序包，可以用来解决自然科学和社会科学领域中的多种问题。

（3）R 语言完全免费。R 语言是基于 GNU 通用公共许可协议发布的，而大多数统计软件需要付费使用。

（4）R 语言支持多种操作系统。还可以在浏览器和手机操作系统上运行 R 语言。

（5）R 语言编程简单，仅需熟悉函数的参数和用法，无须了解程序实现的细节。

（6）R 语言拥有顶尖水准的制图功能。如果希望复杂数据可视化，那么 R 语言拥有全面且强大的一系列可用功能。

（7）R 语言拥有开放的生态系统。R 语言作为一款开源软件，背后有一个强大的社区和大量的开放源码支持，获取帮助非常容易。国外比较活跃的开源社区有 GitHub 和 Stack Overflow 等，通常 R 语言程序包（简称 R 包）的开发者会先将代码放到 GitHub 上，接受世界各地的使用者提出问题，然后修改代码，等代码成熟后再放到 CRAN 上发布。目前，国内最活跃的 R 社区是统计之都及其旗下的 COS 论坛。

1.1.2 软件安装

不同的操作系统（Windows、macOS、Linux、UNIX），都有与之对应的R语言版本，用户可以根据使用的平台选择相应的软件版本进行安装。本书基于Windows操作系统介绍软件的安装和使用。R语言可以在R综合归档网（Comprehensive R Archive Networt，CRAN）上免费下载。

其具体操作步骤如下。

步骤1：打开浏览器访问CRAN，其网址是https://cran.r-project.org。CRAN网站主界面如图1.1所示。

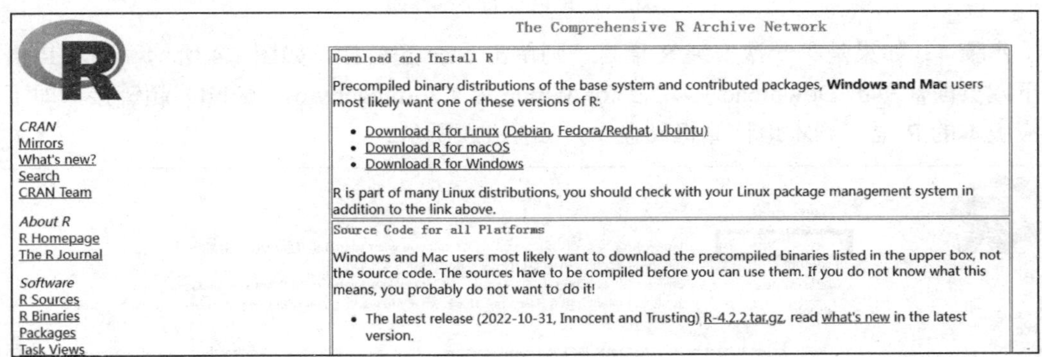

图1.1 CRAN网站主界面

步骤2：单击左侧CRAN栏目下的Mirrors（镜像）超链接，跳转到镜像选择页面选择CRAN镜像。在右侧列出的镜像路径中选择China栏目，推荐选择China下的https://mirrors.ustc.edu.cn/CRAN/作为镜像，如图1.2所示。单击该超链接，进入相应的下载界面。

图1.2 R的China下载镜像路径

步骤3：根据不同的操作系统，选择不同的下载版本，如图1.3所示。因为本书的介绍基于Windows操作系统进行，所以这里单击Download R for Windows超链接。

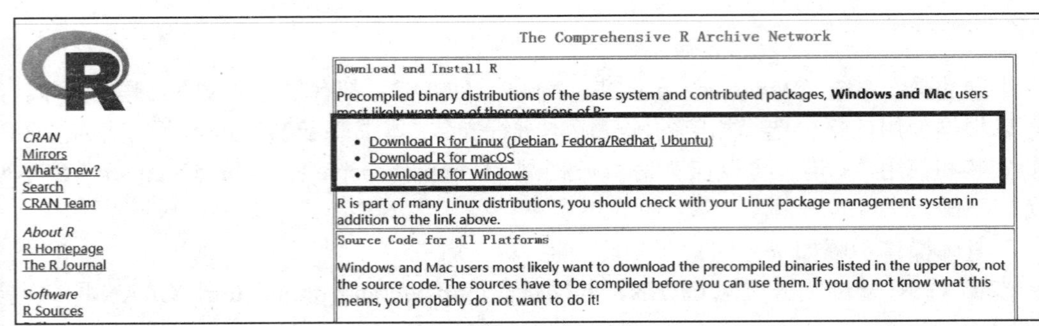

图 1.3　R 语言的下载界面

步骤 4：如果是第一次安装 R 语言，则单击 base 超链接，如图 1.4 所示，进入 R 语言的下载页面，单击 Download R-4.2.2 for Windows（76 megabytes，64bit）超链接，即下载相应版本的 R 语言到本地计算机硬盘中，如图 1.5 所示。

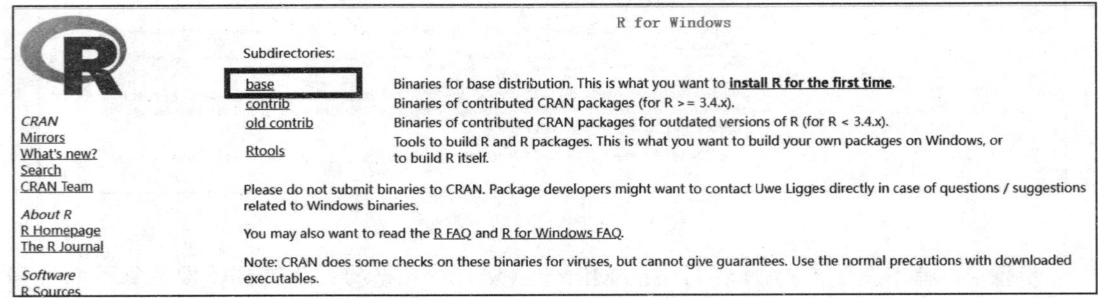

图 1.4　base 超链接

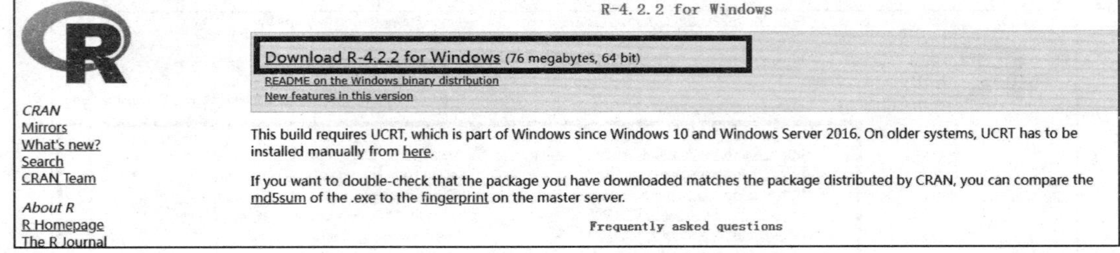

图 1.5　下载相应版本的 R 语言

步骤 5：下载完成后，双击运行下载的“R-4.2.2-win.exe”文件（或最新版本）。在弹出的“选择语言”对话框（图 1.6）中选择“中文（简体）”选项，单击“确定”按钮。然后在打开的安装向导中依次单击“下一步”按钮，直到进入图 1.7 所示界面，选择软件的安装位置。一般使用默认安装位置，用户要记住该位置，后续安装 RStudio 时要用到它。

步骤 6：在安装向导中，继续依次单击“下一步”按钮，采用默认设置即可。成功安装 R 语言后，即可在桌面上看到一个蓝色的 R 图标。双击该图标，其主界面如图 1.8 所示。

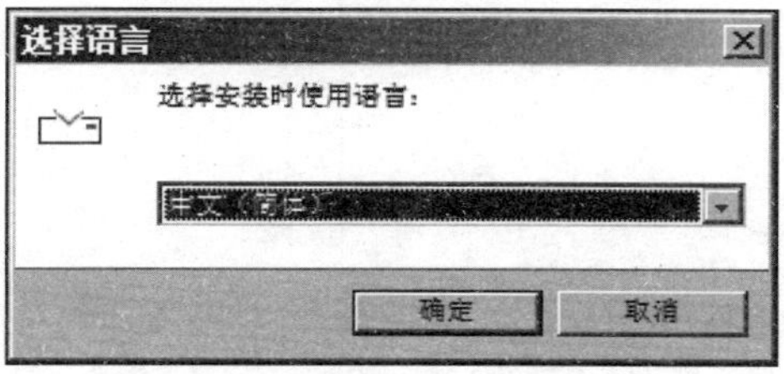

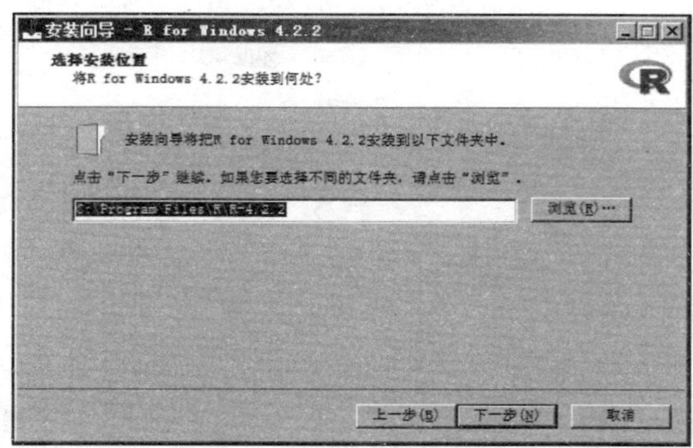

图 1.6 “选择语言”对话框

图 1.7 选择安装位置

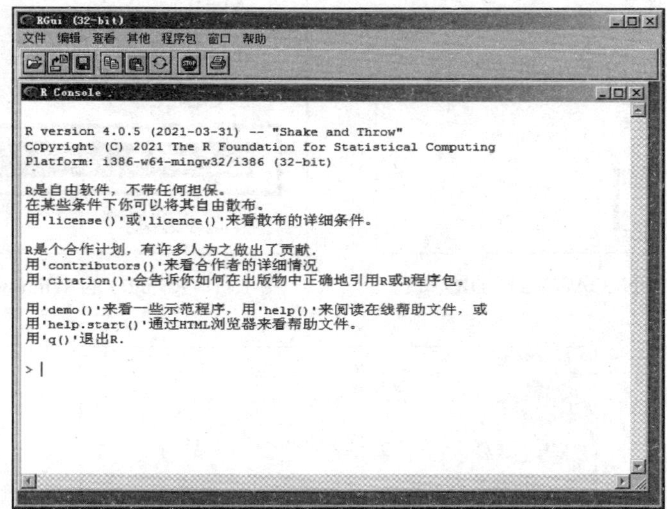

图 1.8 R 语言主界面

R 语言本身提供的图形用户界面（graphic user interface，GUI）比较简单，功能也有限。RStudio 是目前应用最多的 R 语言的编辑器之一，相比 R 语言的图形操作界面，RStudio 的操作界面更友好，功能也更强大，把编辑框、命令框、图形框、资源框等集成在一个窗体内，让 R 包的下载、更新和删除操作更加方便。

用户可以直接从 http://www.rstudio.com/products/rstudio/download 下载 RStudio。就本书内容而言，开源的免费 RStudio 就能够满足编程需求。用户可以根据自身所使用的计算机操作系统，选择与之匹配的 RStudio Desktop 自行下载并安装。RStudio 下载界面如图 1.9 所示，单击右上角的 DOWNLOAD RSTUDIO 按钮，然后在打开的页面中单击 DOWNLOAD RSTUDIO 按钮，如图 1.10 所示，最后单击 DOWNLOAD RSTUDIO DESKTOP FOR WINDOWS 按钮即可下载 RStudio 的 Windows 版本，如图 1.11 所示。

双击下载的 RStudio 安装文件即可安装 RStudio。在安装 RStudio 的时候，特别要注意的是，选择 RStudio 安装目录时（图 1.12），必须要选择安装到 R 语言的目录（即图 1.7 中所设置的安装目录），以免发生 RStudio 无法找到 R 语言关联的问题。

图 1.9　RStudio 下载界面

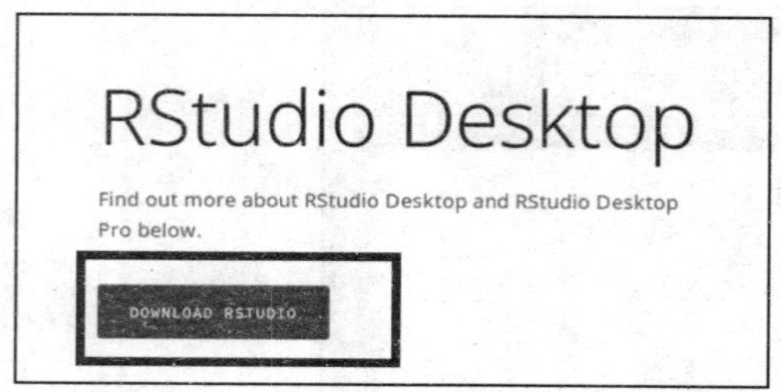

图 1.10　单击 DOWNLOAD RSTUDIO 按钮

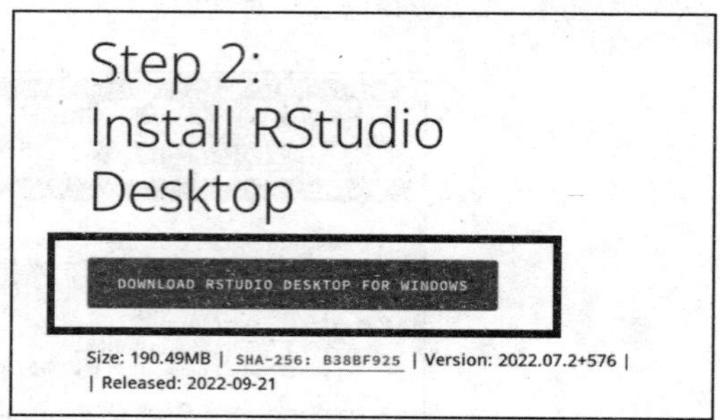

图 1.11　RStudio 的 Windows 版本下载界面

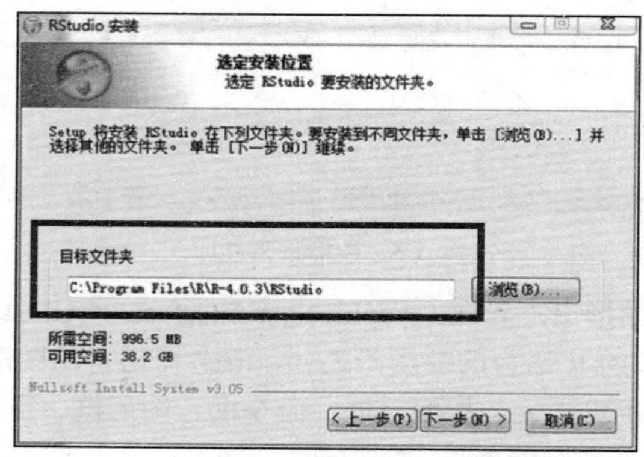

图 1.12　选择安装目录（文件夹）

1.1.3　使用 RStudio

成功安装 RStudio 后，可以通过“开始”菜单打开 RStudio，进入图 1.13 所示界面。在 RStudio 菜单栏和工具栏下方有 4 个窗口，分别是脚本文件编辑区、命令窗口、环境管理窗口和资源管理窗口。

（1）脚本文件编辑区：用于编辑 R 语言的脚本文件。

依次选择菜单栏的 File→New File→R Script 命令，就可以新建一个新的脚本程序文件。

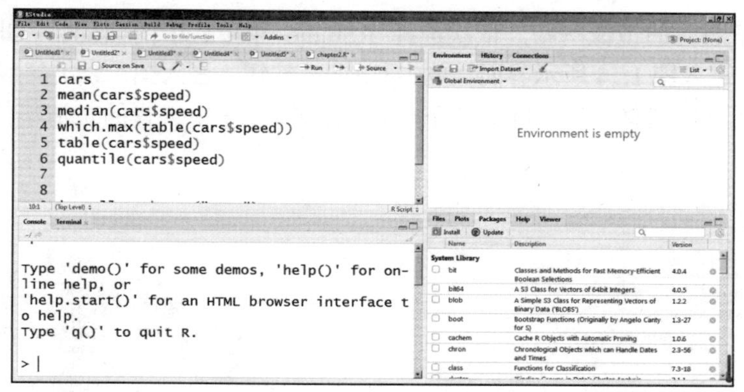

图 1.13　RStudio 操作界面

（2）命令窗口：在该窗口最下方的命令提示符（>）后输入一条命令，然后按回车（Enter）键，计算机会执行该命令并显示结果。在一条命令运行结束之后，RStudio 会自动换行并显示一个新的命令提示符，等待用户输入下一条命令。

（3）环境管理窗口：该窗口有 3 个选项卡，Environment（环境）选项卡可以显示当前已经定义的变量；History（历史）选项卡可以显示以前运行过的历史命令；Connections（连接）选项卡可以查看 RStudio 的连接情况。

（4）资源管理窗口：该窗口有 5 个选项卡，Files（文件）选项卡用于显示当前工作目录的文件，其中以.R 或.r 为扩展名的是 R 脚本程序文件，单击某个脚本文件可以直接在编辑窗口中打开该文件；Plots（画图）选项卡用于查看输出的绘图；Packages（包）选项卡用于管理包，显示已经安装的 R 包；Help（帮助）选项卡用于查看帮助文档；Viewer（浏览器）选项卡用来浏览某些输出，如网页。

1.1.4　软件包与帮助

1. 软件包

R 语言是开源软件，主要优势在于拥有庞大的软件包生态系统，即有大量的软件包。R 包是实现特定功能的函数、数据集和文档的集合。

R 包可分为 3 类：第一类是基本包，它们在 R 语言启动时就自动调入内存，以满足基本的数据处理和统计分析要求；第二类是备用包（或称为推荐包），这些包已经随 R 语言安装而安装，但需要用 library 函数或 require 函数加载后才能使用；第三类是捐赠包，这些包由全世界各个专业领域的统计学家各自独立发布，用户需要单独下载，同样需要用 library 函数或 require 函数加载后才能使用。

计算机上存储包的文件夹（目录）称为库（library），用户可以通过运行.libPaths 函数来查看本地包的存储位置。R 语言自带的基本包（包括 base、datasets、utils、grDevices、graphics、stats 及 methods）都已安装在库中。其他包可以通过 CRAN 下载安装，包安装后必须被载入库中才能使用。

包的安装有以下两种方式。

（1）从 CRAN 安装，即联网安装。

首先设置下载包的镜像网站。依次选择 RStudio 菜单栏中的 Tools→Global Options→Packages 命令，进入图 1.14 所示界面，单击 Change 按钮，进入图 1.15 所示界面，然后在列出的下载镜像网站中选择一个 China 的下载镜像。图 1.15 中选择的是清华镜像网站。

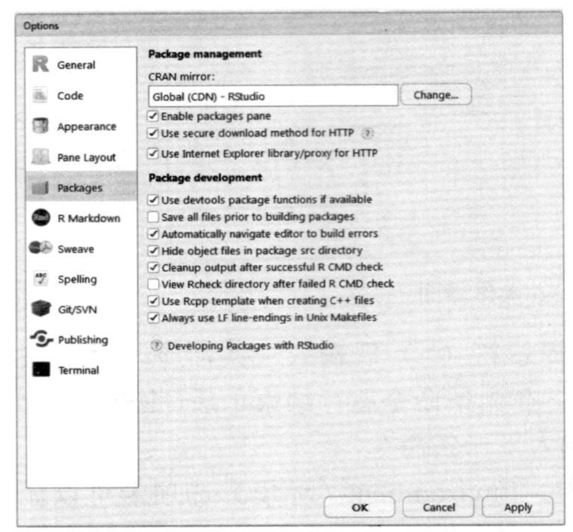

图 1.14 Global Options 子菜单界面

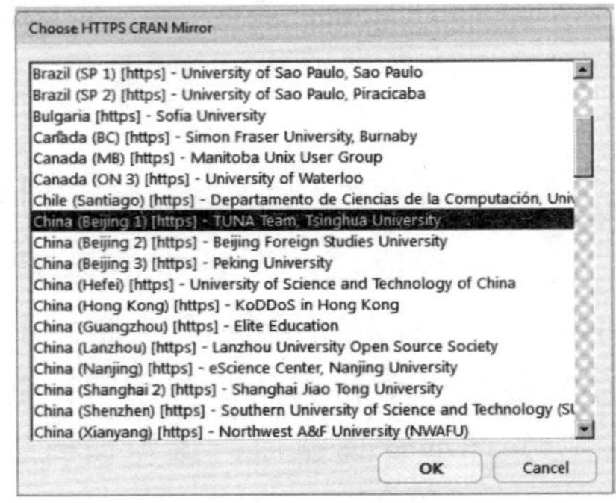

图 1.15 选择镜像网站

设置好下载包的镜像网站后，用户可以通过调用函数 install.packages（"R 包名"）来下载和安装包。除此之外，也可以依次选择 RStuido 菜单栏中的 Tools→Install Packages 命令，进入图 1.16 所示界面，在 Packages（separate multiple with space or comma）文本框中输入要下载并安装的包名后，单击 Install 按钮，即可安装包到默认库。这与 install.packages 函数的操作效果相同。

（2）从源安装 R 包。

除了联网安装外，还可以直接从源安装 R 包。因为 R 语言是开源的，所以可以从 CRAN 官网下载包的源代码，而且该源代码可以作为“.tar.gz”文件发布。先下载“.tar.gz”文件到本地计算机，进入 Install Packages 界面，选择 Install from 下拉列表中的 Package Archive File(.zip;.tar.gz)选项，如图 1.17 所示，然后单击 Browse 按钮选择源文件并安装到默认库目录下即可。

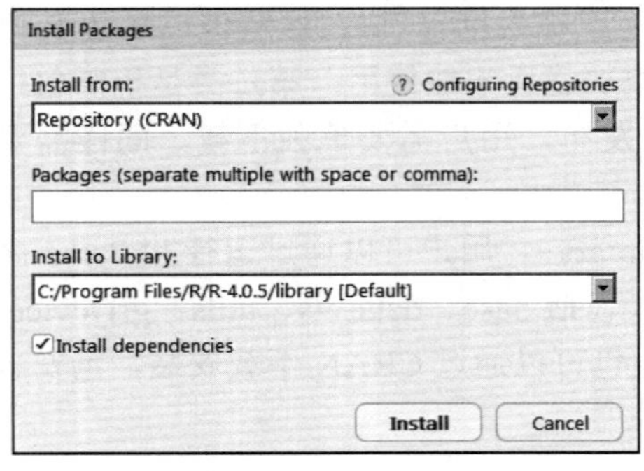

图 1.16 安装 R 包操作界面

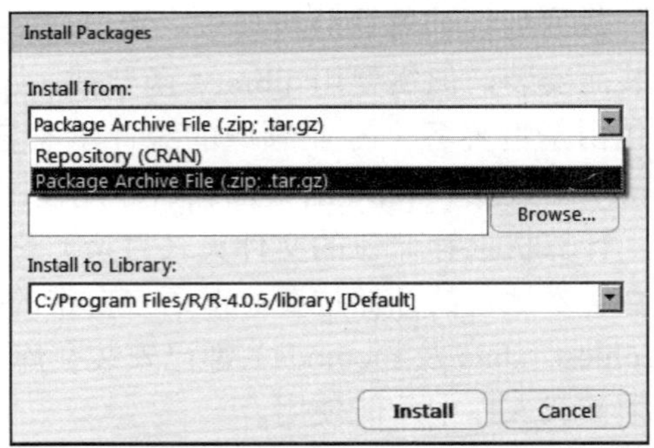

图 1.17 从源安装 R 包

一旦R包下载安装成功，只要不删除它，它就一直存储在用户的计算机中。因此包只需要下载安装一次，但每次运行时都需要先加载需要的R包。只有R包被加载后，用户才能使用其中的数据和函数。

加载R包有以下两种方式。

（1）使用library（'R包名'）、函数或require（'R包名'）、函数加载R包。用library函数加载R包时，如果找不到指定的包，该函数只会抛出一条错误消息，不方便后续操作。用require函数加载R包时，如果加载的包不存在，require函数会给出操作建议并抛出一条警告信息，用户可以利用该函数的返回信息进一步控制脚本的行为。

（2）在RStudio的资源管理窗口的Packages选项卡中列出了可以加载的所有包，如图1.18所示，用户只需选中包名前面的复选框，就能载入选中的包。选中包名前的复选框，会自动生成一行调用library函数的R代码。

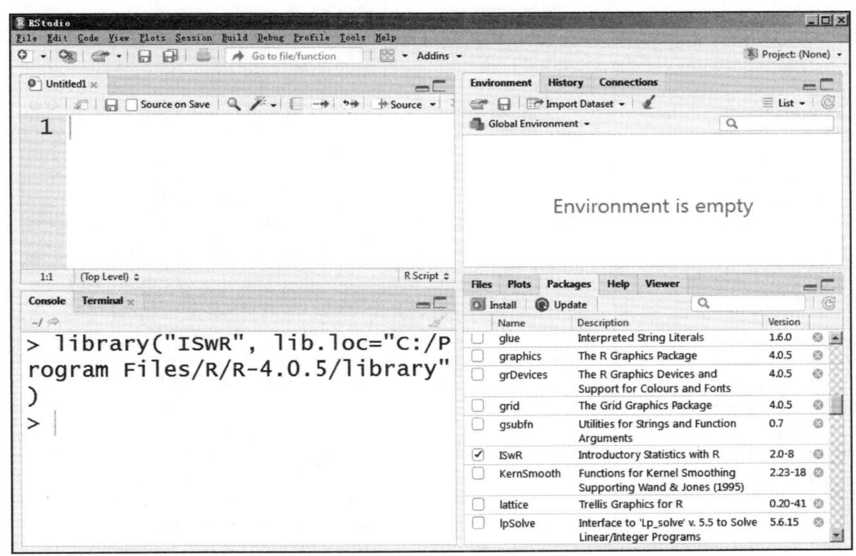

图1.18　R包的加载

【例1.1】 安装、加载R包示例。

```
.libPaths()                          #显示R包的位置
install.packages('RODBC')            #联网下载安装R包
library('RODBC')                     #加载R包
```

2. 数据集

数据集通常是由数据构成的一个矩形数组，行表示观测值，列表示变量。在R语言自带的基本包datasets中，只有数据集，没有函数。这个包提供了近百个数据集，涵盖医学、自然科学、社会学等多个领域。表1.1中列出了常用的数据集及其描述。

表 1.1 常用的数据集及其描述

数据集	描述
Airquality	美国纽约 1973 年 5～9 月每日空气质量评估
Attenu	美国加利福尼亚州的 23 次地震数据
beaver1（beavers）	海狸每 10 分钟的体温数据（共 114 条数据）
beaver2（beavers）	海狸每 10 分钟的体温数据（共 100 条数据）
Cars	20 世纪 20 年代汽车速度与制动距离数据
Chickwts	不同饮食种类对小鸡体重的影响
Esoph	喝酒和吸烟对食道癌的影响
Faithful	一个间隙泉的暴发时间和持续时间
InsectSprays	不同杀虫剂对昆虫数目的影响
Iris	3 种鸢尾花的形态数据
LifeCycleSavings	50 个国家的存款率数据
Longley	朗利的经济回归数据
Mtcars	32 辆汽车的 11 个指标数据
PlantGrowth	3 种处理方式对植物产量的影响
Pressure	温度和气压数据
Puromycin	两种细胞中辅因子浓度对酶促反应的影响
Quakes	1000 次地震观测数据
Sleep	两种药物的催眠效果
Stackloss	化工厂将氨转为硝酸的数据
Swiss	瑞士生育率和社会经济指标
ToothGrowth	维生素剂量和摄入方式对豚鼠牙齿的影响
Trees	树木形态指标
USArrests	美国 50 个州的 4 个犯罪率指标
USJudgeRating	43 名律师的 12 个评价指标
Warpbreaks	织布机异常数据
Women	15 名美国女性的身高和体重情况

用户可以使用 data(package='datasets')函数查看 datasets 包中的数据集。如果用户要查看所有 R 包中的数据集，可以使用 data(package=.packages(all.available=TRUE))函数。如果用户想要调用某个数据集，可以使用 data(数据集名,package='包名')函数。用户还可以使用 head(数据集名)函数查看数据集的前 6 行数据。

【例 1.2】 数据集使用示例。

```
> data(package=.packages(all.available=TRUE))  #查询所有R包中的数据集,如图1.19
所示
```

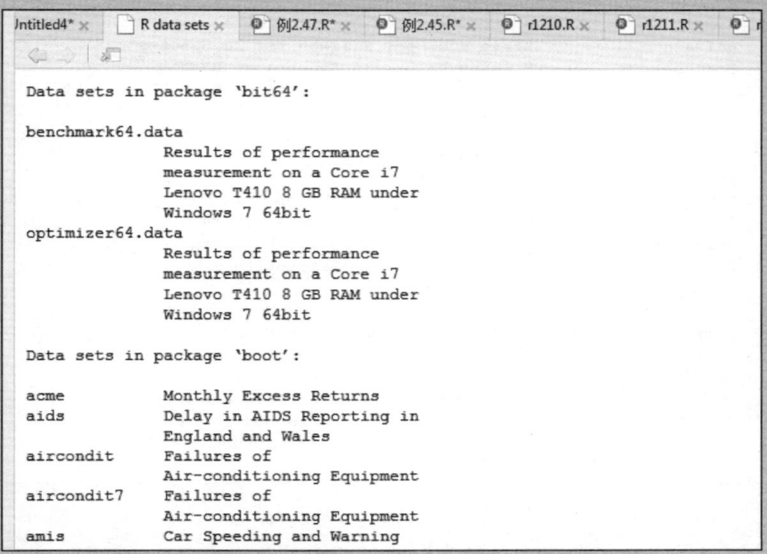

```
Data sets in package 'bit64':

benchmark64.data
                Results of performance
                measurement on a Core i7
                Lenovo T410 8 GB RAM under
                Windows 7 64bit
optimizer64.data
                Results of performance
                measurement on a Core i7
                Lenovo T410 8 GB RAM under
                Windows 7 64bit

Data sets in package 'boot':

acme            Monthly Excess Returns
aids            Delay in AIDS Reporting in
                England and Wales
aircondit       Failures of
                Air-conditioning Equipment
aircondit7      Failures of
                Air-conditioning Equipment
amis            Car Speeding and Warning
```

图 1.19　R 包中的数据集

```
> head(iris)                       #查看iris数据集前6行
Sepal.Length Sepal.Width Petal.Length Petal.Width Species
1          5.1         3.5          1.4         0.2  setosa
2          4.9         3.0          1.4         0.2  setosa
3          4.7         3.2          1.3         0.2  setosa
4          4.6         3.1          1.5         0.2  setosa
5          5.0         3.6          1.4         0.2  setosa
6          5.4         3.9          1.7         0.4  setosa
> data(Aids2,package='MASS')  #查询MASS包中的Aids2数据集
> head(Aids2)
  state sex  diag death status T.categ age
1   NSW   M 10905 11081      D      hs  35
2   NSW   M 11029 11096      D      hs  53
3   NSW   M  9551  9983      D      hs  42
4   NSW   M  9577  9654      D    haem  44
5   NSW   M 10015 10290      D      hs  39
6   NSW   M  9971 10344      D      hs  36
> data(package='MASS')                #查询MASS包中的数据集,如图1.20所示
```

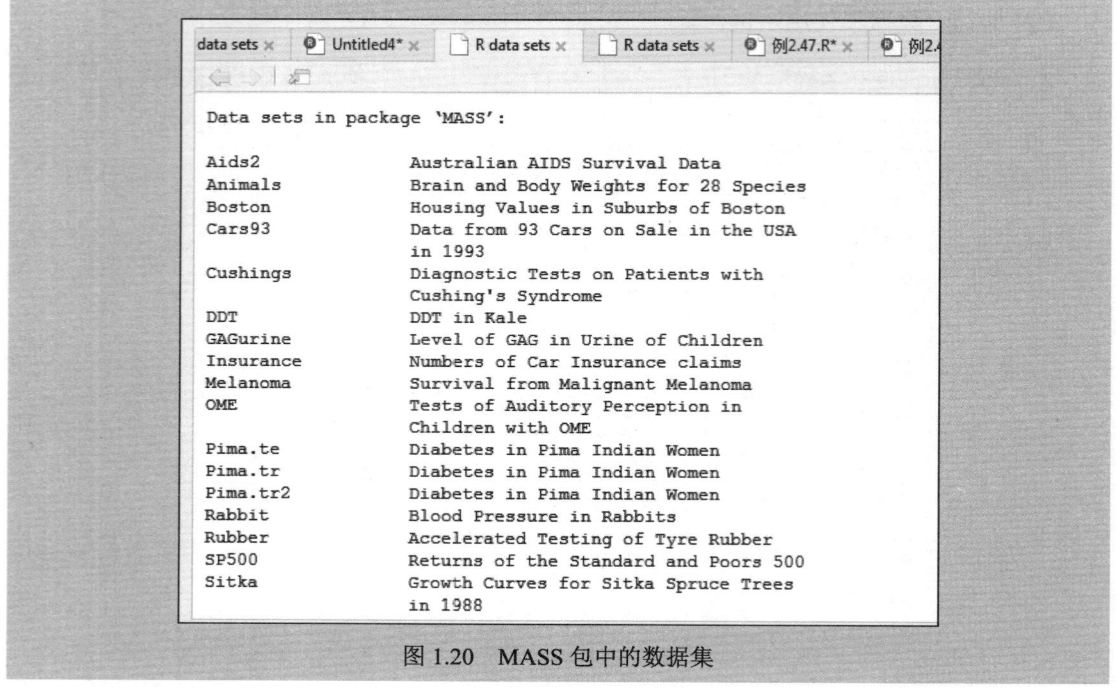

Data sets in package 'MASS':

Aids2	Australian AIDS Survival Data
Animals	Brain and Body Weights for 28 Species
Boston	Housing Values in Suburbs of Boston
Cars93	Data from 93 Cars on Sale in the USA in 1993
Cushings	Diagnostic Tests on Patients with Cushing's Syndrome
DDT	DDT in Kale
GAGurine	Level of GAG in Urine of Children
Insurance	Numbers of Car Insurance claims
Melanoma	Survival from Malignant Melanoma
OME	Tests of Auditory Perception in Children with OME
Pima.te	Diabetes in Pima Indian Women
Pima.tr	Diabetes in Pima Indian Women
Pima.tr2	Diabetes in Pima Indian Women
Rabbit	Blood Pressure in Rabbits
Rubber	Accelerated Testing of Tyre Rubber
SP500	Returns of the Standard and Poors 500
Sitka	Growth Curves for Sitka Spruce Trees in 1988

图 1.20 MASS 包中的数据集

3. 使用帮助

R 语言提供了大量的帮助文档，用户可以从中获取帮助信息。用户学会使用帮助功能，有助于正确使用各种函数，提高编程能力。具体有以下几种获取帮助的方法。

（1）help.start 函数，可以在资源管理窗口显示入门和高级帮助手册、常见问题集和参考资料等。建议读者首先阅读 An Introduction to R（R 简介）。此外，用户也可以选择 Packages 选项卡，显示所有可以使用的包。单击包中的函数名，将会看到该函数的帮助文档。

（2）help（函数名）函数或者?+函数名，可以查看该函数的相关帮助文档。这种方法也适用于查看某个数据集或包的相关信息。

（3）help.search（某个函数的关键词）函数或者??+某个函数的关键词，可以按照关键字在 help 文档中进行搜索。

（4）example（函数名）函数可以查看该函数的使用范例。

（5）demo（函数名）函数可以查看该函数所有可用的演示程序。

【例 1.3】 帮助命令使用示例。

```
#请读者在 RStudio 中运行如下代码，并阅读相应的帮助信息。
> help.start()
> ?base
> ?help
> help('rep')
> help.search('plot')
> example('rep')
> demo(graphics)
```

1.2 基本语法

1.2.1 脚本的创建与运行

1. 设置工作目录

在R语言中，无论是读取还是写入数据，都是在指定的工作路径中完成的。这样做的好处是，用到源文件和数据文件时，只要文件在该项目的文件夹中，就不需要写完全路径而只需写文件名即可。

（1）使用getwd函数查看当前工作路径。

（2）使用setwd（'路径名'）函数设置工作路径。

（3）使用dir函数查看当前工作路径中包含的文件。

这里要特别注意的是，目录、子目录、文件之间的分隔符是\\或/，而在Windows操作系统中一般使用分隔符\，因此在R字符串中一个\需要表示为"\\"。

【例1.4】 设置工作目录示例。

```
> getwd()
> dir()
> setwd('e:/2021R/prog')    #也可以是setwd('e:\\2021R\\prog')
> dir()
```

除了使用setwd函数设置工作路径外，用户还可以依次选择RStudio菜单栏中的Tools→Gloabal Options命令，在弹出的Options对话框设置工作路径。在Options对话框中，选择General选项卡，在Default working directory(when not in a project)文本框中输入工作路径或者单击Browse按钮选择相应的工作文件夹，如图1.21所示。

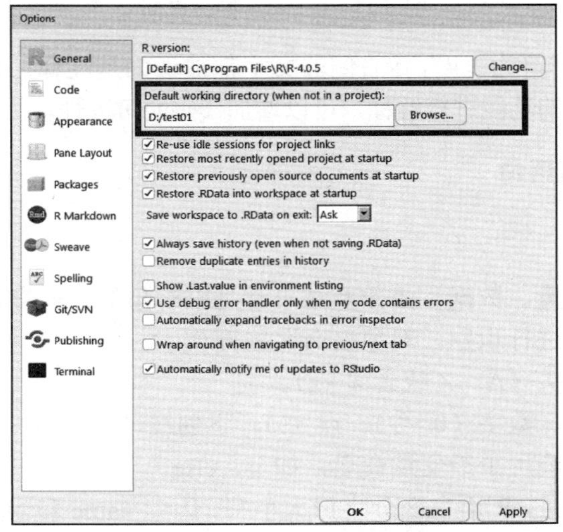

图1.21 通过Options对话框设置工作路径

2. 创建并保存脚本

R 脚本就是一个用来保存 R 代码的纯文本文件。RStudio 环境提供了一个增强的文本编辑器，用于开发 R 脚本。RStudio 把这个文本编辑器称为 Source（源代码）窗格。在 RStudio 中，依次选择菜单栏中的 File→New File→R Script 命令，便可在脚本资源管理窗口打开一个新的脚本窗口。

强烈建议用户在运行代码之前，以脚本的形式编写和编辑自己的程序。这是一个好的操作习惯，用户所有的工作命令都有案可查，具有很强的可再现性。当完成一段编程工作后，可以先保存脚本，方便后续继续编写程序。

RStudio 内置了很多功能，使得用脚本编程变得更为方便。运行脚本代码有 3 种方式可选，分别如下。

（1）运行一行代码：首先把光标定位到要运行的代码中，然后单击脚本编辑窗口上方的 Run 按钮，如图 1.22 所示。

（2）运行一段代码：首先选中此段代码，然后单击脚本编辑窗口上方的 Run 按钮。

（3）运行整个脚本：直接单击脚本编辑窗口上方的 Source 按钮，如图 1.22 所示。

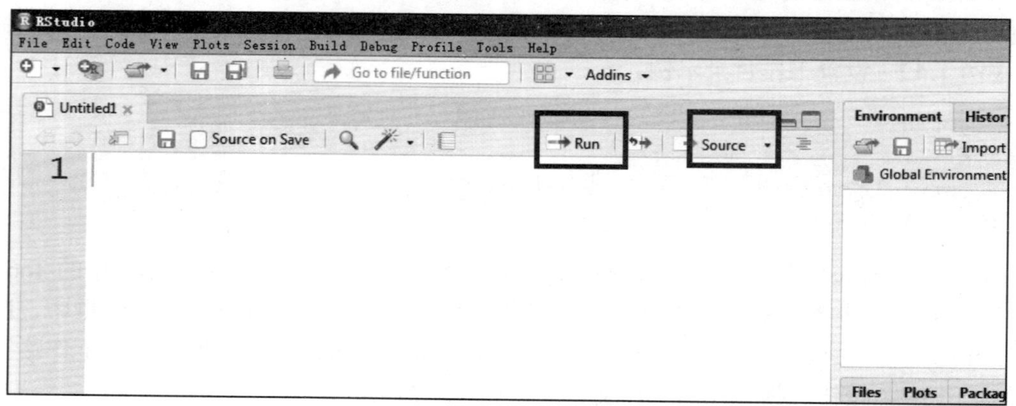

图 1.22 RStudio 操作界面

在 R 语言中，注释符为“#”，#右侧的文字都被认为是注释，计算机对注释语句不做任何处理。注释对代码的功能进行解释，可以增加代码的可读性。

1.2.2 变量命名与赋值语句

1. 变量命名

R 语言中，所有变量、数据、函数及结果都是以对象的形式存在于计算机的内存中，并且通过不同的对象名进行识别。对象名命名规则如下。

（1）必须以字母开头（A～Z 或者 a～z）。

（2）可以包含字母、数字（0～9）、点（.）、下划线（_）。

（3）有些保留字不能用于给变量命名，如 if、else。

这里要特别注意的是，R 语言区分字母大小写，因此 name 和 Name 是两个不同的对象名，初学者要注意。

2. 赋值语句

在数据处理中，经常需要创建新变量或者对现有的变量进行变换。这可以通过以下赋值语句的 3 种形式来完成。

```
变量名<-表达式
或
表达式->变量名
或
表达式=变量名
```

以上 3 种赋值语句中，向左的箭头<-（由尖括号<和负号-组成）、向右的箭头->（由负号-和尖括号>组成）和等号=都是赋值号，表示将表达式的结果赋值给变量。表达式部分可以包含多种运算符和函数。R 语言允许使用“=”为对象赋值，但是在某些情况下用等号赋值会出现问题，所以推荐使用“<-”进行赋值。

若赋值语句中的变量不存在，则自动创建该变量；若已经存在同名的变量，则覆盖其原有值，改写为新值。

【例 1.5】 创建变量示例。

```
> rm(list=ls())                    #清除所有存在的对象
> name<-"Sam"                      #创建变量
> name                             #显示变量的值
[1] "Sam"
> name<-"John"                     #改写变量的值
> name                             #显示变量的值
[1] "John"
```

此外，建议在具体应用中，变量名应尽量做到见名知意。

1.2.3 数据类型与表达式

1. 数据类型

R 语言中有 5 种基本数据类型，分别是数值型（numeric）、整数型（integer）、逻辑型（logical）、字符型（character）和复数型（complex），如表 1.2 所示。

表 1.2 R 语言的 5 种基本数据类型

数据类型	说明	示例
数值型	用于存储数值型数据，可以是正数、负数、整数、小数。在 R 语言中输入的任何一个数值都默认以 numeric 类型存储	1、-2.9、1.3e4、-0.4E4
整数型	只能表示整数。在 R 语言中，通过在数字后面加大写字母 L 的方式声明该数字以整数型存储	6L
逻辑型	可以是 TRUE（T）、FALSE（F）、NA	TRUE、FALSE
字符型	用半角单引号或双引号括住的内容	"John"、"Miss 张"、"22899935"
复数型	用字母 i 表示虚数单位	2+3i、1+0i、5i

【例 1.6】 数据类型示例。

```
> x1<-3L
> typeof(x1)
[1] "integer"
> x2<-3
> typeof(x2)
[1] "double"
> x3<-1:9;
> typeof(x3)
[1] "integer"
> x4<-"Sam"
> typeof(x4)
[1] "character"
> x5<-T
> typeof(x5)
[1] "logical"
> x6<-2+1i
> typeof(x6)
[1] "complex"
```

本例中的 typeof 函数用于查看对象的数据类型。除了 typeof 函数外，class 函数和 mode 函数也可以用于查看对象的数据类型，感兴趣的同学可以自行查阅相关内容。

R 语言提供了一系列函数进行数据类型的判断和转换，如表 1.3 所示。

表 1.3 数据类型的判断和转换

数据类型	类型判断函数	类型转换函数
numeric	is.numeric	as.numeric
integer	is.integer	as.integer
logical	is.logical	as.logical
character	is.character	as.character
complex	is.complex	as.complex

形如“is.类型名”的函数可以进行数据类型的判断，如果被判断的参数是相应的类型，则函数返回 TRUE，否则函数返回 FALSE。

形如“as.类型名”的函数可以进行数据类型的转换，将参数转换成指定类型，并返回转换后的结果。

【例 1.7】 数据类型的判断与转换示例。

```
> x<-c(1,0,3,-4)
> is.numeric(x)
[1] TRUE
> x1<-'gdmu'
> is.character(x1)
[1] TRUE
```

```
> x2<-FALSE
> is.logical(x2)
[1] TRUE
> x3<-as.character(x2)
> is.character(x3)
[1] TRUE
> x4<-as.logical(x)
> is.logical(x4)
[1] TRUE
```

2. 运算符与表达式

R 语言中主要有 3 种类型的运算符：算术运算符用于数学运算，比较运算符用于两个元素的比较，逻辑运算符通常用于连接一系列比较式。这 3 类运算符如表 1.4 所示。

表 1.4　R 语言中的运算符

算术运算符		比较运算符		逻辑运算符	
符号	含义	符号	含义	符号	含义
+/-	正负号	<	小于	&	向量的逻辑与
+	加法	<=	小于或等于	&&	标量的逻辑与
-	减法	>	大于	|	向量的逻辑或
*	乘法	>=	大于或等于	||	标量的逻辑或
/	除法	==	等于	!	逻辑非
^	乘方	!=	不等于		
%%	模（求余）				
%/%	整除				

R 语言中，标量可以看作只有一个元素的向量。因此&&与||作用在一个对象的第一个元素上，返回值只有一个逻辑值。&与|作用在对象的每一个元素上并且返回和比较次数等长的逻辑值。

【例 1.8】　逻辑运算符示例。

```
> x<-c(TRUE,FALSE,TRUE)
> y<-c(FALSE,TRUE,TRUE)
> x&y
[1] FALSE FALSE  TRUE
> x[1]&&y[1]
[1] FALSE
> x&&y                    #运算符&&作用在向量 x 和 y 的第一个元素上
[1] FALSE
```

注意

对于 2< x <5 这种类型的数学不等式，在 R 语言中必须使用逻辑与表示成“2< x && x < 5”。

在R语言中，一个表达式中可以包含多个不同的运算符。运算符的优先级如表1.5所示。

表 1.5 运算符的优先级

运算符级别	运算符
第 1 级	^、+（正号）、-（负号）、!
第 2 级	%%、%/%
第 3 级	*、/
第 4 级	+（加法）、-（减法）
第 5 级	<、<=、>、>=、==、!=
第 6 级	&、&&、|、||

包含多个不同运算符表达式的运算准则如下。

（1）先计算括号里的表达式。

（2）先执行优先级高的运算。

（3）相同优先级的运算符，按照从左到右的顺序运算。

【例 1.9】 运算符优先级示例。

```
> 2^!-3
[1] 1
> 2^+2+3
[1] 7
> 9/4*3
[1] 6.75
> 3>4&1
[1] FALSE
```

小　结

本章简要介绍了R语言及其开发环境的使用，需要掌握的函数有install.packages、library、require、data、head、help、getwd、setwd、dir、rm、typeof、class、mode等。本章知识结构如图1.23所示。

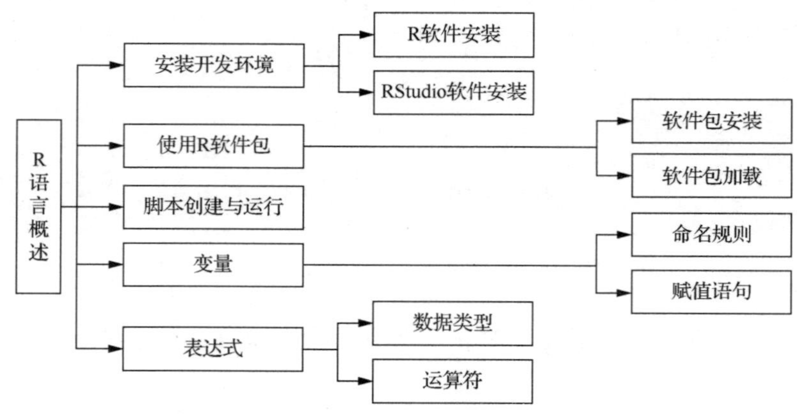

图 1.23 第 1 章知识结构

习题 1

一、选择题

1. 下列关于 R 语言的叙述中，不正确的是（ ）。
   A. 常用于数据分析与统计学中　　B. 可用于生物学、经济学等领域
   C. 是一类不适合机器学习的应用软件　　D. 可用于各种复杂的统计分析
2. 下列关于 RStudio 脚本文件编辑区的说法中，正确的是（ ）。
   A. 只能用于编辑脚本文件
   B. 只有一个选项卡
   C. 也可以用于显示某些函数的运行结果
   D. 在默认情况下，按 Enter 键可以运行光标所在行的代码
3. 运行 RStudio 命令行窗口中的命令时，应该按（ ）键。
   A. Ctrl+Enter　　B. Shift+Enter　　C. Alt+Enter　　D. Enter
4. 下列关于 RStudio 资源管理窗口的说法中，正确的是（ ）。
   A. Files 选项卡的功能与菜单栏中的 File 命令相同
   B. Plots 选项卡可用于显示绘图函数的结果
   C. Packages 选项卡只能用于查看所安装的软件包，不能用于安装软件包
   D. Help 选项卡只能查看 R 语言本身的帮助文档，不能查看第三方包的帮助文档
5. 如果想把 RStudio 当前的工作目录设置为“e:\myfile”，那么应该使用语句（ ）。
   A. setwd("e:\\myfile")　　B. dir("e:\\myfile")
   C. getwd("e:\\myfile")　　D. file("e:\\myfile")
6. 下列关于数据集操作的说法中，正确的是（ ）。
   A. head 函数用于显示指定数据集中的变量名
   B. head 函数可用于显示数据集中的前 6 行记录
   C. data 用于创建新的数据集
   D. data(package='MASS')用于查询并显示 MASS 包中的数据集
7. 在下列赋值语句中，正确的是（ ）。
   A. ...x <-34　　B. _x <-34　　C. 变量 1 <-34　　D. x_1 <-34
8. 下列关于 R 语言中符号命名规则的说法错误的是（ ）。
   A. 所有可见字符都可用于符号命名
   B. 汉字也可以用于符号命名
   C. 一般可用字符、下划线、英文句号和数字来命名
   D. 保留字（如 if、for 等）不能用于符号命名
9. 下列选项中，属于 R 语言的注释符的是（ ）。
   A. Remark　　B. #　　C. %　　D. //

二、操作题

1. 在 D 盘新建一个名称为 mytest 的文件夹，并在 RStudio 中把该文件夹设置为默认

工作目录。然后新建一个 R 脚本文件，在该脚本文件中创建一个变量（名称自定义），该变量的初值为字符型“你好”，并用 typeof 函数查看该变量的类型。将该脚本文件保存在默认工作目录中，文件名为 test1.R。

2. 新建一个脚本文件，自定义 4 个变量，分别赋值为 100L、3.1415、"123"和 TRUE，然后使用 mode、class、typeof 函数分别查询上述 4 个变量的数据类型，观察并思考 mode、class、typeof 3 个函数的意义和区别。

3. 新建一个脚本文件，先定义变量 a、b、c，并分别赋值为 3、4、−1。然后根据下面的数学算式编写正确的 R 语言表达式计算结果。

（1）计算 $\frac{-b+\sqrt{b^2-4ac}}{2a}$ 和 $\frac{-b-\sqrt{b^2-4ac}}{2a}$。

（2）计算 $\frac{\sin(b-ac)}{3a+bc}$。

第 2 章　数据对象及其处理

【内容提要】

本章首先介绍 3 种单模式结构（向量、矩阵、数组）和 2 种多模式结构（数据框、列表），以及创建和编辑每个数据结构的方法；然后介绍因子的概念、分类和创建方法，以及日期型数据和字符型数据的相互转化及日期型数据的计算；接着介绍正则表达式和元字符的概念和使用方法，以及多种字符处理函数；最后介绍特殊值的概念和操作函数。

【学习目标】

（1）掌握 R 语言中的数据结构，并掌握每种数据的创建、索引和编辑操作。
（2）掌握因子的含义和操作。
（3）掌握日期型数据的操作。
（4）掌握字符型数据的处理方法。
（5）掌握特殊值的含义及其判断方法。

2.1　向量、矩阵与数组

按照实际应用需求创建含有研究信息的数据集，这是数据分析的第一步。在 R 语言中，首先要选择一种数据结构用于存储数据，然后将数据输入或导入到这个数据结构中。

在 R 语言中，向量、矩阵和数组是 3 种专门用于存放单一数据类型（即数值型、字符型或逻辑型）的数据结构，即这 3 种数据结构中的元素必须是相同的数据类型。

（1）向量：一个一维数组，即一系列值。
（2）矩阵：一个二维数组，即由行和列组成的矩形结构。
（3）数组：与矩阵类似，但是维度可以大于 2。

2.1.1　向量

向量（vector）由一组相同类型的数据组成，是 R 语言中的一种基本数据结构。在 R 语言中，向量应先创建再使用。

1. 创建向量

在 R 语言中，创建向量有多种方法。这里重点讲解创建简单向量的 4 种方法。

1）用半角冒号创建向量

用半角冒号可以创建任意给定开始值和结束值并且间隔为 1 的等差数值序列。

【例 2.1】 用半角冒号创建向量的示例。

```
> 1:8
[1] 1 2 3 4 5 6 7 8
> 8:1
[1] 8 7 6 5 4 3 2 1
> 2.6:8.6
[1] 2.6 3.6 4.6 5.6 6.6 7.6 8.6
> 2*1:8
[1]  2  4  6  8 10 12 14 16
> 1:(8+2)
[1]  1  2  3  4  5  6  7  8  9 10
```

这里需要特别注意的是，如果用半角冒号创建向量时开始值和结束值是整数，则创建的向量数据类型是整数型。

2）用 c 函数创建向量

c 函数通过把相同数据类型的元素组合起来创建简单向量（注意这里是小写字母 c）。使用 c 函数创建向量，只需在该函数的参数中列出用半角逗号分隔的一系列数据元素，即可把这些元素组合起来构成一个向量作为 c 函数的返回值返回。

【例 2.2】 用 c 函数创建向量示例。

```
> a<-c(1,3.6,4,7.5,8)             #数值型向量
> a
[1] 1.0 3.6 4.0 7.5 8.0
> b<-c(1:6,20,24,30:35)           #数值型向量
> b
 [1]  1  2  3  4  5  6 20 24 30 31 32 33 34 35
> c<-c("One","Two","Five")        #字符型向量
> c
[1] "One"  "Two"  "Five"
> d<-c(T,F,T,T,F)                 #逻辑型向量
> d
[1]  TRUE FALSE  TRUE  TRUE FALSE
> e<-c("John",23,F)               #c 函数具有类型转换功能
> e
[1] "John"  "23"    "FALSE"
> f<-c(1:4,c(10,8))               #c 函数可以嵌套
> f
[1]  1  2  3  4 10  8
```

通过上述例子，可以看到 c 函数具有类型转换功能，当参数的类型不一致时，c 函数会把所有参数作为字符型数据来生成向量。此外，在上述例子中可以结合使用半角冒号创建向量和用 c 函数创建向量两种方法。

3）用 seq 函数创建等差序列的向量

前面使用半角冒号创建间隔为 1 的等差序列，其实使用 seq 函数创建等差序列更普遍。seq 函数的调用格式如下。

```
seq(from=num1,to=num2,by=num3,length.out=num4,along.with=vector)
```

其中，参数 from 指定等差序列的初始值；参数 to 指定等差序列的结束值；参数 by 指定等差序列的步长，该参数的默认值为 1；参数 length.out 指定等差序列的长度；参数 along.with 指定生成的等差序列向量长度和向量一样。

【例 2.3】 seq 函数使用示例。

```
> x1<-seq(from=1,to=20)
> x1
 [1]  1  2  3  4  5  6  7  8  9 10 11 12 13 14
[15] 15 16 17 18 19 20
> x2<-seq(from=1,to=20,by=2)
> x2
 [1]  1  3  5  7  9 11 13 15 17 19
> x3<-seq(from=1,by=2,length.out=5)
> x3
[1] 1 3 5 7 9
> x4<-seq(from=1,to=20,length.out=5)
> x4
[1]  1.00  5.75 10.50 15.25 20.00
> y<-c(1:8)
> x5<-seq(from=1,by=2,along.with=y)
> x5
[1]  1  3  5  7  9 11 13 15
```

4）用 rep 函数创建重复元素的向量

rep 函数可以创建包含重复值的向量，该函数的功能就是将某个向量重复若干次。rep 函数的调用格式如下。

```
rep(x,times=num1,length.out=num2,each=num3)
```

其中，参数 x 是要重复的向量；参数 times 指定 x 重复的次数；参数 length.out 指定生成新向量的长度；参数 each 指定 x 中每个元素重复的次数。

【例 2.4】 rep 函数使用示例。

```
> x1<-rep(4,times=5)
> x1
[1] 4 4 4 4 4
> x2<-rep(c(3,5,9),time=5)
```

```
> x2
 [1] 3 5 9 3 5 9 3 5 9 3 5 9 3 5 9
> x3<-rep(1:5,time=4,length.out=12)
> x3
 [1] 1 2 3 4 5 1 2 3 4 5 1 2
> x4<-rep(c(1:3),time=3,each=2)
> x4
 [1] 1 1 2 2 3 3 1 1 2 2 3 3 1 1 2 2 3 3
```

2. 索引向量

下面学习如何从已经存在的向量中提取子集。通常，只要是获取向量中的某个或某些元素，都称为索引向量。R语言中，用方括号[ ]实现向量的索引，使用形式有以下几种。

（1）向量名[正整数向量]：正整数是向量元素的位置（序号），向量元素的位置是以1开始的自然数，因此返回指定位置的元素值。

【例2.5】 下标是正整数的索引向量示例。

```
> x<-round(rnorm(10),digits=2) #向量x包含十个正态分布的随机数
> x
[1] -0.25 -1.56  0.94 -0.36  0.63  1.19 -1.03 -0.65 -1.23
[10] -0.16
> a<-x[8]                       #将向量x中的第8个元素赋给a
> a
[1] -0.65
> y<-x[c(3,7,10)]               #将向量x中的第3个、第7个、第10个3个元素赋给y
> y
[1]  0.94 -1.03 -0.16
> z<-x[3:7]
> z
[1]  0.94 -0.36  0.63  1.19 -1.03
> w<-x[rep(2,times=4)]
> w
[1] -1.56 -1.56 -1.56 -1.56
> v<-x                          #将向量x中的所有元素赋给v
> v
[1] -0.25 -1.56  0.94 -0.36  0.63  1.19 -1.03 -0.65 -1.23
[10] -0.16
```

在上述例子中，可以看到直接使用向量名意味着引用向量中的所有数据元素。

（2）向量名[负整数向量]：返回指定位置以外的所有元素值。

在上面的例子中，通过正整数向量表示引用对应位置的元素。如果下标是一个负整数，则效果与正整数刚好相反，即返回的元素将不包含负整数索引所对应的元素。

【例2.6】 下标是负整数的索引向量示例。

```
> x<-c(2,6,3,9,11,0)
> x
```

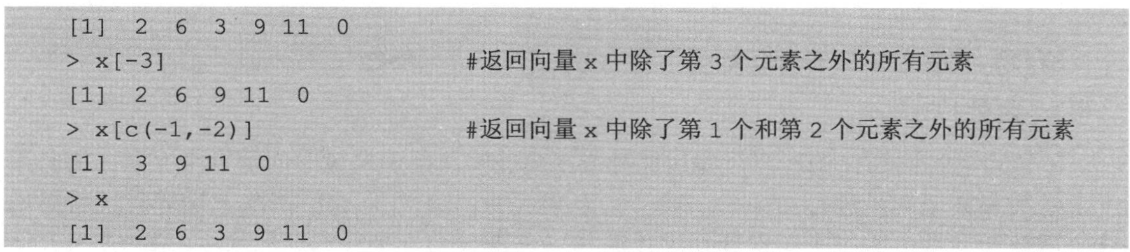

```
[1]  2  6  3  9 11  0
> x[-3]                        #返回向量 x 中除了第 3 个元素之外的所有元素
[1]  2  6  9 11  0
> x[c(-1,-2)]                  #返回向量 x 中除了第 1 个和第 2 个元素之外的所有元素
[1]  3  9 11  0
> x
[1]  2  6  3  9 11  0
```

（3）向量名[逻辑值向量]：返回与 TRUE 相对应的元素。

如果在索引时提供了一个包含 TRUE 和 FALSE 逻辑值的向量，那么 R 语言会匹配索引值为 TRUE 的所有对应位置的元素，而忽略索引值为 FALSE 的所有对应位置的元素，如图 2.1 所示。

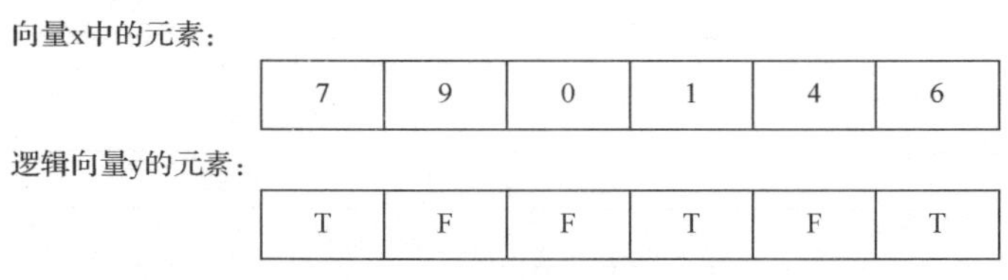

图 2.1　逻辑索引示意图

因此 x[y]命令返回向量 x 中 7、1、6 这 3 个数值，因为这 3 个元素对应的向量 y 中的值为 TRUE。

【例 2.7】 下标是逻辑值的索引向量示例。

```
x<-c(1:8)
> x
[1] 1 2 3 4 5 6 7 8
s1<-x[rep(c(T,F),times=4)]          #只返回与 TRUE 相对应的值
> s1
[1] 1 3 5 7
s2<-x[c(T,F,T)]                     #下标中的逻辑向量循环补齐到长度为 8
> s2
[1] 1 3 4 6 7
```

（4）向量名[字符值向量]：返回指定名称的元素，即通过元素的名称来索引。因此用户可以先用 names 函数给向量元素命名，再用名称索引向量元素。

【例 2.8】 下标是字符值的索引向量示例。

```
> y<-rnorm(4,sd=0.5)            #向量 y 中包含 4 个正态分布的随机数
> y
[1] -0.1302328 -1.1933744 -0.8615708 -0.1976663
> names(y)<-LETTERS[1:4]        #用 names 函数将向量 y 中的元素分别命名为 A、B、C、D
> y
         A          B          C          D
-0.1302328 -1.1933744 -0.8615708 -0.1976663
> y['B']
```

```
        B
-1.193374
```

3. 向量的运算

R 语言支持向量化的运算，即运算符或函数能够作用于向量中的每一个元素。因此用一个常数和某个向量进行加（+）、减（-）、乘（*）、除（/）、模（%%）运算时，就是用这个常数和向量中的每个元素分别进行加（+）、减（-）、乘（*）、除（/）、模（%%）运算，计算后的结果还是一个向量。除此之外，R 语言提供了一些函数用于求向量长度、求和、求平均等运算，如表 2.1 所示。

表 2.1　R 语言中的常用计算函数

函数名	功能
length(x)	求向量 x 的长度
sum(x)	求向量 x 各元素的和
mean(x)	求向量 x 各元素的平均值
max(x)	计算向量 x 的最大值
min(x)	计算向量 x 的最小值
var(x)	计算向量 x 的方差
sd(x)	计算向量 x 的标准差

两个向量之间可以直接进行加（+）、减（-）、乘（*）、除（/）、模（%%）运算，运算规则也是对应位置上的元素分别进行加、减、乘、除、模运算，运算结果也是长度相同的向量。当参加运算的两个向量长度不相等时，R 语言自动将长度短的向量循环扩展，即把向量复制多份首尾相连。但若两个向量长度不是整数倍关系时，R 语言会提示出错。

【例 2.9】 向量的运算示例。

```
> (x<-1:4)
[1] 1 2 3 4
> (y<-seq(from=10,by=10,length.out=4))
[1] 10 20 30 40
> (z1<-x+y)
[1] 11 22 33 44
> (z2<-x*y)
[1]  10  40  90 160
> (x<-0:9)
 [1] 0 1 2 3 4 5 6 7 8 9
> (y<-c(100,200,300))
[1] 100 200 300
> (z1<-x+y)
 [1] 100 201 302 103 204 305 106 207 308 109
```

向量的内积也称点积或数量积，两个向量 $\boldsymbol{a}=[a_1, a_2, \cdots, a_n]$和 $\boldsymbol{b}=[b_1, b_2, \cdots, b_n]$，内积定义为 $\boldsymbol{a}\cdot\boldsymbol{b}=a_1b_1+a_2b_2+\cdots+a_nb_n$，即对 $\boldsymbol{a}$、$\boldsymbol{b}$ 两个向量对应位置一一相乘之后求和。根据向量内积的定义，要求一维向量 $\boldsymbol{a}$ 和向量 $\boldsymbol{b}$ 的元素个数相同（注意，向量的内积结果是一个

标量）。在 R 语言中，向量内积的运算符是%*%，此外还可以使用 crossprod(a,b)函数计算向量内积。

向量的外积一般指两个向量的向量积，其运算结果是一个向量而不是一个标量。对于向量 $\boldsymbol{a}=[x_1, y_1, z_1]$和向量 $\boldsymbol{b}=[x_2, y_2, z_2]$，向量 $\boldsymbol{a}$ 与 $\boldsymbol{b}$ 的外积定义为 $\boldsymbol{a}\times\boldsymbol{b}=[y_1z_2-y_2z_1, -(x_1z_2-x_2z_1), x_1y_2-x_2y_1]$。在 R 语言中，向量外积运算符为%o%（中间是小写字母 o）。此外，R 语言还提供了一个更为一般化的求外积函数 outer(X,Y,Fun)。

【例 2.10】 计算向量内积和外积示例。

```
> x<-c(1:3)
> y<-c(3,5,2)
> x%*%y
   [1,]   19
> crossprod(x,y)
 [1,]   19
> x%o%y
     [,1] [,2] [,3]
[1,]    3    5    2
[2,]    6   10    4
[3,]    9   15    6
> outer(x,y)
     [,1] [,2] [,3]
[1,]    3    5    2
[2,]    6   10    4
[3,]    9   15    6
```

4. 向量的操作

1）向量命名

在 R 语言中，可以给向量的每个元素分别命名以增加代码的可读性。用户可以在创建向量时直接指定元素的名称，也可以用 names 函数为向量元素添加名称。

格式 1：在用 c 函数创建向量时就给元素命名，即 c(name1=元素值,name2=元素值,⋯)。

格式 2：创建向量后，再用 names 函数给元素命名，即 names(向量)<-名称列表。

【例 2.11】 向量命名示例。

```
> x<-c(name="李白",age=36,high=175)
> names(x)                          #向量 x 的元素名
[1] "name" "age"  "high"
> y<-c("杜甫",25,180)
> names(y)                          #向量 y 的元素名
NULL                                #NULL 表示空，即向量 y 的元素都没有名称
> names(y)<-c("name","age","high")
> names(y)
[1] "name" "age"  "high"
```

这里要特别注意的是，上面例子中直接调用 names(向量名)函数，可以获取向量中元素的名称。若向量中所有元素都没有名称，则 names 函数的返回值为 NULL。

2）向量元素的增加、删除和更新

在向量任意位置增加元素可以使用 c 函数实现。如果是直接在向量末尾追加新元素，还可以使用 append 函数实现，也可以直接给新位置的元素赋值。删除向量元素，可以使用负索引实现。

【例 2.12】 增加、删除向量元素示例。

```
> x<-1:3
> x
[1] 1 2 3
> x[4:6]<-c(9,10,11)               #在向量 x 的末尾追加 3 个新元素
> x
[1]  1  2  3  9 10 11
> x<-c(10,x,c(6,7),x[c(2,4)])     #在向量 x 的任意位置追加元素
> x
 [1] 10  1  2  3  9 10 11  6  7  2  9
> x<-append(x,c(20,25))            #在向量 x 的末尾追加 2 个新元素
> x
 [1] 10  1  2  3  9 10 11  6  7  2  9 20 25
> x<-x[-1]
> x
[1] 1  2  3  9 10 11  6  7  2  9 20 25
> x<-x[-c(2,5,7)]
> x
[1] 1  3  9  11   7  2  9 20 25
```

更新向量中一个或几个特定位置的元素值，只需要为向量的指定元素赋新值。

【例 2.13】 更新向量元素示例。

```
> x<-1:8
> y<-seq(from=10,length.out=8)
> y[1:3]<-c(1,3,9)                 #更新向量 y 中前 3 个元素的值
> y
[1]   1   3   9  13  14  15  16  17
> y[x%%2==1]<-200
> y
[1] 200   3 200  13 200  15 200  17
> y[1:5]<-c(30,50)                 #循环补齐
> y
[1]  30  50  30  50  30  15 200  17
```

3）给向量元素排序

在 R 语言中，sort 函数可用于对向量中的元素排序。sort 函数的调用格式如下。

```
sort(x,descreasing=FALSE,na.last=NA,...)
```

其中，参数 x 是要排序的向量对象；参数 decreasing 是逻辑型，值为 FALSE 则升序排列，否则降序排列；参数 na.last 也是逻辑型，值为 FALSE（默认）表示 NA 值（缺失值）不放在最后，否则将缺失值放在最后。

【例 2.14】 向量元素排序示例。

```
> x<-c(2,0,7,9,6,3)
> sort(x)                        #sort 函数默认按照升序排列
[1] 0 2 3 6 7 9
> x
[1] 2 0 7 9 6 3
> y<-sort(x)
> sort(x,decreasing=T)           #对向量 x 按照降序排列
[1] 9 7 6 3 2 0
> x[c(1,3)]<-NA                  #NA 表示缺失值
> x
[1] NA  0 NA  9  6  3
> sort(x)
[1] 0 3 6 9
> sort(x,na.last=T)
[1]  0  3  6  9 NA NA
```

4）向量的筛选

向量的筛选指从向量中选取满足某个条件的向量元素。向量筛选主要有以下 3 种方式。

（1）向量[逻辑表达式]：直接逻辑筛选向量，返回满足条件的向量元素。

【例 2.15】 用逻辑表达式筛选向量示例。

```
> x<-c(c(1:6),rep(c(NA,9),times=3))
> x
 [1]  1  2  3  4  5  6 NA  9 NA  9 NA  9
> x1<-x[x<3|x>=6]
> x1
[1]  1  2  6 NA  9 NA  9 NA  9
```

（2）用 subset 函数筛选向量。

在 R 语言中，subset 函数可以按照指定的条件筛选向量。该函数的调用格式如下。

```
subset(x,cond)
```

其中，参数 x 是被筛选的向量；参数 cond 是筛选条件，筛选条件是逻辑表达式。这里需要注意的是，用 subset 函数筛选向量和直接逻辑筛选向量不同之处在于，subset 函数在筛选的同时会剔除值为 NA 的元素。

【例 2.16】 用 subset 函数筛选满足条件的元素。

```
> x<-c(c(1:6),rep(c(NA,9),times=3))
> x
 [1]  1  2  3  4  5  6 NA  9 NA  9 NA  9
```

```
> x[x>=5]
[1]  5  6 NA  9 NA  9 NA  9
> subset(x,x>=5)
[1] 5 6 9 9 9
```

（3）用 which 函数筛选向量。

用 which 函数筛选向量时，返回的是满足条件的元素位置。该函数的调用格式如下。

```
which(向量表达式)
```

其中，向量表达式是一个逻辑表达式，返回逻辑向量中值为 TRUE 的元素的位置。此外，which.min 函数和 which.max 函数分别用于筛选向量中的最小值和最大值。

【例 2.17】 用 which 函数筛选满足条件的元素。

```
> x<-c(3,-4,0,6,-5)
> x
[1]  3 -4  0  6 -5
> y<-which(x<0)                #筛选向量 x 中小于 0 的元素
> y                            #向量 x 中小于 0 的元素位置
[1] 2 5
> x[y]                         #显示向量 x 中小于 0 的元素
[1] -4 -5
> which.max(x)                 #向量 x 中最大值的元素位置是 4
[1] 4
> which.min(x)                 #向量 x 中最小值的元素位置是 5
[1] 5
```

在单模式数据结构中，学习的重点是向量。这从侧面反映了在 R 语言中通常以向量作为主要的数据结构，因此必须熟练掌握向量的操作。

2.1.2 矩阵

向量是一维数据结构，而矩阵（matrix）则是包含同一种数据类型的二维结构，即由行和列构成的二维数组。

1. 创建矩阵

矩阵是一个由行和列组成的二维数组，矩阵中的每个元素具有相同的数据类型。在 R 语言中使用 matrix 函数创建矩阵。matrix 函数的调用格式如下。

```
matrix(data=NA,nrow=num1,ncol=num2,byrow=FALSE,dimnames=NULL)
```

其中，参数 data 是一个向量，用于指定矩阵中的数据元素；参数 nrow 和 ncol 是数值型，分别指定矩阵的行数和列数；参数 byrow 是逻辑型，若其值为 FALSE（默认值），则 data 中的数据按列填充，否则按行填充；参数 dimnames 指定矩阵的行名和列名，使用 list 函数设置其值。

【例 2.18】 创建矩阵示例。

```
> p<-matrix(nrow=2,ncol=3)        #创建一个 2 行 3 列的空矩阵
> p
     [,1] [,2] [,3]
[1,]   NA   NA   NA
[2,]   NA   NA   NA
> x1<-matrix(1:12, nrow=3, byrow=T)
> x1
     [,1] [,2] [,3] [,4]
[1,]  1     2    3    4
[2,]  5     6    7    8
[3,]  9    10   11   12
#创建具有行名和列名的矩阵
> x2<-matrix(1:12,nrow=3, ncol=4, dimnames=list(c('r1','r2','r3'),
                                   c('c1','c2','c4','c5')))
> x2
   c1 c2 c4 c5
r1  1  4  7 10
r2  2  5  8 11
r3  3  6  9 12
> y<-matrix(1:10,nrow=3)          #循环扩展
> y
     [,1] [,2] [,3] [,4]
[1,]    1    4    7   10
[2,]    2    5    8    1
[3,]    3    6    9    2
```

2. 索引矩阵

索引矩阵与索引向量的方法类似，都是通过[ ]来提取矩阵中的元素，不同点在于维度的增加。索引矩阵的一般格式如下。

提取单个元素：矩阵名[行号,列号]或者矩阵名[行名称,列名称]。

提取一行或一列：矩阵名[行号或行名,]或矩阵名[,列号或列名]。

提取多行或多列：矩阵名[行号或行名的向量,]或矩阵名[,列号或列名的向量]。

提取某个区域：矩阵名[行号或行名的向量, 列号或列名的向量]。

注意

索引编号从 1 开始。

【例 2.19】 索引矩阵示例。

```
> x<-matrix(1:12,nrow=3,dimnames=list(c('r1','r2','r3'),c('c1','c2', 'c3',
'c4')))
> x
```

```
   c1 c2 c3 c4
r1  1  4  7  10
r2  2  5  8  11
r3  3  6  9  12
> x[2,3]                #通过名称引用是 x['r2','c3']
[1] 8
> x[1,]                 #通过行名引用是 x['r1',]
c1 c2 c3 c4
 1  4  7 10
> x[,2]                 #通过列名引用是 x[,'c2']
r1 r2 r3
 4  5  6
> x[,2:4]
   c2 c3 c4
r1  4  7 10
r2  5  8 11
r3  6  9 12
> x[c(1,3),c(1,2,4)]
   c1 c2 c4
r1  1  4 10
r3  3  6 12
```

3. 矩阵的运算

两个矩阵之间可以进行加（+）、减（-）、乘（*）、除（/）、乘方（^）运算，运算规则和向量的运算规则一样，都是矩阵对应位置上的元素分别进行相应运算。因此，要求参加运算的两个矩阵维度相同。

在 R 语言中，矩阵乘法的运算符是“%*%”，运算规则是用前一个矩阵的行元素分别乘以后一个矩阵的列元素，然后求和。因此矩阵相乘必须满足前一个矩阵的列数等于后一个矩阵的行数。

【例 2.20】 矩阵运算示例。

```
> (x<-matrix(1:6,nrow=2))
     [,1] [,2] [,3]
[1,]    1    3    5
[2,]    2    4    6
> (y<-matrix(seq(from=1,by=2,length.out = 6),nrow=2))
     [,1] [,2] [,3]
[1,]    1    5    9
[2,]    3    7   11
> x+y
     [,1] [,2] [,3]
[1,]    2    8   14
[2,]    5   11   17
> x*y
```

```
     [,1] [,2] [,3]
[1,]    1   15   45
[2,]    6   28   66
> x^2
     [,1] [,2] [,3]
[1,]    1    9   25
[2,]    4   16   36
> t(x)%*%y         #先用 t 函数计算矩阵 x 的转置矩阵，然后进行矩阵乘法运算
     [,1] [,2] [,3]
[1,]    7   19   31
[2,]   15   43   71
[3,]   23   67  111
```

R 语言还提供了很多矩阵的数学计算函数，包括求转置、求行列式、求特征值和特征向量。矩阵的常用数学计算函数如表 2.2 所示。

表 2.2　矩阵的常用数学计算函数

函数名	功能
t	计算转置矩阵
diag	计算对角矩阵
det	计算矩阵的行列式
eigen	计算矩阵的特征值和特征向量
crossprod	计算两个矩阵的内积
outer	计算两个矩阵的外积

注意

只有方阵才能计算特征值和特征向量。eigen 函数的返回值有两个，其中 values 是矩阵特征值构成的向量，vectors 是方阵的特征向量构成的矩阵。

【例 2.21】 矩阵数学计算函数示例。

```
> (x<-matrix(round(10*runif(9)),nrow = 3))
     [,1] [,2] [,3]
[1,]    1    5    8
[2,]    8    9    5
[3,]    0    5    1
> t(x)                                  #计算转置矩阵
     [,1] [,2] [,3]
[1,]    1    8    0
[2,]    5    9    5
[3,]    8    5    1
> det(x)                                #计算矩阵的行列式
```

```
[1] 264
> diag(x)                                  #取矩阵对角线上的元素
[1] 1 9 1
> diag(1:3)                                #用 1、2、3 生成对角矩阵
     [,1] [,2] [,3]
[1,]    1    0    0
[2,]    0    2    0
[3,]    0    0    3
> eigen(x)                                 #计算矩阵的特征值和特征向量
eigen() decomposition
$values
[1] 15.17702+0.000000i -2.08851+3.610103i
[3] -2.08851-3.610103i
$vectors
              [,1]                    [,2]
[1,] 0.4615554+0i  0.6810480+0.0000000i
[2,] 0.8366051+0i -0.3580314-0.3552690i
[3,] 0.2950568+0i -0.0391583+0.5293748i
                        [,3]
[1,]  0.6810480+0.0000000i
[2,] -0.3580314+0.3552690i
[3,] -0.0391583-0.5293748i
```

注意

用 diag 函数还可以生成对角矩阵，只需在参数中输入对角线上的元素构成的向量。

R 语言提供了很多矩阵的统计运算函数，如表 2.3 所示。

表 2.3　矩阵的统计运算函数

函数名	功能
length(x)	统计矩阵中所有元素的个数
nrow(x)	计算矩阵的行数
ncol(x)	计算矩阵的列数
dim(x)	返回一个长度为 2 的向量，分别表示矩阵的行数和列数
colSums(x)	计算矩阵各列的和
rowSums(x)	计算矩阵各行的和
colMeans(x)	计算矩阵各列的平均值
rowMeans(x)	计算矩阵各行的平均值

【例 2.22】 矩阵统计运算函数示例。

```
> (x<-matrix(seq(from=1,to=12),nrow = 3))
     [,1] [,2] [,3] [,4]
```

```
[1,]    1    4    7    10
[2,]    2    5    8    11
[3,]    3    6    9    12
> dim(x)
[1] 3 4
> nrow(x)
[1] 3
> colSums(x)
[1]  6 15 24 33
```

4. 矩阵的操作

1）矩阵的命名

R 语言预先定义了以下 3 个函数，用于给矩阵的行或列命名，如表 2.4 所示。

表 2.4　矩阵命名函数

函数名	功能
dimnames(x)	给矩阵的行和列命名
colnames(x)	给矩阵的列命名
rownames(x)	给矩阵的行命名

注意

修改矩阵的行名或列名也使用这 3 个函数。如果直接调用这 3 个函数，还可以查看矩阵的行名和列名。

【例 2.23】 矩阵命名示例。

```
> x<-matrix(1:6,nrow=2)
> x
     [,1] [,2] [,3]
[1,]    1    3    5
[2,]    2    4    6
> dimnames(x)<-list(c('row1','row2'), c('col1','col2','col3'))
> x
     col1 col2 col3
row1    1    3    5
row2    2    4    6
> rownames(x)<-c('rr1','rr2')
> x
    col1 col2 col3
rr1    1    3    5
rr2    2    4    6
```

2）更新矩阵

更新矩阵就是修改矩阵中某一个或某几个元素的值。首先索引要修改的矩阵元素，然后通过赋值命令赋予新的元素值即可。

修改单个元素的值：矩阵名[行, 列]<-指定值。

修改一行或一列的值：矩阵名[行,]<-向量 a，或矩阵名[,列]<-向量 a。

修改多行或多列的值：矩阵名[c,]<-向量 a，或矩阵名[,c]<-向量 a。

修改某个区域内的元素值：矩阵名[r,c]<-向量 a。

【例 2.24】 更新矩阵示例。

```
> (x<-matrix(1:8,ncol=4))
     [,1] [,2] [,3] [,4]
[1,]    1    3    5    7
[2,]    2    4    6    8
> x[2,1]<-100
> x
     [,1] [,2] [,3] [,4]
[1,]    1    3    5    7
[2,]  100    4    6    8
> x[1,]<-c(7,9)                          #将向量(7,9)循环扩展
> x
     [,1] [,2] [,3] [,4]
[1,]    7    9    7    9
[2,]  100    4    6    8
> x[1,]<-c(2,5,8)                        #报错
> x[1,]<-c(2,5,8,9)
> x
     [,1] [,2] [,3] [,4]
[1,]    2    5    8    9
[2,]  100    4    6    8
> x[1,]<-c(2,5,8,9,0)                    #报错
> x[,c(2,3)]<-c(1,2,3,5)
> x
     [,1] [,2] [,3] [,4]
[1,]    2    1    3    9
[2,]  100    2    5    8
> x[c(1,2),c(2,3)]<-c(6,7)
> x
     [,1] [,2] [,3] [,4]
[1,]    2    6    6    9
[2,]  100    7    7    8
> x[c(1,2),c(2,3)]<-c(6,7,11)         #报错
```

注意

如果要修改的矩阵行或列元素个数是向量 a 的整数倍，则先将向量 a 循环扩展，再按列修改矩阵中的元素值。如果要修改的矩阵行或列元素个数不是向量 a 的整数倍，则不能正确运行命令。

3）删除矩阵的行或列

和向量中删除元素一样，矩阵中也可以使用负索引删除行或列，主要有以下 3 种方法。

方法 1：矩阵名[-c,]，删除由向量 c 指定的行。

方法 2：矩阵名[,-c]，删除由向量 c 指定的列。

方法 3：先使用 which 函数查找满足条件的行或列，再用负号删除对应的行或列。

【例 2.25】 删除矩阵中的行或列示例。

```
> x<-matrix(1:30,nrow=5)
> x
     [,1] [,2] [,3] [,4] [,5] [,6]
[1,]    1    6   11   16   21   26
[2,]    2    7   12   17   22   27
[3,]    3    8   13   18   23   28
[4,]    4    9   14   19   24   29
[5,]    5   10   15   20   25   30
> (y<-x[-c(1,3),])
     [,1] [,2] [,3] [,4] [,5] [,6]
[1,]    2    7   12   17   22   27
[2,]    4    9   14   19   24   29
[3,]    5   10   15   20   25   30
> (z<-x[,-c(2,4,6)])
     [,1] [,2] [,3]
[1,]    1   11   21
[2,]    2   12   22
[3,]    3   13   23
[4,]    4   14   24
[5,]    5   15   25
> (t<-which(x<3|x>26&x<29,arr.ind=T))
     row col
[1,]   1   1
[2,]   2   1
[3,]   2   6
[4,]   3   6
> (s1<-x[-t[,1],])                #删除满足条件元素所在的行
     [,1] [,2] [,3] [,4] [,5] [,6]
[1,]    4    9   14   19   24   29
[2,]    5   10   15   20   25   30
```

4）筛选矩阵

和筛选向量一样，也可以从矩阵中筛选出满足条件的矩阵元素，主要有以下 3 种方法。

方法 1：矩阵名[条件]筛选。这种方式直接返回满足条件的矩阵元素。

方法 2：用 subset(条件)函数筛选。这种方式返回一个和矩阵相同维度的逻辑矩阵，若矩阵元素满足条件，则对应位置的逻辑矩阵元素值为 TRUE，否则为 FALSE。

方法 3：用 which(条件,arr.ind)函数筛选。这种方式返回满足条件的索引值。这里需要注意的是，当 arr.ind=F（默认值）时，返回一维索引（按列计算）；否则返回二维索引。

【例 2.26】 筛选矩阵示例。

```
> x<-matrix(round(runif(15)*100),ncol=5)
> x
     [,1] [,2] [,3] [,4] [,5]
[1,]   46  100   67    2   28
[2,]   23    4   45   65   78
[3,]   82   83   71   61   88
> (y1<-x[x>50])                        #筛选出矩阵中大于 50 的元素
[1]  82 100  83  67  71  65  61  78  88
> (y2<-subset(x-20>50))
      [,1]  [,2]  [,3]  [,4]  [,5]
[1,] FALSE  TRUE FALSE FALSE FALSE
[2,] FALSE FALSE FALSE FALSE  TRUE
[3,]  TRUE  TRUE  TRUE FALSE  TRUE
> x[y2]          #上述两条语句可以合并为一条实现 x[subset(x-20>50)]
[1]  82 100  83  71  78  88
> (y3<-which(x<20|x>90))               #返回结果是满足条件的矩阵索引
[1]  4  5 10
> x[y3]
[1] 100   4   2
> (y6<-which(x<20|x>90,arr.ind=T)) #返回二维矩阵索引
     row col
[1,]   1   2
[2,]   2   2
[3,]   1   4
> (y7<-x[y6])
[1] 100   4   2
```

5）合并矩阵

rbind(a1,a2)函数可以把矩阵 a1 与矩阵 a2 按行合并，即把矩阵 a1 和矩阵 a2 横向合并；cbind(a1,a2)函数可以把矩阵 a1 与矩阵 a2 按列合并，即把矩阵 a1 和矩阵 a2 纵向合并。需要注意的是，横向合并的矩阵要有相同的行数，纵后合并的矩阵要有相同的列数。

【例 2.27】 矩阵合并示例。

```
> (x1<-matrix(1:12,nrow=3))
     [,1] [,2] [,3] [,4]
[1,]    1    4    7   10
[2,]    2    5    8   11
```

```
[3,]    3    6    9   12
> (y1<-matrix(floor(100*runif(6)),nrow=3))
     [,1] [,2]
[1,]   36   79
[2,]   89   56
[3,]   62   11
> (z1<-cbind(x1,y1))
     [,1] [,2] [,3] [,4] [,5] [,6]
[1,]    1    4    7   10   36   79
[2,]    2    5    8   11   89   56
[3,]    3    6    9   12   62   11
>> (y2<-matrix(floor(100*runif(12)),ncol=4))
     [,1] [,2] [,3] [,4]
[1,]   93   83   16   10
[2,]   38    1   89   25
[3,]   80   21   11   18
> (z2<-rbind(x1,y2))
     [,1] [,2] [,3] [,4]
[1,]    1    4    7   10
[2,]    2    5    8   11
[3,]    3    6    9   12
[4,]   93   83   16   10
[5,]   38    1   89   25
[6,]   80   21   11   18
```

向量可以看作只有一行元素的矩阵，因此 rbind 函数和 cbind 函数也可以合并矩阵和向量。请读者自行在计算机上操作观察。

2.1.3 数组

1. 创建数组

数组（array）是向量和矩阵的扩展，用于表达三维或三维以上的数据。在 R 语言中使用 array 函数创建数组，其调用格式如下。

```
array(data=NA,dim=length(data),dimnames=NULL)
```

其中，参数 data 是向量，用于指定数组中的数据元素；参数 dim 是向量，用于指定数组的维度，即每个维度下标的最大值；参数 dimnames 是列表，指定每个维度的名称。

【例 2.28】 创建多维数组示例。

```
> (y2<-array(1:12,dim = c(2,3,2)))      #创建一个三维数组
, , 1
     [,1] [,2] [,3]
[1,]    1    3    5
[2,]    2    4    6
, , 2
     [,1] [,2] [,3]
[1,]    7    9   11
```

```
[2,]    8   10   12
> (z1<-array(data = c(1:12), dim = c(2,3,2), dimnames = list(c('r1','r2'),
                     c('c1','c2','c3'), c('p1','p2'))))
, , p1
   c1 c2 c3
r1  1  3  5
r2  2  4  6
, , p2
   c1 c2 c3
r1  7  9 11
r2  8 10 12
```

2. 索引数组

索引数组和索引矩阵的操作类似，区别在于索引维度的增加。

【例 2.29】 索引数组示例。

```
> row<-c('r1','r2','r3')
> col<-c('c1','c2','c3','c4')
> pag<-c('p1','p2')
> (x<-array(1:24,dim=c(3,4,2), dimnames = list(row,col,pag)))
, , p1
   c1 c2 c3 c4
r1  1  4  7 10
r2  2  5  8 11
r3  3  6  9 12
, , p2
   c1 c2 c3 c4
r1 13 16 19 22
r2 14 17 20 23
r3 15 18 21 24
> x[2,3,2]
[1] 20
> x[1,,]
   p1 p2
c1  1 13
c2  4 16
c3  7 19
c4 10 22
> x[,'c1',]
   p1 p2
r1  1 13
r2  2 14
r3  3 15
> x[c(1,3),c(2:4),]
, , p1
   c2 c3 c4
r1  4  7 10
```

```
r3  6  9 12
, , p2
  c2 c3 c4
r1 16 19 22
r3 18 21 24
> x[c(1,3),c(2:4),2]
  c2 c3 c4
r1 16 19 22
r3 18 21 24
```

此外，获取数组中元素的个数及数组维度的操作和矩阵中的操作完全相同。请读者自行上机操作观察结果。

3. 筛选数组

数组的筛选和矩阵的筛选操作相同。

【例 2.30】 数组筛选示例。

```
> (x<-array(1:30,dim=c(3,4,2)))
, , 1
     [,1] [,2] [,3] [,4]
[1,]    1    4    7   10
[2,]    2    5    8   11
[3,]    3    6    9   12
, , 2
     [,1] [,2] [,3] [,4]
[1,]   13   16   19   22
[2,]   14   17   20   23
[3,]   15   18   21   24

> x[x>20]
[1] 21 22 23 24
> (t1<-which(x>20,arr.ind=T))
     dim1 dim2 dim3
[1,]    3    3    2
[2,]    1    4    2
[3,]    2    4    2
[4,]    3    4    2
> (z1<-x[t1])
[1] 21 22 23 24
```

2.2 数据框与列表

2.1 节中介绍了向量、矩阵和数组 3 种数据结构，它们都是单模式数据结构，即这 3 种数据结构中的数据类型只能是一种。数据框和列表是 R 语言中的多模式数据结构，也就是说这两种数据结构中的数据类型可以是任何类型。

2.2.1 数据框

数据框是 R 语言中非常重要的数据结构，用于存储类似电子表格或关系数据表的数据。数据框中每列存储的数据类型可以不同，但同一列中的数据必须具有相同的数据类型。

1. 创建数据框

在 R 语言中，创建数据框使用 data.frame 函数，该函数的调用格式如下。

```
data.frame(col1, col2, col3, ...)
```

其中，参数 col1,col2,col3,…可以是任何类型（如字符型、数值型或逻辑型）。

【例 2.31】 用表 2.5 中的数据创建数据框。

表 2.5 数据框源数据

patientID	age	diabetes	status
1	25	Type1	Poor
2	34	Type2	Improved
3	28	Type1	Excellent
4	52	Type1	Poor

```
> patientID<-c(1:4)
> age<-c(25,34,28,52)
> diabetes<-c('Type1','Type2','Type1','Type1')
> status<-c('Poor','Improved','Excellent','Poor')
> patientData <-data.frame(patientID, age, diabetes, status)
> patientData
  patientID age diabetes    status
1         1  25    Type1      Poor
2         2  34    Type2  Improved
3         3  28    Type1 Excellent
4         4  52    Type1      Poor
> length(patientData)          #length 函数用于返回数据框的变量数量（列数）
[1] 4
> nrow(patientData)            #返回数据框的行数
[1] 4
> ncol(patientData)            #返回数据框的列数
[1] 4
> names(patientData)           #names 函数返回变量名（即列名）
[1] "patientID" "age"          "diabetes"  "status"
> str(patientData)             #str 函数用于显示数据框的结构
'data.frame':   4 obs. of  4 variables:
 $patientID  : int  1 2 3 4
 $age        : num  25 34 28 52
```

```
 $ diabetes : chr  "Type1" "Type2" "Type1" "Type1"
 $ status   : chr  "Poor" "Improved" "Excellent" "Poor"
> summary(patientData)  #summary 函数用于显示数据框的统计摘要
  patientID         age          diabetes
 Min.   :1.00   Min.   :25.00   Length:4
 1st Qu.:1.75   1st Qu.:27.25   Class  :character
 Median :2.50   Median :31.00   Mode   :character
 Mean   :2.50   Mean   :34.75
```

2. 索引数据框

索引数据框与索引矩阵一样，可以使用[行,列]、[行,]、[,列]、[行向量,]或[,列向量]的格式来访问数据框中具体的某个元素、某一行、某一列、某几行或某几列。这种索引方式返回值的结构是数据框。

除了上述方法之外，还可以通过$符号或[[列序号或列名]]来索引数据框的某一列。这种索引方式返回值的结构是向量。在实际数据处理中，用$符号索引数据框最为普遍，推荐读者使用这种方式。

【例 2.32】 索引数据框示例。

```
#使用上例中创建的 patientData 数据框
> patientData[1,3]
[1] "Type1"
> d<-patientData[c(1,3),]
> d
  patientID age diabetes    status
1         1  25    Type1      Poor
3         3  28    Type1 Excellent
> str(d)                   #显示变量 d 的结构
'data.frame':   2 obs. of  4 variables:
 $ patientID: int  1 3
 $ age      : num  25 28
 $ diabetes : chr  "Type1" "Type1"
 $ status   : chr  "Poor" "Excellent"
> s<-patientData$age
> s
[1] 25 34 28 52
> str(s)
 num [1:4] 25 34 28 52
> patientData[[3]]
[1] "Type1" "Type2" "Type1" "Type1"
```

3. 数据框操作

1）交互式编辑数据框

R 语言提供了 edit 和 fix 两个函数方便用户直接修改数据框中的数据。这里需要注意的是，使用 edit 函数修改数据框并不是直接修改数据框本身，因此必须用变量保存 edit 函数的返回值。fix 函数是直接修改数据框本身。

【例 2.33】 用 edit 和 fix 函数编辑数据框示例。

```
> patientData
  patientID age diabetes    status
1         1  25    Type1      Poor
2         2  34    Type2  Improved
3         4  28    Type1 Excellent
4         4  52    Type1      Poor
> fix(patientData)                        #显示如图 2.2 所示窗口
#在图 2.2 中将第二行的年龄改为 43，然后关闭窗口
> patientData
  patientID age diabetes    status
1         1  25    Type1      Poor
2         2  43    Type2  Improved
3         4  28    Type1 Excellent
4         4  52    Type1      Poor
> patientData<-edit(patientData)     #打开图 2.2 所示窗口
> edit(patientData)                       #读者可以上机操作查看修改后的结果
```

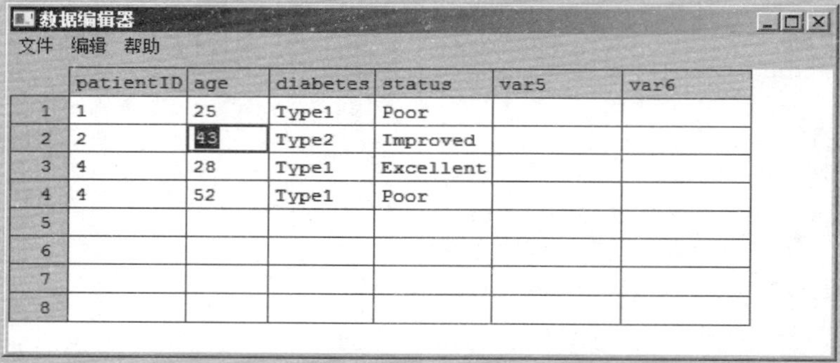

数据编辑器

文件 编辑 帮助

	patientID	age	diabetes	status	var5	var6
1	1	25	Type1	Poor		
2	2	43	Type2	Improved		
3	4	28	Type1	Excellent		
4	4	52	Type1	Poor		
5						
6						
7						
8						

图 2.2 “数据编辑器”窗口

2）数据框的命名

在 R 语言中，可以通过 names 函数来编辑数据框的列名。该函数的用法如下。

方式 1：names(数据框)，直接显示数据框的列名。

方式 2：names(数据框) <-v，用向量 v 中的数据给数据框的列命名。

方式 3：names(数据框)[k]<-'new'，把数据框中第 k 列更名为 new。

R 语言中，对数据框中的每一行数据自动赋一个从 1 开始的编号，作为行的默认名称。

如果用户想给某个行数据赋一个名称，可以通过 row.names 函数实现。该函数的用法如下。

方式 1：row.names(数据框)，直接查看数据框中的行名。

方式 2：row.names(数据框)<-v，用向量 v 中的数据给数据框的行命名。

方式 3：row.names(数据框)[k]<-'new'，把数据框中的第 k 行更名为 new。

【例 2.34】 编辑数据框名称示例。

```
> names(patientData)
[1] "patientID" "age" "diabetes"  "status"
> names(patientData)[1]<-'seqNo'
> patientData
  seqNo age diabetes    status
1     1  25    Type1      Poor
2     2  34    Type2  Improved
3     3  28    Type1 Excellent
4     4  52    Type1      Poor
> names(patientData)<-c('xh','nl','lx','zt')
> patientData
  xh nl    lx        zt
1  1 25 Type1      Poor
2  2 34 Type2  Improved
3  3 28 Type1 Excellent
4  4 52 Type1      Poor
> row.names(patientData)
[1] "1" "2" "3" "4"
> row.names(patientData)<-c("Lily","Sam","Leo","John")
> patientData
     xh nl    lx        zt NA
Lily  1 25 Type1      Poor  1
Sam   2 34 Type2  Improved  4
Leo   3 28 Type1 Excellent  2
John  4 52 Type1      Poor  6
> row.names(patientData)<-NULL          #赋 NULL 值可以清除名称
> patientData
  xh nl    lx        zt NA
1  1 25 Type1      Poor  1
2  2 34 Type2  Improved  4
3  3 28 Type1 Excellent  2
4  4 52 Type1      Poor  6
```

3）数据框筛选

和向量或矩阵筛选一样，数据框筛选也是从数据框中选出满足条件的样本行，并可以选择显示哪些列变量。数据框筛选一般有如下两种方法。

方法 1：x[条件, c]。

方法 2：subset(x, subset=条件, select=c)。

其中，参数 x 是要筛选的数据框；参数 subset 是要满足的条件，通常是一个逻辑表达式；参数 select 指定筛选结果显示哪些列变量。这两种筛选方法操作的结果相同，用户可以根据自己的需要选择其中一种进行数据框筛选。

【例 2.35】 数据框筛选示例。

```
> patientData                    #使用前面例子中创建的数据框
  patientID age diabetes    status
1         1  25    Type1      Poor
2         2  34    Type2  Improved
3         3  28    Type1 Excellent
4         4  52    Type1      Poor
> patientData[patientData$age>30,c(2,3,4)]
  age diabetes   status
2  34    Type2 Improved
4  52    Type1     Poor
> patientData[patientData$age>30,c('age','status')]
  age   status
2  34 Improved
4  52     Poor
> subset(patientData,subset = patientData$diabetes=="Type1",select = c(2,4))
  age    status
1  25      Poor
3  28 Excellent
4  52      Poor
```

4）添加、删除数据框的列（属性）或行（样本）

前面通过$或[[]]引用了数据框中的一列，也可以用这种方式在数据框中添加新列。

方法 1：x$新属性<-等长向量或标量。

方法 2：x[["新属性"]]<-等长向量或标量。

与之类似，删除数据框中的一列可以采用以下方法实现。

方法 1：通过负索引删除，即 x<-x[,-v]，删除由 v 指定的列。

方法 2：给要删除的列赋 NULL 值，即 x$变量名<-NULL 或 x[[变量名]]<-NULL。

【例 2.36】 在 patientData 数据框中添加、删除列示例。

```
> patientData$new1<-rep(10,4)
> patientData
  patientID age diabetes    status new1
1         1  25    Type1      Poor   10
2         2  34    Type2  Improved   10
3         3  28    Type1 Excellent   10
4         4  52    Type1      Poor   10
> patientData[['news2']]<-list(1,4,2,6)
> patientData
  patientID age diabetes    status new1 news2
1         1  25    Type1      Poor   10     1
2         2  34    Type2  Improved   10     4
3         3  28    Type1 Excellent   10     2
4         4  52    Type1      Poor   10     6
```

```
> patientData$new1<-NULL
> patientData
  patientID age diabetes    status news2
1         1  25    Type1      Poor     1
2         2  34    Type2  Improved     4
3         3  28    Type1 Excellent     2
4         4  52    Type1      Poor     6
```

在数据框中添加一行或多行样本数据，推荐用户调用 edit 或 fix 函数在交互式对话框中操作。删除数据框中的一行，只需使用负索引实现。

【例 2.37】 在 patientData 数据框中删除一行示例。

```
> patientData[-2,]                    #删除数据框中的第二行
  patientID age diabetes    status new2
1         1  25    Type1      Poor    1
3         3  28    Type1 Excellent    2
4         4  52    Type1      Poor    6
```

5）合并数据框

如果要直接横向合并两个数据框，可以使用 cbind 函数。需要注意的是，横向合并的两个数据框必须行数相同。如果要纵向合并两个数据框，可以使用 rbind 函数，纵向合并的两个数据框必须有相同的变量名。

【例 2.38】 用 rbind 和 cbind 函数合并数据框使用示例。

```
> patientData                         #使用前面例子中创建的数据框
  patientID age diabetes    status
1         1  25    Type1      Poor
2         2  34    Type2  Improved
3         3  28    Type1 Excellent
4         4  52    Type1      Poor
> patientID<-c(9,10,11,12)
> age<-c(70,29,38,50)
> diabetes<-c('Type1','Type2','Type2','Type2')
> status<-c('Improved','Improved','Excellent','Poor')
> (newp1<-data.frame(patientID,age,diabetes,status))
  patientID age diabetes    status
1         9  70    Type1  Improved
2        10  29    Type2  Improved
3        11  38    Type2 Excellent
4        12  50    Type2      Poor
> rbind(patientData,newp1)
  patientID age diabetes    status
1         1  25    Type1      Poor
2         2  34    Type2  Improved
3         3  28    Type1 Excellent
4         4  52    Type1      Poor
```

```
5         9  70    Type1  Improved
6        10  29    Type2  Improved
7        11  38    Type2 Excellent
8        12  50    Type2      Poor
> month<-c(2,4,1,11)
> day<-c(28,18,4,24)
> (newp2<-data.frame(month,day))
  month day
1     2  28
2     4  18
3     1   4
4    11  24
> cbind(patientData,newp2)
  patientID age diabetes    status month day
1         1  25    Type1      Poor     2  28
2         2  34    Type2  Improved     4  18
3         3  28    Type1 Excellent     1   4
4         4  52    Type1      Poor    11  24
```

用 cbind 函数横向合并数据框只能简单地将两个数据框拼接在一起，但其数据的有效性或一致性可能会出现问题。假设 A 数据框含有姓名，B 数据框含有年龄，当用 cbind 函数合并两者时，可能 B 中第一条记录的年龄与 A 中第一条记录并不对应。这种情况下就要用到 merge 函数。merge 函数同样可以横向合并两个数据框，一般情况下，这两个数据框是通过一个或多个共有变量联结合并的。

merge 函数的一般格式如下。

```
merge(x, y, by = intersect(names(x), names(y)), by.x = by, by.y = by, all
      = FALSE, all.x = all, all.y = all, sort = TRUE, suffixes = c(".x", ".y"),
      incomparables = NULL, ...)
```

其中，参数 x 和 y 是要合并的两个数据框；参数 by、by.x 和 by.y 指定依据哪些变量合并数据框，默认按照两个数据框相同的列名进行合并；参数 all、all.x 和 all.y 指定 x 和 y 中的行记录是否完全出现在合并结果中；参数 sort 表示是否按 by 指定的列排序；参数 suffixes 表示是否去除 by 以外的相同列名的后缀；参数 incomparables 表示指定 by 中不合并的单元。

【例 2.39】 用 merge 函数合并两个数据框示例。

```
> d1<-c(2,5,9,10,7)
> d2<-c('A','B','B','A','C')
> (product1<-data.frame(NO=d1,Quality=d2))
  NO Quality
1  2       A
2  5       B
3  9       B
4 10       A
```

```
5 7       C
> c1<-c(11,5,7,9)
> c2<-c('Yes','No','Yes','Yes')
> (product2<-data.frame(ID=c1,Checked=c2))
  ID Checked
1 11     Yes
2  5      No
3  7     Yes
4  9     Yes
> (product3<-data.frame(NO=c1,Checked=c2))
  NO Checked
1 11     Yes
2  5      No
3  7     Yes
4  9     Yes
> merge(product1,product3)  #all 默认为 False，取交集
  NO Quality Checked
1  5       B      No
2  7       C     Yes
3  9       B     Yes
> merge(product1,product3,all=T)    #取并集
  NO Quality Checked
1  2       A    <NA>
2  5       B      No
3  7       C     Yes
4  9       B     Yes
5 10       A    <NA>
6 11    <NA>     Yes
> merge(product1,product2,by.x = 'NO',by.y = 'ID')
  NO Quality Checked
1  5       B      No
2  7       C     Yes
3  9       B     Yes
```

6）melt 函数

理解 melt 函数的关键是识别什么是 ID 变量，什么是观测变量。ID 变量代表已采集数据的固定信息，观测变量包含已采集的数据。如果考虑要为数据建模，可以粗略地将观测变量数据作为反应变量，将 ID 变量作为解释变量。

一旦确定了 ID 变量和观测变量，就可以将其分别传递给 id.vars 和 measure.vars 两个参数。其他变量在重组时都将被忽略，并排除在外。

melt 函数的完整格式如下。

```
melt(data, id.vars, measure.vars, variable.name, value.name, na.rm = FALSE)
```

其中，参数 data 是用于融合的数据框；参数 id.vars 是 ID 变量的列名；参数 measure.vars

是观测变量的列变量；参数 variable.name 用于设置观测列变量的名称；参数 value.name 用于设置观测列变量值的名称；参数 na.rm 表示是否删除缺失值，默认为 FALSE，不删除 NA 值。

【例 2.40】 用 melt 函数融合数据框示例。

```
> install.packages('reshape2')
> library(reshape2)
> head(airquality)
  Ozone Solar.R Wind Temp Month Day
1    41     190  7.4   67     5   1
2    36     118  8.0   72     5   2
3    12     149 12.6   74     5   3
4    18     313 11.5   62     5   4
5    NA      NA 14.3   56     5   5
6    28      NA 14.9   66     5   6
> air.melt<-melt(airquality, id.vars = c('Ozone','Month','Day'), measure.
vars = c('Wind','Temp'))
> head(air.melt)
  Ozone Month Day variable value
1    41     5   1     Wind   7.4
2    36     5   2     Wind   8.0
3    12     5   3     Wind  12.6
4    18     5   4     Wind  11.5
5    NA     5   5     Wind  14.3
6    28     5   6     Wind  14.9
```

在上面例子中，变量 Ozone（臭氧）、Month（月份）、Day（日）是 ID 变量，变量 Wind（风速）和 Temp（温度）是观测变量。这里调用 melt 函数并用 id.vars 指定 ID 变量，处理后的数据非常细长。各 ID 变量名都没有变，而观测变量变成了一个单独的列名 variable。观测变量对应的值列于 value 变量中。

melt 函数还可以融合数组，这种情况下 melt 函数的用法比较简单。它依次对各维度的名称进行组合，将数组中的数据线性化。如果是 n 维数组，那么 melt 函数得到的结果共有 $n+1$ 列，前 n 列记录数组的位置信息，最后一列观测值就是数组相应位置上的元素值。融合数组时，melt 函数的调用格式如下。

```
melt(data,varnames,value.name, na.rm = FALSE)
```

其中，参数 data 是用于融合的数组；varnames 为融合后各维度的变量名；value.name 为观测值的变量名。

【例 2.41】 用 melt 函数融合数组示例。

```
> ar<-array(data=c(3:12,NA,NA),dim = c(2,3,2))
> print(ar)
, , 1
```

```
     [,1] [,2] [,3]
[1,]    3    5    7
[2,]    4    6    8

, , 2

     [,1] [,2] [,3]
[1,]    9   11   NA
[2,]   10   12   NA

> ar.melt<-melt(ar,varnames = c('X','Y','Z'),
+ value.name = 'Observations')
> print(ar.melt)
   X Y Z Observations
1  1 1 1            3
2  2 1 1            4
3  1 2 1            5
4  2 2 1            6
5  1 3 1            7
6  2 3 1            8
7  1 1 2            9
8  2 1 2           10
9  1 2 2           11
10 2 2 2           12
11 1 3 2           NA
12 2 3 2           NA
```

在多模式数据结构中，读者要重点掌握数据框的操作，因为实际应用中的数据一般都是以数据框的形式存储的。掌握用方括号和$符号索引数据框的相关操作，是用 R 语言解决问题必须具备的基本技能。

2.2.2 列表

1. 创建列表

列表和数据框一样都是可以存储多模式数据的数据结构。列表可以存储任何类型和任意结构（如矩阵和向量）的对象，是其他对象的容器。列表中的各个元素的数据类型和数据结构都可以不同，同时列表中每个对象的长度也并不一定相等。

在 R 语言中，list 函数用于创建列表，该函数的每个参数表示一个列表元素，各元素用半角逗号进行分隔。该函数的调用格式如下。

```
list(object1, object2, object3, ...)          #创建无名称列表
list(name1=object1, name2=object2, ...)       #创建有名称列表
```

【例 2.42】 创建列表示例。

```
x<-list(c(1:5),matrix(1:12,nrow=3),cars)   #创建无名称列表，其中cars是数据集
> x
[[1]]
[1] 1 2 3 4 5
[[2]]
     [,1] [,2] [,3] [,4]
[1,]    1    4    7   10
[2,]    2    5    8   11
[3,]    3    6    9   12
[[3]]
   speed dist
1      4    2
2      4   10
3      7    4
4      7   22
......
> str(x)                                #查看列表结构
List of 3
 $ : int [1:5] 1 2 3 4 5
 $ : int [1:3, 1:4] 1 2 3 4 5 6 7 8 9 10 ...
 $ :'data.frame':   50 obs. of  2 variables:
  ..$ speed: num [1:50] 4 4 7 7 8 9 10 10 10 11 ...
  ..$ dist : num [1:50] 2 10 4 22 16 10 18 26 34 17 ...
>length(x)
 4
> y<-list(vector=c(1:5), matrix=matrix(1:12,nrow = 3), dataframe=cars)
#创建有名称列表
> y
$vector
[1] 1 2 3 4 5

$matrix
     [,1] [,2] [,3] [,4]
[1,]    1    4    7   10
[2,]    2    5    8   11
[3,]    3    6    9   12

$dataframe
   speed dist
1      4    2
2      4   10
3      7    4
4      7   22
......
```

注意

上面例子中，使用 str 函数可以查看数据结构，使用 summary 函数可以查看列表摘要，使用 length 函数可以返回对象中元素的个数。

2. 索引子列表

索引子列表的操作与索引向量的操作相同，同样使用[]选择当前列表中的子集，其返回的对象本身就是一个列表，即返回包含原始元素子集的列表。和索引向量一样，索引列表同样有以下几种形式，如表 2.6 所示。

表 2.6　索引列表形式

输入	含义
空白向量	返回列表中的所有元素
正整数向量	返回正整数指定位置的列表元素
负整数向量	返回不包含负整数索引所对应的元素
逻辑值向量	只返回与 TRUE 相对应的列表元素
字符值向量	返回指定名称的列表元素

【例 2.43】 索引子列表示例。

```
> y<-list(vector=c(1:5),matrix=matrix(1:12,nrow=3),dataframe=cars)
> z1<-y[c(2,3)]
> z1
$matrix
     [,1] [,2] [,3] [,4]
[1,]    1    4    7   10
[2,]    2    5    8   11
[3,]    3    6    9   12

$dataframe
  speed dist
1     4    2
2     4   10
3     7    4
4     7   22
......
> z2<-y[c('vector','matrix')]
> z2
$vector
[1] 1 2 3 4 5
```

```
$matrix
     [,1] [,2] [,3] [,4]
[1,]    1    4    7   10
[2,]    2    5    8   11
[3,]    3    6    9   12
z3<-y[1]
> z4<-y[-2]
> z4
$vector
[1] 1 2 3 4 5

$dataframe
   speed dist
1      4    2
2      4   10
3      7    4
4      7   22
......
> z5<-y[-c(1,3)]
> z5
$matrix
     [,1] [,2] [,3] [,4]
[1,]    1    4    7   10
[2,]    2    5    8   11
[3,]    3    6    9   12
> z6<-y[c(F,T,T)]
> z6
$matrix
     [,1] [,2] [,3] [,4]
[1,]    1    4    7   10
[2,]    2    5    8   11
[3,]    3    6    9   12

$dataframe
   speed dist
1      4    2
2      4   10
3      7    4
4      7   22
......
```

3. 索引列表元素

可以通过以下两种方式提取列表对象中的元素。

（1）用[[ ]]可以直接索引列表中的某个元素，[[ ]]中的整数是列表中元素的位置。这种索引方法和向量元素的索引类似。

（2）如果列表元素有名称，还可以使用$直接索引该元素。与[[]]相比，用$索引列表中的元素更直观。通常，如果列表中的元素没有名称，则使用[[]]索引该元素；如果列表中的元素已命名，则推荐使用$索引该元素。

【例 2.44】 索引列表元素示例。

```
> y<-list(vector=c(1:5), matrix=matrix(1:12,nrow=3), dataframe=cars)
> x1<-y[[2]] #索引列表中的第 2 个元素，也可以用 x1<-y$matrix
> x1
     [,1] [,2] [,3] [,4]
[1,]    1    4    7   10
[2,]    2    5    8   11
[3,]    3    6    9   12
#索引列表中的第 2 个元素的第 4 个元素，逐级索引
> x2<-y[[2]][4]          #x1<-y$matrix[4]

> x2
[1] 4
> x3<-y[[2]][3,2]        #索引列表中的第 2 个元素的第 3 行第 2 列的元素
> x3
[1] 6
```

4. 列表的操作

1）命名列表对象

names(列表名)函数不仅可以查看列表中所有元素的名称，还可以对该 names(列表名)函数进行赋值，实现对列表元素的命名。

方法 1：names(x)，查看所有列表元素的名称。

方法 2：names(x)<-v，用向量 v 重命名列表 x 中的元素。

方法 3：names(x)[k]<-c，重命名列表 x 的第 k 个元素。

【例 2.45】 命名列表元素示例。

```
> p<-list(a=matrix(1:4,nrow=2),b=20)
> names(p)
[1] "a" "b"
> names(p)<-c('matrix','scale')
> names(p)[2]<-'标量'
> names(p)
[1] "matrix" "标量"
```

2）添加、删除列表元素

给列表添加元素有以下两种方法。

方法 1：直接添加列表元素，即通过给列表赋指定索引或名称的方式添加一个元素，语法格式为 x$新名<-y 或 x[[新名或下标]]<-y。

方法 2：组合列表，调用 c 函数将两个列表或一个列表与其他对象合并为一个新列表。

【例 2.46】 添加列表元素示例。

```
> p<-list(a=10)
> p
$a
[1] 10
> p$b<-c(1:4)              #添加名称为 b 的新列表元素
> p
$a
[1] 10
$b
[1] 1 2 3 4
> p[['c']]<-20             #添加名称为 c 的新列表元素
> p
$a
[1] 10
$b
[1] 1 2 3 4
$c
[1] 20
> p[[5]]<-letters[1:3]  #赋给列表中的第 5 个元素，R 语言插入 NULL 元素填充第 4 个元素
> p
$a
[1] 10
$b
[1] 1 2 3 4
$c
[1] 20
[[4]]
NULL
[[5]]
[1] "a" "b" "c"
> p2<-c(p,list(1,'abc'))
> p2
$a
[1] 10
$b
[1] 1 2 3 4
$c
[1] 20
[[4]]
NULL
[[5]]
[1] "a" "b" "c"
[[6]]
[1] 1
[[7]]
```

```
[1] "abc"
>p3<-c(p,g=list(c(100,200)))          #请读者上机操作观察结果
>p4<-c(p,list(g=c(100,200)))          #请读者上机操作观察结果
>p5<-c(p,list(g=2,h=3))               #请读者上机操作观察结果
```

3）删除列表元素

删除列表元素是通过对列表项赋 NULL（空值）来实现的。当给列表元素赋 NULL 后，R 语言会自动删除该列表元素，并将该列表项之后的元素索引序号自动减 1。

【例 2.47】 删除列表元素示例。

```
> (a<-diag(3))
     [,1] [,2] [,3]
[1,]    1    0    0
[2,]    0    1    0
[3,]    0    0    1
> (b<-c(1:4))
[1] 1 2 3 4
> (p<-list(a=a,b=b,c=30, d=list(d1=1,d2=2,d3=3), e=50))
$a
     [,1] [,2] [,3]
[1,]    1    0    0
[2,]    0    1    0
[3,]    0    0    1
$b
[1] 1 2 3 4

$c
[1] 30

$d
$d$d1
[1] 1

$d$d2
[1] 2

$d$d3
[1] 3


$e
[1] 50

> names(p)
[1] "a" "b" "c" "d" "e"
> p$e<-NULL
```

```
> print(p)
$a
     [,1] [,2] [,3]
[1,]    1    0    0
[2,]    0    1    0
[3,]    0    0    1

$b
[1] 1 2 3 4

$c
[1] 30

$d
$d$d1
[1] 1

$d$d2
[1] 2

$d$d3
[1] 3
> names(p)
[1] "a" "b" "c" "d"
> p[[4]]<-NULL
> print(p)
$a
     [,1] [,2] [,3]
[1,]    1    0    0
[2,]    0    1    0
[3,]    0    0    1

$b
[1] 1 2 3 4

$c
[1] 30

> names(p)
[1] "a" "b" "c"
```

2.2.3 数据结构判断与转换

R 语言提供了一系列函数用于数据结构的判断和转换，如表 2.7 所示。

表 2.7　R 语言中的数据结构判断和转换函数

数据结构	判断函数	转换函数
向量	is.vector	as.vector
矩阵	is.matrix	as.matrix
数组	is.array	as.array
数据框	is.data.frame	as.data.frame
列表	is.list	as.list

以“is.”开头的函数的返回值为 TRUE 或 FALSE，而以“as.”开头的函数将参数对象转换为相应的数据结构。

【例 2.48】 数据结构判断与转换示例。

```
> x<-1:4
> x
[1] 1 2 3 4
> is.numeric(x)        #判断对象 x 的数据类型
[1] TRUE
> is.vector(x)         #判断对象 x 的数据结构
[1] TRUE
> y<-as.character(x)
> y
[1] "1" "2" "3" "4"
> is.vector(y)
[1] TRUE
> z<-as.list(x)
> z
[[1]]
[1] 1

[[2]]
[1] 2

[[3]]
[1] 3

[[4]]
[1] 4
> is.list(z)
[1] TRUE
```

2.3 因子及其相关函数

2.3.1 因子

1. 因子的概念

变量可以分为名义型变量、有序型变量和连续型变量 3 种类型。

名义型变量是没有顺序之分的类别变量，如前面数据框表中的糖尿病类型变量 diabetes（Type1、Type2）就是名义型变量。有时为了方便统计分析，R 语言会将类别变量编码，如将 Type1 编码为 1、Type2 编码为 2，但这并不意味着二者是有序的。

有序型变量表示一种顺序关系，并不是数量上的顺序关系。例如，病情变量 status（Poor、Improved、Excellent）是一个有序型变量，表示的是病情状态的顺序关系。

连续型变量可以是某个范围内的任意值，同时具有数量和顺序上的意义。例如，年龄变量 age 就是一个连续型变量，它可以表示像 14.5 或 22.8 这样的任意值。

名义型变量和有序型变量在 R 中称为因子（factor）。因子在 R 中或者说在数据分析中非常重要，因为在 R 语言中通过因子对数据进行分类处理。

2. 创建因子的方法

在 R 语言中，主要有以下两种创建因子的方法。

方法 1：当使用 data.frame 函数创建数据框时，将该函数的参数 stringsAsFactors 设置为 T，此时数据框中所有字符型变量都是因子。

【例 2.49】 创建数据框时就指定所有字符变量是因子示例。

```
> patientID<-c(1:4)
> age<-c(25,34,28,52)
> diabetes<-c('Type1','Type2','Type1','Type1')
> status<-c('Poor','Improved','Excellent','Poor')
> patientData1<-data.frame(patientID, age, diabetes,status, stringsAsFactors = T)
> str(patientData1)
'data.frame':   4 obs. of  4 variables:
 $ patientID: int  1 2 3 4
 $ age      : num  25 34 28 52
 $ diabetes : Factor w/ 2 levels "Type1","Type2": 1 2 1 1
 $ status   : Factor w/ 3 levels "Excellent","Improved",..: 3 2 1 3
```

上述程序运行后，调用 str 函数显示数据框结构，字符型变量 diabetes 和 status 都是因子。

方法 2：使用 factor 函数创建因子。该函数可以把已经存在的数值或字符变量转换成因子。该函数的调用格式如下。

```
factor(x,ordered,labels,levels...)
```

其中，参数 x 是设置为因子的变量名；参数 ordered 是逻辑型，用于指定因子的水平是否有序；参数 labels 用于指定水平的名称；参数 levels 用于指定因子可能的水平（默认值为向量 x 中互异的值）。对于字符型向量，因子的水平默认按照字母顺序有序排列。

【例 2.50】 用 factor 函数创建因子变量示例。

```
> patientID<-c(1:4)
> age<-c(25,34,28,52)
> diabetes<-c('Type1','Type2','Type1','Type1')
> diabetes<-factor(diabetes)     #将 diabetes 设置为名义型变量
> status<-c('Poor','Improved','Excellent','Poor')
> patientData<-data.frame(patientID, age, diabetes,status)
> str(patientData)
'data.frame':   4 obs. of  4 variables:
 $ patientID: int  1 2 3 4
 $ age      : num  25 34 28 52
 $ diabetes : Factor w/ 2 levels "Type1","Type2": 1 2 1 1
 $ status   : chr  "Poor" "Improved" "Excellent" "Poor"
> patientData$status<-factor(patientData$status,ordered = T)
    #将数据框的 status 设置为有序型变量，按字母顺序有序排列
> str(patientData)
'data.frame':   4 obs. of  4 variables:
 $ patientID: int  1 2 3 4
 $ age      : num  25 34 28 52
 $ diabetes : Factor w/ 2 levels "Type1","Type2": 1 2 1 1
 $ status   : Ord.factor w/ 3 levels "Excellent"<"Improved"<..: 3 2 1 3
> patientData$status<-factor(patientData$status,ordered = T,levels =
c("Poor","Improved","Excellent"))
#将数据框的 status 设置为有序型变量，按 levels 中指定的顺序排列
> str(patientData)
'data.frame':   4 obs. of  4 variables:
 $ patientID: int  1 2 3 4
 $ age      : num  25 34 28 52
 $ diabetes : Factor w/ 2 levels "Type1","Type2": 1 2 1 1
 $ status   : Ord.factor w/ 3 levels "Poor"<"Improved"<..: 1 2 3 1
```

2.3.2　与因子相关的函数

1. split 函数

split 函数根据一个或多个分组变量，把数据结构分成单独的各部分。该函数的调用格式如下。

```
split(x, f, drop=FALSE, ...)
```

其中，参数 x 是要分隔的数据；参数 f 是一个因子或因子列表。该函数的功能是按参

数 f 对 x 进行分隔，drop = TRUE 时，清除数目为 0 的分组；drop=FALSE 时，列出所有分组。split 函数的返回值是一个列表。

【例 2.51】 split 函数使用示例。

将图 2.3 所示 scores.csv 文件中的数据写入数据框 fs 中。

	A	B	C	D	E
1	No	studentID	courseID	score	
2	1	12001	1	75.8	
3	2	12003	2	80	
4	3	12003	1	79	
5	4	12004	3	90	
6	5	12005	3	68	
7	6	12005	1	50	
8	7	12005	2	79	
9	8	12006	4	59	
10	9	12007	2	67	
11	10	12007	1	66	
12	11	12005	4	97	
13	12	12001	2	99	
14	13	12011	1	90	
15	14	12009	1	89	
16	15	12009	2	79	
17	16	12009	3	56	
18					

图 2.3 scores.csv 文件中的数据

```
> fs<-read.table('scores.csv',sep=',',header=T)
> head(fs)                        #显示数据框前 6 条数据
  No studentID courseID score
1  1     12001        1  75.8
2  2     12003        2  80.0
3  3     12003        1  79.0
4  4     12004        3  90.0
5  5     12005        3  68.0
6  6     12005        1  50.0
> x1<-split(fs$score,fs$courseID)
> x1
$'1'
[1] 75.8 79.0 50.0 66.0 90.0 89.0

$'2'
[1] 80 79 67 99 79

$'3'
[1] 90 68 56

$'4'
[1] 59 97
```

在上面例子中，split 函数根据一个指定向量（fs$courseID）中的因子水平分割了一个向量（fs$score）。

2. tapply、by、aggregate 函数

tapply、by、aggregate 这 3 个函数都可以对数据进行汇总统计。这 3 个函数的处理过程都是先将要统计分析的数据按照因子分组，再针对每个分组进行统计。这里要注意的是，这 3 个函数的区别在于返回值的结构不同。

tapply 函数的调用格式如下。

```
tapply(x, index, FUN, ...)
```

其中，参数 x 是待汇总的数据，通常是一个向量；参数 index 是一个因子或因子列表；参数 FUN 是应用于 x 的函数。这里要注意的是，index 是两个因子时将产生列联表。tapply 函数的返回值是一个 array 对象。

by 函数的调用格式如下。

```
by(x, indices, FUN, ...)
```

by 函数中参数的含义和 tapply 函数一样。by 函数的返回值是一个 by 对象。

aggregate 函数的调用格式如下。

```
aggregate(x,by,FUN)
```

其中，参数 x 是待汇总的数据；参数 by 是一个因子列表；参数 FUN 指定统计操作函数。aggregate 函数的返回值是一个数据框。

【例 2.52】 tapply、by 和 aggregate 函数使用示例。

```
> fs<-read.table('scores.csv',sep = ',',header = T)
> (x1<-tapply(fs$score,fs$courseID,mean))
#对 score 列的数据，按照 courseID 分组，然后分别计算每组的平均分
       1        2        3        4
74.96667 80.80000 71.33333 78.00000
> class(x1)
[1] "array"
> (x2<-by(fs$score,fs$courseID,mean))
fs$courseID: 1
[1] 74.96667
-------------------------------------------
fs$courseID: 2
[1] 80.8
-------------------------------------------
fs$courseID: 3
[1] 71.33333
-------------------------------------------
fs$courseID: 4
[1] 78
> class(x2)
[1] "by"
```

```
> (x3<-aggregate(fs$score,list(fs$courseID),mean))
  Group.1        x
1       1 74.96667
2       2 80.80000
3       3 71.33333
4       4 78.00000
> class(x3)
[1] "data.frame"
```

在上面例子中，tapply、by 和 aggregate 函数都是先将 fs$score 中的数据按照 fs$courseID 分组，再针对每组中的 fs$score 数值调用 mean 函数计算平均值。

3. cut 和 table 函数

cut 函数的调用格式如下。

```
cut(x,breaks,labels=F)
```

该函数的功能是统计 x 落入区间 breaks 的编号或区间的标签。其中，参数 x 是向量，参数 breaks 是区间向量，参数 labels 指定区间的名称。

table 函数的调用格式如下。

```
table(x)
```

该函数的功能是统计分组的频数。其中，参数 x 可以是数据框、向量或列表。

【例 2.53】 cut 和 table 函数使用示例。

```
> x<-runif(20)    #在 0 到 1 这个区间内按照均匀分布生成 20 个随机数
> x
 [1] 0.38243953 0.26533862 0.49701658 0.38312854 0.22188265
 [6] 0.76045268 0.79592711 0.12645377 0.55184912 0.08089695
[11] 0.61701781 0.59011468 0.17172836 0.61015338 0.30058141
[16] 0.37415439 0.19802430 0.93283130 0.56034092 0.88079587
> b<-seq(from=0.0,to=1.0,by=0.2)
> b
[1] 0.0 0.2 0.4 0.6 0.8 1.0
> (f1<-cut(x,b,labels=F))
 [1] 2 2 3 2 2 4 4 1 3 1 4 3 1 4 2 2 1 5 3 5
> table(f1)
f1
1 2 3 4 5
4 6 4 4 2
```

上面例子中，cut 函数首先把等差序列 b（0.0, 0.2, 0.4, 0.6, 0.8, 1.0）划分的 0 到 1 之间的 5 个区间依次编号为 1、2、3、4、5，然后对 x 中的每一个数判断落入这 5 个区间的哪一个，并列出区间编号。最后调用 table 函数，统计每个区间编号出现的次数。可以看出在这 20 个随机数中，落在编号为 1、2、3、4、5 的 5 个区间中的数分别有 4 个、6 个、4 个、4 个、2 个。

2.4 日期对象

2.4.1 输入日期对象

在使用 R 语言的过程中，如果需要当前的日期或时间，可以直接调用 R 中的 3 个函数获取。

Sys.Date 函数：返回计算机当前的日期。

Sys.Time 函数：返回计算机当前的时间。

date 函数：返回计算机当前的日期和时间。

【例 2.54】 调用函数获取系统日期和时间示例。

```
> Sys.time()
[1] "2023-04-06 19:06:46 CST"
> Sys.Date()
[1] "2023-04-06"
> date()
[1] "Thu Apr 06 19:06:48 2023"
```

在 R 语言中，日期型数据不能直接通过键盘输入。日期值需要先以字符串形式输入 R 中，再通过调用 as.Date 函数转换成日期型数据。该函数的调用格式如下。

```
as.Date(x,"input_format")
```

其中，参数 x 是输入的字符串向量；参数 input_format 用于指定读入日期的格式。读入日期的格式如表 2.8 所示。

表 2.8　读入日期的格式

符号	含义	示例	符号	含义	示例
%d	日期	01～31	%a	缩写的星期名	Mon
%m	数字表示的月份	01～12	%A	完整的星期名	Monday
%y	两位数的年份	07	%b	缩写的月份	Jan
%Y	四位数的年份	2007	%B	完整的月份	January

【例 2.55】 输入日期型数据示例。

```
> (x1<-c('2023-04-01','2023-04-28'))
[1] "2023-04-01" "2023-04-28"
> (d1<-as.Date(x1,'%Y-%m-%d'))
[1] "2023-04-01" "2023-04-28"
> (x2<-c('01|04|2023','28|04|2023'))
[1] "01|04|2023" "28|04|2023"
> (d2<-as.Date(x2,'%d|%m|%Y'))
[1] "2023-04-01" "2023-04-28"
> (x3<-c('04 01 23','04 28 23'))
```

```
[1] "04 01 23" "04 28 23"
> (d3<-as.Date(x3,'%m %d %y'))
[1] "2023-04-01" "2023-04-28"
```

由上面例子可以看到，都是先输入字符串，再将字符串通过 as.Date 函数转换成日期型数据。

2.4.2 输出日期对象

as.Date 函数用于将字符型数据转换为日期型数据，而 strftime 和 format 函数用于将日期型数据转换为字符型数据。

strftime 函数的调用格式如下。

```
strftime(x, format, ...)
```

format 函数的调用格式如下。

```
format(x, format="output_format")
```

其中，参数 x 是要转换的日期型数据；参数 format 用于指定转换的格式。

【例 2.56】 将日期型数据转换为字符串输出示例。

```
> (x<-c("2023-04-01 08:00:00","2023-04-28 09:30:02"))
[1] "2023-04-01 08:00:00" "2023-04-28 09:30:02"
> is.character(x)
[1] TRUE
> (y<-as.Date(x,'%Y-%m-%d %H:%M:%S'))
[1] "2023-04-01" "2023-04-28"
> is.character(y)
[1] FALSE
> (z<-strftime(y,'%Y/%m/%d'))
[1] "2023/04/01" "2023/04/28"
> is.character(z)
[1] TRUE
> (format(y,'%Y年%m月%d日 %H时%M分%S秒')->u)
[1] "2023年04月01日 00时00分00秒"
[2] "2023年04月28日 00时00分00秒"
> is.character(u)
[1] TRUE
```

2.4.3 日期型数据的计算

由于日期型数据在R语言内部用double类型存储天数，因此两个日期型数据可以相减，结果是这两个日期相差的天数。除此之外，R 语言还提供了一个名为 difftime 的函数，用于计算时间间隔，并以秒数、分钟数、小时数、天数、周数来表示。difftime 函数的调用格式如下。

```
difftime(time1,time2, tz,units = c("auto", "secs", "mins", "hours", "days",
"weeks"))
```

其中，参数 time1 和 time2 是日期型数据，即要计算间隔的两个日期；参数 tz 用于指定时区；参数 units 用于指定间隔的单位。

【例 2.57】 日期型数据的计算示例。

```
> (today<-Sys.Date())
[1] "2023-04-07"
> (past<-as.Date("2023-3-4"))
[1] "2023-03-04"
> (past-today)
Time difference of -34 days
> difftime(today,past,units = "days")
Time difference of 34 days
> difftime(past,today,units = "hours")
Time difference of -816 hours
> difftime(today,past,units = "hours")
Time difference of 816 hours
```

2.5 字符处理

在 R 语言中，经常要处理字符型数据，包括创建字符串和在字符串中查找特定的字符。本节介绍 R 基础包中的一些字符处理函数。

2.5.1 字符串

在 R 语言中，字符串是用半角单引号或半角双引号（定界符）括起来的一串字符。用户可以用赋值命令直接创建包含任意字符的字符串对象。

1. 字符串连接函数 paste 和 paste0

paste 函数的调用格式如下。

```
paste (..., sep = " ", collapse = NULL)
```

该函数的功能是把若干个字符串拼接起来，若连接的参数是向量，则分别连接多个向量的对应元素，返回一个长字符串。其中，参数 sep 用于指定分隔符，默认为空格。参数 collapse 为可选项，如果不指定该参数的值，则 paste 函数的返回值是字符向量；若为其指定某个值，那么 paste 函数的返回值是将连接后的字符型向量再连接构成的一个字符串，字符型向量之间通过 collapse 的值连接。

paste0 函数调用格式如下。

```
paste0 (..., collapse = NULL)
```

该函数的功能和用法与 paste 函数相似，但是 paste0 函数没有参数 sep。

注意

paste函数和paste0函数都具有类型转换功能，即当连接的参数不是字符型时，首先将其转换为字符型再进行连接。连接的向量长度不等时，R语言会自动循环补齐。

【例2.58】 paste函数和paste0函数的使用示例。

```
> x<-c('广东','湖南','湖北')
> y<-c('广州','长沙','武汉')
> z<-c('中山大学','中南大学')
> paste(x,y)
[1] "广东 广州" "湖南 长沙" "湖北 武汉"
> paste(x,y,sep = '-')
[1] "广东-广州" "湖南-长沙" "湖北-武汉"
> paste(x,y,sep = '-',collapse = ' / ')
[1] "广东-广州 / 湖南-长沙 / 湖北-武汉"
> paste(x,z)
[1] "广东 中山大学" "湖南 中南大学" "湖北 中山大学"
> paste0(x,y,z)
[1] "广东广州中山大学" "湖南长沙中南大学" "湖北武汉中山大学"
> paste0(x,y,z,collapse = '/')
[1] "广东广州中山大学/湖南长沙中南大学/湖北武汉中山大学"
```

2. 转义字符

简言之，转义字符就是在字符前加“\”使它具有其他意义。

转义字符有以下两个作用。

（1）将一些有特殊含义的字符标识为普通字符。例如，半角双引号（"）本身用于界定字符串，当R语言看到它时，就知道跟在后面的是字符串，而其本身不会直接打印出来。那么当需要打印它时，就需要告诉R语言这个半角引号不要当作引用的特殊字符处理，而是当作普通字符处理。同理，“\”就起到标识符的作用。

（2）用于表示一些特殊的控制符，如换行“\n”、退格“\b”等。转义字符结合普通的字母可以用于表示特殊的控制意义，一般用于格式控制。常见的转义字符及其含义如表2.9所示。

表2.9 常见的转义字符及其含义

转义字符	含义
\n	换行
\t	水平制表
\b	退格
\\	反斜杠
\"或\'	双引号或单引号

【例 2.59】 转义字符使用示例。

```
> x1<-'北京\n 上海'
> x1                              #这种输出方式不识别转义字符
[1] "北京\n 上海"
> cat(x1)                         #cat 函数识别转义字符的含义
北京
上海
> x2<-'北京\n\b 上海'
> x2
[1] "北京\n\b 上海"
> cat(x2)
北京上海
> x3<-"\"北京\"是中国的首都"
> x3
[1] "\"北京\"是中国的首都"
> cat(y3)
"北京"是中国的首都
> setwd("E:\\2021R\\book1")
> getwd()
[1] "E:/2021R/book1"
```

2.5.2　正则表达式

正则表达式是针对字符串操作的逻辑公式，即用事先定义好的一些特定字符及这些特定字符的组合，组成一个“规则字符串”，用于表达对字符串的一种过滤逻辑。正则表达式是一种文本模式，该模式描述在搜索文本时要匹配的一个或多个字符串。

正则表达式包括普通字符（如 a 到 z 之间的字母）和特殊字符（称为元字符）。

正则表达式中常用的元字符及其含义如表 2.10 所示。

表 2.10　正则表达式中常用的元字符及其含义

元字符	含义	元字符	含义
.	除换行以外的任意字符	[]	选择括号内的任意字符
\\	转义字符	{}	前面的字符或表达式重复的次数
|	表示可选项，前后任选一个	*	前面的字符或表达式重复 0 次或多次
^	位于正则表达式的开始，表示匹配文本开始位置；位于[]内的开始处，表示不含括号内的任一字符	+	前面的字符或表达式重复 1 次或多次
$	放在结尾表示一行的结束	?	前面的字符或表达式重复 0 次或 1 次
()	提取匹配字符串		

正则表达式符号的运算顺序：( )优先级最高，其次是表示重复次数的元字符（即*、+、

{}），再次是连接运算（就是几个普通字符放在一起，如 abc），最后是表示可选项的元字符（|）。

【例 2.60】 正则表达式示例。

```
x<-c('cars','cases','caps')
> grep('c..s',x)        #在 x 中查找包含正则表达式'c..s'的字符串
#正则表达式'c..s'表示以字母 c 开头，以字母 s 结尾的包含 4 个字符的字符串
[1] 1 3
> grep('c..s',x,value = T)
[1] "cars" "caps"
> y<-c('these','length','not','take','Tom')
> grep('^t',y, ignore.case = T)     #正则表达式'^t'表示以字母 t 开头的字符串
[1] 1 4 5
> grep('t',y, ignore.case = F)      #不包含元字符，在 y 中查找包含字母 t 的字符串
[1] 1 2 3 4
> grep('^[tn]',c('these','length','not', 'result','input','our'), ignore.case
= T)
#正则表达式'^[tn]'表示以字母 t 或 n 开头的字符串
[1] 1 3
>grep('[eh]$',c('these','length','not', 'result','input','case'), ignore.case
= T,value = T)
    #正则表达式'[eh]$'表示以字母 e 或 h 结尾的字符串
[1] "these"  "length" "case"
```

2.5.3 字符处理函数

字符处理函数可以从文本型数据中抽取信息，或者为打印输出和生成报告重设文本格式。下面介绍一些常用的字符处理函数。

1. 计算字符个数

最基本的字符操作就是计算字符串中所有字符的个数（包括空格）。

R 语言提供了 nchar 函数用于计算并返回字符串中的所有字符个数。

nchar 函数的调用格式如下。

```
nchar(x)
```

【例 2.61】 调用 nchar 函数计算字符个数示例。

```
> (a<-'gdmu')
[1] "gdmu"
> class(a)
[1] "character"
> nchar(a)
[1] 4
```

```
> length(a)      #length 函数用于计算对象中元素的个数。
[1] 1
```

2. 字符检索函数 grep、grepl 和 regexpr、gregexpr

grep 函数的调用格式如下。

```
grep(pattern, x, ignore.case=F, value=F, fixed=F)
```

该函数的功能是在字符串向量 x 中搜索给定的子字符串 pattern。其中，参数 ignore.case 为逻辑型，若其值为 F（默认值）表示区分大小写，否则不区分大小写；参数 value 为逻辑型，若其值为 F（默认值）表示函数返回值是查找项 pattern 在向量 x 中的位置，否则返回值是向量中包含查找项的实际值；参数 fixed 为逻辑型，若其值为 F（默认值）表示 pattern 是正则表达式，否则表示 pattern 是普通的文本字符串。

grepl 函数的调用格式如下。

```
grepl(pattern, x, ignore.case = F, ...)
```

该函数的功能和用法与 grep 函数相同，区别仅在于 grepl 函数返回的是逻辑值，其中 T 表示匹配，F 表示不匹配。

【例 2.62】 grep 和 grepl 函数的使用示例。

```
> grep('ca|op',c('cap','cup','copy'),value=T)
[1] "cap"  "copy"
> grep('中国|间人',c('中国人民大学', '中华人民共和国', '中间人事务'), value = T)
[1] "中国人民大学" "中间人事务"
> grep('^t',c('these','length','not', 'take','Tom'), ignore.case = T)
[1] 1 4 5
>  grep('[^tsehrou]',c('these','length','not',  'result','input','our'),
ignore.case = T,value = T)
[1] "length" "not"    "result" "input"
>grepl('et*|te',c('feet and foot', 'my teeth', 'fog and fig', 'not wheetet'))
[1]  TRUE  TRUE FALSE  TRUE
```

regexpr 函数的调用格式如下。

```
regexpr(pattern, text, ignore.case = F, fixed = F)
```

该函数的功能是在字符串 text 中寻找 pattern，返回与 pattern 匹配的第一个子字符串的起始字符位置。

gregexpr 函数的调用格式如下。

```
gregexpr(pattern, text, ignore.case=F, ..., fixed=F, ...)
```

该函数的功能和用法与 regexpr 函数相同，区别仅在于 gregexpr 函数返回所有匹配子字符串的起始位置和匹配长度。

【例 2.63】 regexpr 和 gregexpr 函数的使用示例。

```
x<- c('feet and foot','my teeth', 'fog and fig', 'not wheetet')
> gregexpr('e+t|te',x)
[1]  2  4 -1  7                    #符合正则表达式的第 1 个字符串起始位置
attr(,"match.length")
[1]  3  2 -1  3                    #匹配字符的个数
attr(,"index.type")
[1] "chars"
attr(,"useBytes")
[1] TRUE
> gregexpr('e+t|te',x)
[[1]]                              #第 1 个字符串的匹配结果
[1] 2                              #所有匹配字符串的起始位置
attr(,"match.length")
[1] 3                              #匹配字符串的长度
attr(,"index.type")
[1] "chars"
attr(,"useBytes")
[1] TRUE

[[2]]                              #第 2 个字符串的匹配结果
[1] 4 6
attr(,"match.length")
[1] 2 2
attr(,"index.type")
[1] "chars"
attr(,"useBytes")
[1] TRUE

[[3]]                              #第 3 个字符串的匹配结果
[1] -1
attr(,"match.length")
[1] -1
attr(,"index.type")
[1] "chars"
attr(,"useBytes")
[1] TRUE

[[4]]                              #第 4 个字符串的匹配结果
[1]  7 10
attr(,"match.length")
[1] 3 2
attr(,"index.type")
```

```
[1] "chars"
attr(,"useBytes")
[1] TRUE
```

3. 字符替换函数 sub 和 gsub

sub 函数的调用格式如下。

```
sub(pattern, replacement, x, ignore.case=F, fixed=F)
```

该函数的功能是在参数 x 中搜索第一个和 pattern 匹配的子字符串，并用文本 replacement 将其替换。其他参数的含义同前面的字符处理函数一样。

gsub 函数的调用格式如下。

```
gsub(pattern, replacement, x, ...)
```

该函数的功能和用法与 sub 函数相同，不同之处在于该函数替换所有匹配的子字符串。

【例 2.64】 sub 和 gsub 函数的使用示例。

```
> mytxt<-c('feet and foot', 'my teeth', 'fog and fig', 'not wheetet')
> sub('e+t|te','00',mytxt)
[1] "f00 and foot" "my 00eth" "fog and fig"
[4] "not wh00et"
> gsub('e+t|te','00',mytxt)
[1] "f00 and foot" "my 0000h" "fog and fig"
[4] "not wh0000"
```

4. 取子串函数 substr 和 substring

substr 函数的调用格式如下。

```
substr(x, start, stop)
```

该函数的功能是取出字符串 x 中从 start 开始到 stop 结束的子字符串。其中，参数 start 和 stop 都是整数，分别表示取子串的起始字符位置和结束字符位置。

substring 函数的调用格式如下。

```
substring(x, start, stop)
```

该函数的功能和参数含义同 substr 函数。

【例 2.65】 substr 和 sbustring 函数的使用示例。

```
> x<-c('中国位于亚洲东部','今天是个阳光明媚的好日子')
> y<-substr(x,3,5)
> y
[1] "位于亚" "是个阳"
substring(x,3,5)->z
z
[1] "位于亚" "是个阳"
```

5. 字符分隔函数 strsplit

strsplit 函数的调用格式如下。

```
strsplit(x, split, fixed = F)
```

该函数的功能是按参数 split 指定的分隔符分隔 x 中的字符串。其中，参数 fixed 是逻辑型，若其值为 F（默认值）表示 split 是正则表达式，否则 split 是一个文本字符串。

【例 2.66】 strsplit 函数使用示例。

```
> txt<-paste("There are moments in life when!",
        "you miss someone so much;that you",
        "just want to pick them from your")
> x1<-strsplit(txt,split = " ")
> x1
[[1]]
 [1] "There"     "are"       "moments"   "in"
 [5] "life"      "when!"     "you"       "miss"
 [9] "someone"   "so"        "much;that" "you"
[13] "just"      "want"      "to"        "pick"
[17] "them"      "from"      "your"
> x2<-strsplit(txt,split = '[ !;.]')
> x2
[[1]]
 [1] "There"   "are"     "moments" "in"      "life"
 [6] "when"    ""        "you"     "miss"    "someone"
[11] "so"      "much"    "that"    "you"     "just"
[16] "want"    "to"      "pick"    "them"    "from"
[21] "your"
```

2.6 特殊值处理

2.6.1 Inf

Inf 表示无穷大，是 Infinite 的缩写。R 语言用 Inf 和-Inf 分别表示正无穷大（∞）和负无穷大（-∞），且 Inf 可以参与部分运算。R 语言用 is.infinite 函数来判断数据是否无穷大，用 is.finite 函数来判断数据是否是有限数。

【例 2.67】 Inf（无穷大）示例。

```
> (x<-c(3,Inf,-9,100^1000,-Inf))
[1]    3  Inf   -9  Inf -Inf
> is.finite(x)
[1]  TRUE FALSE  TRUE FALSE FALSE
> is.infinite(x)
[1] FALSE  TRUE FALSE  TRUE  TRUE
```

2.6.2　NaN

NaN 表示非数字值，是 Not a Number 的缩写，表示难以量化的数值对象。含 NaN 的数学表达式结果都是 NaN（NULL 除外）。R 语言用 is.nan 函数判断对象是否为非数字值。

【例 2.68】 NaN（难以量化的数值）示例。

```
> NaN + 23
[1] NaN
> is.nan(NaN * -5)
[1] TRUE
> x<-c(NaN,74.5, Inf, -906, NaN, -Inf, 100)
> x
[1]    NaN   74.5    Inf -906.0    NaN   -Inf  100.0
> which(is.nan(x))
[1] 1 5
> x<-x[-which(is.nan(x))]
> x
[1]   74.5    Inf -906.0   -Inf  100.0
> x<-x[-which(is.infinite(x))]
> x
[1]   74.5 -906.0  100.0
```

在上面例子中，使用 which 函数可以删除数据对象中的 NaN 和 Inf。

2.6.3　NA

在 R 语言中，无论什么类型的数据，均使用 NA 表示该数据对象的值不可用或者无法确定。NA 是 Not Available（不可用）的缩写。下面介绍 3 个和缺失值 NA 相关的函数。

is.na(x)：用于判断数据对象 x 是否为缺失值。该函数作用于一个对象上，返回一个相同大小的对象，如果某个元素是缺失值，相应位置将被改写为 TRUE，否则相应位置为 FALSE。

anyNA(x)：用于判断 x 中是否包含 NA，如果对象 x 中含有缺失值则返回标量 TRUE，否则返回 FALSE。

complete.cases(x)：用于判断矩阵或数据框中是否有包含缺失值的行。如果每行都包含完整的数据，则返回 TRUE 的逻辑向量；若每行包含一个或多个缺失值，则返回 FALSE。

【例 2.69】 缺失值 NA 示例。

```
> length(c(1.2, NA))         #NA 需要占用内存空间
[1] 2
> (x<-c(NA,'This ', 'is', NA, 'and', 'NA'))
[1] NA      "This " "is"    NA      "and"   "NA"
> is.na(x)
```

```
[1]  TRUE FALSE FALSE  TRUE FALSE FALSE
> anyNA(x)
[1] TRUE
> (y<-matrix(c(1:3,NA,7,NA,8,NA,9),nrow = 3))
     [,1] [,2] [,3]
[1,]    1   NA    8
[2,]    2    7   NA
[3,]    3   NA    9
> is.na(y)
      [,1]  [,2]  [,3]
[1,] FALSE  TRUE FALSE
[2,] FALSE FALSE  TRUE
[3,] FALSE  TRUE FALSE
> anyNA(y)
[1] TRUE
> complete.cases(y)  #矩阵 y 有 3 行，所以返回包含 3 个元素的逻辑向量
[1] FALSE FALSE FALSE
```

2.6.4 NULL

NULL 表示空值，即没有内容。NaN 和 NA 可以理解为占位符，而 NULL 却不是占位符。有时需要预定义一些对象而不希望占用内存，这时可用 NULL 指定。R 语言用 is.null 函数判断对象是否为空值。

【例 2.70】 NULL 示例。

```
> (x<-c(2,3,NA,5))          #NA 是一个元素，占用内存空间
[1]  2  3 NA  5
> length(x)
[1] 4
> is.null(x)
[1] FALSE
> (y<-c(2,3,NULL,5))        #NULL 不占用内存空间
[1] 2 3 5
> length(y)
[1] 3
> is.null(y)
[1] FALSE
```

小　　结

本章主要介绍了 R 数据对象的定义与使用，所涉及的 R 函数比较多，需要重点掌握的 R 函数有 vector、seq、rep、sort、subset、which、matrix、nrow、ncol、dim、colSums、rowSums、 colMeans、rowMeans、array、data.frame、merge、melt、list、factor、split、tapply、by、aggregate、cut、table、as.Date、difftime、paste、grep、nchar、grepl、sub、substr、strsplit、is.na、anyNA、complete.case 等。本章知识结构如图 2.4 所示。

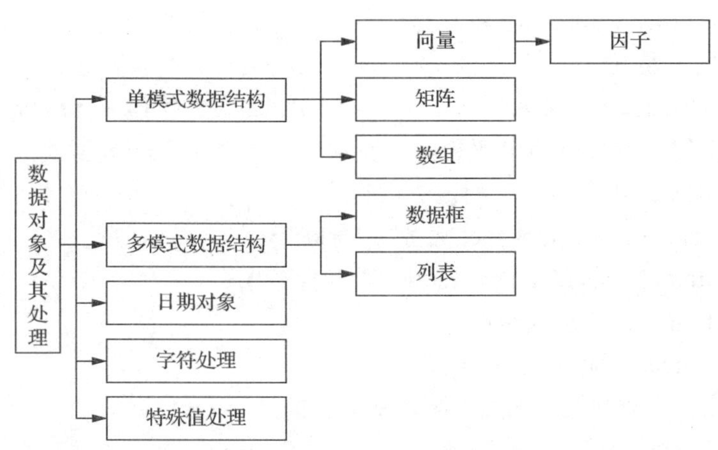

图 2.4　第 2 章知识结构

一、选择题

1．如果想创建一个起始项为 a，终止项不超过 b，且公差为 2 的序列，那么下列选项中，正确的是（　　）。

A．seq(from = a, to = b, step = 2)　　B．seq(from = a, to = b, by = 2)

C．rep(from = a, to = b, step = 2)　　D．rep(from = a, to = b, by = 2)

2．已知 a 是一个向量，如果想产生一个向量 x，要求 x 是 a 中的每个元素重复 2 次后再整体重复 7 次所构成的向量，那么下列选项中，正确的是（　　）。

A．x <- rep(a, times = 2, each = 7)　　B．x <- rep(a, times = 7, each = 2)

C．x <- rep(a, times = c(2,7))　　D．x <- rep(a, each = c(2,7))

3．如果想删除 x 中小于 10 的元素，那么下列选项中，正确的是（　　）。

A．x <- x[-x<10]　　B．x <- x[-c(x<10)]

C．x <- x[-subset(x<10)]　　D．x <- x[-which(x<10)]

4．下列说法中，正确的是（　　）。

A．matrix(c(2,3))可创建一个 2 行 3 列的矩阵，矩阵元素为 NA

B．matrix(FALSE, c(2,3))可创建一个 2 行 3 列的矩阵，矩阵元素为 FALSE

C．matrix(0, c(2,3))可创建一个 2 行 3 列的矩阵，矩阵元素为 0

D．matrix(nrow = 2, ncol = 3)可创建一个 2 行 3 列的矩阵，矩阵元素为 NA

5．如果想删除矩阵 x 中小于等于 2 的元素所在的行，那么下列说法正确的是（　　）。

A．x[-which(x<=2,arr.ind = T)[,1],]　　B．x[-which(x<=2,arr.ind = F)[,1],]

C．x[-which(x<=2,arr.ind = T)[,2],]　　D．x[-which(x<=2,arr.ind = F)[,2],]

6．如果 x <- array(1:30, dim = c(2, 3, 4))，则下列说法正确的是（　　）。

A．x[9]的值是 9　　B．x[1, 3, 2]的值是 9

C．x[1 , , 2]的值是 c(7, 8, 9)　　D．x[1, 2,]的值是 c(3, 9, 15)

7．如果想创建一个含有两个变量名“性别”和“身高”的数据框，且性别由向量 x 给出，身高由向量 y 给出，那么下列说法正确的是（　　）。

A．data.frame(x, y, names = c("性别", "身高"))

B．data.frame(x, y, colnames = c("性别", "身高"))

C．data.frame(x=性别, y=身高)

D．data.frame(性别=x, 身高=y,)

8．如果 x 是一个数据框，那么下列说法错误的是（　　）。

A．length(x)返回的是 x 的列数　　B．ncol(x)返回的是 x 的列数

C．nrow(x)返回的是 x 的行数　　D．names(x)返回的是行的名称

9．已知数据框 x 的 4 个变量分别为 a、b、c、d，如果想抽取变量 a 和 b 中的数据，且要求满足变量 b 大于 20，那么下列说法正确的是（　　）。

A．subset(x, x$b>20, c('a','b'))　　B．subset(x$b>20, c('a','b'))

C．subset(x, c('a','b'), x$b>20)　　D．subset(x, select = x$b>20, c('a','b'))

10．下列说法中，可以将向量 x 改变为因子的是（　　）。

A．x <- factor(x)　　B．factor(x)　　C．x <- factors(x)　　D．orders(x)

11．已知数据框 x 的变量 score 是考试分数，变量 course 是课程名称，变量 gender 是性别，如果想统计每个学科参加考试的男生和女生的人数，那么下列说法正确的是（　　）。

A．tapply(x$score, c(x$course, x$gender), sum)

B．tapply(x$score, list(x$course, x$gender), length)

C．table(x$score, c(x$course, x$gender), sum)

D．table(x$score, list(x$course, x$gender), length)

二、操作题

1．执行下列语句，注意分析和观察操作前后数据的变化。在此基础上，请尝试自行编写类似的操作语句。

```
x<-c(1.2:8.6)
x
y<-seq(from=2.1,by=0.5,length.out=8)
y
x+y
```

2．用 runif(12,min=-4,max=4)产生 12 个随机数，然后使用这 12 个随机数创建一个 3 行 4 列的矩阵，并且给这个矩阵的行和列分别命名，名称自拟。请分别用行列位置、行列名称和单下标的方式提取（引用）矩阵中第 3 行第 4 列的元素。

3．安装并加载 ISwR 包，该包中有一个名为 ewrates 的数据框，它是关于肺癌和口腔癌的数据框。在该数据框中，age 表示年龄，lung 表示每年每百万人的肺癌死亡人数，nasal 表示每年每百万人的口腔癌死亡人数。

（1）查看该数据框的结构。

（2）显示该数据框中 age>70 的数据记录。

（3）按照年龄分类，分组计算 lung 的和。

第3章 文件操作

【内容提要】

本章首先介绍路径与文件夹的基本概念，以及R语言中目录及文件操作的相关函数。然后，重点介绍R语言中交互式数据的输入与输出，以及各类型文件数据的读取函数，使读者能够灵活地输入和输出数据，以及快速获取并处理不同格式的数据。最后，介绍目前常见的统计软件文件的读取方法，让读者能够处理和分析来自其他软件的数据。文件操作在数据分析中非常重要，通过本章的学习，读者应掌握基本的文件操作技能，为后续的数据处理和分析打好基础。

【学习目标】

（1）理解文件与文件夹的基本概念。
（2）掌握R语言中文件与路径操作的常用函数。
（3）了解工作空间与历史命令的保存与导入方法。
（4）掌握键盘输入与屏幕输出方法。
（5）掌握R语言中结构化数据文件的读写。
（6）了解常见的第三方统计软件数据文件的读写方法。

3.1 文件的基本操作

3.1.1 文件与文件夹操作函数

在对文件进行操作前，要先了解文件名与路径的概念。文件名即文件的名称，包括主文件名和后缀，形如“××××.××”；路径即存放文件的文件夹。文件的路径和文件名组成了文件的全文件名，是文件在计算机中存在的标识，人们通过它来管理和操作文件。在计算机中，路径又分为绝对路径和相对路径：绝对路径指从根文件夹开始的文件路径，相对路径指从当前路径开始的文件路径。在R语言中，可以通过函数命令获取当前的工作路径，也可以更改工作路径。表3.1是R语言中常见的文件及路径操作函数。

表 3.1 R 语言中常见的文件及路径操作函数

函数名	功能
getwd	获取当前工作路径
setwd	设置当前工作路径。注意，表达路径分隔符"\"时可以用"\\"进行转义或者用"/"代替
dir	以字符串向量的形式返回指定路径的文件与文件夹。当 path 参数缺失时，默认查看当前工作路径中的文件与文件夹
list.files	功能同 dir 函数
list.dirs	以字符串向量的形式返回指定路径及路径中的文件夹及子文件夹
dir.exists	判断指定的目录是否存在，存在则返回 TRUE，否则返回 FALSE
file.create	创建文件函数：用于创建给定名称的文件
file.exists	判断指定的文件是否存在，存在则返回 TRUE，否则返回 FALSE；该函数也可以用于判断文件夹是否存在
file.copy	参数 from、to 分别代表文件复制的源文件与目标文件，复制成功返回 TRUE，否则返回 FALSE。如果 from 是文件名，to 是目录，则复制到 to 目录下，文件名保持不变；如果 from 是目录，也可以复制文件夹，可以通过将参数 recursive 设置成 TRUE，表示复制 from 中的内容（包含子文件夹内容，FALSE 则表示不复制子文件内容）
file.remove	删除指定的文件
file.rename	将 from 指定的文件重命名为 to 指定的文件名

注意

R 语言中有关文件操作的系统函数还有很多，如合并文件内容函数 file.append、显示文件内容函数 file.show 等，限于篇幅，本书不做一一介绍。

【例 3.1】 文件及目录操作。假设 D:\R files 中有一个文件夹 1，一个文本文档 123.txt，下面程序实现相关的文件操作的命令不是脚本文件语句，需要在窗口中执行相关的语句。

注意

以下示例代码正常运行须满足 D:\R files 中有一个文件夹 1，一个文本文档 123.txt。

```
> getwd()                    #获取当前工作路径
> setwd("D:\\R files")     #设置 D:\R files 为当前工作路径
#语句 setwd("D:/R files")有相同的功能
> dir()                  #查看 path 指定路径的内容，path 参数缺失，默认查看当前工作路径
#中的内容；此语句用于查看文件和文件夹
[1] "1"     "123.txt"
> list.files()                          #功能及结果同上
[1] "1"     "123.txt"
> list.dirs()                           #返回当前路径及当前路径中的文件夹
[1] "."   "./1"
> dir.exists("1")                       #判断当前工作目录中是否存在指定名称的文件夹
```

```
[1] TRUE
> file.exists("123.txt")          #判断当前工作路径中是否存在指定文件 123.txt
[1] TRUE
> file.exists("1")                #判断文件夹 1 是否存在
[1] TRUE
> file.copy("123.txt","D:\\1_copy.txt")          #复制当前工作路径中的
#123.txt 文件到 D 盘，并重命名为 1_copy.txt
[1] TRUE
> file.copy("1","D:\\T",recursive = T)
   #将当前工作路径中的文件夹 1 复制到 D 盘的 T 文件夹下
[1] TRUE
> file.remove("123.txt")          #删除指定的文件
[1] TRUE
> file.rename("123.txt","1_rename.txt")
[1] TRUE
```

3.1.2 工作空间与历史命令

RStudio 的环境管理器主要提供工作空间和历史命令。R 语言的工作空间（workspace）指当前的工作环境，相当于一个存储盒，可以存储用户在 R 语言会话运行过程中创建的相关对象，包括数据对象（向量、矩阵等）、外部读取的数据和编写的自定义函数等。如图 3.1 所示，用户可以在 RStudio 环境管理窗口中直观地看到当前存储对象。

Data	
pd	4 obs. of 4 variables
Values	
age	num [1:4] 25 34 28 52
diabetes	chr [1:4] "Type1" "Type2" "Type1" "Type1"
e	'table' chr [1:6, 1:5] "Min. :1931 " "1st Qu.:1941 …
patientID	int [1:4] 1 2 3 4
status	chr [1:4] "Poor" "Improved" "Excellent" "Poor"

图 3.1　RStudio 环境管理窗口

ls 函数和 objects 函数用于列出工作空间中的对象。ls 函数的调用格式如下。

```
ls(name, pos = -1L, envir = as.environment(pos),
   all.names = FALSE, pattern, sorted = TRUE)
```

其中，参数 name 用字符的方式指定要查询的工作空间，当 name 没有指定时，表示对当前工作空间进行查询；参数 pos 指定环境的位置，可以是整数或者字符，整数指定环境链（R 语言中有多个环境，它们按照一定的顺序排列，形成一个环境链）的位置，字符表示环境链中的名称；参数 envir 指定一个或多个环境对象；参数 pattern 表示用正则表达式来指定仅列出满足条件的对象；参数 sorted 用于指定是否对结果按字母顺序排序。

remove 函数和 rm 函数用于删除工作空间中的对象。remove 函数的调用格式如下。

```
remove(..., list=character(), pos=-1, envir=as.environment(pos), inherits
= FALSE)
```

其中，参数 pos 和 envir 用于指定需要删除对象的工作环境，缺失表示对当前工作空间进行操作。参数“...”表示要删除的对象；参数 list 是一个向量参数，用于指定删除的对象。假如要删除工作空间中的全部对象，可用语句 rm(list=ls())实现，需要注意的是使用该语句用户不会收到任何警告，所以除非真的确定要删除全部对象，否则不要这样做。下面的代码演示了 ls 函数和 remove 函数的使用。

【例 3.2】 工作空间对象管理：在命令窗口中执行下述代码。

```
> rm(list=ls())            #清空当前工作空间中的所有对象
#定义 4 个对象
> testa<-1:4
> testb<-"abc"
> a<-"CHN"
> b<-rnorm(10)
> ls()                     #查询当前工作空间中的对象
[1] "a"     "b"     "testa" "testb"
> ls(sorted = T)
[1] "a"     "b"     "testa" "testb"
> ls(sorted = F)           #查询当前工作空间中的对象，查询结果不进行排序
[1] "testa" "testb" "a"     "b"
> ls(pattern = "t")        #查询特定规则的对象
[1] "testa" "testb"
> rm("testb")              #删除指定的对象
> ls()
[1] "a"     "b"     "testa"
```

RStudio 环境管理窗口还包括历史命令窗口，历史命令窗口中显示了 RStudio 最近运行的 R 指令，如图 3.2 所示。可以使用 history 函数打开历史命令窗口。历史命令窗口中列出了最近使用的语句，可以在历史命令窗口中查询和选择相应操作命令：历史命令窗口中的命令可以用 To Console 命令发送至命令窗口运行，用 To Source 命令发送至脚本编辑窗口中的当前脚本。

```
rm(list=ls())
testa<-1:4
testb<-"abc"
a<-"CHN"
b<-rnorm(10)
ls()
ls(sorted = T)
ls(sorted = F)
ls(pattern = "t")
rm("testb")
ls()
```

图 3.2　历史命令窗口

用户退出 R 会话时，RStudio 会弹出工作空间镜像保存提示对话框，询问是否保存当前工作空间镜像。如果用户选择保存工作空间镜像，RStudio 会在当前工作路径中创建两个新的文件.Rdata 和.Rhistory，用于分别保存当前工作空间中的数据和 R 语言中运行的历史命令。下次启动 RStudio 时，程序将自动导入这两个文件。如果选择不保存工作空间镜像，则直接退出 RStudio。

另外，用户还可以用 save.image 函数保存工作空间，用 save 函数将指定的对象保存到指定文件中，用 load 函数加载保存的工作空间，用 savehistory 函数保存历史命令，用 loadhistory 函数加载历史命令。

3.2 交互式输入与屏幕输出

程序在运行过程中有时需要与用户进行数据交互，包括数据的输入与输出。R 语言在会话过程中允许用户以交互的方式实现数据的输入或输出：可以通过键盘进行简单数据的输入，也可以将数据在命令窗口通过屏幕进行输出。

3.2.1 键盘输入

交互式输入，可以方便用户在代码执行过程中进行操作，从而实现数据的输入，一般用于输入少量数据。R 语言提供了两种不同的交互式输入函数：一种是先打开数据编辑窗口，然后利用表格操作的方式进行输入；另一种是在控制台通过命令窗口进行输入。

1. edit 与 fix 函数

edit 函数的调用格式如下。

```
edit(name = NULL, file = "", title = NULL,editor = getOption("editor"), ...)
```

edit 函数常用的参数有 name 和 file。其中，参数 name 指定编辑的 R 对象的名称，参数 file 指定要编辑的文件的路径，可以将文件的内容加载到编辑器中进行编辑，然后将其保存为 R 对象。

fix 函数的调用格式如下。

```
fix(x, ...)
```

函数的主要参数 x 用于指定要编辑的对象。可以传递一个对象的名称（如数据框或函数的名称）。

2.2 节介绍过 edit 和 fix 函数主要用于矩阵和数据框数据的录入，这两个函数都可以调用数据编辑器进行数据输入。使用 edit 函数进行数据录入的一般步骤如下。

（1）定义一个空的数据框（或者矩阵）对象，变量名和变量的数据类型需要和预想录入的最终数据集保持一致。

（2）使用 edit 函数调用数据编辑器，在数据编辑器窗口中输入相关数据，并将结果保存到数据框中。

下面的代码段演示了使用数据编辑器进行数据录入的过程。

```
x<-data.frame( patientID=integer(0),
               age=numeric(0),
               diabetes=character(0),
               status=character(0) )
x<-edit(x)
```

在使用 fix 和 edit 函数时要注意的是，调用 fix 函数进行数据输入，是直接在原数据上进行修改；调用 edit 函数进行数据输入，并不对原数据进行修改，而是返回一个修改后的新数据，原来的数据保持不变，因此，在使用 edit 函数时需要将返回的数据保存到一个新的变量中。

2. scan 与 readline 函数

在 R 语言中，除了通过数据编辑窗口进行数据输入以外，还可以通过键盘接口进行数据输入。用户可以通过 scan、readline 等函数实现从键盘输入数据。

scan 函数可以从文件中读取或从键盘输入一个向量，也可以读取数据形成一个列表。当其参数 file 指定具体文件时，表示函数从指定的文件中读取数据；当 file = ""时，表示函数在命令窗口接收通过键盘输入的数据。scan 函数可以从键盘输入多个数据，一个数据输入结束后按 Enter 键，继续输入下一个数据。当所有数据输入完成后，再次按 Enter 键则表示结束数据输入。需要注意的是，scan 函数输入的数据默认是数值型向量，如果输入的是非数值型数据，函数会报错。

readline 函数的功能是在命令窗口接收通过键盘输入的一个字符串数据。该函数可以添加 prompt 参数，提示用户输入要打印的字符串。例如，程序在执行过程中需要用户输入名字，可以用以下的语句实现。

【例 3.3】 通过键盘输入数据，例子中的语句通过命令窗口执行，从而实现从键盘输入数值和字符串。

```
> scan()
1: 123
2: 100
3:
 Read 2 items
[1] 123 100
> username<-readline("Input your name:")
Input your name:Mark
> username
[1] "Mark"
```

3.2.2 屏幕输出与定向输出

1. 屏幕输出

在R语言中，主要使用print和cat函数实现屏幕输出，本节主要介绍这两个函数的语法格式与功能区别。

print函数的功能：打印参数并以不可见方式返回（通过 invisible(x)函数实现）。print函数是一个泛型函数，为factor、table、function等添加了打印方法，也可以很容易地为新类添加新的打印方法。print函数只能输出一个对象，如果要输出多个对象，可以通过paste函数将多个对象先连接再输出，或者将多个对象组合成向量或者列表等形式。命令行使用R时，直接以变量名或表达式作为命令可以起到与print函数相同的显示效果。在交互模式下，只需要输入变量名或者表达式，就可以获取数据结果，但无法显示函数体内部的变量，print函数则较为灵活。

cat函数的功能：连接和打印，即将若干参数内容连接起来，并且输出连接表示形式的对象。cat函数没有返回值（返回值为NULL），调用格式如下。

```
cat(... , file = "", sep = " ", fill = FALSE, labels = NULL, append = FALSE)
```

其中，参数“…”指定需要连接并打印的R对象（有关允许的对象类型，请参阅帮助文档中的“详细信息”）；参数file用于将输出内容写入指定的文件或连接，如果file参数值未指定，则默认为""，表示控制台没有设置接收器重定向，cat函数将通过标准连接（命令窗口）进行输出；参数sep用于指定连接过程中在每个元素之后添加的分隔符，默认为空格；参数append仅当参数file指定了具体的文件名称时才使用，如果参数值为TRUE则输出追加到文件末尾，否则覆盖文件内容。

注意

cat 函数可以将字符串、变量、表达式等数据连接起来，print 函数不能对列表参数进行拼接。

通过上面的介绍，可以知道print函数和cat函数的区别是，print函数在控制台输出打印的内容，同时返回输出内容，cat 函数没有返回值；print 函数不能使用转义符，直接在控制台输出要打印的内容，包括字符、制表符、转义符，而 cat 函数参数中可以使用转义符，函数默认输出内容后不换行，换行需要通过添加换行转义符“\n”实现。

【例 3.4】 使用print函数和cat函数进行输出。

```
#print 函数 ---------------------------------------------------------
> print(3.14159265,digits = 2)
[1] 3.1
> print("Hello, R Language")
[1] "Hello, R Language"
> x<-print("Hello, R Language")
> print(x)  #测试 print 函数返回值 x
```

```
#此语句与上面语句效果相同，结果如下
[1] "Hello, R Language"
> y<-matrix(c(5,NA,3,NA,NA,9,4,5,8,NA,NA,NA),nrow=3)
> print(y,na.print = '/')
     [,1] [,2] [,3] [,4]
[1,]    5    /    4    /
[2,]    /    /    5    /
[3,]    3    9    8    /

#cat 函数 ----------------------------------------------------------
> z<-cat(120,'abc')  #sep 默认为空格
120 abc
> print(z)  #测试 cat 函数返回值
NULL
> cat(120,'abc',sep = '|')
120|abc
> cat("hello",file="D:/test.txt",append=T)
#代码运行后，请读者自行在 D 盘查看 test.txt 文件的内容
```

2. 定向输出

在 R 语言中，sink 是重定向输出函数，用于将控制台输出重定向到指定文件中，输出结果不在控制台上显示，而是保存在文件中。这个函数在需要将结果保存到文件中时非常有用，例如，在进行数据分析时，可以将计算结果保存在文件中，以备后续使用。该函数的调用格式如下。

```
sink(file = NULL, append = FALSE, type = c("output", "message"),split = FALSE)
```

其中，参数 file 用于指定输出文件的保存路径和文件名，默认为""，表示输出到控制台；参数 append 用于表示是否将输出追加到现有文件中，默认为 FALSE；参数 type 用于指定输出类型，可选值为"output"和"message"，默认为"output"。通常情况下，设置输出重定向后，标准输出（命令窗口）将不再输出结果，此时可以通过设置参数 split=TRUE 实现输出在保存到文件的同时也在命令行窗口显示。

【例 3.5】 重定向输出：使用 sink 函数将控制台输出保存到指定文件（D 盘 test.txt 文件）中。

```
#将控制台输出重定向到指定文件
> sink('D:/test.txt')
> x<-c(1:4)
> y<-c(1:4)
> outer(x,y,'+')
#停止将输出重定向到文件
> sink()
#追加输出 ----------------------------------------------------------
> sink('D:/test.txt',append = T, split = T)
'This is what needs to be appended'
> sink()
```

使用 sink 函数实现定向输出需要注意的是，当输出结束以后，必须使用 sink()结束定向输出的设定，否则后面的语句输出将继续定向输出到指定的连接或者文件中。

3.3 读写文件

通过键盘进行交互式的数据输入适合数据较少的情况；数据量比较大时，数据一般存放在数据文件中，然后通过文件读取指令进行读取。R 语言提供了不同的函数用于读取不同文件格式的数据，包括文本文件和 CSV 文件（使用半角逗号分隔数据）。下面介绍几个常用的文件读写函数。

1. file 函数

file 函数主要用于“通用文件”的创建、打开和连接的关闭，如可能的压缩文件、URL、管道等，返回一个文件对应的句柄。该函数的调用格式如下。

```
file(description = "", open = "", ...)
```

其中，参数 description 用于指定文件名；参数 open 用于指定文件的打开方式。对于不同的文件操作目的，可以设置不同的打开方式。具体的打开方式介绍如下。

r：文本型只读。

w：文本型只写。

a：文本型末尾添加。

rb：二进制只读。

wb：二进制只写。

ab：二进制末尾添加。

r+或 r+b：允许读和写。

w+或 w+b：允许读和写，但刚打开时清空文件。

a+或 a+b：末尾添加并允许读。

2. seek 函数

seek 函数用于重定位连接。该函数的调用格式如下。

```
seek(con, where = NA, ...)
```

其中，参数 con 是一个句柄，用于指定文件连接，由 file 函数获得；参数 where 是一个数字，用于表示（相对于原点）文件位置，0 表示从开头开始，where=NA 表示返回连接的当前字节偏移量（相对于 0 位置）。

3. close 函数

close 函数用于关闭 file 函数打开的链接。一般用 close 函数才能保证读入数据的完整性，否则需要使用 flush 函数。该函数的调用格式格式如下。

```
close(con, type = "rw", ...)
```

3.3.1 scan 读入向量数据

scan 函数除了可以从键盘输入数据，还可以从文件读取数据，其调用格式如下。

```
scan(file="", what=double(), sep="", quiet=F...)
```

scan 函数主要参数及其功能描述如表 3.2 所示。

表 3.2 scan 函数主要参数及其功能描述

参数	功能描述
file	指定需要读取的文件名
what	指定读取的数据类型，默认为 double。如果参数 what 是一个数字，则指定向量中的元素数目；如果 what 是一个字符向量，则指定元素的类型，如"character""integer""numeric""logical"等
sep	指明读取时数据间的分隔符，默认分隔符为空格
quiet	该参数为逻辑型。如果参数值为 F（默认值），scan 函数将打印一行，说明已读取的项目数

假设有两个名为 data1.txt、data2.txt 的文件，其中 data1.txt 文件中的内容是数据，data2.txt 中的内容是文本，则下面例题实现了对两个文件的读取。

【例 3.6】 用 scan 函数读取文件。

```
x <-scan("data1.txt", what=numeric())
y <-scan('data2.txt',sep=',',what='')
```

3.3.2 readLines 逐行读入

readLines 函数用于读取指定连接中的部分或全部数据，其调用格式如下。

```
readLines(con = stdin(), n = -1L, ok = TRUE, warn = TRUE, encoding = "unknown",
          skipNul  =  FALSE)
```

readLines 函数主要参数及其功能描述如表 3.3 所示。

表 3.3 readLines 函数主要参数及其功能描述

参数	功能描述
con	被读取的文件，文件名由 file 函数指定。默认为 stdin()，即键盘输入。通过 seek 函数可以指定开始位置
n	指定读入的行数
ok	逻辑型参数，用于表示是否允许在读取 n> 0 行之前到达连接的末尾，TRUE 表示可以，FALSE 表示生成错误
warn	逻辑值。是否在文本文件缺少最终的行结束符或文件中有嵌入的 NULL 字符时发出警告
encoding	指定读取的文件编码格式
skipNul	逻辑型参数，用于说明是否应跳过 NULL

【例 3.7】 假设当前目录中有一个 patientData2.txt 文件，文件内容如图 3.3 所示，包括 11 条患者数据，使用 readLines 函数实现文件数据的读取。

```
#读取全部记录
(x1<-readLines('patientData2.txt'))

#读指定行数，从开头读
(x2<-readLines('patientData2.txt',n=1))
(x3<-readLines('patientData2.txt',n=2))
(x4<-readLines('patientData2.txt',n=3))

#file
fil<-file('patientData2.txt','r')
(z1<-readLines(fil,n=1))
(z2<-readLines(fil,n=2))
(z3<-readLines(fil,n=3))

#通过 seek 函数进行定位
seek(fil,where = 0)
(w1<-readLines(fil,n=1))
(w2<-readLines(fil,n=2))
(w3<-readLines(fil,n=3))

seek(fil,where = 31)
(w4<-readLines(fil,n=1))

close(fil)        #注意，文件操作完毕后需要关闭它
```

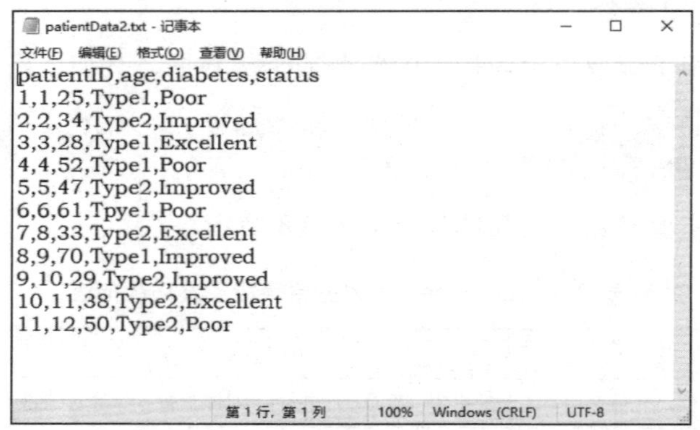
patientData2.txt - 记事本
文件(F) 编辑(E) 格式(O) 查看(V) 帮助(H)
patientID,age,diabetes,status
1,1,25,Type1,Poor
2,2,34,Type2,Improved
3,3,28,Type1,Excellent
4,4,52,Type1,Poor
5,5,47,Type2,Improved
6,6,61,Tpye1,Poor
7,8,33,Type2,Excellent
8,9,70,Type1,Improved
9,10,29,Type2,Improved
10,11,38,Type2,Excellent
11,12,50,Type2,Poor
第 1 行，第 1 列 100% Windows (CRLF) UTF-8

图 3.3 patientData2.txt 文件内容

3.3.3 读写结构化数据

R 语言除了读写文本文档，还可以读写结构化数据文件。结构化数据也称为行数据，是由二维表结构来逻辑表达和实现的数据，严格地遵循数据格式与长度规范，是关系型数据库中主流的数据存储方式，本节将介绍结构化数据的读写方法。

R 语言提供了 read.table、read.csv、read.delim 等函数进行结构化数据文件的读取，它们只在函数的一些默认参数上存在区别。

本节重点介绍 read.table、read.csv 这两个函数。

read.table 函数的调用格式如下。

```
read.table(file, header=FALSE, sep=" ", quote="\"", dec=".", fill=TRUE,
          row.names, col.names, encoding="unkown", ...)
```

read.table 函数主要参数及其功能描述如表 3.4 所示。

表 3.4 read.table 函数主要参数及其功能描述

参数	功能描述
file	文件名
header	确定第一行是否是变量名（标签）
sep	字段分隔符
quote	指定用于包围字符型数据的定界符
dec	指定用于小数点的字符
fill	为 TRUE 时，缺失字段用空白填充
row.names	行名的向量，默认为编号
col.names	列名的向量
encoding	指定编码

read.csv 函数的调用格式如下。

```
read.csv(file, header=TRUE, sep="," quote = "\"", dec=".", fill =TRUE,
        comment.char="", encoding="unkown", ...)
```

逗号分隔值（comma-separated values，CSV），也称为字符分隔值，因为分隔字符也可以不是逗号，其文件以纯文本形式存储表格数据（数字和文本）。在 read.csv 函数中，参数 file 用于指定一个 CSV 文件，用法与 read.table 函数相同，区别在于 read.table 默认读取的文件不带表头行，read.csv 函数默认文件第一行是表头。

同样，R 语言也提供了 write.table、write.csv 等函数，用于实现结构化数据文件的写入功能，它们的用法类似。write.table 将参数 x 指定的数据（如果它既不是矩阵也不是数据框，则将其转换为数据框）打印到文件或连接中。write.table 函数的调用格式如下。

```
write.table(x, file = "", append = FALSE, quote = TRUE, sep = " ",
            eol = "\n", na = "NA", dec = ".", row.names = TRUE,
            col.names = TRUE, qmethod = c("escape", "double"),
            fileEncoding = "")
```

其中常用的参数有：参数 x 用于指定需要写入文件的数据；参数 file 指定要写入的文件，可以是字符型的文件名，也可以是已打开的用于写入的连接；参数 append 用于指定数据是否以追加的方式写入文件，FALSE 表示数据以覆盖的方式写入，TRUE 表示数据以追加的方式写入；参数 quote 是逻辑值或数值向量，TRUE 表示任何字符或因子列将被双引号括起来，数值向量表示指定列需要括起来，FALSE 表示不括起来；参数 sep 用于指定数据间的分隔符；参数 na 指定数据中缺失值的字符串表示方式；参数 row.names/ col.names 指示是否一起写入行/列名称。

【例 3.8】 结构化数据的读取与写入。

```
#结构化数据读取 --------------------------------------------------------
#read.csv
(x1<-read.csv('scores.csv'))
#指定定界符
(x2<-read.csv('patientData.csv',quote='"'))
(x3<-read.csv('patientData.csv'))

#注意：文件扩展名不一定是.csv
(x4<-read.csv('scores.txt',sep="\t"))

#分隔符不一定是逗号
(x5<-read.csv('table2.txt',sep=''))
(x6<-read.csv('scores2.csv',sep=''))

#结构化数据写入 ----------------------------------------------------
#写矩阵
(x<-matrix(c(1:12),nrow=4))
write.table(x,'writetable1.txt')

(y<-matrix(c(13,25,9,61,3,45),nrow=2))
write.table(y,'writetable1.txt',append=T)

(y<-matrix(c(13,25,9,61,3,45),nrow=2))
write.table(y,'writetable2.txt', col.names=F, row.names=F, append=T)

#写数据框
(read.csv('scores.csv')->z)
write.table(z,'writetable3.txt',
          row.names=F,sep=',',
          quote=F)
#write.csv, 文件名扩展不一定是.csv
write.csv(x,'writecsv1.txt')
```

注意

由于上面例题中需要读取文件，因此需要建立相关的数据文件。读取与写入的效果请读者自行查验。

3.4 从其他类型文件中输入

R 语言是数据处理与分析的常见工具，除了前面介绍的几种数据文件外，也支持读取其他类型的数据文件。本节介绍 R 语言读取常见的第三方数据文件的一些方法。

3.4.1 从 Excel 中读入数据

Excel 是常用的数据分析与处理软件，R 语言支持读取 Excel 数据文件。读取 Excel 文件（包括.xls 和.xlsx 格式），需要先安装 xlsx 包，再通过 read.xlsx 函数读取数据。read.xlsx 函数的调用格式如下。

```
read.xlsx(file,n)
```

其中，参数 file 是对应的 Excel 文件名，Excel 工作簿中可以有多个工作表；参数 n 用于指定读取的 Excel 文件工作表序号。

【例 3.9】 利用 xlsx 包读取 Excel 文件：乳腺癌复发数据文件 breast.xlsx。该文件的内容如图 3.4 所示。

```
install.packages("xlsx")
library(xlsx)
breast_data<-read.xlsx("./breast.xlsx",1)
View(breast_data)
```

Filter

	A4	M3	T4	IN1	N1	D3	BQ1	IR0	C1
1	A5	M2	T4	IN1	N0	D1	BQ5	IR0	C0
2	A5	M2	T8	IN1	N0	D2	BQ2	IR0	C1
3	A4	M3	T8	IN1	N1	D3	BQ2	IR1	C1
4	A4	M3	T7	IN2	N1	D2	BQ3	IR0	C1
5	A5	M3	T6	IN2	N0	D2	BQ1	IR1	C0
6	A5	M2	T9	IN1	N0	D3	BQ1	IR0	C1
7	A4	M3	T3	IN1	N0	D2	BQ1	IR0	C0
8	A4	M3	T1	IN1	N0	D2	BQ4	IR0	C0
9	A4	M2	T9	IN6	N1	D2	BQ1	IR1	C1
10	A5	M3	T6	IN1	N0	D2	BQ2	IR0	C0
11	A6	M2	T4	IN1	N0	D2	BQ1	IR0	C0
12	A5	M2	T7	IN1	N0	D1	BQ5	IR0	C0
13	A5	M2	T6	IN1	N0	D2	BQ1	IR0	C0
14	A4	M3	T6	IN1	N0	D2	BQ2	IR1	C1
15	A3	M3	T5	IN1	N0	D3	BQ5	IR0	C0

Showing 1 to 16 of 276 entries, 9 total columns

图 3.4 breast.xlsx 文件的内容

3.4.2 读入其他统计软件数据

社会科学统计软件包（solutionsstatistical package for the socical sciences，SPSS），因操

作界面友好、输出结果美观，受到众多非专业统计人员的青睐。下面介绍 SPSS 数据文件的读取。SPSS 数据文件的读取有 foreign、haven、Hmisc 等多个第三方包可供选用。下面的代码实现了用 foreign 包和 Hmisc 包分别读取 SPSS 数据。

【例 3.10】 使用 R 语言第三方包读取 SPSS 文件。

```
#use foreign --------------------------------------------------------------
install.packages("foreign")
library(foreign)
ds1<-data.frame(read.spss("BreastCancerProcessed.sav") )
#read.spss 函数返回 list 类型；可以根据需要进行转换
head(ds1)
summary(ds1)
#use Hmisc ---------------------------------------------------------------
install.packages("Hmisc")
library("Hmisc")
ds2<-spss.get("BreastCancerProcessed.sav")
#spss.get 函数返回 data.frame 类型，如图 3.5 所示
summary(ds2)
```

	Age	Menopause	TumorSize	InvNodes	NodeCaps	DegMalig	BreastQuad	Irradiat	Class
1	A4	M3	T4	IN1	N1	D3	BQ1	IR0	C1
2	A5	M2	T4	IN1	N0	D1	BQ5	IR0	C0
3	A5	M2	T8	IN1	N0	D2	BQ2	IR0	C1
4	A4	M3	T8	IN1	N1	D3	BQ2	IR1	C1
5	A4	M3	T7	IN2	N1	D2	BQ3	IR0	C1
6	A5	M3	T6	IN2	N0	D2	BQ1	IR1	C0

图 3.5 SPSS 格式数据文件的读取

使用 foreign 包，R 语言还可以实现对其他主流统计软件数据文件的读取，相关函数如表 3.5 所示。

表 3.5 R 语言读取不同数据文件的函数

统计软件	读取数据文件的函数
SPSS	read.spss(file, to.data.frame=TRUE)
SAS	read.ssd(libname, sectionnames, tmpXport=tempfile(), ...)
Minitab	read.mtp(file)
Stata	read.dta(file, convert.dates=TRUE, convert.factors=TRUE, missing.type = FALSE, ...)
SYSTAT	read.systat(file, to.data.frame=TRUE)

小 结

本章主要介绍了 R 语言的文件与文件夹操作，需要掌握的 R 函数包括 getwd、setwd、dir、file.exists、ls、rm、scan、readline、print、cat、sink、file、seek、close、scan、readLines、read.table、read.csv、write.table、write.csv、read.xlsx、read.spss 等。本章知识结构如图 3.6 所示。

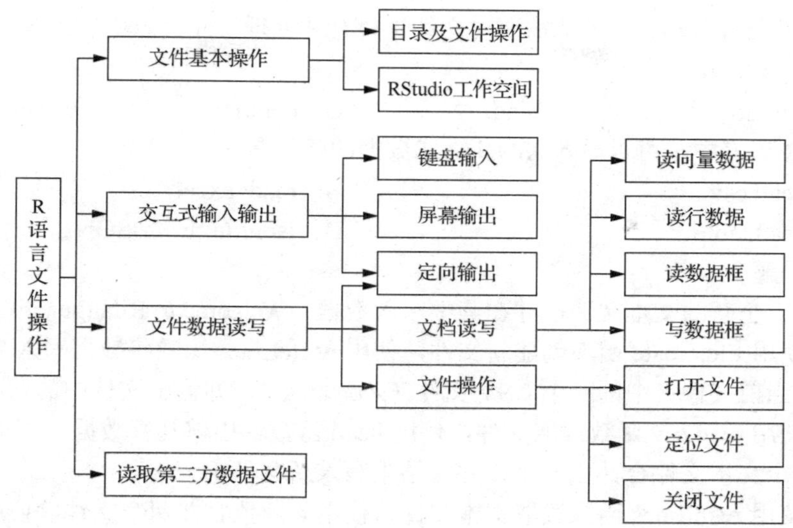

图 3.6 第 3 章知识结构

一、选择题

1. CSV 文件是以纯文本形式存储的表格数据，则在 R 语言中可以读取 CSV 文件的函数是（ ）。

A. read.csv　B. read_excel　C. read_table　D. read.json

2. 在 R 语言中，下列函数可以将数据写入文本文件的是（ ）。

A. write.txt　B. write.table　C. write_excel　D. write.json

3. 在 R 语言中可以使用函数查看文件及目录，则下列函数可以列出特定目录下的所有文件和子文件夹的是（ ）。

A. list.files　B. list.dirs　C. file.path　D. file.exists

4. 在 R 语言中，进行文件操作之前往往先要判断目标文件是否存在，下列函数可以检查特定文件是否存在的是（ ）。

A. file.path　B. file.exists　C. file.create　D. file.delete

5. 在 R 语言中，可以创建一个新文件夹的函数是（ ）。

A. mkdir　B. dir.create　C. new.folder　D. create.dir

6. 如果想删除一个文件，可以使用 R 语言中的（ ）函数。

A. file.delete　B. delete.file　C. remove.file　D. rm.file

7. 下列函数中，可以重命名一个文件或文件夹的是（ ）。

A. file.rename　B. rename.file　C. rename.dir　D. file.move

8. 在 R 语言中，可以将多个结构相同的数据框文件合并成一个的函数是（ ）。

A. merge　B. rbind　C. cbind　D. concat

9．在文件处理过程中，可能需要对文件进行合并处理，可以将多个文本文件合并成一个的函数是（　　）。

A．merge　　B．rbind　　C．cbind　　D．cat

10．在R语言中，可以导入JSON格式数据的函数是（　　）。

A．read.csv　　B．read_excel

C．read.table　　D．jsonlite::fromJSON

二、操作题

1．创建一个新的文本文件，并在其中写入数据：Welcome to R language!。

提示：使用file.create函数创建新文件，使用writeLines函数将数据写入文件。

2．读取当前文件夹中的一个CSV文件（scores.csv），并输出文件中的前5行数据。

提示：使用read.csv函数读取文件，使用head函数输出前几行数据。

3．将两个文本文件合并成一个，并将结果写入新文件中。

提示：使用readLines函数读取文本文件，使用c函数合并两个文件，使用writeLines函数将结果写入新文件。

4．定向输出函数sink的使用。请编写一个R语言程序，实现以下功能：创建一个数值向量，包含从1到10的整数。使用定向输出函数sink将向量的平方和结果输出到文件output.txt中。输出的格式为"平方和结果为: ××"，其中××为实际的平方和计算结果，要求每次运行程序都将结果追加到文件末尾。注意，输出结果后要关闭定向输出。

提示：

（1）使用sink函数将输出重定向到文件。

（2）使用cat函数将输出内容写入文件。

5．查找特定文件夹中所有文件的文件名，并将结果写入一个文本文件。

提示：使用list.files函数查找文件，使用writeLines函数将结果写入文本文件（output.txt）。

6．删除特定文件夹中特定扩展名的所有文件。

提示：使用list.files函数查找文件，使用file.remove函数删除文件。

7．现有一些学生数据如下。

姓名	年龄	成绩
Alice	25	A
Bob	30	B
Charlie	35	C

请使用R语言中的xlsx包编写代码，将数据写入名为output.xlsx的Excel文件，并保存到当前工作路径。

第4章 R程序设计

【内容提要】

在程序设计过程中，为了求解复杂问题，需要使用流程控制来编写代码。程序设计中主要有3种基本的流程结构，分别是顺序结构、分支结构和循环结构。本章首先简单介绍顺序结构、分支结构和循环结构；然后详细介绍for循环、while循环结构以及分支结构和循环结构的嵌套；最后介绍R语言的自定义函数，包括函数定义的格式和一次性函数等。通过本章的学习，学生应更加熟练地使用R语言进行程序设计，并能够编写更加复杂和灵活的程序。

【学习目标】

（1）掌握if-else的各种分支结构。
（2）掌握if-else和switch分支函数的使用。
（3）理解分支结构的嵌套。
（4）掌握for循环结构。
（5）掌握while循环结构。
（6）理解next语句与break语句在循环结构中的作用。
（7）理解循环结构的嵌套。
（8）掌握自定义函数的定义。
（9）掌握函数参数的检查与默认值的设置。
（10）理解运算符自定义方法。
（11）了解R软件包的开发。

4.1 分支结构

分支结构，也称为选择结构，是根据设定的条件进行选择从而执行不同语句的一种结构。R语言主要提供了if-else结构与分支函数两种方式来实现不同的选择。

4.1.1 if-else分支结构

1. if-else分支

分支结构中根据分支数量的不同，又可分为单分支、双分支和多分支结构。R语言中，if-else分支结构的一般格式如下。

```
#单分支
if (condition) {
        statement
}
#双分支
if (condition) {
        statement_1
} else {
        statement_2
}
#多分支
if (condition1) {
    statement_1
} else if (condition2) {
    statement_2
} else {
    statement_3
}
```

其中，condition 是一个逻辑表达式，表示一个条件的成立与否；statement 代表一个语句块，由若干 R 语句组成。3 种 if-else 分支结构的流程图如图 4.1 所示。

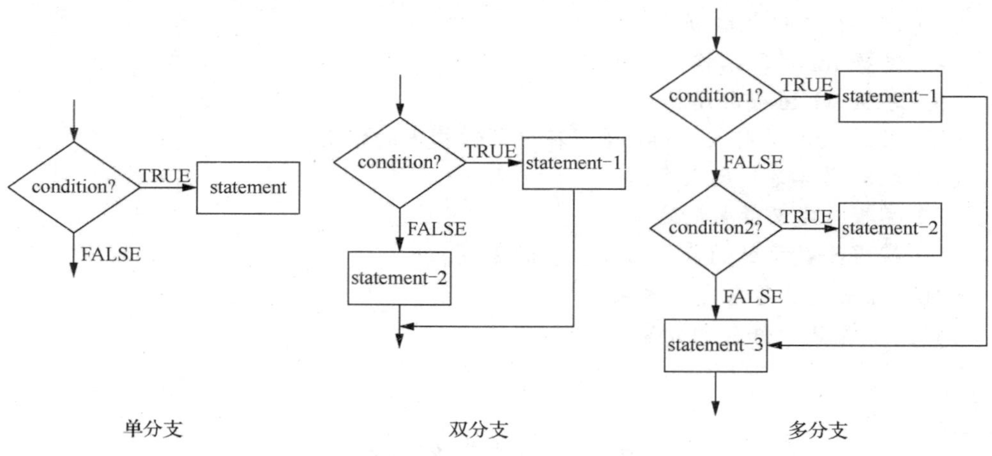

图 4.1　if-else 分支结构流程图

【例 4.1】 if-else 分支结构的应用。

```
#输入一个分数，判断成绩是否正常、是否合格等
score<-as.numeric( readline("请输入分数（0-100）:"))

#单分支结构
if (score>100|score<0){
  print("分数必须在 0-100 内")
}
```

```
#使用双分支结构判断分数是否合格
score<-as.numeric( readline("请输入分数（0-100）:"))
if (score>=60) {
  print("分数合格")
} else {
  print("分数不合格")
}

#使用多分支结构判断分数等级
score<-as.numeric( readline("请输入分数（0-100）:"))
if (score<60) {
  print("分数不合格")
} else if(score<=70){
  print("分数合格")
}else if(score<=80){
  print("分数中等")
}else if(score<=90){
  print("分数良好")
}else if(score<=100){
  print("分数优秀")
}
```

2. if-else 嵌套

多分支除了可以通过 if-else 多分支结构实现，还可以通过 if-else 嵌套实现。当 if-else 结构中的语句块中同样包含 if-else 结构时，就称为 if-else 嵌套语句。if-else 嵌套可以单分支、双分支和多分支相互嵌套，其一般格式如下。

```
if (条件1) {
      ...
      if (条件2) {
           ...} else {
           ...}
}else{
       if(条件3){
            ...} else{
            ...}
}
```

【例 4.2】 用 if-else 嵌套实现从键盘输入一个分数（0～100），判断成绩的等级。具体要求如下：从键盘输入一个分数（0～100），判断成绩的等级。成绩划分依据如下：各科原始分满分为 100 分，90～100 分为 A 级，75～89 分为 B 级，65～74 为 C 级，60～64 分为 D 级，60 分以下为 E 级。

```
a<-as.numeric(readline("请输入分数："))
```

```
if (a>100|a<0){
  print("成绩必须在 0-100。")
}else{
  if (a>=90) print("A")
  else if(a>=75) print("B")
  else if(a>=65) print("C")
  else if(a>=60) print("D")
  else print("E")
}
```

4.1.2 分支函数

1. ifelse 函数

ifelse 函数是一个双分支结构函数，调用格式如下。

```
ifelse(test, yes, no)
```

其功能是根据 test 参数的取值选择函数返回的结果，返回结果为 yes 或 no。其中，参数 test 是一个逻辑表达式或者可以强制转换为逻辑值的表达式；参数 yes 是当判断条件 test 取值为 TURE 时的函数返回值；参数 no 是当判断条件 test 取值为 FALSE 时的函数返回值。

2. switch 函数

switch 函数是一个多分支结构函数，调用格式如下。

```
switch (EXPR,...)
```

其主要功能是根据表达式 EXPR 的取值，返回对应的 list 参数（...）中的值。其中，参数 EXPR 为数字或者字符串表达式；参数“...”是 list 类型对象，当 EXPR 为 1~length(list)之间的数字时，函数返回 list 相应位置的值，如果超出范围则没有返回值（当用于赋值命令时，为 NULL）；当 list 参数的元素有定义名称时，则当 EXPR 等于元素名时，返回变量名对应的值，否则没有返回值（当用于赋值命令时，为 NULL）。

【例 4.3】 R 语言分支函数的使用。

```
x<-c(6:-4)
sqrt(x)  #x 中部分元素小于 0，显示警告信息
sqrt(ifelse(x>=0, x, NA))  #no warning

x<-c(1:10,20)
switch("mean",
       mean=mean(x),
       median=median(x),
       trimmed=mean(x, trim=.1))
switch(2,
       mean=mean(x),
       median=median(x),
       trimmed=mean(x, trim=.1))
```

4.2　循环结构

循环结构主要用于解决代码的重复执行，R 中的循环结构主要有 for 循环、while 循环和 repeat-break 循环 3 种。

4.2.1　for 循环结构

for 循环结构的调用格式如下。

```
for (variable in vector) {
    循环体
}
```

其中，variable 是循环变量，每次循环时，从 vector 中按顺序取一个值赋给 variable，然后进入循环，执行循环体；vector 是一个向量表达式，通常使用序列，如 1:10；循环体为若干命令的集合。当 vector 的所有取值都遍历一次后，循环结束，退出循环结构，执行循环后面的语句。for 循环结构流程图如图 4.2 所示。

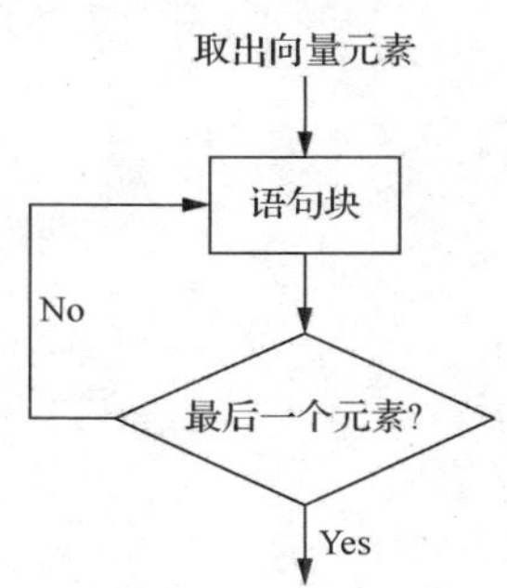

图 4.2　for 循环结构流程图

【例 4.4】 for 循环结构的应用。

```
x<-rnorm(10)
y<-numeric(length(x))
for(i in 1:10){
  if(x[i]>=0) y[i]<-1 else y[i]<-0
}
print(y)              #[1] 1 1 0 1 1 1 1 0 0 0
```

4.2.2　next 语句与 break 语句

next 语句和 break 语句都可能改变正常循环体的执行。需要提前终止当前循环体时，可以使用 next 语句，当出现 next 语句时，循环体中剩余的语句将不再执行，提前结束当前循环，进入下一轮循环。break 语句的作用是提前结束循环结构，即立即跳出循环，执行循环结构后面的语句。next 语句和 break 语句的流程图如图 4.3 所示。

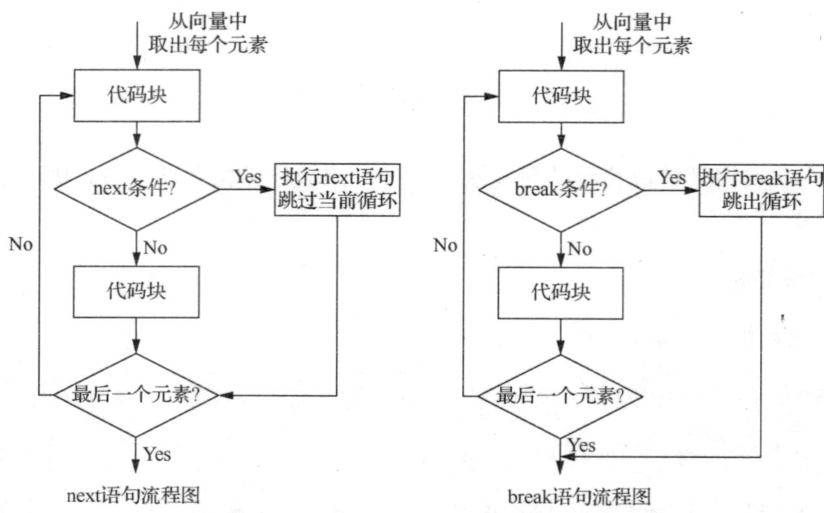

图 4.3 next 语句和 break 语句流程图

【例 4.5】 用 next 语句与 break 语句改变循环结构的执行流程。

```
vector1<-1:10
for ( i in vector1) {
    if (i %%2==0) {
        next  #当 next 语句执行时，后面的 print(i)语句不再执行，直接进入下一轮循环
    }
  print(i)
}
程序输出：
[1] 1
[1] 3
[1] 5
[1] 7
[1] 9

vector1<-1:10
for (i in vector1) {
   if (i%%2==0) {
      break
   }
   print(i)
}
程序输出：
[1] 1
```

4.2.3 while 循环结构

while 循环结构的调用格式如下。

```
while(cond){
```

```
    循环体
}
```

其中，cond 是循环结构的判断条件，取值 TRUE 时，进入循环执行循环体语句，取值 FALSE 时，不进入循环。while 循环的功能是重复执行循环体的语句，直到 cond 为假时，退出循环，执行循环结构后续语句。while 循环结构流程图如图 4.4 所示。

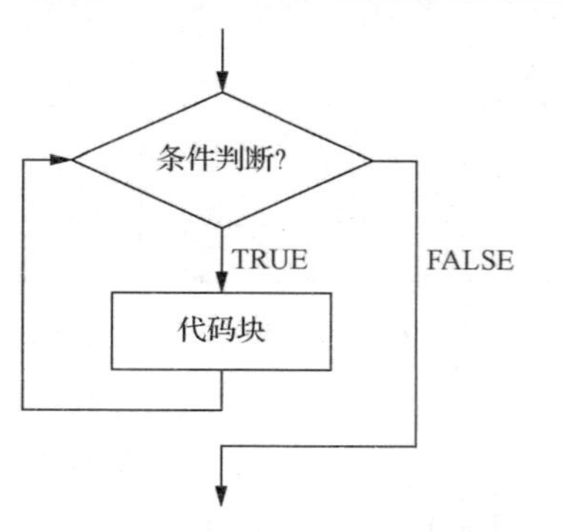

图 4.4 while 循环结构流程图

【例 4.6】 求 e=1+1/1!+…+1/n!，由公式可知 n 越大，e 的精确程度就超高，一般当满足给定的条件（如 1/n!≤0.0000001）后就可以停止计算。

```
e<-1
tmp<-1
k<-1
eps<-0.0000001
while(tmp>eps){
  e<-e+tmp
  k<-k+1
  tmp<-tmp/k
}
cat('e=',e)
```

4.2.4 repeat-break 循环结构

repeat-break 循环结构的调用格式如下。

```
repeat {
    if (cond) {
        break
    }
}
```

repeat-break 循环结构是一种特殊的循环结构——无条件进入循环，执行循环体语句块。repeat 循环本质上是无限循环，所以往往结合 break 语句使用，从而在达到特定的退出条件时退出循环。

4.2.5 循环嵌套与应用

循环嵌套，即循环结构语句块中包含循环结构，可以是 for 循环、while 循环或者 repeat 循环相互的嵌套。

【例 4.7】 使用循环嵌套实现在屏幕上打印九九乘法表。

提示：可以用 for 循环或者 while 循环实现，本例用 for 循环嵌套实现。

```
for (i in 1:9) {
  for (j in 1:i) {
    cat(i,"x",j,'=',i*j,' ')
  }
  cat('\n')
}
```

示例程序运行结果如图 4.5 所示。

```
1 x 1 = 1
2 x 1 = 2  2 x 2 = 4
3 x 1 = 3  3 x 2 = 6  3 x 3 = 9
4 x 1 = 4  4 x 2 = 8  4 x 3 = 12  4 x 4 = 16
5 x 1 = 5  5 x 2 = 10  5 x 3 = 15  5 x 4 = 20  5 x 5 = 25
6 x 1 = 6  6 x 2 = 12  6 x 3 = 18  6 x 4 = 24  6 x 5 = 30  6 x 6 = 36
7 x 1 = 7  7 x 2 = 14  7 x 3 = 21  7 x 4 = 28  7 x 5 = 35  7 x 6 = 42  7 x 7 = 49
8 x 1 = 8  8 x 2 = 16  8 x 3 = 24  8 x 4 = 32  8 x 5 = 40  8 x 6 = 48  8 x 7 = 56  8 x 8 = 64
9 x 1 = 9  9 x 2 = 18  9 x 3 = 27  9 x 4 = 36  9 x 5 = 45  9 x 6 = 54  9 x 7 = 63  9 x 8 = 72  9 x 9 = 81
```

图 4.5　本例打印的九九乘法表

4.3　自定义函数与运算符

4.3.1　自定义函数

R 语言提供了很多基础函数，如 base 包中提供了基本功能实现函数 print、c 等，stats 包中提供了统计计算函数 mean、sd 等。函数可以解决代码复用的问题，代码较长且功能相对独立的代码可以编写成函数，然后对函数体内的语句块进行封装，通过函数名进行调用。这样可以减少重复性工作，同时方便对复杂代码进行管理。和其他编程语言一样，R 语言用户也可以编写特定功能的自定义函数。

1. 自定义函数语法格式

R 语言的自定义函数调用格式如下。

```
myfunction<-function(arg1,arg2,...){
    statements
    return(object)
}
```

其中，参数 myfunction 是自定义函数的名称；arg1,arg2,...为参数列表，参数是函数处理的数据，如果不需要参数，参数列表可以为空；statemants 是函数语句；return 函数中的参数是函数的最终返回值。如果函数体只有一行，则{}可以省略。

在自定义函数时需要注意函数的命名规则：函数名的长度不定，可以是任意长度；函数名由字母、数字、下划线和句点组成；函数名不能以数字开头；尽量避免使用 R 语言提供的系统函数，自定义函数如果与 R 包中的系统函数同名，会导致现有函数被屏蔽。

自定义函数的调用与系统函数的调用方法相同：可以直接用函数名调用，也可以出现在表达式中。

【例 4.8】 自定义函数的定义与调用。

```
MyFunc<-function(x){
     x+1
}
MyFunc(c(2:10))          #直接通过函数名调用函数
#[1]  3  4  5  6  7  8  9 10 11
b<-MyFunc(c(2:10))*2     #通过函数名调用函数，并参与运算，将结果赋给 b
b
#[1]  6  8 10 12 14 16 18 20 22
```

2. 函数的参数

函数定义时，可以根据需要使用形式参数（简称形参），形参是函数定义中的占位符，用于接收传递给函数的值。在函数调用时使用的参数称为实际参数（简称实参），是传递给函数的具体值或数据。

上面函数定义时，使用了一个参数，实际中函数定义时可以有零个或者多个参数。函数调用时，参数的传递有两种方式：按顺序传递与按名称传递。按顺序传递时参数名可以省略，函数调用的实参与定义时的函数形参顺序一一对应；按名称传递，则调用函数时参数名不可省略，调用时参数顺序可以和定义时的参数顺序不一致。

【例 4.9】 不同参数传递方式的函数调用。

```
#说明：先定义不同参数的函数，再进行调用
PrintHelloFun1<-function(){
  cat("Welcome to R language world!")
}
PrintHelloFun2<-function(name){
  cat(name, "welcome to R language world!")
}
PrintHelloFun3<-function(name, language){
  cat(name, "welcome to", language, "language world!")
}
PrintHelloFun1( )
PrintHelloFun2("Mark")
PrintHelloFun3("Mark","R")        #函数有两个参数，按顺序传递内容
PrintHelloFun3("Java","Mark")     #观察运行结果，可以发现名称和语言的顺序出错
PrintHelloFun3(language ="Java", name ="Mark")  #按名称传递，运行结果正确
```

1）参数的检查

定义一个完整的函数，往往需要对函数的输入参数进行必要的检查，检查参数是否符合函数的输入要求，避免函数在执行时造成一些意想不到的错误。函数参数的检查内容主要包括参数长度、数据类型、数据结构等，同时在检查时可以根据输入参数发送警告信息或停止函数运行。定义函数时对参数进行检查主要用到以下函数。

（1）stop 函数：中断当前执行程序并抛出错误信息。

（2）warning 函数：生成警告信息。

（3）message 函数：生成简单的诊断信息，既不是警告也不是错误，不中断程序。

（4）missings 函数：用于处理缺失参数。

函数可以在定义时就进行参数检查，检查调用时传递的参数数量与类型等，再根据实际需要进行相关反馈。

2）参数默认值

函数定义时，可以给函数的参数赋默认值，这样在调用函数时可以省略相应的参数，函数会对参数使用默认值。

【例 4.10】 函数定义中的参数默认值。

```
PrintHelloFun4<-function(name="Guest", language ="R"){
    #函数定义时，两个参数都设置了默认值
    cat(name, "welcome to", language,"language world!")
}
PrintHelloFun4()                #调用函数没有参数，使用参数的默认值
PrintHelloFun4("John")          #调用函数，只传递第一个参数
PrintHelloFun4(,"R")            #只传递第一个参数，注意逗号不能省略
PrintHelloFun4(language = "R")
PrintHelloFun4(language = "R",name = "John")
```

3）省略号参数的使用

一般函数参数都接受确定数量的对象，即使不指定参数名，也可以按照位置对应参数。然而，有些函数可以处理不固定数量的对象，如 base 包中的 paste 函数，可以实现多个字符串的连接，字符串的数量是不确定的。

paste 函数的一般格式如下。

```
paste (..., sep = " ", collapse = NULL, recycle0 = FALSE)
```

R 语言自定义函数中也可以使用省略号（...）参数，用于处理参数数量不确定的情况。省略号参数使用时可以通过将其转换成 list 对象来访问其中的所有参数。

【例 4.11】 函数定义中省略号参数的使用。

```
myFunction<-function(x=1,...){
  om<-list(...)
  len<-length(om)
  rt<-list()
  for(i in om){
    rt<-c(rt,i^x)
  }
  return(rt)
}
myFunction(2,5,4,2)
```

说明：上面的函数调用中，第一个参数（2）被赋值给参数 x，其余的参数（5,4,2）作为省略号参数内容进行传递。

省略号参数还可以用于实现函数间参数的传递。例如，要编写一个随机数生成函数，可以生成指定数量与分布的随机数（正态分布或者是均匀分布），以及随机数的均值与标准差（正态分布）参数、最大值与最小值（均匀分布）。

【例 4.12】 用省略号参数实现函数间参数的传递。

```
myRandom<-function(N,dist,mean,sd,min,max){
  switch (dist,
    "norm"=rnorm(N,mean,sd),
    "unif"=runif(N,min,max)
  )
}
myRandom(100,"norm",80,5)
myRandom(100,"unif",10,20)
myRandom(100,"unif",min=10,max=20)

myRandom<-function(N,dist,...){
#使用……参数进行函数间的参数传递
  switch (dist,
     "norm"=rnorm(N,...),
     "unif"=runif(N,...)
  )
}
myRandom(100,"norm",80,5)
myRandom(100,"unif",10,20)
```

3. 函数返回值

函数根据其功能，可以有返回值，也可以没有返回值。例如，系统绘图函数一般不需要返回值，因此函数体内不需要 return 函数返回对象（系统会返回 NULL 作为函数的返回值）；而数学类统计与计算函数一般都有计算结果作为返回值，所以最后一条语句往往是 return 函数，如果缺少返回语句，则默认以函数体内最后一个表达式的计算结果作为函数返回值。需要注意的是，return 语句需要放在函数的末尾，因为 return 后面的语句不再执行，函数直接返回相应的返回值，退出函数。

函数正常只有一个返回值，即最后一个表达式的计算结果或者 return 语句返回的对象；如果需要返回多个值，可以将需要返回的对象构建成列表，再通过返回列表对象的方式实现。

【例 4.13】 通过列表对象返回向量的和与差。

```
Add_Sub<-function(x,y){
  #返回两个向量的和与差
  add<-x+y          #计算向量和
  sub<-x-y          #计算向量差
  add               #返回向量和
  sub               #返回向量差
```

```
}
a<-c(1:5)
b<-c(4:8)
Add_Sub(a,b)     #只返回两个向量的差
Add_Sub2<-function(x,y){
  #返回两个向量的和与差
  add<-x+y        #计算向量和
  sub<-x-y        #计算向量差
  list(add,sub) #以列表方式返回向量和与向量差
}
Add_Sub2(a,b)    #返回一个包含向量和、向量差元素的列表对象
```

4. 对象的作用域

R 脚本文件中定义的对象称为全局对象，全局变量在程序的所有范围都可以使用。定义函数时，为了简化函数计算和提高代码可阅读性，在函数体内可以根据需要创建变量，其作用域仅限于函数体内，属于局部对象。

【例 4.14】 全局变量与局部变量的应用。

```
welcome<-"welcome C language program" #定义全局对象 welcome
PrintHelloFun5<-function(name="Guest", language="R"){
    print(welcome)              #打印全局对象的内容
    #定义一个合成用户欢迎信息并返回信息的函数
    my_welcome<-paste(name, "welcome to", language, "language world!")
    return(my_welcome)
}
> print(welcome)                #打印全局对象的欢迎信息
[1] "welcome C language program"
> wel<-PrintHelloFun5()        #调用函数，并创建 wel 对象
[1] "welcome C language program"
#注意：上面的欢迎信息是函数内部调用打印全局对象的结果
> print(my_welcome)             #程序报错
Error in print(my_welcome) : object 'my_welcome' not found
#出错原因：welcome 属于 PrintHelloFun5 临时创建的局部对象
> print(wel)
[1] "Guest welcome to R language world!"
```

说明：函数中定义了一个局部变量 my_welcome，用于保存要打印的合成相关信息。my_welcome 对象属于函数内临时创建的局部对象，函数运行时会通过传递的参数合成相关信息。

注意

局部变量只能在函数内部使用，函数外部直接访问会报错，可以通过调用函数并将返回值赋给全局变量的方式访问其内容。

当函数内部定义了和全局变量相同的对象时，函数内部使用局部对象的内容，函数外部全局对象的内容保持不变。请自行分析下面的代码段及其运行结果。

```
welcome<-"welcome C language program"
PrintHelloFun6<-function(name="Guest", language="R"){
  print(welcome)
  welcome<-paste(name, "welcome to", language, "language world!")
  return(welcome)
}
wel<-PrintHelloFun6
print(welcome)
```

5. 一次性函数

一次性函数也称为匿名函数（anonymous function），指没有名称的自定义函数。R 语言的一次性函数通常用于批处理函数中，作为内部函数（批处理函数等）的参数用于处理数据。

【例 4.15】 一次性函数的使用。

```
> x<-matrix(round(runif(6,min=50,max=100)),ncol=3)
> print(x)
     [,1]  [,2]  [,3]
[1,]  72    86    86
[2,]  57    58    94
> apply(x,MARGIN=2,FUN=function(t,N){
+sum(t>N)
+},N=60)
[1] 1 1 2
```

说明：该例通过定义一次性函数，统计矩阵中各个列元素值大于 60 的个数。和自定义函数一样，如果函数只有一行，则可以省略{}。

6. 递归函数

在函数定义时，如果在函数体内部调用了函数自身称为递归调用。对于一些递归关系明显的复杂程序，递归调用可以使程序变得简单。执行递归函数将反复调用其自身，每调用一次就进入新的一层。例如，数学问题 Fibonacci（斐波那契）数列可以通过定义以下函数来实现。

【例 4.16】 编写求 Fibonacci 数列的自定义递归函数。

```
myFibonacci<-function(n){
    if (n==1||n==2){
return(1)
    }
else{
return(myFibonacci(n-1)+myFibonacci(n-2))
    }
```

```
}
> myFibonacci(8)
[1] 21
```

编写递归函数主要有两个要素：递推关系；递归终止条件（程序结束的条件）。需要注意的是，虽然递归函数可以简化一些复杂的问题，但往往会导致程序效率变得很低，需谨慎使用。递归函数函数体内部的调用可以不使用定义的函数名，而是使用 Recall 函数，这样后期如果函数需要修改名称可以避免多处更改，只需要修改一次定义的函数名。上面的函数可以修改成下面的定义方式。

```
myFibonacci2<-function(n){
    if (n==1||n==2){
        return(1)
    }
    else{
        return(Recall(n-1)+Recall(n-2))
    }
}
```

4.3.2 自定义运算符

R 语言有着丰富的运算符，由于 R 运算符本质上也是一个函数，因此 R 语言可以通过 function 函数来自定义运算符。R 语言自定义运算符需要用%进行标识，并且用单引号、双引号或反单引号括起来，定义方式与自定义函数相同，其调用格式如下。

```
"%any%"<-function(x,y){
    ...
}
```

其中，参数 x,y 是二元操作符的操作数，运算符的命名规则与函数命名规则相同。例如，定义计算两个向量的夹角的运算符。假设有 N 维向量 x 和 y，则由数学知识可知 $\cos\theta=\langle x, y\rangle/(|x||y|)$，可以根据这个公式来计算两个向量的夹角。

【例 4.17】 自定义运算符示例。

```
'%op1%'<-function(x,y){
        if(length(x)!=length(y)){
            warning('向量的维度不相同！')
            return(NULL)
        }
        cs<-sum(x*y)/sqrt(sum(x^2)*sum(y^2))
        return(acos(cs)*180/pi)
}
x<-c(1,2,3)
y<-c(1,1,1)
Theta<-x%op1%y
```

4.3.3　自定义函数例子

【例4.18】 素数也称为质数，指在大于1的自然数中，除了1和它本身以外不再有其他因数的自然数。请编写一个拥有一个参数的自定义函数，用于判断该函数的参数是否为素数。

```
#定义一个函数is_prime，用于判断一个数字是否为素数
is_prime<-function(num) {
  if(num<2) {
    return(FALSE)
  }
  for(i in 2:sqrt(num)) {
    if(num%%i==0) {
      return(FALSE)
    }
  }
  return(TRUE)
}

#获取用户输入的数字
num<-as.numeric(readline(prompt="请输入一个数字："))

#调用函数is_prime判断数字是否为素数
if(is_prime(num)) {
  cat(num, "是素数")
} else {
  cat(num, "不是素数")
}
```

【例4.19】 文本的加密与解密：raw类型在R语言中用于表示二进制数据。这些数据可以是各种类型的数据，如图像、音频、视频等。在R语言中，可以使用raw对象来存储和操作这些数据。本例将编写自定义函数实现文本的加密与解密。文本加密与解密的方法描述如下。

加密算法：①将输入字符串转换为字节数组；②对于数组中的每个字节，将其值增加5（偏移量）；③将结果转换回字符串并返回。

解密算法：①将输入字符串转换为字节数组；②对于数组中的每个字节，将其值减去5；③将结果转换回字符串并返回。

请编写加密函数encrypt_string与解密函数decrypt_string，并用“hello world!”字符串进行测试。

```
#编写加密函数
#将input_string转换成raw对象
#字符值分别进行偏移(5)
#偏移后的值重新转换成字符并连接进行返回
```

```
encrypt_string<-function(input_string) {
  encrypted_chars<-paste0(
    rawToChar(as.raw(
      as.integer(charToRaw(input_string))+5)))
  return(encrypted_chars)
}

#编写解密函数
decrypt_string<-function(encrypted_string) {
  decrypted_chars<-paste0(
    rawToChar(as.raw(
      as.integer(charToRaw(encrypted_string))-5)))
  return(decrypted_chars)
}

(encrypted_string<-encrypt_string("hello world")) #加密后进行输出
decrypted_string<-decrypt_string(encrypted_string)
```

4.4 软件包开发

1. 软件包

R 语言的软件包是一种方便的代码共享和复用方法。虽然通过函数调用可以实现代码的复用，但是构建 R 包是一种更好的方法，因为它可以保证代码的高质量实现。

目前，CRAN 上有超过 10000 个包，其中大部分依赖于其他 R 包的功能。R 包是可重复使用的 R 函数集合，附带其相关使用标准和简要说明文档。有时，R 包还附带简单的数据。通过创建 R 包，可以将一些解决特定问题的代码和文档单独放置，并附上相应的测试代码。R 包的创建可以实现以下内容。

（1）实施新的、未被利用的构想，同时可以方便地记录代码的版本。

（2）将其补充到 CRAN，帮助其他程序员，供更多有需要的开发者使用。

（3）为不断发展的开源社区做贡献，获得社区认可。

2. 软件包的发布

R 程序包有许多组件和对象，包括函数和文档。R 包的基本结构分为 4 部分。

（1）DESCRIPTION 文件：包的总体功能描述文件，用于列出重要的包信息，包括包作者和维护人员信息、包的具体版本号及许可证。

（2）NAMESPACE 文件：是开发包的强制文件，R 程序包在开发过程中可能有多个函数，有些函数是不希望终端用户看到的，NAMESPACE 文件则指定了包中有哪些对终端用户可见的函数。

（3）R 目录：构建 R 包中的所有函数编写的 R 脚本文件都存放在 R 目录中。在构建 R 包的过程中会编写很多 R 函数，可以根据实际需要按功能分组来编写相关的 R 脚本，也可以为每个函数都编写脚本文件。R 目录中有时也包含一个 utis.R 脚本文件，用于存储一些不想对终端用户可见的小函数。

（4）man 目录：用于存放构建 R 包中的函数的用户文档。在构建 R 包的过程中应该为相关的函数编写帮助文档，特别是那些对于终端用户可见的函数，这是一个良好的习惯。roxygen2 包可以很好地生成帮助文档。

3. 在 RStudio 中构建 R 包

构建 R 包之前，需要先安装 RTools 工具和 devtools 包，下面演示如何在 RStudio 中构建 R 包。

（1）新建项目：选择 File→New Project 命令，然后设置 New Directory 为 R Package，在弹出的 New Project Wizard 对话框中进行相关设置，包括设置 R 包的名称和构建 R 包的目录，如图 4.6 所示。

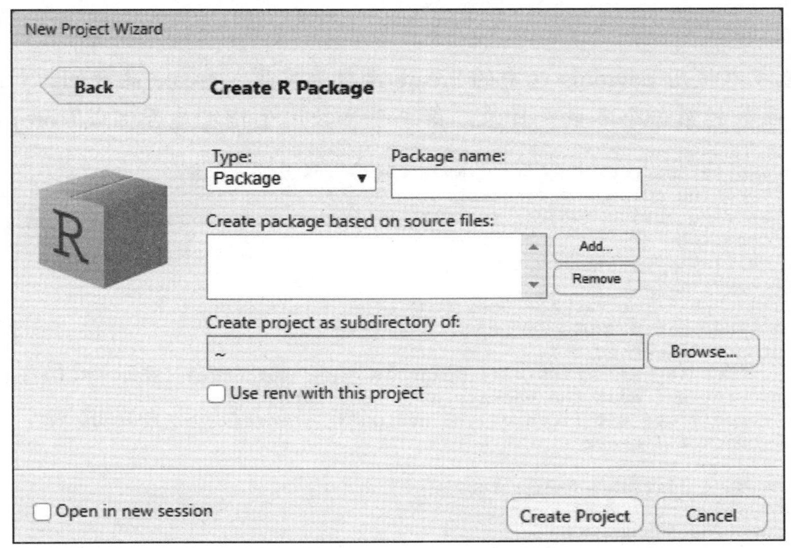

图 4.6 在 New Project Wizard 对话框中进行相关设置

注意

R 包的名称应该是一个有效的 R 标识符，即只能包含字母、数字、下划线和点号，不能包含空格或其他特殊字符，同时不能以数字或点号开头，不能以点号结尾且一般不以下划线开头或结尾。

正常情况下，新构建的 R 包不包含 R 函数文件，如果已经有写好的 R 文件，想在此基础上构建 R 包，可以在 New Project Wizard 对话框中的 Create package based on source files 列表框中添加现有的 R 文件。相关的设置工作完成之后，即可单击 Create Project 按钮完成设置。构建 R 包项目后，RStudio 会打开当前项目，将构建 R 包的目录设置为当前工作目录，并且创建如图 4.7 所示的相关文件。

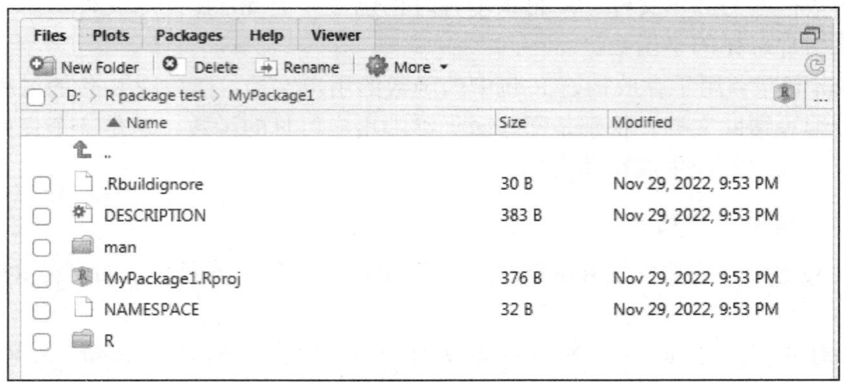

图 4.7 构建 R 包时创建的相关文件

注意

这一步也可以使用 devtools 包中的 create 函数来实现。create 函数的执行效果如图 4.8 所示。create 函数的第一个参数是目录，第二个参数用于指定是否生成.Rproj 项目文件。

```
> create("D:/R package test/myPackage3",rstudio=TRUE)
v Creating 'D:/R package test/myPackage3/'
v Setting active project to 'D:/R package test/myPackage3'
v Creating 'R/'
v Writing 'DESCRIPTION'
Package: myPackage3
Title: What the Package Does (One Line, Title Case)
Version: 0.0.0.9000
Authors@R (parsed):
    * First Last <first.last@example.com> [aut, cre] (YOUR-ORCID-ID)
Description: What the package does (one paragraph).
License: `use_mit_license()`, `use_gpl3_license()` or friends to
    pick a license
Encoding: UTF-8
Roxygen: list(markdown = TRUE)
RoxygenNote: 7.2.2
v Writing 'NAMESPACE'
v Writing 'myPackage3.Rproj'
v Adding '^myPackage3\\.Rproj$' to '.Rbuildignore'
v Adding '.Rproj.user' to '.gitignore'
v Adding '^\\.Rproj\\.user$' to '.Rbuildignore'
v Setting active project to '<no active project>'
Warning messages:
1: In parse(con, encoding = "UTF-8") :
  argument encoding="UTF-8" is ignored in MBCS locales
2: In parse(con, encoding = "UTF-8") :
  argument encoding="UTF-8" is ignored in MBCS locales
```

图 4.8 使用 devtools 包中的 create 函数构建 R 包文件

（2）编写 R 文件。R 包的功能实现是通过编写相关的函数来实现的，所以编写 R 文件是 R 包最核心的工作。R 函数可以写在相同的 R 脚本中，也可以为每个函数创建一个脚本文件。R 包构建过程中建立的 R 脚本文件均存储于 R 目录下，使用 RStudio 菜单新建 R 包项目时，会生成一个示例 hello.R 文件。为了方便演示，这里还简单添加了两个脚本文件

Add.R 和 Sub.R，分别定义了 Add 函数与 Sub 函数，简单实现了两个向量的相加与相减功能（注意，这里的函数与脚本文件名可以不一致）。

【例 4.20】 R 包脚本文件编写示例。

```
#Add.R 脚本文件：
Add<-function(x,y){
    x+y
}
#Sub.R 脚本文件：
Sub<-function(x,y){
  return(x-y)
}
```

函数的功能代码编写完成后还需要完善函数的注释，构建 R 包函数的注释有一定的编写规范。表 4.1 列出了 roxygen2 注释块主要的标签及其用途。

表 4.1　roxygen2 注释块主要的标签及其用途

标签	用途
@param	标识函数的参数和相应的帮助文本
@return	注释函数的输出细节
@author	标注函数的作者
@seealso	用户还需要查看的其他相关函数
@examples	给出函数使用的演示代码
@import/@importFrom	标识函数要导入的包或者函数
@export	标识该函数是否导出（终端用户可见）

在 RStudio 中，可以通过将光标置于函数编写的代码内（如果光标在函数体外，则报错），然后选择 code→Insert Roxygen Skeleton 命令（或者按 Ctrl+Alt+Shift+R 快捷键）快速插入注释模板，再在此基础上进行更改。如图 4.9 所示，可对 R 包中的函数添加注释，需要强调的是如果不希望函数对用户可见，可以通过删除@export 标签的方式来实现。

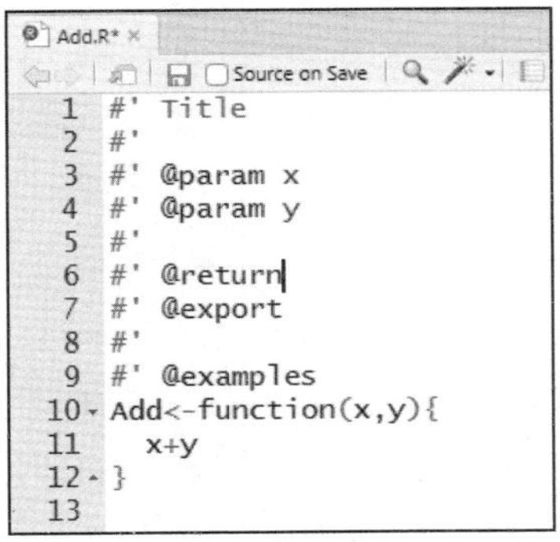

```
Add.R*
Source on Save
#' Title
#'
#' @param x
#' @param y
#'
#' @return
#' @export
#'
#' @examples
Add<-function(x,y){
  x+y
}
```

图 4.9　注释模板

（3）编写相关说明文档。R 包的说明文档包括描述文件 DESCRIPTION、命名空间文件 NAMESPACE，以及 man 目录的函数说明文档。

DESCRIPTION 文件主要包含标题、说明、作者信息、角色、版本号等。其中，标题要求字数不宜太长，要能体现包的主要功能；说明要求详细介绍包的功能；作者信息由 person 函数的参数来描述；角色主要有作者、编译者、版权拥有者等；版本号又可分为正式版本和非正式版本，一般正式版本号采用类似 1.×.×的样式，而非正式版本采用类似 0.×.×的样式。

DESCRIPTION 文件内容可以在系统生成的模板上进行更改，如图 4.10 所示。

```
Package: MyPackage1
Type: Package
Title: What the Package Does (Title Case)
Version: 0.1.0
Author: Who wrote it
Maintainer: The package maintainer <yourself@somewhere.net>
Description: More about what it does (maybe more than one line)
    Use four spaces when indenting paragraphs within the Description.
License: What license is it under?
Encoding: UTF-8
LazyData: true
```

图 4.10 DESCRIPTION 文件示例

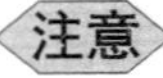

其中除了字段名，其他内容应当空 4 个空格再编写。如果构建的 R 包需要使用其他的包，可以通过在 DESCRIPTION 文件中添加 Import、Depends、Suggest 等字段来实现，或者执行 usethis::use_package 函数，此时系统会自动更新 DESCRIPTION 文件。例如，构建的 R 包需要 dplyr 包，可以使用 usethis::use_package("dplyr","Imports")语句来实现。DESCRIPTION 文件的其他规则，请读者自行查阅相关资料学习。

man 目录下的函数帮助文档与 NAMESPACE 文件可以由 devtools 工具包自动生成。

① 进入 RStudio 的 Configure Build Tools 界面，选择 Generate documentation with Roxygen 复选框，如图 4.11 所示。

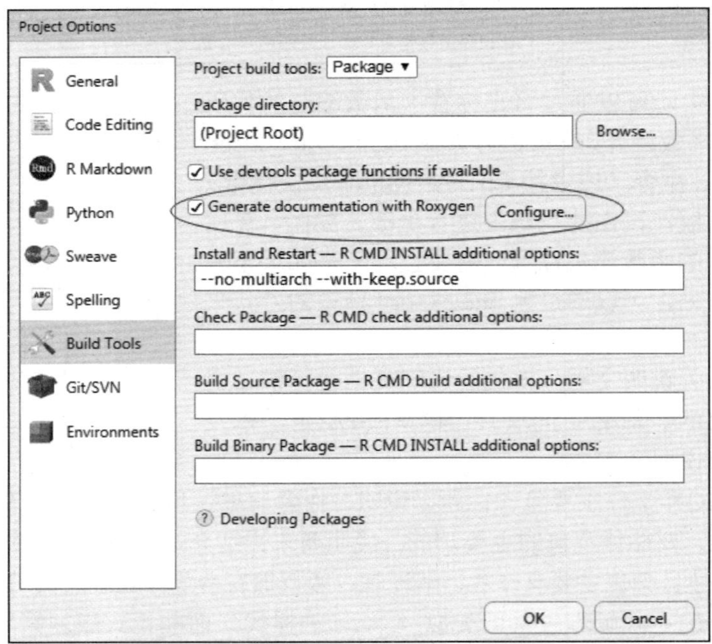

图 4.11 Configure Build Tools 界面

② 在 RStudio 中，选择 Build→Document 命令（或按 Ctrl+Shift+D 快捷键），或者直接在命令行中执行 devtools::document 函数，更新相关的帮助文档，生成的帮助文档和 NAMESPACE 文件如图 4.12 和图 4.13 所示。

```
This document is read only. Generated from: R/Add.R
% Generated by roxygen2: do not edit by hand
% Please edit documentation in R/Add.R
\name{Add}
\alias{Add}
\title{Title}
\usage{
Add(x, y)
}
\arguments{
\item{x}{the first number}

\item{y}{the second number}
}
\value{
x+y
}
\description{
Title
}
\examples{
Add(c(1:3),c(4:6))
}
```

图 4.12　函数帮助文档

```
# Generated by roxygen2: do not edit by hand

export(Add)
export(Sub)
```

图 4.13　NAMESPACE 文件

注意

Man 目录下的函数帮助文档和 NAMESPACE 文件是由 roxygen2 根据相关函数自动生成的，不允许手动修改。

【例 4.21】 更新 R 包帮助文档。

```
==>devtools::document(roclets=c('rd', 'collate', 'namespace'))
i Updating myPackage2 documentation
i Loading myPackage2
Warning: [Sub.R:9] @examples requires a value
Writing 'NAMESPACE'
Writing 'NAMESPACE'
Documentation completed
```

（4）R 包的生成与测试使用。相关文件编写完毕后，可以通过 devtools 工具包的 build 函数实现 R 包的生成。R 包生成后在本地可以选择 Build→Install and Restart 命令直接安装并加载，其他终端也可以通过生成的安装包安装并加载使用 R 包。下面测试构建的 R 包的函数功能与帮助文档。

【例 4.22】 测试自定义 R 包的 Add 函数功能及其帮助文档。

```
> Add( c(1,4),c(5,8))
[1] 6  12
> ?Add
```

Add 函数帮助文档查看结果如图 4.14 所示。

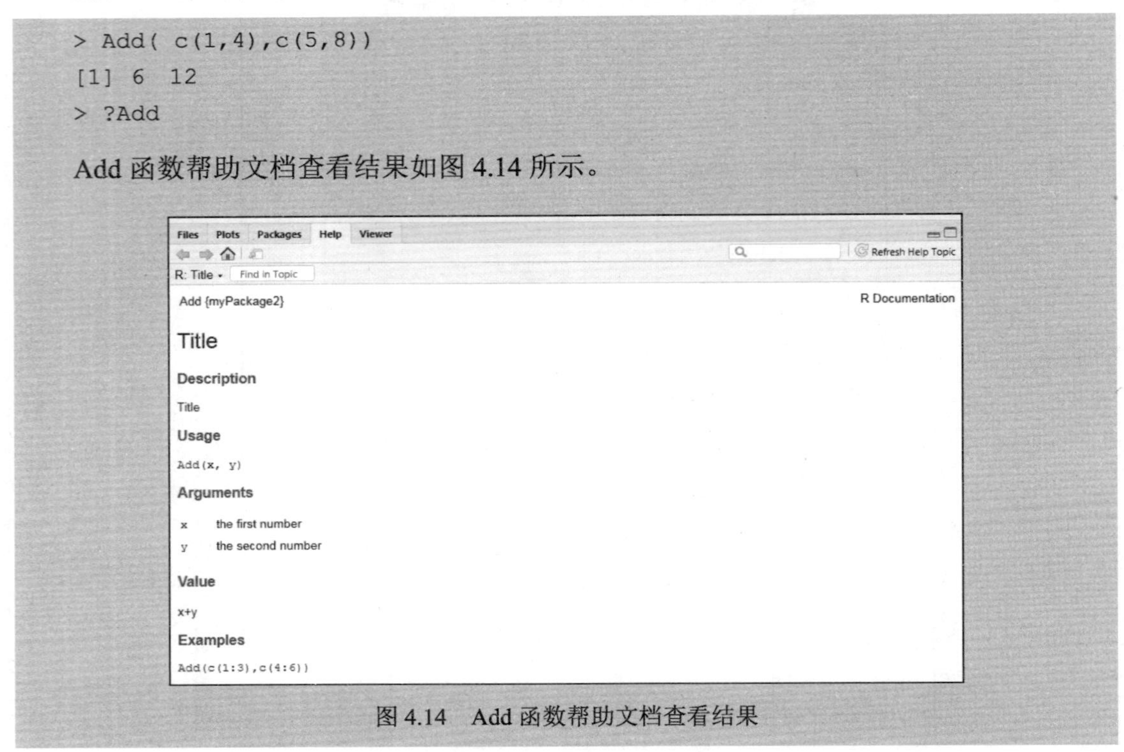

图 4.14 Add 函数帮助文档查看结果

注意

以上只是构建 R 包最基本的步骤。如果构建的 R 包要上传到 CRAN 网站，文档的编写需要严格地按照相关的规范进行编写。

小　结

本章主要介绍了 R 语言的流程控制结构与程序包的开发，需要掌握的 R 函数和 R 语句包括 if-else、ifelse、switch、for、while、repeat、break、next、function、warning、stop、missing、return 等。本章知识结构如图 4.15 所示。

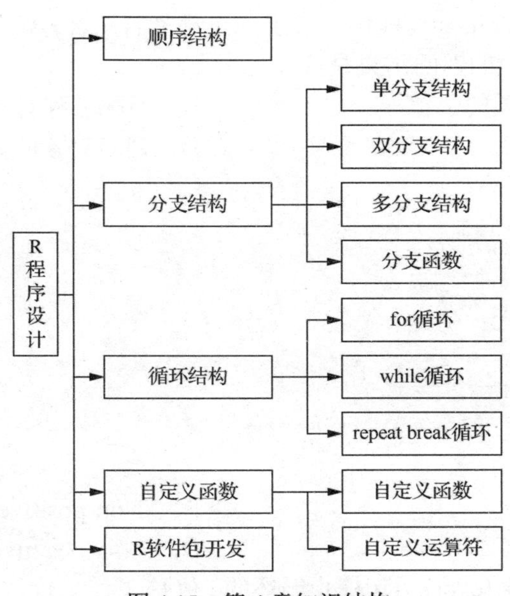

图 4.15　第 4 章知识结构

一、选择题

1．下列选项中，属于 R 语言中分支控制语句的是（　　）。

A．for　　B．if　　C．while　　D．function

2．R 语言的分支结构可以通过函数实现。下列函数中，可以实现分支控制的是（　　）。

A．apply　　B．ifelse　　C．sum　　D．paste

3．下列 R 语言代码中，属于分支控制语句的是（　　）。

A．for (i in 1:10)　　B．while (x < 5)

C．if (x > 0)　　D．print("Hello, World!")

4．在 R 语言的循环结构中，循环体的执行可以根据条件进行改变。下列语句中，可以用于实现循环控制，让循环继续下一轮的是（　　）。

A．break　　B．next　　C．return　　D．ifelse

5．与其他语言一样，R 语言允许用户进行函数自定义。在 R 语言中，定义一个自定义函数的语句是（　　）。

A．def　　B．function　　C．define　　D．func

6．当定义好一个函数后，调用这个自定义函数的语句是（　　）。

A．call　　B．invoke　　C．run　　D．函数名

7．在 switch(expression,list)语句中，如果 list 对象的元素有定义名称，且 expression 等于某个变量名，那么函数的返回结果是（　　）。

A．匹配的列表项的位置　　B．匹配名称对应的值

C．NULL　　D．列表对象的名称

8．有以下 R 语言代码：

```
x<-5
if(x>0) {
  result<-"Positive"
} else {
  result<-"Non-positive"
}
```

则其运行结果是（　　）。

A．"Positive"　　B．"Non-positive"

C．"Negative"　　D．"Non-negative"

9．能让 while(i<=10){expr}语句停止循环的 i 值是（　　）。

A．10　　B．11　　C．0　　D．-1

10．以下 R 语言代码的运行结果是（　　）。

```
my_function<-function(a, b) {
  sum<-a + b
  if(sum>10) {
    return("Sum is greater than 10")
  } else {
    return("Sum is not greater than 10")
  }
}
result<-my_function(7, 4)
```

A．"Sum is greater than 10"　　B．"Sum is not greater than 10"

C．11　　D．7

二、操作题

1．海伦公式求三角形面积前要先判断三条边长是否能构成一个三角形。编程实现：输入三角形的三条边的边长，判断是否能构成三角形，如果可以，则计算三角形的面积，否则给出相关的错误提示。

2．自幂数指其自身等于自身各个数位上数字的 n 次幂之和的 n 位正整数。例如，水仙花数指一个 3 位数，它的每个位上的数字的 3 次幂之和等于它本身（如 $1^3 + 5^3 + 3^3 = 153$）。请编程求所有水仙花数。

3．编写一个程序，要求用户输入一个年份，判断该年份是否为闰年，并输出相应的结果。闰年是指能够被 4 整除但不能被 100 整除，或者能够被 400 整除的年份。

4．《算经》一书中提出的数学问题：鸡翁一值钱五，鸡母一值钱三，鸡雏三值钱一。

百钱买百鸡，问鸡翁、鸡母、鸡雏各几何？百钱百鸡是一个古老的数学问题，讲述了如何用一百枚钱买一百只鸡的问题。请编程解决这个问题，计算并输出所有可能的买鸡方案。

5．编程求解鸡兔同笼问题。问题描述：假设有一个笼子里面装着鸡和兔子，总共有 30 个头、88 只脚。问笼子里分别有多少只鸡和兔子？

6．编写一个自定义函数 calculate_circle_area，该函数接收一个参数 radius（半径），计算并返回圆的面积。

7．假设有预设的用户名和密码：admin 和 password123。请编写一个自定义函数 validate_user，该函数接收两个参数 username（用户名）和 password（密码），并验证是否与预设的用户名和密码相匹配。如果匹配成功，返回 TRUE；否则返回 FALSE。

8．假设 $\boldsymbol{x}$、$\boldsymbol{y}$ 是两个维度相同的 $\boldsymbol{n}$ 维向量，有公式 $\cos A=<\boldsymbol{x},\boldsymbol{y}>/(|\boldsymbol{x}||\boldsymbol{y}|)$。请根据这个公式自定义一个运算符，用于计算两个向量的夹角。

提示：先根据上面的公式计算 $\cos A$ 的值，再使用 acos 函数计算向量的夹角。

第 5 章 数据可视化

【内容提要】

数据可视化是数据分析中的常用手段，通过数据可视化将数据转换成图表，可以更为简单、直观地展示数据内容，有利于更加直观地了解数据信息。R 语言有着强大的数据处理与分析能力，同时拥有丰富的数据可视化方法，一方面 R 语言提供了丰富的内置高级绘图函数和初级图形元素函数；另一方面也提供了很多高级绘图工具包，包括 ggplot2、lattice 等图形系统。本章将重点介绍 R 语言中各类图形的绘制方法与图形组织、图形元素的编辑方法等，并在此基础上介绍 R 语言中的 ggplot2 绘图包及 ggplot2 的绘图逻辑与方法。

【学习目标】

（1）R 语言高级绘图函数。
（2）R 语言初级绘图函数。
（3）R 语言绘图参数的设置。
（4）组合图形的绘制。
（5）ggplot2 软件包的使用。

5.1 R 语言的基础绘图

5.1.1 颜色处理

颜色是一个绘图中经常需要设置的参数。好的颜色搭配除了可以让绘制的图形整体上更加美观，还可以让结论更加突出。绘图元素中的坐标、点、文字、线等都可以设置颜色，通过颜色的设置，图形表达会更丰富。R 语言设置颜色的方式有很多，如通过颜色板序号、颜色名称、十六进制颜色值、rgb 函数、hsv 函数等，这里主要介绍颜色集、调色板和简单的连续性颜色生成方式。

1. 颜色集 colors

R 语言支持直接用英文单词调用颜色。R 中一共有 657 个定义颜色，可以由 colors 函数来查看所有的颜色。下面通过代码来查看 R 提供的前 10 种颜色和后 10 种颜色。

【例 5.1】 查看 R 语言颜色集 colors。

```
> head(colors(),10)
[1] "white"          "aliceblue"      "antiquewhite"
[4] "antiquewhite1" "antiquewhite2" "antiquewhite3"
[7] "antiquewhite4" "aquamarine"     "aquamarine1"
[10] "aquamarine2"
> tail(colors(),10)
[1] "wheat2"       "wheat3"       "wheat4"       "whitesmoke"
[5] "yellow"       "yellow1"      "yellow2"      "yellow3"
[9] "yellow4"      "yellowgreen"
```

2. 调色板 palette

在 R 中，除了用颜色名称指定颜色，还可以用调色板设置颜色。R 语言提供了默认的调色板，其中提供了 8 种颜色，只需要用数字序号即可代替相应的颜色，还可以通过代码直接查看 R 语言默认调色板中的颜色。此外，R 语言还有很多预定义的调色板，可以通过 palette.pals 函数查看不同的调色板。R 语言允许用户自定义调色板，包括颜色和数量。

【例 5.2】 R 语言 palette 调色板的使用示例。

```
> palette("default")    #reset
> palette()             #查看默认的调色板颜色
[1] "black"   "#DF536B" "#61D04F" "#2297E6" "#28E2E5" "#CD0BBC"
[7] "#F5C710" "gray62"
> palette.pals()        #查看预定义调色板
[1] "R3"                 "R4"                 "ggplot2"          "Okabe-Ito"
[5] "Accent"             "Dark 2"             "Paired"           "Pastel 1"
[9] "Pastel 2"           "Set 1"              "Set 2"            "Set 3"
[13] "Tableau 10"        "Classic Tableau" "Polychrome 36"   "Alphabet"
> palette("ggplot2")    #使用名称为“ggplot2”的预定义调色板
> palette()             #查看当前调色板中的颜色
[1] "black"   "#F8766D"   "#00BA38"   "#619CFF"   "#00BFC4"   "#F564E3"
"#B79F00" "gray62"
> palette.colors()  #从指定调色板中选择颜色(默认为“Okabe-Ito”调色板)，参数省略时，返回当前调色板的所有颜色
black        orange        skyblue   bluishgreen        yellow
"#000000"     "#E69F00"     "#56B4E9"     "#009E73"     "#F0E442"
blue    vermillion reddishpurple          gray
"#0072B2"     "#D55E00"     "#CC79A7"     "#999999"
palette.colors(6,"ggplot2")#从指定 ggplot2 调色板中选择 6 个颜色
[1] "#000000" "#F8766D" "#00BA38" "#619CFF" "#00BFC4" "#F564E3"
> palette(c(palette(), "purple", "brown"))    #在当前调色板中增加"purple"和"brown"颜色
```

3. 连续性颜色

连续性颜色也称渐变色，是指颜色值逐渐变化的一系列颜色。在绘图中，除了使用固

定的颜色外，R 语言还提供了多种渐变色的生成方法。表 5.1 中列出了 R 语言中常用的连续性颜色生成函数。

表 5.1　R 语言中常用的连续性颜色生成函数

函数名称	原理	格式
rgb	RGB 模型，通过 3 个分量的值确定颜色	rgb(red,green,blue,alpha,nmaes=NULL,max=1)
rainbow	彩虹色（赤、橙、黄、绿、青、蓝、紫）	rainbow(n,s=1,v=1,start=0,end=max(1,n-1)/n, gamma=1)
heat.colors	高温、白热化（红、黄、白）	heat.colors(n, alpha, rev=FALSE)
terrain.colors	地理地形（绿、黄、棕、白）	terrain.colors(n, alpha, rev=FALSE)
topo.colors	蓝、青、黄、棕	topo.colors(n, alpha, rev=FALSE)
cm.colors	青、白、粉、红	cm.colors(n, alpha, rev=FALSE)

其中，rgb 函数的参数 red、green、blue 对应 RGB（红绿蓝）3 个分量的取值，数值越大对应该分量的颜色越深；alpha 是颜色透明度，0 代表完全透明，最大值为 1（默认值）表示完全不透明；参数 names 为指定生成颜色向量的名称。rgb 函数可以通过各个分量产生序列来生成渐变色。

rainbow 函数和表中其他几个系统函数都是主题配色函数，其中参数 n 是用于产生连续性颜色的颜色数量，参数 start 和 end 是设定彩虹颜色的子集，生成的颜色从子集选取。其他连续性颜色的生成方式和 rainbow 函数类似，同时，hsv 函数也可以通过参数控制来生成连续性颜色。下面演示如何生成连续性颜色及相关的颜色展示。

【例 5.3】 生成 R 语言连续性颜色示例。

```
par(mfrow=c(7,1))
par(mar=c(0.0,0.0,2.1,0.0))
rgb_color<-rgb(red=1:200,green=0,blue=0,max=255)
rain_color<-rainbow(200)

heat_colors<-heat.colors(200)
terrain_colors<-terrain.colors(200)
topo_colors<-topo.colors(200)
cm_colors<-cm.colors(200)
hsv_colors<-hsv(seq(0,1,0.005))

barplot(rep(1,200),col=rgb_color,main="rgb",cex.main=2)
barplot(rep(1,200),col=rain_color,main="rain",cex.main=2)
barplot(rep(1,200),col=heat_colors,main="heat",cex.main=2)
barplot(rep(1,200),col=terrain_colors,main="terrain",cex.main=2)
barplot(rep(1,200),col=topo_colors,main="topo",cex.main=2)
barplot(rep(1,200),col=cm_colors,main="cm",cex.main=2)
barplot(rep(1,200),col=hsv_colors,main="hsv",cex.main=2)
barplot(rep(1,200),col=hsv_colors,main="hsv",cex.main=2)
```

示例程序生成的连续性颜色如图 5.1 所示。

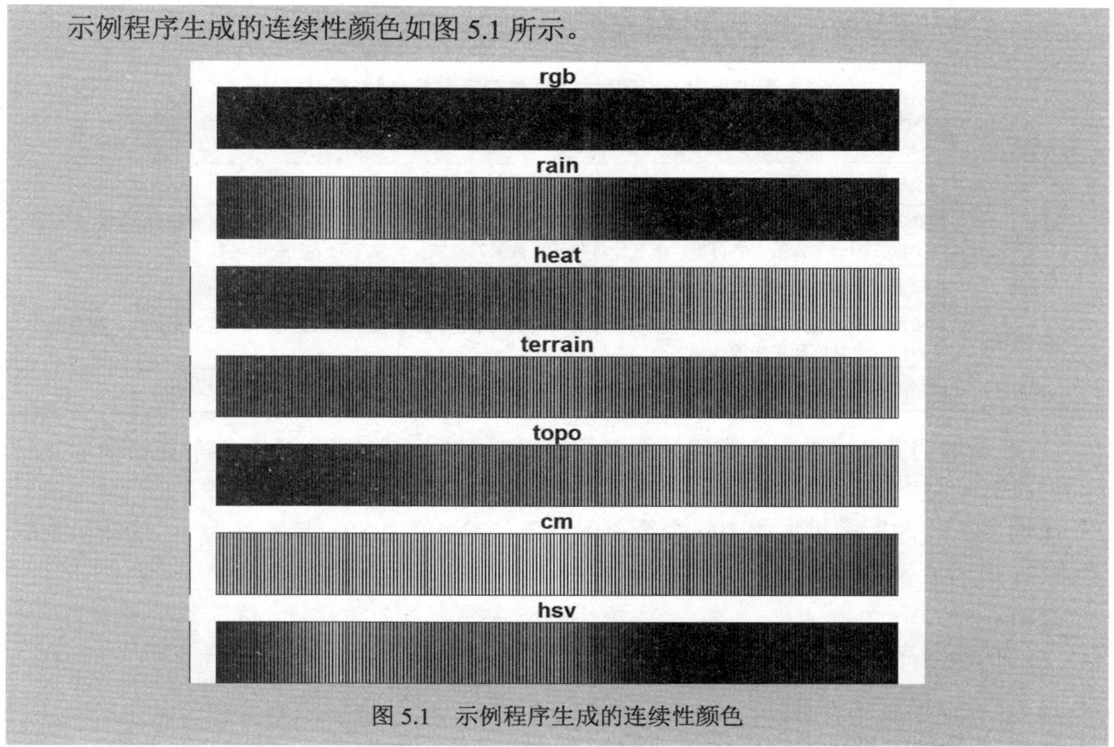

图 5.1　示例程序生成的连续性颜色

5.1.2　常用高级绘图函数

R 语言除了拥有很强的数据处理能力以外，还有着强大的数据图形展现能力。使用图形可以更直观地进行数据分析，所以数据分析结果往往会以图形的方式呈现。R 语言基础图形函数又分成初级函数和高级函数两种。其中，初级函数用于添加图形内容，高级函数用于绘制图形。本节主要介绍 R 语言部分常用的基本高级绘图函数。

1. *直方图*

直方图（histogram）也称为质量分布图，是统计报告图的一种，是观察数据分布特征的常用图形，可以直观地展示数据分布的形状是否对称、偏斜的方向和程度等。数据分组后，在 x 轴上用矩形的宽度表示每个组的组距，用矩形的面积表示每个组的频数（或密度）大小，多个矩形并列在一起就是直方图。R 语言中通过 hist 函数绘制直方图，其调用格式如下。

```
hist(x, breaks="Sturges",
     freq=NULL, probability=!freq,
     include.lowest=TRUE, right=TRUE,
     density=NULL, angle=45, col="lightgray", border=NULL,
     main=paste("Histogram of" , xname),
     xlim=range(breaks), ylim=NULL,
     xlab=xname, ylab,
     axes=TRUE, plot=TRUE, labels=FALSE,
     nclass=NULL, warn.unused=TRUE, ...)
```

hist 函数的主要参数及其功能描述如表 5.2 所示。

表 5.2　hist 函数的主要参数及其功能描述

参数	功能描述
x	绘制直方图的数值向量
breaks	直方图分段参数，可以是下列内容之一：给出直方图单元间断点的向量；计算断点向量的函数；数值表示直方图的单元数；字符串，命名计算单元格数量的算法；计算单元格数量的函数
freq	频数或者频率绘图，默认为频数（TRUE），取值 FALSE 为频率绘图
density	绘图时增加阴影线条的密度，以每英寸的线条数为单位。默认值 NULL，表示不绘制阴影线。密度的非正值也会抑制阴影线的绘制
angle	指阴影线的斜度，以逆时针角度给出。默认为 45°

hist 函数的其他参数属于常用绘图函数的常见参数，后续将在介绍图形元素的添加时一并介绍。

【例 5.4】 绘制随机生成 100 个符合正态分布（均值为 80，标准差为 5）的随机数的直方图。

```
par(mfrow=c(1,2))
x<-round(rnorm(100,mean=80,sd=5),0)
hist(x,breaks=10,freq=FALSE ,col=rainbow(10),main="频率直方图")
hist(x,breaks=c(1,20,30,50,75,100),freq=TRUE,col=rainbow(5),main=
    "频数直方图")
```

示例程序运行结果如图 5.2 所示。

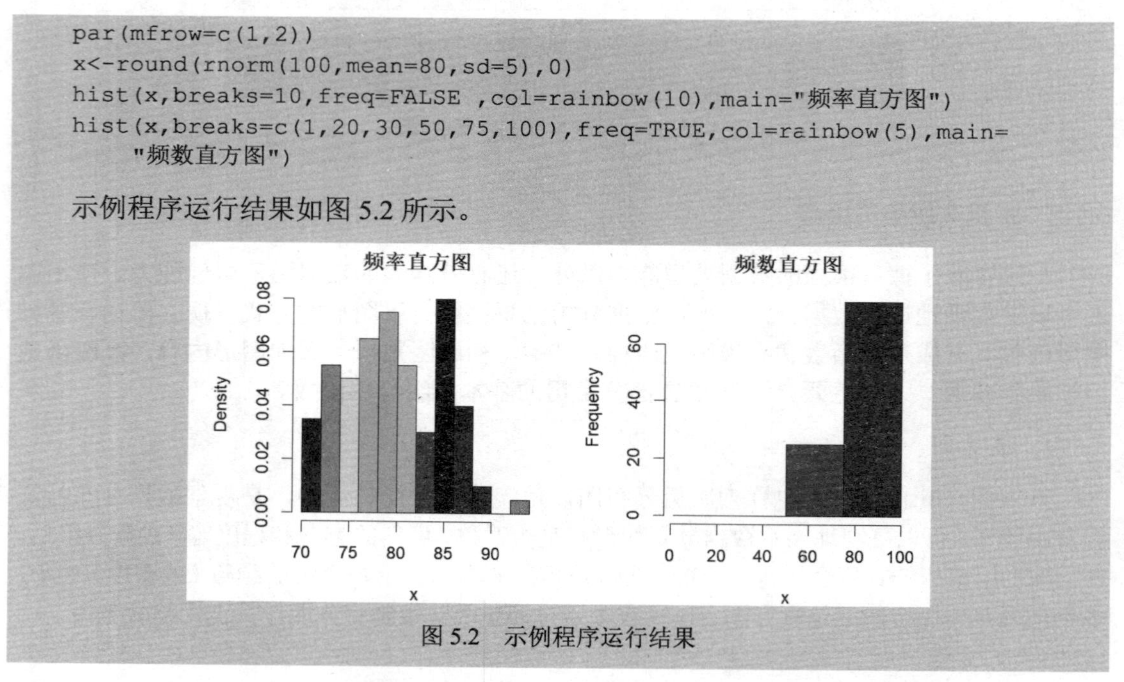

图 5.2　示例程序运行结果

由直方图可以明显地看出数据分布情况，随机数主要集中在 70 到 90 这个区间，符合随机数生成的设置。

2. 条形图

条形图（bar chart）是用宽度相同的条形的高度或长短来表示数据多少的一种图形，条形图可以横置或纵置，纵置时也称为柱形图（column chart）。此外，条形图有简单条形图、复式条形图等多种形式。

R 语言中用 barplot 函数绘制条形图，展示各类数据的分布。条形图的 x 轴是类别（往往不连续），主轴是对应类别的频数。barplot 函数的调用格式如下。

```
barplot(height, width = 1, space = NULL,
        names.arg = NULL, legend.text = NULL, beside = FALSE,
        horiz = FALSE, density = NULL, angle = 45,
        col = NULL, border = par("fg"),
        main = NULL, sub = NULL, xlab = NULL, ylab = NULL,
        xlim = NULL, ylim = NULL, xpd = TRUE, log = "",
        axes = TRUE, axisnames = TRUE,
        cex.axis = par("cex.axis"), cex.names = par("cex.axis"),
        inside = TRUE, plot = TRUE, axis.lty = 0, offset = 0,
        add = FALSE, ann = !add && par("ann"), args.legend = NULL, ...)
```

barplot 函数的主要参数及其功能描述如表 5.3 所示。

表 5.3　barplot 函数的主要参数及其功能描述

参数	功能描述
height	向量或矩阵，由其数据构成图的条形。如果是一个向量，则条形图由一系列矩形条组成，其高度由向量中的值决定
width	可选的条宽矢量
beside	逻辑值参数。如果为 FALSE，条形描绘为由“子条”堆叠的条；如果为 TRUE，条形图每个子条单独并列绘制
horiz	逻辑值参数。如果为 FALSE，条形图将垂直绘制，第一个条在左边；如果为 TRUE，条形图将水平绘制，第一个条在底部

VADeaths 是 R 语言自带数据集，记录了 1940 年弗吉尼亚州每千人死亡率，按年龄组（行）和人口组（列）交叉分类。年龄组分别为 50～54 岁、55～59 岁、60～64 岁、65～69 岁、70～74 岁；人口组分别为农村男性（Rural Male）、农村女性（Rural Female）、城市男性（Urban Male）和城市女性（Urban Female）。

【例 5.5】 用条形图来展现 VADeaths 数据集中的数据。

```
VADeaths  #查看 VADeaths 数据集
#Rural Male  Rural Female  Urban Male  Urban Female
#50-54       11.7           8.7        15.4          8.4
#55-59       18.1          11.7        24.3         13.6
#60-64       26.9          20.3        37.0         19.3
#65-69       41.0          30.9        54.6         35.1
#70-74       66.0          54.3        71.1         50.0
par(mfrow=c(2,2))
par(mar=c(3,3,1,1))
barplot(VADeaths,beside = T,
       cex.axis = 1.5,cex.names = 1.5)
barplot(VADeaths,beside = F,
       cex.axis = 1.5,cex.names = 1.5)
barplot(VADeaths,beside = F, horiz = T,
       cex.axis = 1.5,cex.names = 1.5)
barplot(VADeaths,beside = T, horiz = T,
       cex.axis = 1.5,cex.names = 1.5)
```

示例程序运行结果如图 5.3 所示。

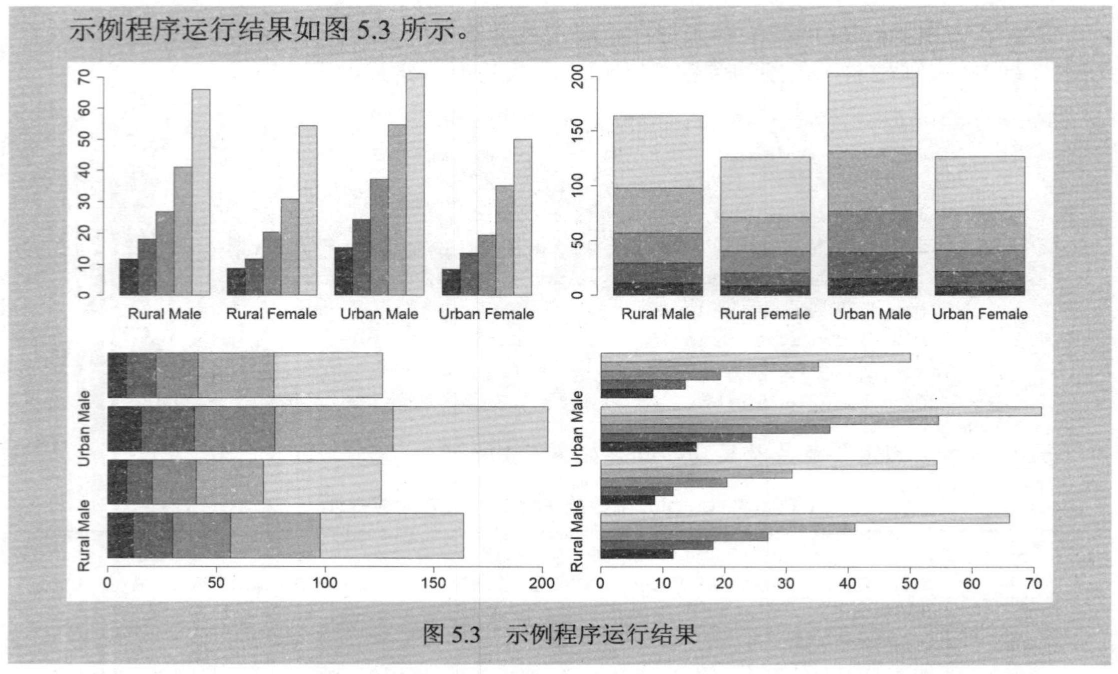

图 5.3 示例程序运行结果

从图 5.3 中可以明显看出，随着年龄的增长死亡率增加，此外还可以看出城市男性的死亡率比相同年龄段的其他群体死亡率高等。

3. 饼图

饼图（pie graph）一般用于表达比例关系，将一个数据系列中各项的大小与各项总和的比例显示在一个圆中，通过扇面大小来表示每项数据的占比。饼图可以清楚直观地展示部分与整体、部分与部分的比例关系。R 语言中用 pie 函数来绘制饼图，其调用格式如下。

```
pie(x, labels = names(x), edges = 200, radius = 0.8,
    clockwise = FALSE, init.angle = if(clockwise) 90 else 0,
    density = NULL, angle = 45, col = NULL, border = NULL,
    lty = NULL, main = NULL, ...)
```

pie 函数的主要参数及其功能描述如表 5.4 所示。

表 5.4 pie 函数的主要参数及其功能描述

参数	功能描述
x	非负数值的向量。x 中的值显示为饼图切片的面积
labels	为切片命名的一个或多个表达式或字符串
edges	饼的圆形轮廓近似于一个参数指定数量的多边形
radius	饼图的半径，饼被画在一个边长为-1 到 1 的圆中，其中数值代表缩放比例（1 表示 100%），符号代表绘制的起始位置：正号代表从 0° 开始绘图，负号代表从 180° 开始绘图
init.angle	绘图的初始角度

【例 5.6】 用饼图呈现一个公司下属 3 个分厂的产能数据。

要在饼图上显示百分比，需要先根据各分厂的产能数据计算对应的占比（百分比），再将百分比转换成相应的字符串向量，然后对参数 labels 进行设置。

```
x<-c(2780.6,4035.2,3678.5)                        #3 个分厂的产能数据
names(x)<-c('第一分厂','第二分厂','第三分厂')  #3 个分厂的名称
y<-round(x/sum(x)*100, digits = 1)
str <- paste0(names(x),'\n',y,'%')
pie(x,radius =1.2,cex.main=2,cex=1.5,
    init.angle = 60,
    labels = str,
    density = 30,
    angle = c(0,90,45),
    main = "各分厂的产能百分比",
    col = c("purple1","seagreen1","orange1"),
    border = c("red","black","blue")
)
```

示例程序运行结果如图 5.4 所示。

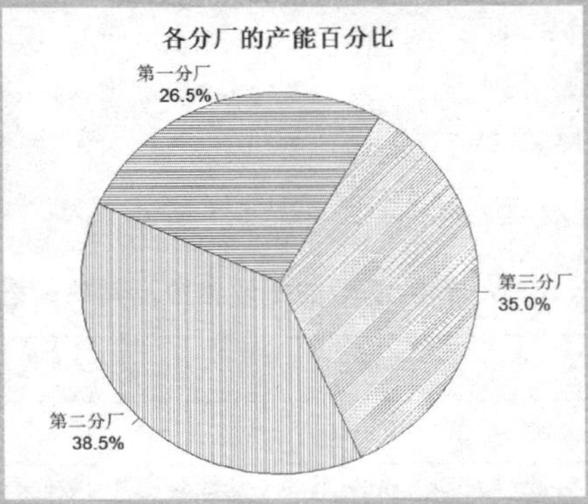

图 5.4　示例程序运行结果

4. 箱线图

箱线图（box-plot）又称为盒须图、盒式图或箱形图，常用于显示一组数据分布特征的统计图。箱线图在各领域得到了广泛应用，常用于品质管理。箱线图绘制了常用的统计量：最大值、上四分位数、中位数、下四分位数和最小值，所以箱线图不仅可用于反映一组数据的分布特征，如分布是否对称、是否存在离群点等，还可用于多组数据的分布特征间的比较。箱线图中元素的信息含义如图 5.5 所示。

图 5.5 中还标识了离群点。离群值的定义各个行业的标准有所不同。国际上比较通用的标准是以低于箱形图下箱体的 1.5 倍四分位间距（inter quartile range，IQR），或是高于箱形图上箱体的 1.5 倍四分位间距作为离群值的定义，当这个标准提高至 3 倍四分位间距时定义为极端值。

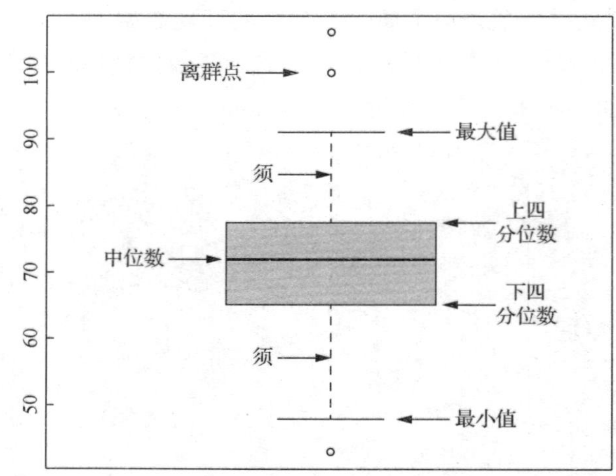

图 5.5　箱线图中元素的信息含义

R 语言中用 boxplot 函数来绘制箱线图，其调用格式如下。

```
boxplot(x, ..., range = 1.5, width = NULL, varwidth = FALSE,
        notch = FALSE, outline = TRUE, names, plot = TRUE,
        border = par("fg"), col = "lightgray", log = "",
        pars = list(boxwex = 0.8, staplewex = 0.5, outwex = 0.5),
         ann = !add, horizontal = FALSE, add = FALSE, at = NULL)
```

boxplot 函数的主要参数及其功能描述如表 5.5 所示。

表 5.5　boxplot 函数的主要参数及其功能描述

参数	功能描述
x	数值向量，以此绘制箱线图
formula	一个公式，形如 y~grp（函数关系），其中 y 是数据集中的数值型向量，并根据 grp 来划分 y 的类别，而 grp 通常是因子型数据
data	提供 formula 数据的数据框
range	一个延伸倍数，箱线图延伸到距离箱子两端 range*IQR 处，超过这个范围就被认为是离群点，且直接以点标识出来
width	箱子的宽度
varwidth	箱子的宽度与样本量的平方根是否成比例，默认为 FALSE，即不成比例
notch	默认为 FALSE，表示不带刻槽
horizontal	默认为 FALSE，表示垂直方向
add	默认为 FALSE，表示不把箱线图添加到现有图形上

mtcars 是 R 语言内置的一个数据集，其数据来自 1974 年的美国《汽车趋向》杂志，包括 32 辆汽车（1973—1974 款）的油耗数据和 10 个方面的汽车设计和性能数据。图 5.6 是通过 head 函数查看到的 mtcars 数据集的前 6 条数据。

```
> head(mtcars)
                   mpg cyl disp  hp drat    wt  qsec vs am gear carb
Mazda RX4         21.0   6  160 110 3.90 2.620 16.46  0  1    4    4
Mazda RX4 Wag     21.0   6  160 110 3.90 2.875 17.02  0  1    4    4
Datsun 710        22.8   4  108  93 3.85 2.320 18.61  1  1    4    1
Hornet 4 Drive    21.4   6  258 110 3.08 3.215 19.44  1  0    3    1
Hornet Sportabout 18.7   8  360 175 3.15 3.440 17.02  0  0    3    2
Valiant           18.1   6  225 105 2.76 3.460 20.22  1  0    3    1
```

图 5.6　mtcars 数据集的前 6 条数据

【例 5.7】 以 R 语言自带的数据集 mtcars 为例，将不同汽缸数的汽车对应的动力、不同汽缸数及变速箱的汽车对应的油耗（每加仑[①]燃油英里[②]数越高，油耗越低）用箱线图进行展示。

```
par(mfrow=c(1,2))
par(mar = c(2,3,4,1))
#不同汽缸数的汽车动力箱线图
boxplot(hp~cyl , data = mtcars,
        main = '汽缸数-汽车动力')
#不同汽缸数及变速箱的汽车油耗箱线图
boxplot(mpg ~ cyl+am,
        data = mtcars,
        boxwex = 0.5,
        #col = c("orange", "yellow"),
        col=factor(mtcars$cyl+mtcars$am),
        main = "汽缸数: 变速箱-油耗",
        xlab = "汽缸数:变速箱",
        ylab = "英里/加仑",
        sep = ":",
        lex.order = T,
        ylim = c(0, 35)
)
```

示例程序运行结果如图 5.7 所示。

图 5.7　示例程序运行结果

5. 散点图

散点图（scatter diagram）也称为散点分布图，是一种由两个变量（或特征数据）构成的样本数据对组成的图形。散点图可提供以下两类信息。

① 1 加仑=3.785 升。

② 1 英里=1.609 千米。

（1）数据特征之间是否存在数据或者数量上的相关性。若存在相关性，判断数据特征关系属于线性关系还是非线性关系。

（2）通过绘制散点图，判断数据中是否存在较多的离群值，为后续进一步分析离群值是否会对建模分析产生重大影响打下基础。

本节介绍散点图绘制函数 plot、散点矩阵图绘制函数 pairs、多变量相关矩阵图绘制函数 corrgram 等数据相关性函数。

1）plot 函数

数据相关性包括数据本身的特征和数据之间的关系，人们常使用散点图分析数据间的关系。R 语言使用 plot 函数绘制带有轴和标题等元素的散点图，这是一个泛型函数，其调用格式如下。

```
#Default S3 method:
plot(x, y = NULL, type = "p",  xlim = NULL, ylim = NULL,
    log = "", main = NULL, sub = NULL, xlab = NULL, ylab = NULL,
    ann = par("ann"), axes = TRUE, frame.plot = axes,
    panel.first = NULL, panel.last = NULL, asp = NA,
    xgap.axis = NA, ygap.axis = NA, ...)
```

plot 函数的主要参数及其功能描述如表 5.6 所示。

表 5.6　plot 函数的主要参数及其功能描述

参数	功能描述
x, y	x 和 y 参数提供了绘图的 x 坐标和 y 坐标。任何合理的坐标定义方法都可以接受。x、y 的长度必须相同
type	该参数为一个字符串，代表线条的类型，线条类型包括 p（圆点）、l（线）、b（点+线）、c（挖掉样式 b 的点）、o（点线重载）、s（上梯状）、S（下梯状）、h（类直方图线状）、n（空）

【例 5.8】 plot 函数不同 type 参数值对应的线条类型演示示例。

```
od<-par(mfrow=c(3,3))
par(mar=c(4,4,2,1))
types<-c("p","l","b","c","o", "s" , "S" , "h", "n")
x<-seq(from=0,to=2*pi,by=0.2*pi)
y<-sin(x)
for (i in types){
  plot(x,y,
       type=i,
       xlab='x',
       ylab='sin(x)',
       main=paste0("type=",i),
       xlim=c(0,2*pi),
       asp=1,
       cex.main=1.8,
       cex.axis=1.5,
       cex.lab=1.5)
}
par(od)
```

示例程序运行结果如图 5.8 所示。

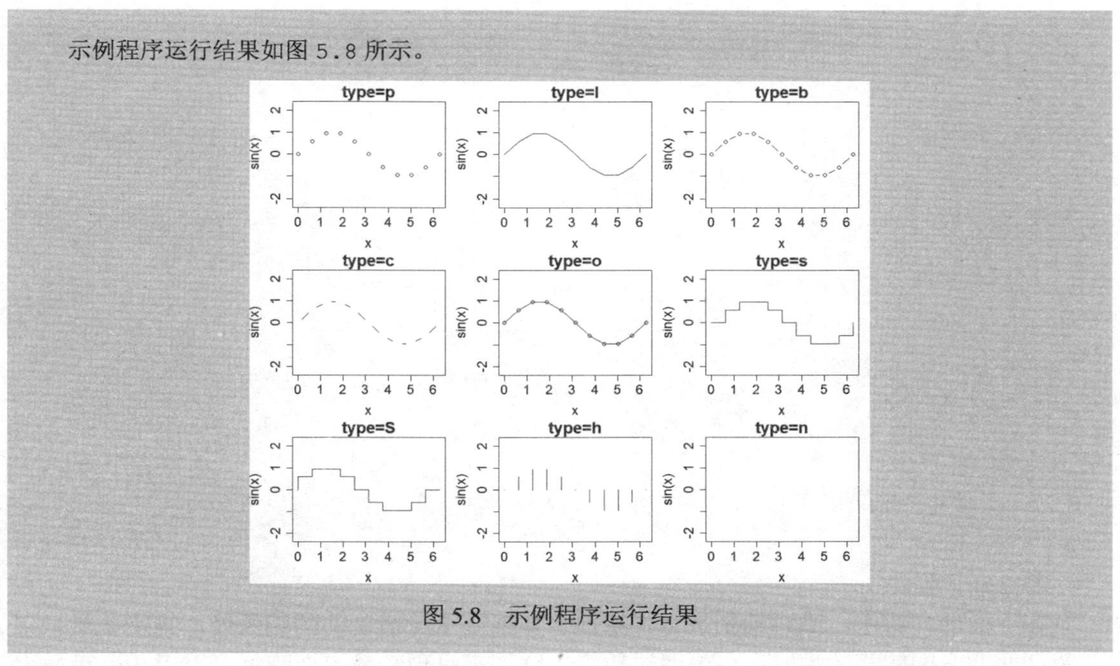

图 5.8　示例程序运行结果

【例 5.9】 以 mtcars 数据集为例，展示 plot 函数的应用：①用 plot 函数查看汽车重量的分布情况，并绘制汽车重量 wt（单位：1000 磅）与油耗 mpg（每加仑燃油英里数）的散点图；②用 plot 函数绘制 mtcars 数据集中多属性之间的数据关系，以及油耗、气缸数、车辆重量之间的关系。

```
par(mfrow=c(1,2))
par(mar=c(4,5,2,1))
plot(mtcars$wt)  #结果参见图 5.9
plot(mtcars$mpg)
#展示多属性之间的数据关系，结果参见图 5.10
par(mar=c(4,5,2,1))
plot(mtcars[,c(1,2,6)],cex.axis=1.5,cex=1.5,lwd=1.2,
    main='plot 绘制散点矩阵图')
```

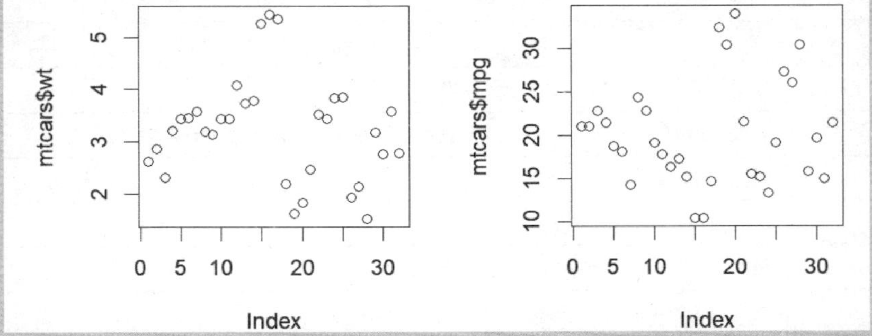

图 5.9　用 plot 函数绘制散点图

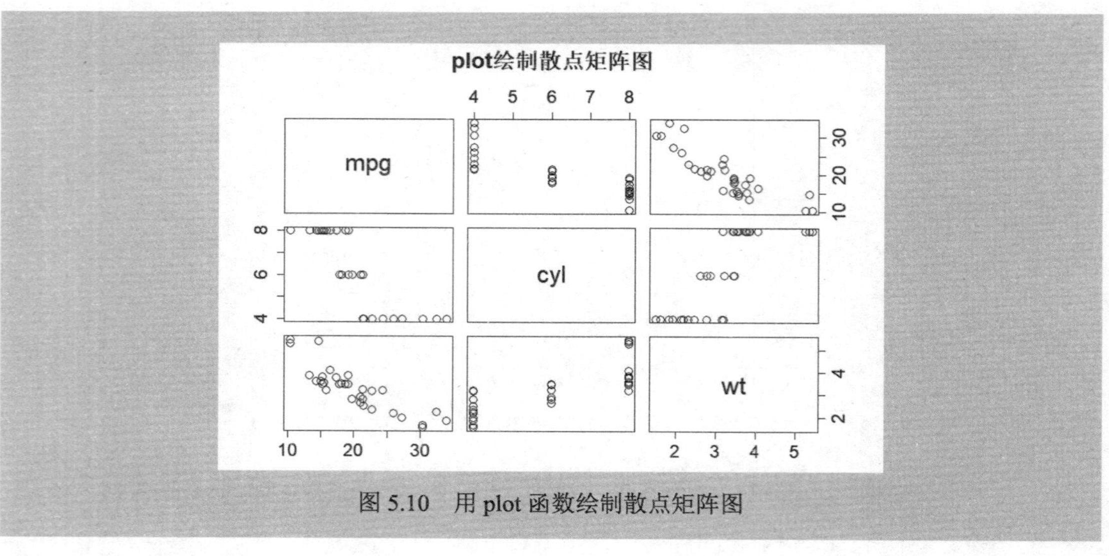

图 5.10 用 plot 函数绘制散点矩阵图

2）pairs 函数

在上面的介绍中，通过绘制散点图来展示数据两个特征之间的相关性，当需要展示多个特征两两之间的相关性时，则是通过散点矩阵图来呈现。散点矩阵图可以用 plot 函数直接绘制，当 plot 函数参数特征超过两个时，则直接绘制散点矩阵图。R 语言提供了 pairs 函数专门绘制散点矩阵图，其调用格式如下。

格式 1：

```
## Default S3 method:
pairs(x, labels, panel = points, ...)  #绘图对象是数据框
```

格式 2：

```
## S3 method for class 'formula'
pairs(formula, data = NULL, ..., subset, na.action = stats::na.pass)
  #绘图对象是公式
```

pairs 函数的主要参数及其功能描述如表 5.7 所示。

表 5.7 pairs 函数的主要参数及其功能描述

参数	功能描述
x	数据框或者数值型矩阵，散点矩阵图的坐标
formula	公式，形如~x+y+z，x、y、z 为数据框的列名（对应的列必须是数值型）
data	提供 formula 数据的数据框
labels	变量名称
panel	散点矩阵图的画板展示方式，默认为散点
subset	指定用于绘图的数据子集
na.action	数据框中数据缺失值处理方式（默认跳过）

【例 5.10】 使用 pairs 函数绘制散点矩阵图示例。

```
pairs(iris[1:4],pch = 21,main="散点矩阵图",
      labels=c("萼片长度","萼片宽度","花瓣长度","花瓣宽度"),
      cex.labels = 1.5,cex.axis = 1.5,cex.main = 1.2)
```

示例程序运行结果如图 5.11 所示。

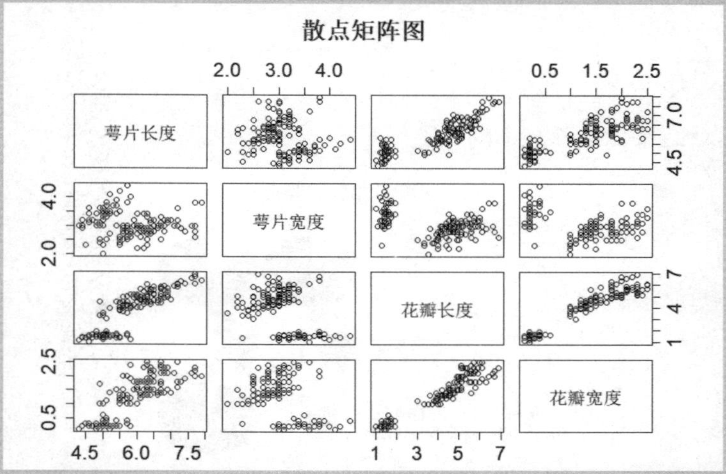

图 5.11　示例程序运行结果

3）corrgram 函数

多变量相关矩阵图是一种将数据相关系数可视化的图形，用于显示数据多个特征之间的两两关系。所以当数据维数比较大时，选择使用多变量相关矩阵图可以更好地展示各变量之间的关系。corrgram 包中的 corrgram 函数用于绘制多变量相关矩阵图，其调用格式如下。

```
corrgram(x, type=NULL, order=FALSE, labels, panel=panel.shade, lower.panel
   =panel, upper.panel=panel, diag.panel=NULL, text.panel=
   textPanel, ...)
```

corrgram 函数的主要参数及其功能描述如表 5.8 所示。

表 5.8　corrgram 函数的主要参数及其功能描述

参数	功能描述
x	数据框或相关系数矩阵
order	变量排序参数，默认值为 FALSE，按矩阵数据框名进行变量排序；当取值为 TRUE 时，相关矩阵使用主成分分析（principal component analysis，PCA）法对变量进行排序
lower.panel/up.panel	在对角线下方/上方使用单独的面板功能，即多变量相关矩阵图主对角线下方/上方元素的类型：panel.pie，绘制饼图，表示相关性大小；panel.shade，默认值，用颜色的深度表示相关性；panel.ellipse，绘制置信椭圆和平滑拟合曲线；panel.pts，绘制散点图，表示相关性；panel.conf，绘制置信区间；panel.cor，绘制相关系数
diag.panel	主对角线元素类型

【例 5.11】 以 iris 数据集为例，绘制花萼长、花萼宽、花瓣长、花瓣宽 4 个变量之间的多变量相关矩阵图。

```
install.packages("corrgram")
library(corrgram)
corrgram(iris, main = "iris 多变量相关矩阵图",
         labels = c("花萼长","花萼宽","花瓣长","花瓣宽"),
         upper.panel = panel.pie,
         lower.panel = panel.conf,
         font.labels = 2,
         cex.labels = 2,
         cex = 2,
         cex.main = 1.5)
```

示例程序运行结果如图 5.12 所示。

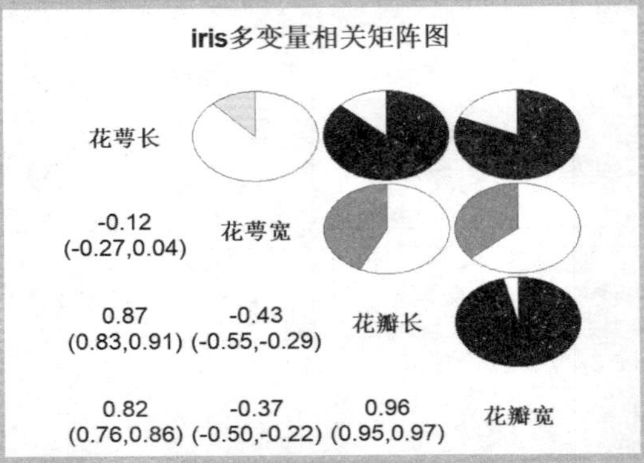

图 5.12 示例程序运行结果

6. 核密度图

数据的分布情况除了可以用直方图等方式展示以外，还可以通过绘制核密度图（kernel density plot）的方式来实现。核密度估计是用于估计随机变量概率密度函数的一种非参数方法。核密度图是一种用于观察连续型变量分布的有效方法，其本质是直方图的拟合曲线。R 语言中绘制核密度图主要分两步：先用函数 density 计算核密度，再用函数 plot 绘制核密度图。density 函数的调用格式如下。

```
density(x, bw = "nrd0", adjust = 1,
        kernel = c("gaussian", "epanechnikov", "rectangular",
                   "triangular", "biweight",
                   "cosine", "optcosine"),
        weights = NULL, window = kernel, width,
        give.Rkern = FALSE,
        n = 512, from, to, cut = 3, na.rm = FALSE, ...)
```

其中，参数 x 表示用于进行估算的数据。

【例 5.12】 绘制 mtcars 数据集中 mpg 数据的核密度图。

```
par(mfrow=c(1, 2))
d <- density(mtcars$mpg)
plot(d,main="mtcars$mpg 核密度图")
```

```
hist(mtcars$mpg,breaks=20,freq=FALSE ,main="直方图叠加核密度图")
lines(d)
```

示例程序运行结果如图 5.13 所示。

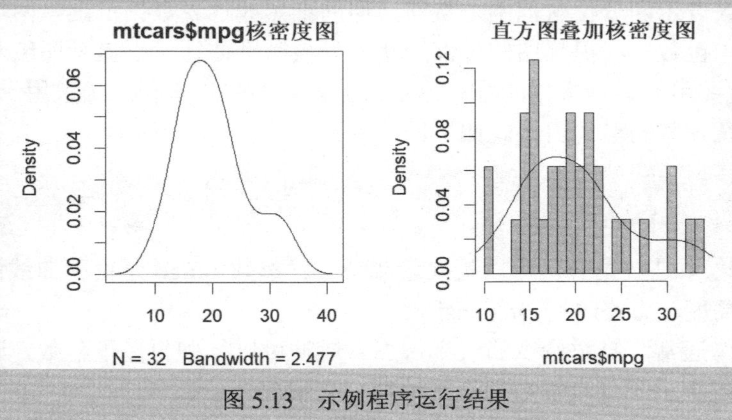

图 5.13　示例程序运行结果

除上述方法以外，sm(summary information)包也提供了绘制核密度图的方法，其中 sm.density 函数的作用是从一维、二维或三维数据中创建密度估计并绘制核密度图。sm.density.compare 函数的功能是绘制组间差异核密度图，其调用格式如下。

```
sm.density.compare(x, factor)
```

其中，参数 x 是数值型向量；参数 factor 是一个分组变量。

【例 5.13】 在 mtcars 数据集中，以 cyl（汽缸数）为因子，绘制 mpg（油耗）的组间核密度差异图。

```
install.packages("sm")
library(sm)
sm.density.compare(mtcars$mpg,factor(mtcars$cyl))
title("核密度组间差异图")
```

示例程序运行结果如图 5.14 所示。

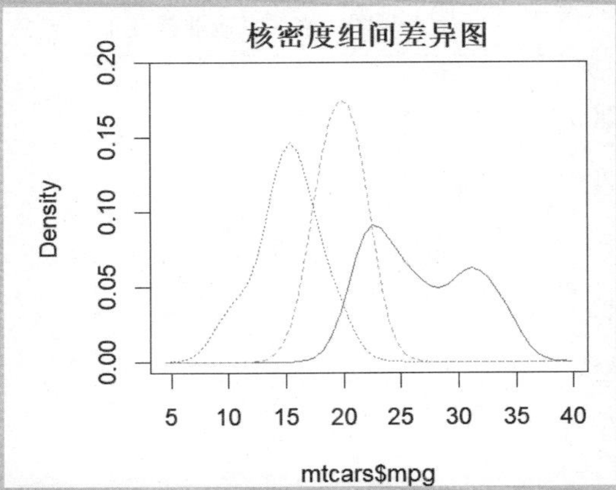

图 5.14　示例程序运行结果

7. 小提琴图

小提琴图（violin plot）是箱线图的变种，用于显示数据分布及其概率密度。小提琴图中间的黑色粗条表示四分位数范围，从其延伸的细黑线代表数据范围，两端为最大值和最小值，白点为中位数；小提琴图的外部形状即为核密度估计。小提琴图结合了箱线图和密度图的特征，主要用于显示数据的分布形状。vioplot 包中的 vioplot 函数用于绘制小提琴图，该函数比较复杂，其简单调用格式如下。

```
vioplot(x, ..., range=1.5, col = "magenta", h, ylim, names, horizontal =
   FALSE, ...)
```

其中，参数 x 是数据源，可以是向量或公式；参数 range 是密度曲线的范围；参数 h 是密度曲线的高度，省略时用 sm.density。

【例 5.14】 通常汽缸数量少的汽车每加仑燃油可以行驶更多里程数，请通过小提琴图展示 mtcars 数据集中不同汽缸数的汽车油耗分布情况。

```
install.packages("vioplot")
library(vioplot)
cyl_4 <- mtcars$mpg[mtcars$cyl==4]
cyl_6 <- mtcars$mpg[mtcars$cyl==6]
cyl_8 <- mtcars$mpg[mtcars$cyl==8]
par(mar = c(6, 5, 4, 2))
#绘制小提琴图
vioplot(cyl_4,cyl_6,cyl_8,names=c("4 缸", "6 缸", "8 缸"),
        col="light yellow",at = c(1, 2, 3),
        cex.axis=2)

title("小提琴图：缸数对应油耗分布",cex.main=2,
      xlab="汽缸数",cex.lab=2,
      ylab="英里数")
```

示例程序运行结果如图 5.15 所示。

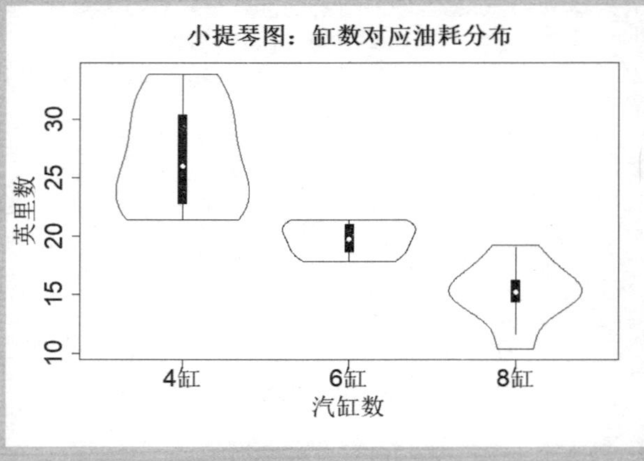

图 5.15 示例程序运行结果

8. 其他图形

除了上面介绍的高级图形绘制方法以外，R 语言还提供了其他丰富的高级绘图函数。下面简要介绍几种常用的图形绘制方法。

1）Q-Q 图

Q-Q 图（quantile-quantile plot），主要用于检查样本数据是否服从某种分布。其检验原理是，如果数据服从某一理论分布，则样本数据与理论分布曲线应该存在一致性，所以将样本数据排序后和理论分布的分位数进行比较，如果两者很接近则表示样本数据服从理论分布。Q-Q 图的绘制函数主要有以下几种。

qqnorm(y, …)：一个通用函数，默认生成 y 中值的正态 Q-Q 图。

qqline(y)：在 Q-Q 图中添加正态标准线。

qqplot(x, y)：生成两个数据集的 Q-Q 图。

【例 5.15】 Q-Q 图的绘制示例。

```
#绘制 Q-Q 图-------------------------------------------------------------------
set.seed(100)
x<-rnorm(2000)
hist(x,freq=F)     #查看随机数直方图，从结果可以验证随机数服从标准正态分布，图略
qqnorm(x, cex.axis=2, cex.lab=2)
qqline(x,col="red")
```

示例程序所绘制的 Q-Q 图如图 5.16 所示。

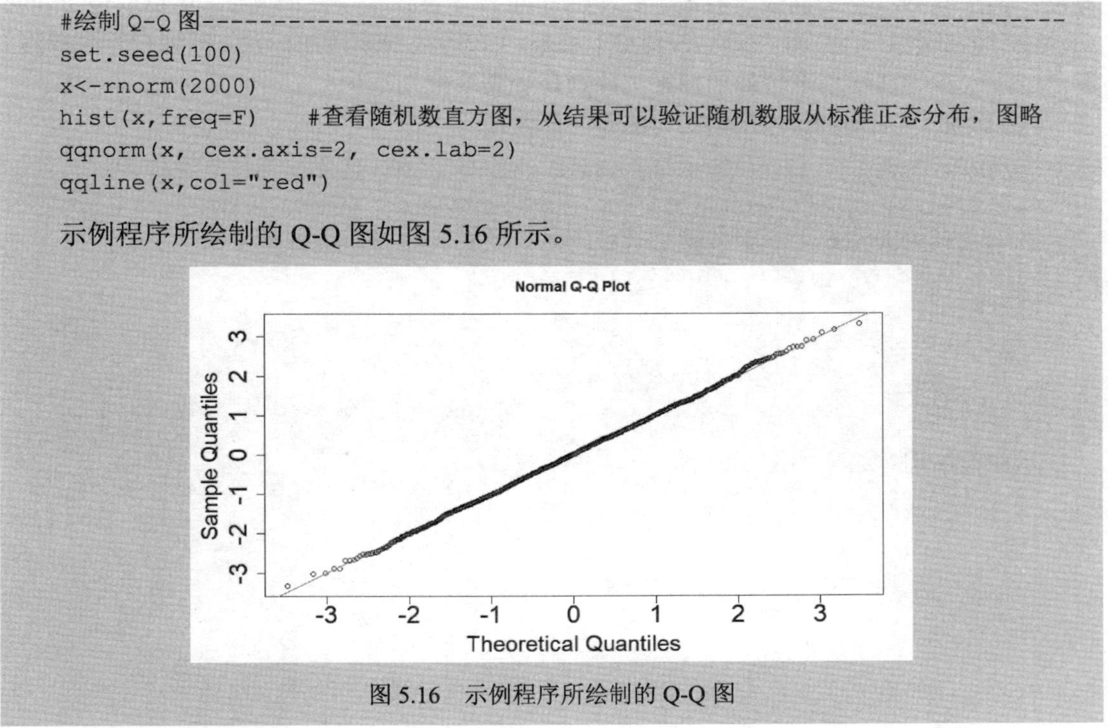

图 5.16　示例程序所绘制的 Q-Q 图

2）等高线图

等高线指的是地形图上高度相等的相邻各点所连成的闭合曲线。将地面上海拔高度相同的点连成的闭合曲线垂直投影到一个水平面上，并按比例缩绘在图纸上，就得到等高线。等高线也可以看作不同海拔高度的水平面与实际地面的交线。在等高线上标注的数字为该等高线的海拔。等高线的间距越小表示下降速度越快。等高线图（contour map）是可视化二维空间标量场的基本方法，可以将三维数据使用二维的方法可视化，同时用颜色视觉特征表示第三维数据。

R 语言中的 contour 函数可用于绘制等高线，其功能是创建等值线图，或将等值线添加到现有图形，其调用格式如下。

```
contour(x = seq(0, 1, length.out = nrow(z)),
        y = seq(0, 1, length.out = ncol(z)), z,
        nlevels = 10, levels = pretty(zlim, nlevels), labels = NULL,
        xlim = range(x, finite = TRUE),
        ylim = range(y, finite = TRUE),
        zlim = range(z, finite = TRUE),
        labcex = 0.6, drawlabels = TRUE, method = "flattest",
        vfont, axes = TRUE, frame.plot = axes,
        col = par("fg"), lty = par("lty"), lwd = par("lwd"),
        add = FALSE, ...)
```

其中，参数 x 和 y 是数值向量，用于组成栅格线；参数 z 也是数据向量，用于表示网格高度；参数 nlevels 是等高线的数量；参数 method 用于设置等高线的画法，可以取值 simple（在等高线末端加标签，并与等高线重叠）、edge（在等高线末端加标签，并嵌在等高线内）和 flattest（在等高线最平缓处加标签，并嵌在等高线内）。

【例 5.16】 用 contour 函数生成等高线的示例。

```
#等高线------------------------------------------------------------
set.seed(1200)
x1 <- sort(rnorm(100,mean = 13, sd = 3))
y1 <- sort(rnorm(100,mean = 20, sd = 5))
z1 <- outer(x1,y1)
contour(x1,y1,z1, nlevels = 30,
      col = rainbow(3),cex.axis = 2,
      lty = 1:3, lwd = 0.5*(1:5),  labcex = 2, method = "flattest")
```

示例程序运行结果如图 5.17 所示。

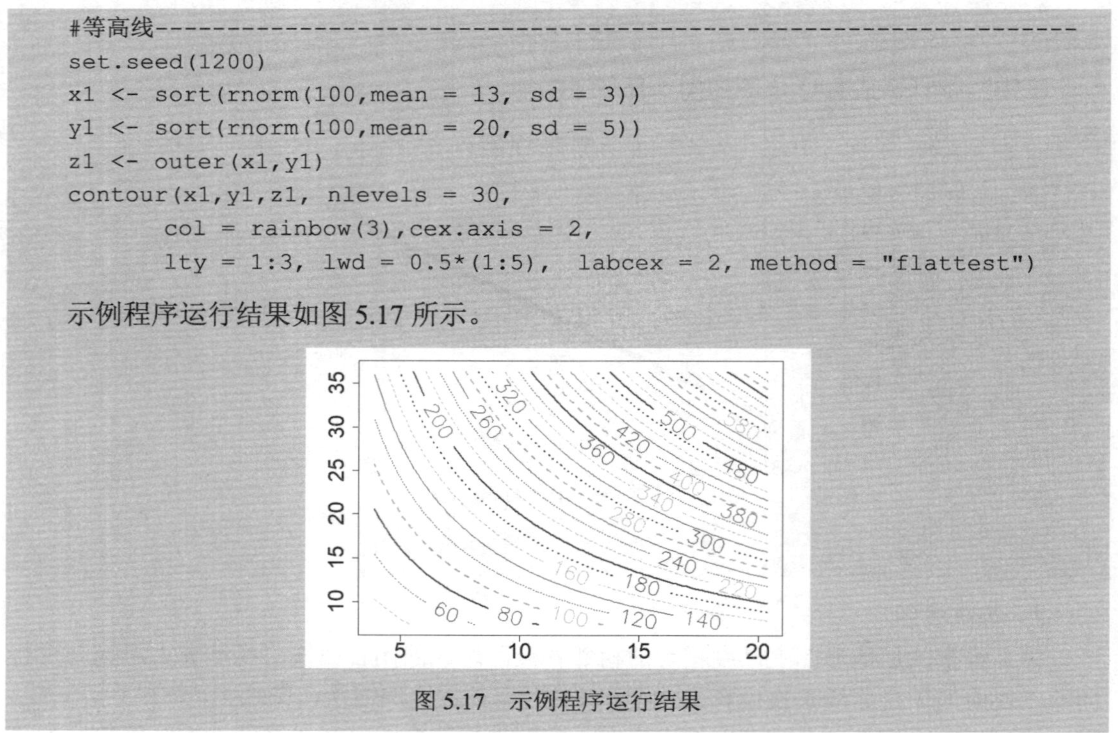

图 5.17　示例程序运行结果

3）星状图

星状图（star chart）是一种用于表示多维度变量数值的统计图。星状图与前面介绍的饼图类似，图形中扇形面积的大小代表变量数值的大小。与饼图不同之处在于，星状图每块扇形宽度是一致的，区域的半径不一致，它是由变量的大小决定扇形的半径。在 R 语言中，用 stars 函数绘制星状图，其调用格式如下。

```
stars(x, full = TRUE, scale = TRUE, radius = TRUE,
      labels = dimnames(x)[[1]], locations = NULL,
      nrow = NULL, ncol = NULL, len = 1,
      key.loc = NULL, key.labels = dimnames(x)[[2]],
      key.xpd = TRUE,
      xlim = NULL, ylim = NULL, flip.labels = NULL,
      draw.segments = FALSE,
      col.segments = 1:n.seg, col.stars = NA, col.lines = NA,
      axes = FALSE, frame.plot = axes,
      main = NULL, sub = NULL, xlab = "", ylab = "",
      cex = 0.8, lwd = 0.25, lty = par("lty"), xpd = FALSE,
      mar = pmin(par("mar"),
                 1.1+ c(2*axes+ (xlab != ""),
                 2*axes+ (ylab != ""), 1, 0)),
     add = FALSE, plot = TRUE, ...)
```

stars 函数的主要参数及其功能描述如表 5.9 所示。

表 5.9　stars 函数的主要参数及其功能描述

参数	功能描述
x	数据框或相关系数矩阵
full	图形形状：TRUE 表示整圆（默认），FALSE 表示半圆
scale	逻辑参数：如果为 TRUE，则数据矩阵的列独立缩放，使得每列中的最大值为 1，最小值为 0；如果为 FALSE，则假定数据已通过其他算法缩放到[0,1]
radius	逻辑参数：绘制数据中每个变量对应的半径
labels	用于标记绘图的字符串向量，默认使用数据行名称
locations	设置摆放位置，默认（NULL）摆放在矩阵网格上。若是长度为 2 的向量，那么星形将放在指定坐标位置上，形成蜘蛛网图或雷达网图
key.loc	unit.key（标准星状图）的位置
flip.labels	设置名称是否上下错位，防止文本重叠
frame.plot	在图片四周添加一个黑框
draw.segments	逻辑参数：如果为 TRUE，则绘制段图（图形边框）

【例 5.17】 通过 mtcars 中的数据演示如何使用 stars 函数绘制星状图与蜘蛛网图。

```
# 绘制蜘蛛网图，结果如图 5.18 所示
stars(mtcars, locations = c(3,3), radius = TRUE, main="Spider-plot")
#绘制星状图，结果如图 5.19 所示
stars(mtcars, key.loc = c(14, 1.5),
      main = "stars-plot", cex.main=2,
      flip.labels = TRUE,draw.segments = TRUE)
```

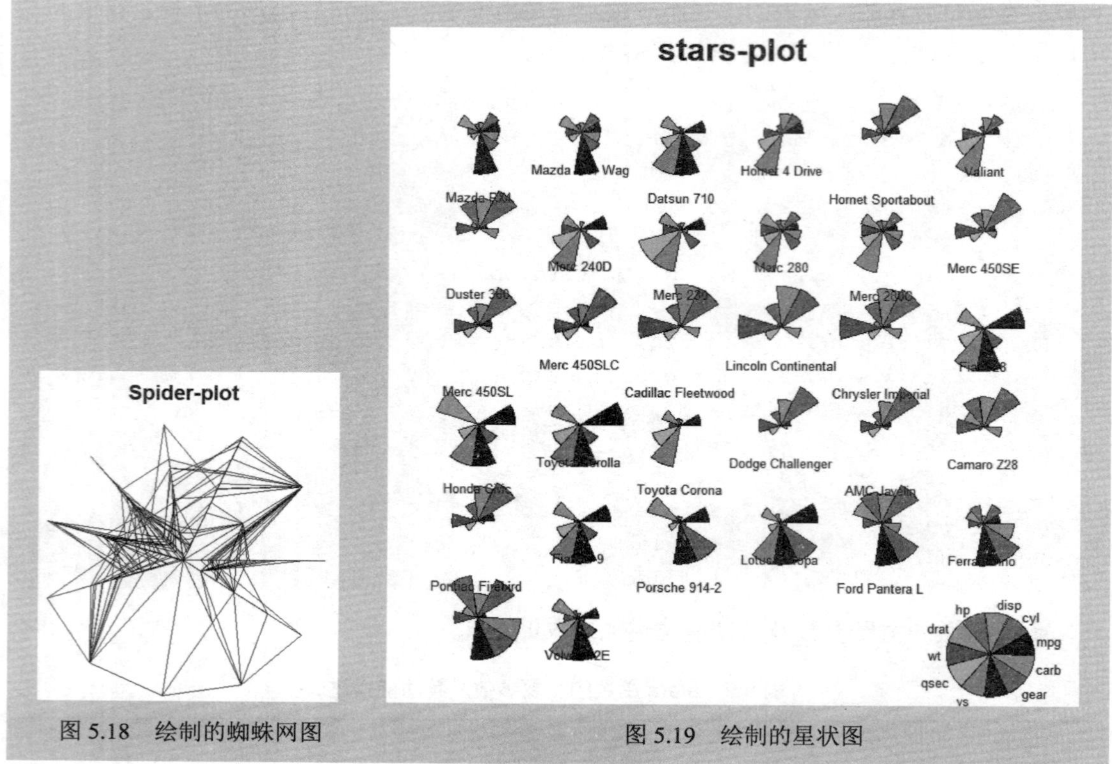

图 5.18　绘制的蜘蛛网图

图 5.19　绘制的星状图

R 语言的高级绘制部分还提供了很多其他图形的绘制函数，如热力图、脸谱图、向日葵散点图等，读者可自行查阅相关资料进行了解。

5.1.3　常用初级绘图函数

本节将介绍 R 语言常用的初级绘图函数。初级绘图函数不会创建新的图形，只是在目前的图形上添加相关的元素，如点、线、文本、图例等。

1. 点和线

在 R 语言中，用 points 函数将一组具有指定形状、大小和颜色的点添加到现有绘图中，其调用格式如下。

```
points(x, y = NULL, type = "p", ...)
```

其中，参数 x、y 表示要绘制的点的坐标向量。

【例 5.18】 用 points 函数在图形中添加点。

```
x<-seq(0, 2*pi, length=100)
y<-sin(x)
plot(x, y, type='l',cex.lab=1.5, cex.axis=1.5)
points(x=(0:4)*pi/2, y=sin((0:4)*pi/2), col="blue", pch=10, cex=2)
title(main=list("添加点示意图", cex=2))
```

示例程序运行结果如图 5.20 所示。

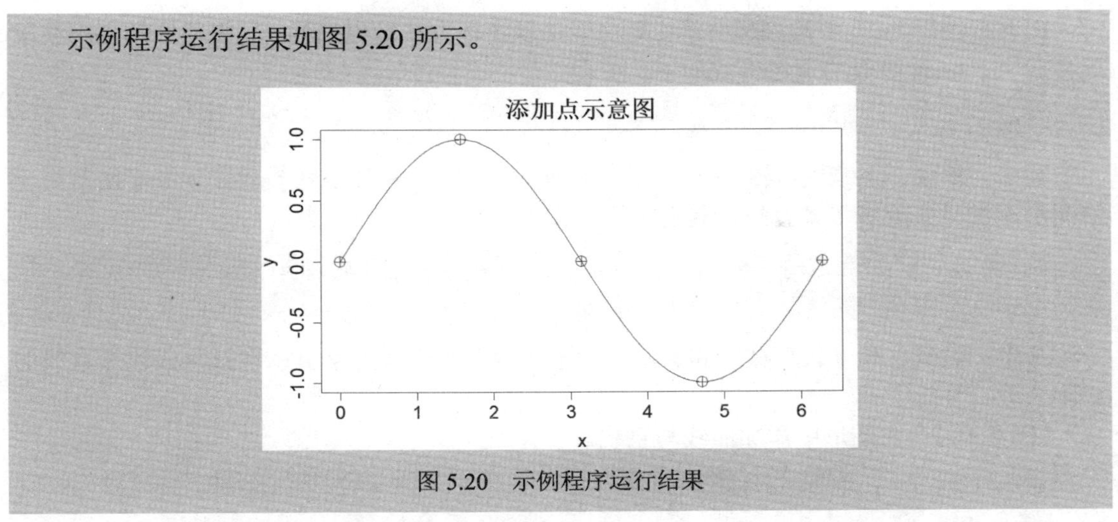

图 5.20　示例程序运行结果

绘制图形时，可以设置图形中点的样式。表 5.10 列出了 points 函数点样式相关参数及其功能描述。

表 5.10　points 函数点样式相关参数及其功能描述

参数	功能描述
pch	代表点的样式，取值 0～25 的整数，或者 "*" "、" "o" "O" "+" "–" "|" 等字符
cex	点的大小。默认为 1，大于 1 时表示放大，小于 1 时表示缩小
col	点边框的颜色
bg	点内部的颜色，pch 取值为 21～25 样式的点
font	字体设置：默认为 1，代表正常的字体；取值 2，表示粗体；取值 3，表示斜体；取值 4，代表粗斜体
lwd	代表点的边框宽度：默认为 1，代表正常的宽度；若小于 1 则代表缩小；若大于 1 则代表放大

其中，参数 pch 代表点的样式，R 语言中点的样式有很多。当 pch 取值为数值时，pch=0～25 的点样式如图 5.21 所示（其中 21～25 样式是有填充的样式），pch=26～31 是 R 语言当前未使用的取值，pch=32～127 表示绘制相应的 ASCII 字符；当参数 pch 为字符时，则绘制相应的字符为点的样式，如图 5.21 所示。

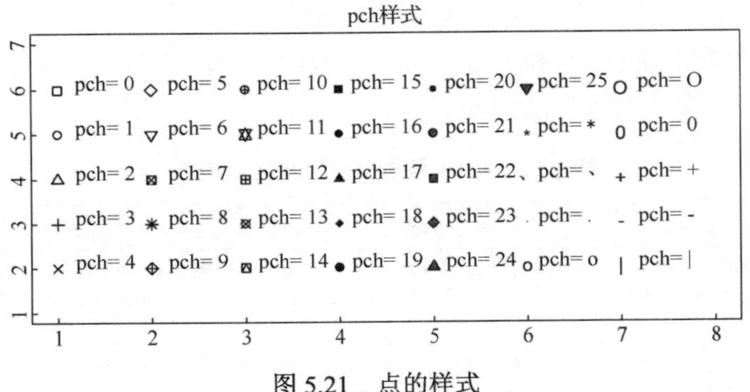

图 5.21　点的样式

R 语言使用 lines 函数添加曲线，其功能是以各种方式给出坐标，并将相应的点用线段连接起来。lines 函数的调用格式如下。

```
lines(x, y = NULL, type = "l", ...)
```

其中，参数 x、y 表示要绘制曲线的坐标向量。同时，R 语言还提供了 abline 函数用于给图形添加一条或者多条直线，其调用格式如下。

```
abline(a = NULL, b = NULL, h = NULL, v = NULL, reg = NULL,
       coef = NULL, untf = FALSE, ...)
```

其中，参数 a 和 b 代表截距和斜率；参数 h 代表水平线的 y 值；参数 v 代表垂直线的 x 值。

【例 5.19】 在图形中添加曲线与直线。

```
x<-seq(0, 2*pi, length=100)
y<-sin(x)
plot(x, y, type='l',cex.lab=2,cex.axis=2)
abline(h=0, v=0, col="gray60")
lines(x, cos(x), lwd=2, col="blue")
title("添加线示意图",cex.main=2)
```

示例程序运行结果如图 5.22 所示。

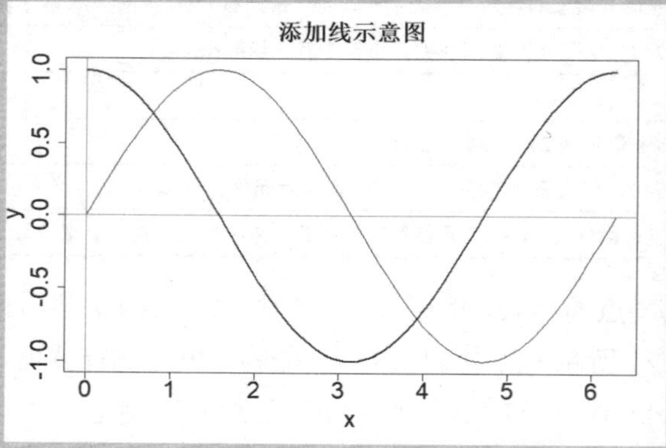

图 5.22 示例程序运行结果

线条相关的参数主要有 lty 和 lwd。lines 函数的参数及其功能描述如表 5.11 所示。参数 lty 与 lwd 的样式效果如图 5.23 所示。

表 5.11 lines 函数的参数及其功能描述

参数	功能描述
lty	线条的线型参数。线型可以指定为整数（0=空白，1=实心（默认），2=虚线，3=点线，4=点划线，5=长划线，6=双划线），也可以指定为字符串"blank"、"solid"、"dashed"、"dotted"、"dotdash"、"longdash"、"twodash"之一
lwd	线条的宽度：默认为 1，代表正常大小；大于 1 代表放大；小于 1 代表缩小

线的样式 线的宽度

lty= 6
lty= 5 lwd= 4
lty= 4 lwd= 2
lty= 3 lwd= 1.5
lty= 2 lwd= 1
lty= 1 lwd= 0.8
lty= 0 lwd= 0.5

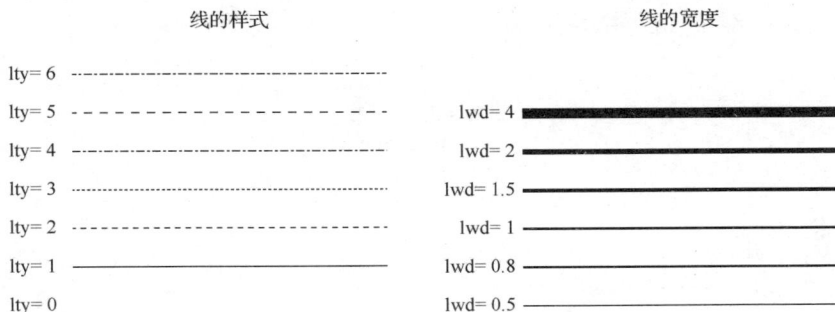

图 5.23 线的样式与宽度示意图

除了添加曲线和直线，R 语言还可以添加线段（segments 函数）、箭头（arrows 函数）、网格线（grid 函数）等。

2. 文本

在绘图过程中往往需要给图形添加文本标注。R 语言用 text 函数为图形添加文本，用 mtext 函数为图形四周添加文本。

text 函数的调用格式如下。

```
text(x, y = NULL, labels = seq_along(x$x), adj = NULL,
     pos = NULL, offset = 0.5, vfont = NULL,
     cex = 1, col = NULL, font = NULL, ...)
```

其中，参数 x、y 用于构造坐标（x,y），参数 labels 是需要添加的文本内容。text 函数的作用是在绘图区域根据 x 和 y 给出的坐标添加给定的文本，需要注意的是，坐标是文本的中心位置。

mtext 函数的调用格式如下。

```
mtext(text, side = 3, line = 0, outer = FALSE, at = NA,
      adj = NA, padj = NA, cex = NA, col = NA, font = NA, ...)
```

其中，参数 text 是添加的文本；参数 side 取值 1～4，分别表示下、左、上、右，默认 side=3，表示在图形的上方添加文本；line 表示距图形边缘的行数，当 line 为正数时在图形四周添加文本，当 line 为负数时在图形内部添加文本。

【例 5.20】 绘制图形添加文本元素。

```
par(mar = c(6, 5, 4, 2)) #调整图形边距
plot(1:10, (-4:5)^2, main = "Parabola Points",
    xlab = "xlab" ,cex.lab=2)
text(2,10,"the second point",cex=1.2)
for(s in 1:4)
  mtext(paste("mtext(...,side=", s ,")"), side = s,cex=1.5)
mtext("10 of them",line=-2,side=3,cex=1.5)
```

示例程序运行结果如图 5.24 所示。

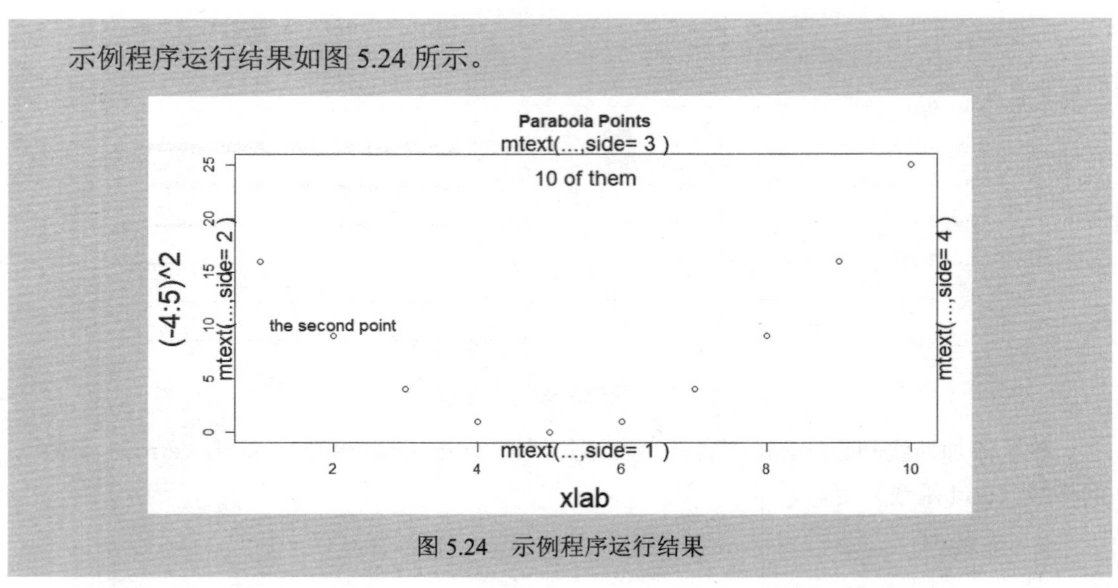

图 5.24 示例程序运行结果

3. 标题与图例

高级绘图函数很多拥有标题参数，R 语言也提供了专门的标题添加函数。title 函数可以用于给图形添加标题，其调用格式如下。

```
title(main = NULL, sub = NULL, xlab = NULL, ylab = NULL,
line = NA, outer = FALSE, ...)
```

title 函数的主要参数及其功能描述如表 5.12 所示。

表 5.12 title 函数的主要参数及其功能描述

参数	功能描述
main	主标题文本
sub	副标题文本
xlab	x 轴标题文本
ylab	y 轴标题文本
line	同 text 函数的 line 参数
outer	逻辑值。如果为 TRUE，标题将放置在绘图外边距中

R 语言的 legend 函数可以用于给图形添加图例，其调用格式如下。

```
legend(x, y = NULL, legend, col = par('col'), lty, pch, bty = 'o', bg, =
      par('bg'), ncol = 1, horiz = FALSE, xpd = FALSE, title = NULL, ...)
```

legend 函数的主要参数及其功能描述如表 5.13 所示。

表 5.13 legend 函数的主要参数及其功能描述

参数	功能描述
x, y	图例的位置，可用（bottomright、bottom、bottomleft、left、topleft、top、topright、right、center）等字符串标识
legend	字符串向量，表示图例中的文字
horiz	排列方向，默认值 FALSE，表示垂直方向排列；TRUE 表示水平方向排列
ncol	图例的列数（horiz=FALSE 时使用）

【例 5.21】 对图形添加标题和图例。

```
plot(iris$Sepal.Length, iris$Sepal.Width,
    col=1:3,xlab='', ylab='',
    pch=1:3,cex=1.5,cex.axis=1.5)
grid(nx=8, ny=5, lty=2, col='grey')
title(main="鸢尾花花萼长度与宽度",cex.main=2,
     xlab = "花萼长度", cex.lab=1.5,
     ylab = "花萼宽度")
legend('topright',c('setosa','versicolor','virginica'),
      pch=1:3, col=1:3,cex=1.5)
```

示例程序运行结果如图 5.25 所示。

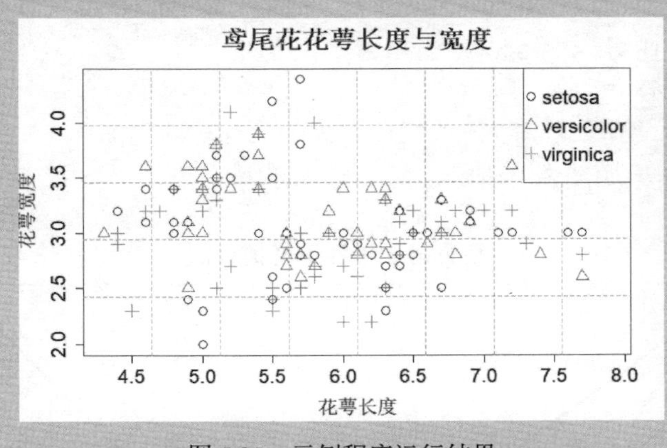

图 5.25 示例程序运行结果

4. 坐标轴

R 语言使用高级绘图函数绘制图形，系统会自动生成坐标轴。R 语言也支持用户使用 axis 函数自定义图形坐标轴。需要注意的是，创建自定义坐标轴需要先取消系统自动生成的坐标轴。axis 函数的调用格式如下。

```
axis(side, at = NULL, labels = TRUE, tick = TRUE, line = NA,
    pos = NA, outer = FALSE, font = NA, lty = "solid",
    lwd = 1, lwd.ticks = lwd, col = NULL, col.ticks = NULL,
    hadj = NA, padj = NA, gap.axis = NA, ...)
```

axis 函数的主要参数及其功能描述如表 5.14 所示。

表 5.14　axis 函数的主要参数及其功能描述

参数	功能描述
side	绘制的坐标轴所在边，其值为整数。1=下，2=左，3=右，4=上
at	数值向量，用于设置坐标轴内各刻度标记的位置，与 lables 要一一对应
labels	字符向量，表示刻度线旁的文字标签，若为 NULL，则直接用 at 中的值代替
tick	为 TRUE 时（默认），表示画出坐标轴，否则表示不画
pos	坐标轴刻度的标记，与 at 对应
las	标签是否平行或者垂直于坐标轴（0=平行，2=垂直）
tck	刻度线的长度，正值表示在图形内侧，负值表示在图形外侧，0 表示禁用，1 表示绘制网格线，默认值为-0.01

【例 5.22】 给图形绘制自定义坐标轴。

```
x <- c('一季度'=2351, '二季度'=1562,
       '三季度'=1478, '四季度'=2568)
#绘图时需要注意设置不自动生成坐标轴
plot(seq(along=x), x, axes=FALSE,
     type='b', lwd=3,
     main='某公司全年各季度销售额',cex.main=2,
     xlab='', ylab='销售额',cex.lab=1.5)
box();
axis(2,cex.axis=1.5)
axis(1, cex.axis=1.5,
     at=seq(along=x), labels=names(x))
```

示例程序运行结果如图 5.26 所示。

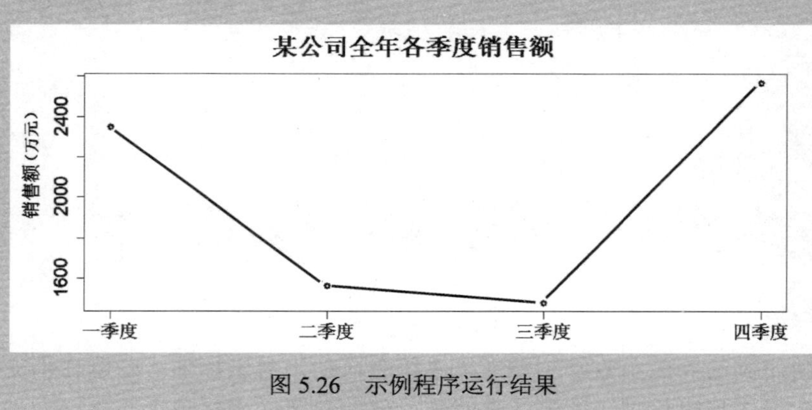

图 5.26　示例程序运行结果

5.1.4　绘制组合图形

使用 R 语言绘图时，一般情况是在设备上绘制一个图，但为了进行对比说明，常常需要在同一个画布中展示多个不同的图形。R 语言提供了 par 和 layout 两个函数用于对绘制区进行划分。

1. par 函数

par 函数可以设置图形的相关参数，包括图形的字体、颜色、标签、坐标等，这些参数除非通过语句进行再次更改，否则在退出 R 会话前一直起作用。par 函数可以通过指定行、列参数对画布进行平均划分。par 函数的调用格式如下。

```
par(..., no.readonly = FALSE)
```

其中，参数“...”表示各种图形参数及其取值，这些参数可以用来定义绘图设备的各种属性，如绘图区域的尺寸、颜色、边距、字体等。par 函数支持许多参数设置，如 mfrow、mfcol、mar、oma、pch、cex 等。每个参数都有不同的作用，用于控制图形的外观和布局。参数 no.readonly 是一个逻辑值，表示是否允许修改只读图形参数。默认为 FALSE，表示不允许修改只读参数。设置为 TRUE 则可以修改只读参数。par 函数的主要参数及其功能描述如表 5.15 所示。画布参数 margin 和 oma 区域的划分如图 5.27 所示。

表 5.15 par 函数的主要参数及其功能描述

参数	功能描述
mfrow/mfcol	页面划分，由一个二维向量 c(nr, nc)决定把画布平均分成 nr*nc 份，mfrow 代表按行进行图形的绘制，mfcol 代表按列进行图形的绘制
mai/mar	设置图形空白边界，形如 mai =c(bottom, left, top,right)，单位为英寸；mar 代表以行数指定边距，如图 5.27（a）所示
mpg	轴标题、轴标签和轴线的边距线，默认值为 c（3,1,0）
family/font	字体参数/字型参数（粗体、斜体等）
oma	形如 c（下、左、上、右）的向量，以文本行表示外边距的大小，如图 5.27（b）所示

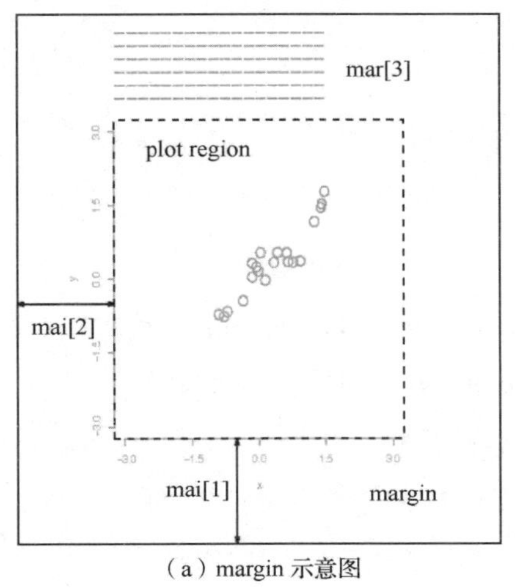

（a）margin 示意图

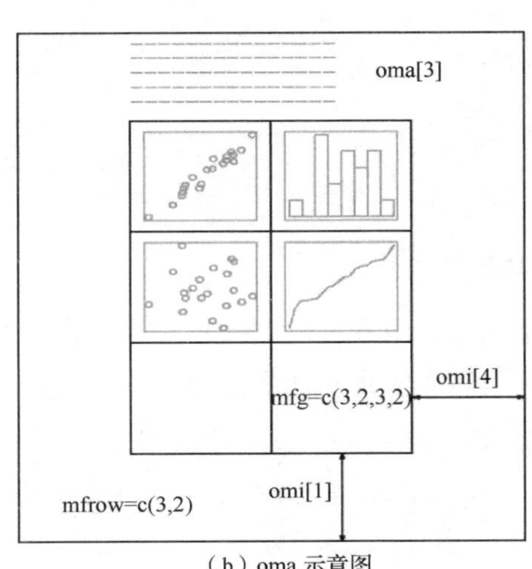

（b）oma 示意图

图 5.27 par 函数的 margin、oma 示意图

【例 5.23】 用 par 函数对画布进行均匀划分。

```
attach(mtcars)
opar <- par(no.readonly=TRUE)
par(mfrow=c(2,2))
par(mar=c(3,5,3,1))
plot(wt,mpg,main="图 1",cex=1.5,
    cex.main=1.8,cex.lab=1.5,cex.axis=1.5)
plot(wt,disp,main="图 2",cex=1.5,
    cex.main=1.8,cex.lab=1.5,cex.axis=1.5)
hist(wt,main="图 3",cex.main=1.8,cex.lab=1.5,cex.axis=1.5)
boxplot(wt,main="图 4",cex.main=1.8,cex.axis=1.5)
par(opar)
detach(mtcars)
```

示例程序运行结果如图 5.28 所示。

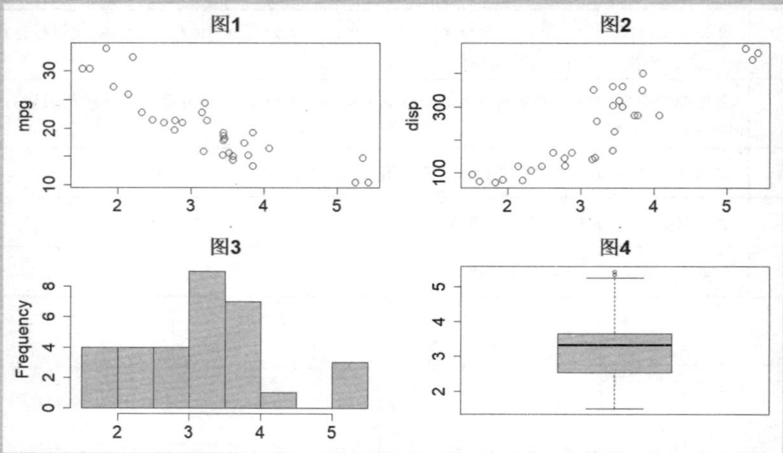

图 5.28 示例程序运行结果

2. layout 函数

除了用 par 函数实现对画布的网格化均匀划分外，也可以用 layout 函数实现对画布的划分，并且可以实现对画布进行非均匀的划分。layout 函数的调用格式如下。

```
layout(mat, widths = rep.int(1, ncol(mat)),
       heights = rep.int(1, nrow(mat)), respect = FALSE)
layout.show(n = 1)
```

其中，layout 函数的主要参数及其功能描述如表 5.16 所示。

表 5.16　layout 函数的主要参数及其功能描述

参数	功能描述
mat	矩阵，用于设置窗口的划分：矩阵的 0 元素表示该位置不画图，非 0 元素必须包括从 1 开始的连续整数值，如 1,2,⋯,*N*，按非 0 元素的大小设置图形的顺序
widths	设备上列的宽度向量。相对宽度用数值指定，绝对宽度（以厘米为单位）用 lcm 函数指定
heights	设备上行的高度向量。也可以指定相对高度和绝对高度，具体请参照列宽的说明
respect	参数控制着各图形内的横纵轴刻度长度的比例尺是否相同
n	要绘制的图形的数量，注意超过划定的区域数，会再次从 1 开始
x	参数 x 是以厘米为单位的尺寸

【例 5.24】 用 layout 函数进行非均匀画布划分。

```
nf<-layout(mat=matrix(c(1,1,0,2,3,4), 3, 2, byrow=TRUE),
           widths=c(1,2),heights=c(3,1,2))
layout.show(nf)
```

示例程序运行结果如图 5.29 所示。

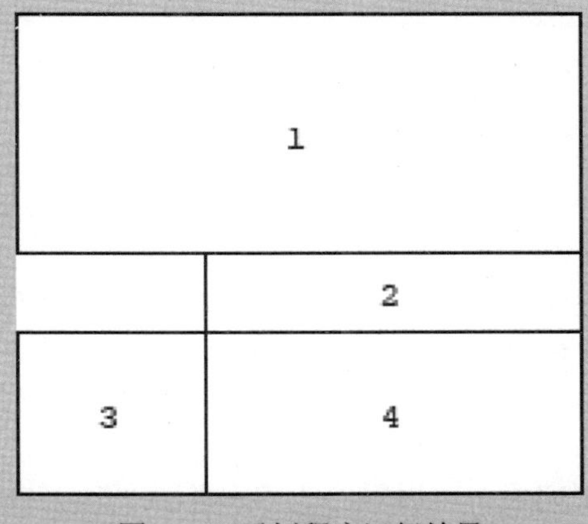

图 5.29　示例程序运行结果

从图 5.29 中可以看到，画布分成 6 份，左右宽度比由参数 widths 指定，高度比由参数 heights 指定。画布分成 6 份后区域由 mat 参数指定划分：1、2 两个区域合并成 1 号绘图区；3 号区域对应矩阵元素为 0，代表不绘图；4 号区域为 2 号绘图区；5 号区域为 3 号绘图区；6 号区域为 4 号绘图区。

【例 5.25】 画布非均匀划分绘图。

```
data<-rnorm(50,mean=80,sd=4)
nf<-layout(matrix(c(1,2,1,3), 2, 2, byrow=F),
          widths=c(1,3),heights=c(1,2))
plot(data,type="l",cex.lab=1.5,cex.axis=1.5)
```

```
boxplot(data,cex.lab=2,cex.axis=1.5)
hist(data,cex.lab=2,cex.axis=1.5)
```

示例程序运行结果如图 5.30 所示。

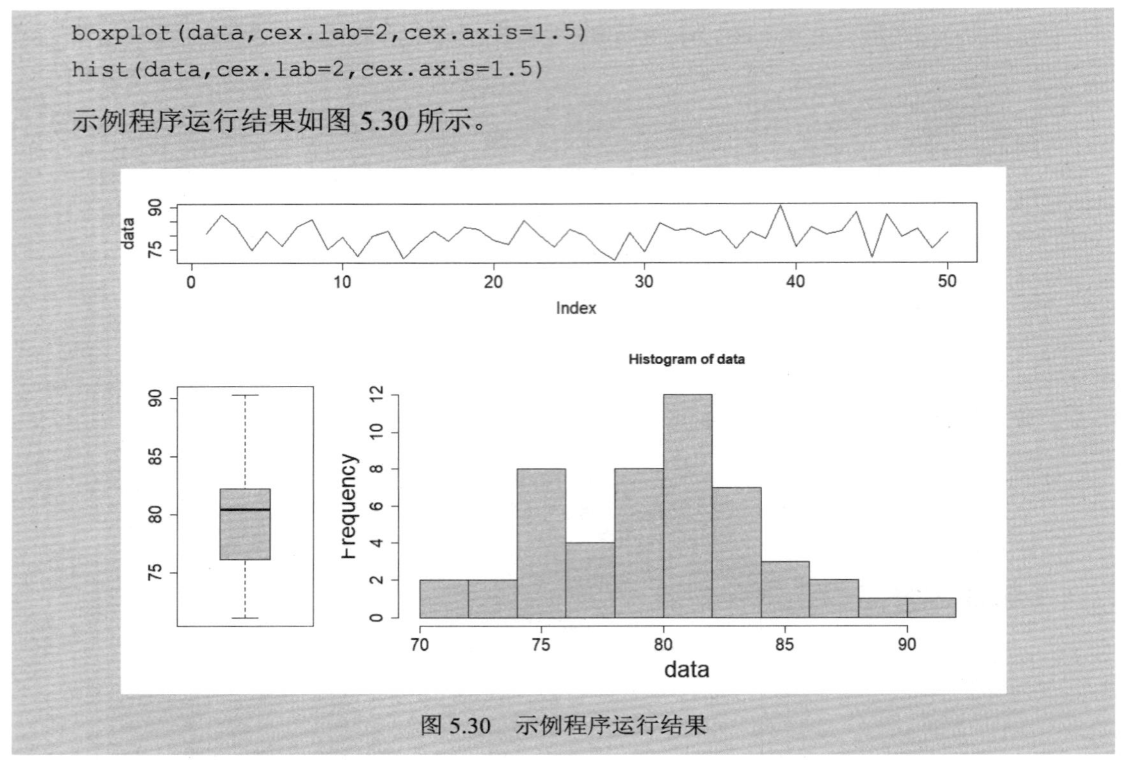

图 5.30 示例程序运行结果

5.1.5 图形输出

绘制好的图形，往往还需要保存到计算机中。本节将介绍两种常用的图形输出方法：图形输出函数与交互式图形保存。

1. 图形输出函数

在 R 语言中，图形绘制完后，可以保存为多种格式的图片文件，例如，将图片结果保存成 BMP 或者 JPG 格式的图片文件，或者 PDF、PNG、TIFF 等文件。下面以保存 BMP 图片为例，进行图形输出示意。bmp 函数的调用格式如下。

```
bmp(filename = "Rplot%03d.bmp",
    width = 480, height = 480, units = "px", pointsize = 12,
    bg = "white", res = NA, family = "", restoreConsole = TRUE,
    type = c("windows", "cairo"), antialias,
symbolfamily="default")
```

其中，参数 filename 是由要保存的路径及文件名构成的字符串；参数 width 和 height 是保存的文件宽度和高度；units 图像的单位默认为像素。下面的代码演示了如何进行图形的 BMP 文件格式的保存。

```
bmp(file = "myplot.bmp")
data<-rnorm(50,mean = 80,sd=4)
boxplot(data)
dev.off()
```

其他文件格式与 BMP 文件的保存方式类似。

2. 交互式图形保存

除了用函数对图形文件进行保存外，还可以使用交互方式实现图形文件保存。在完成图形绘制后，可以选择 Plots→Save as Image 命令，在弹出的对话框中进行相关的图片设置保存图形文件，如图 5.31 所示。同样的方式，选择 Save as PDF 命令可以打开类似的对话框，选择保存 PDF 文件。

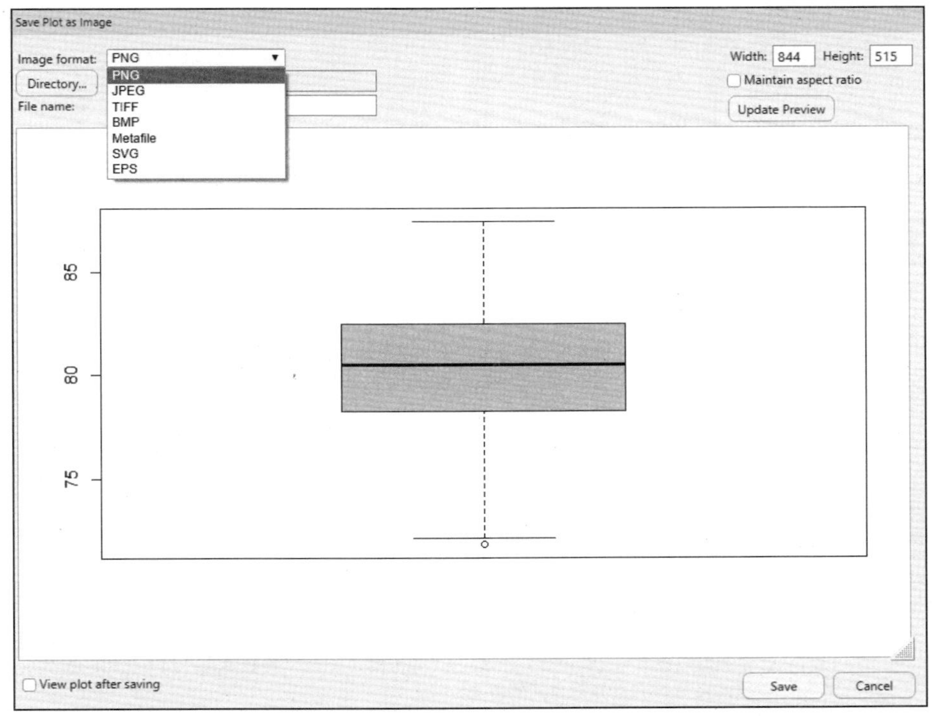

图 5.31 RStudio 交互式保存图形文件

5.2 ggplot2 绘图软件包

ggplot2 是一个常用的 R 语言绘图软件包，由 Hadley Wickham（哈德利·威克姆）于 2005 年创作开发。ggplot2 实现了图形的语法，可以将绘图任务分解为若干子任务分别完成。用 ggplot2 绘制图形时，需要两个步骤：首先将图形所展现的数据输入到 ggplot 函数中并设置好相关的美学属性，再调用 ggplot2 中的某个 geom_xxx 函数指定要绘制的图形类型，如散点图、曲线图、盒形图等。本节将介绍 ggplot2 包中的快速绘图函数 qplot 和 ggplot2 绘图逻辑。

5.2.1 qplot 函数

qplot 的意思是快速绘图（quick plot），是 ggplot2 包中的一个快速绘图函数 quickplot 的简写。qplot 函数可以看作是 R 语言基础绘图的一个过渡函数，既能实现大部分的 ggplot 绘图效果，又可以使用与基础绘图函数类似的调用方法。如果读者熟悉 R 语言的 plot 函数，则可以迅速掌握 qplot 函数的使用。qplot 函数的调用格式如下。

```
qplot(x, y, ..., data, facets = NULL, margins = FALSE,
  geom = "auto", xlim = c(NA, NA), ylim = c(NA, NA),
  log = "", main = NULL, xlab = NULL, ylab = NULL,
  asp = NA, stat = NULL, position = NULL
)
```

qplot 函数的主要参数及其功能描述如表 5.17 所示。

表 5.17 qplot 函数的主要参数及其功能描述

参数	功能描述
x, y	图中对象的 x 坐标和 y 坐标
data	可选项，用于指定数据框。若指定了数据框，那么函数会首先在该数据框内查找变量名；如果没有指定数据框，将创建一个数据框，从当前环境中提取向量
facets	图形分面参数
margins	逻辑值或字符向量。margins 是附加的面
geom	指定绘图类型的字符向量。如果指定 x 和 y，默认为“点”；如果指定 x，默认为“柱状图”
xlim,ylim	x 坐标和 y 坐标边界
log	变量要进行对数转换（"x"、"y"或"xy"）
stat	图形的统计类型
position	调整图形或数据的几何位置，如 dodge（并排模式）、fill（堆叠模式并归一化相同高度）、stack（堆叠模式）、jitter（防止对象间的覆盖）

下面以 mtcars 数据集为例，演示 qplot 函数的部分绘图功能，首先用 qplot 函数绘制散点图。

【例 5.26】 用 qplot 函数演示 mtcars 数据集中 mpg（每加仑燃油的英里数）与气缸数 cyl 的关系。

```
qplot( cyl,mpg,data = mtcars,color=factor(cyl),size=3,
      xlab="汽缸数",ylab="每加仑燃油的英里数",
      main = "汽车汽缸数与油耗的散点图") +
```

```
theme (plot.title = element_text (size = 20, color = "red"),
      legend.title = element_text (size = 18),
      legend.text = element_text (size = 18),
      axis.text.x = element_text (size = 16),
      axis.text.y = element_text (size = 16),
      axis.title.x = element_text (size = 20),
      axis.title.y = element_text (size = 20))
```

示例程序运行结果如图 5.32 所示。

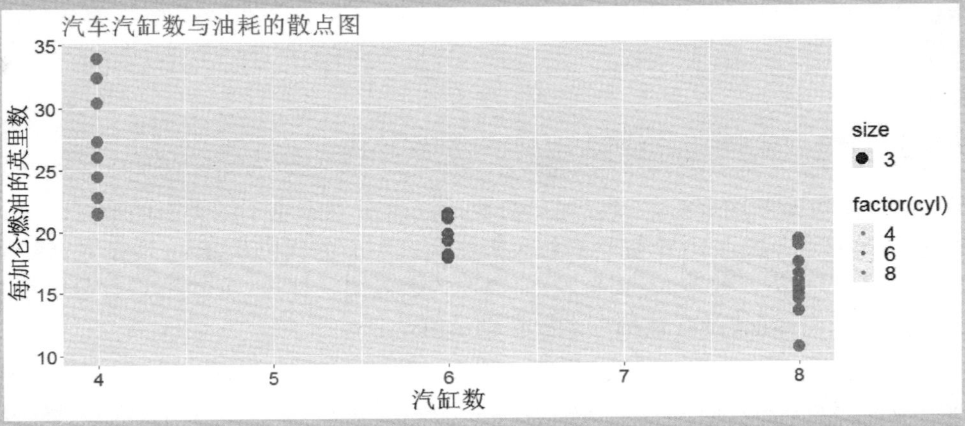

图 5.32 示例程序运行结果

从图 5.32 中可以看到，数据集中的汽车汽缸数有 4、6、8 共 3 种类型，总体数据汽缸数越少，汽车每加仑燃油的英里数值越大，即油耗越低。另外，也可以使用箱线图来展示各个类型数据的分布，只需要加上 geom 参数，并设置其值为“boxplot”即可。

【例 5.27】 用箱线图来展示汽缸数与油耗的关系。

```
qplot( cyl,mpg,data = mtcars,
     color=factor(cyl),geom="boxplot",
     xlab="汽缸数",ylab="每加仑燃油的英里数",
     main = "汽车汽缸数与油耗的箱线图")+
 theme (plot.title = element_text (size = 20, color = "red"),
       legend.title = element_text (size = 18),
       legend.text = element_text (size = 18),
       axis.text.x = element_text (size = 16),
       axis.text.y = element_text (size = 16),
       axis.title.x = element_text (size = 20),
       axis.title.y = element_text (size = 20))
```

示例程序运行结果如图 5.33 所示。

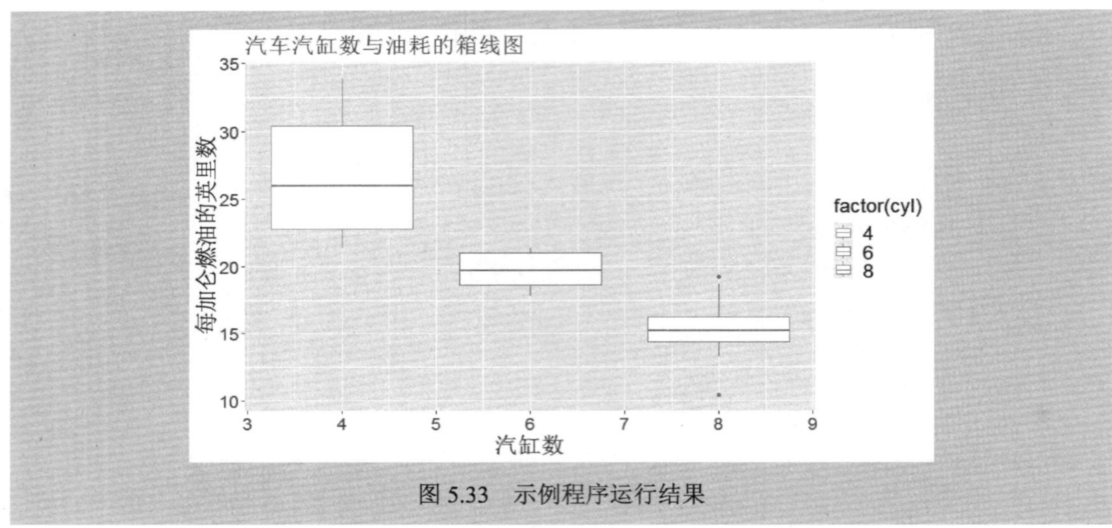

图 5.33 示例程序运行结果

用 qplot 函数绘制图形时，可以加上参数 facets 分别展示不同类型的数据。diamonds 数据集是 53940 颗钻石的 10 个变量的相关数据集。下面的代码从 diamonds 数据集中随机抽取 2000 个钻石数据，绘制 carat 与 price 参数的散点图，并按 cut 类型进行分面绘制。

【例 5.28】 用 qplot 函数绘制分面散点图示例。

```
diamonds1<-diamonds[sample(nrow(diamonds),2000),]
qplot(carat,price,data = diamonds1,facets = .~cut,color=cut,shape=color)
```

示例程序运行结果如图 5.34 所示。

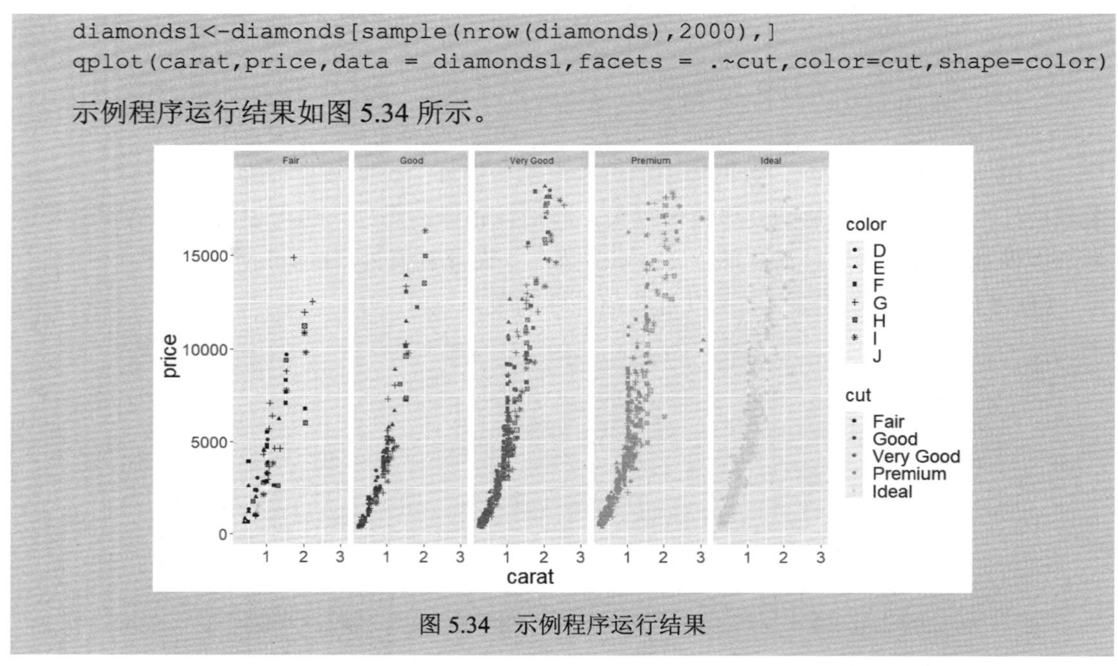

图 5.34 示例程序运行结果

此外，用 qplot 函数还可以绘制其他类型的图形，只需要修改其 geom 参数。

5.2.2 ggplot 与绘图逻辑

ggplot2 与 R 语言的基础绘图函数有着不同的绘图逻辑。基础绘图函数是在给定的画布上直接绘制图形，只能够添加简单的图形基本元素，如点、线、文本等。ggplot2 则是先通过 ggplot 函数定义一个 ggplot 对象，指定绘图过程中使用的画布，然后通过某个 geom_xxx 函数来指定图形类型，绘图则是通过图层的叠加来实现的。

ggplot 函数的作用是定义画布，返回值是一个 ggplot 对象，对应一个空的画布，其调用格式如下。

```
ggplot(data = NULL, mapping = aes(), ..., environment = parent.frame())
```

其中，参数 data 和 mapping 是 ggplot 函数最重要的两个参数。参数 data 用于指定绘图所对应的数据框，指定数据集后，使用数据框的变量可以免去“$”提取符号。data 参数类型一般情况下对应的是数据框，如果数据是向量，则应在声明中标注 data=NULL，以避免造成程序报错。参数 mapping 用于设置画布的美学属性，ggplot 绘图其实就是将数据变量展示在画布上。ggplot2 的基本绘图思想就是将 data.frame 的 variable 投射到图形的轴上，这个过程称为映射（mapping）。参数 mapping 的功能即指定数据与图形属性之间的映射关系，通常通过 aes 函数实现，常见的图形属性有 x、y、size、color、group。

需要注意的是，数据框的指定和美学映射设置可以在 ggplot 函数中完成，也可以在单个图层中完成，当 ggplot 函数没有指定数据和美学属性时，相当于返回一个空的画布。

【例 5.29】 简单的 ggplot 函数绘图。

```
ggplot(data=mtcars, aes(x=wt, y=cyl) ) + geom_point(size=4)+
 theme (axis.text.x = element_text (size = 16),
        axis.text.y = element_text (size = 16),
        axis.title.x = element_text (size = 20),
        axis.title.y = element_text (size = 20))

ggplot() + geom_point( data=mtcars, aes(x=wt, y=cyl),size=4 )+
 theme (axis.text.x = element_text (size = 16),
        axis.text.y = element_text (size = 16),
        axis.title.x = element_text (size = 20),
        axis.title.y = element_text (size = 20))
```

示例程序运行结果如图 5.35 所示。

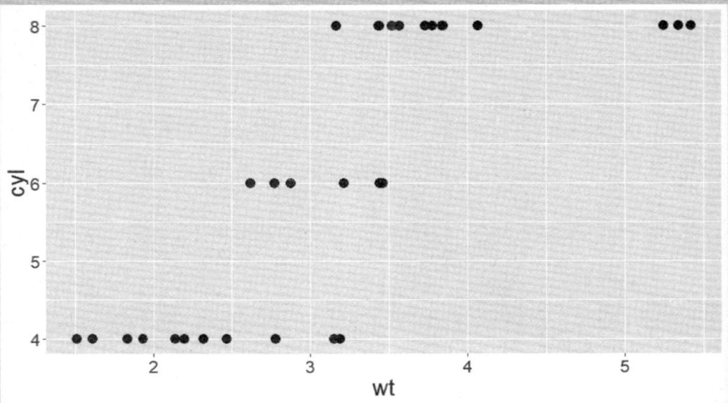

图 5.35　示例程序运行结果

上面示例中两段代码的运行结果相同。第一段代码先调用 ggplot 函数并设置绘图的美学属性，即数据框变量与图形属性的映射，再通过 geom_point 函数进行图形元素的绘制；第二段代码则先调用 ggplot 函数，因为参数是空的，所以仅创建了一个 ggplot 对象，绘制类型及坐标系等均未设置，再调用 geom_point 函数进行数据框和美学属性的设置。在上述代码中可以看到 data 和 mapping 不仅可以在 ggplot 函数中设置，也可以在具体的图层绘制时通过函数的同名参数设置。

ggplot2 以图层的形式构建整个绘图函数，以“+”连接每个图层。其绘图逻辑是将绘图分为 data（数据集）、aesthetics（美学映射）和 geometry（几何对象）3 部分，绘图结果由多个图层叠加得到。

【例 5.30】 ggplot2 图层叠加示例。

```
# 代码 1
diamonds1<-diamonds[sample(nrow(diamonds),2000),]
p <- ggplot(data=diamonds1,
         mapping=aes(x=carat, y=price, shape=cut, colour=color))
p   #绘制一个空的画布，没有图形内容
p + geom_point() +        #绘制点图
  theme(axis.text = element_text(size = 20),
       axis.title = element_text(size = 24),
       legend.title = element_text (size = 14),
       legend.text = element_text (size = 14),)

#代码 2
p1<-ggplot(data=mtcars, aes(x=cyl, y=mpg) )
p1+geom_point()
p1+geom_smooth()
p1+geom_boxplot()
p1+geom_point()+geom_smooth()
#为了方便展示，代码 2 由 p1 叠加绘制的图合并展示
```

示例程序运行结果如图 5.36 和图 5.37 所示。

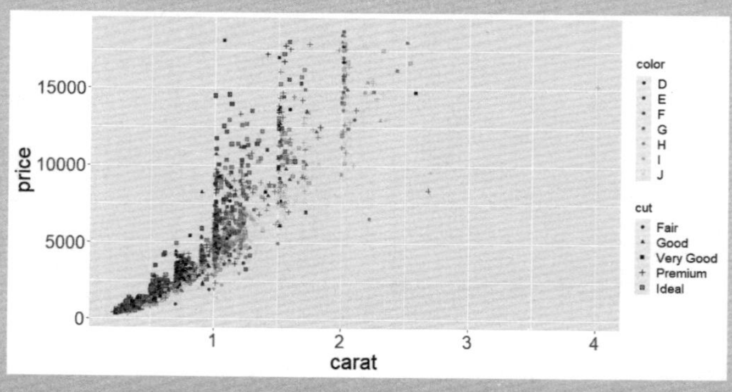

图 5.36 用 ggplot 函数绘制点图

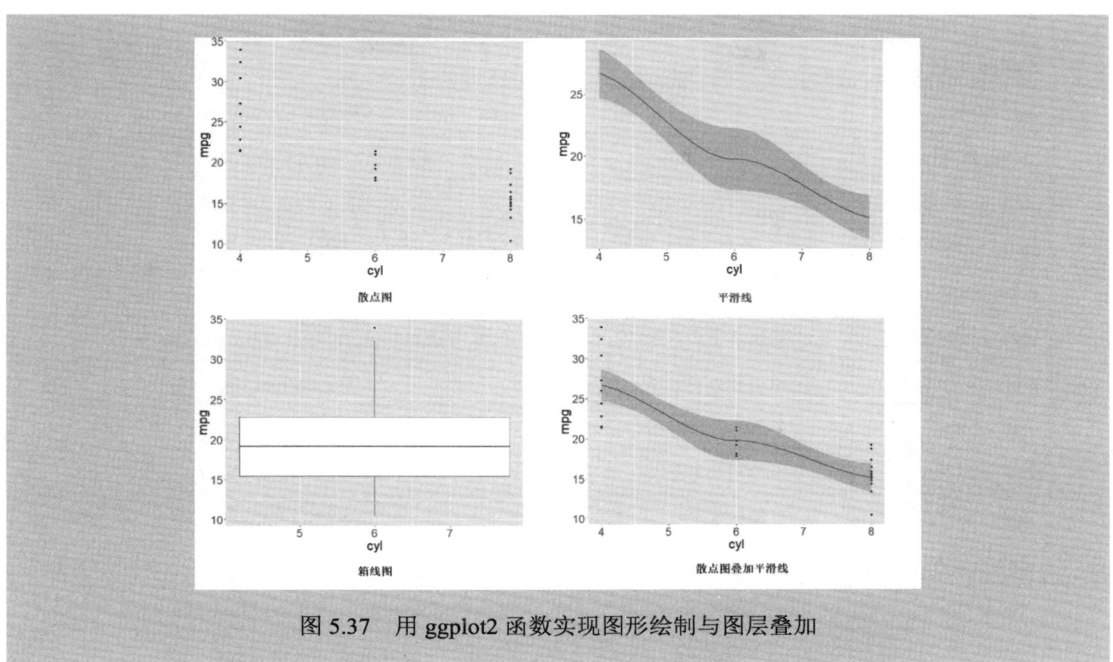

图 5.37 用 ggplot2 函数实现图形绘制与图层叠加

从上面的示例代码可知，ggplot2 绘图有以下两个特点。

（1）从 ggplot 函数开始，以 geom_xxx 函数结束。

（2）ggplot2 绘图将数据映射与图形绘制分开，绘图语句通过“+”拼接，绘图通过图层的叠加实现。

5.2.3 几何元素

几何元素也称为几何对象，简言之，就是 ggplot2 在绘图时将数据展示为不同的图形类型，如散点图、条形图等。不同的数据与展示目的需要用到不同类型的图形，ggplot2 包提供了大量图形类型供用户选用。表 5.18 列出了 ggplot2 中常用的 geom 函数。

表 5.18 ggplot2 中常用的 geom 函数

geom 函数	几何图形与描述	美学属性
geom_abline	线，由斜率和截距指定	colour,linetype,size
geom_area	面积图	colour,fill,linetype,size,x,y
geom_bar	条形图	colour,fill,linetype,size,weight,x
geom_bin2d	二维封箱热图	colour,fill,linetype,size,weight,xmax,xmin,ymax,ymin
geom_blank	空几何对象	
geom_boxplot	箱线图	colour,fill,lower,middle,size,upper,weight,x,ymax.ymin
geom_contour	等高线图	colour,linetype,size,weight,x

续表

geom 函数	几何图形与描述	美学属性
geom_crossbar	盒子图	colour,fill,linetype,size,x,y,ymax,ymin
geom_density	密度图	colour,fill,linetype,size,weight,x,y
geom_density2d	二维密度图	colour,linetype,size,weight,x,y
geom_dotplot	点直方图	colour,fill,x,y
geom_errorbar	绘制误差条	colour,linetype,size,width,x,ymax,ymin
geom_errorbarh	绘制水平误差条	colour,linetype,size,width,x,ymax,ymin
geom_freqpoly	绘制频率多边形	colour,linetype,size
geom_hex	绘制六边形热图	colour,fill,size,x,y
geom_histogram	绘制直方图	colour,fill,linetype,size,weight,x
geom_hline	绘制水平线	colour,linetype,size
geom_jitter	绘制扰动点图	colour,fill,shape,size,x,y
geom_label	绘制标签	angle, color, hjust, label, size, vjust, x, y
geom_line	绘制线条	colour,linetype,size,x,y
geom_linerange	绘制区间线条	colour,linetype,size,size,x,ymax,ymin
geom_map	地图数据绘制	colour,fill,linetype,size,x,y,map_id
geom_path	绘制几何路径图	colour,linetype,size,x,y
geom_point	绘制散点图	colour,fill,shape,size,x,y
geom_pointrange	绘制区间点竖线	colour,fill,linetype,shape,size,x,ymax,ymin
geom_polygon	绘制多边形	colour,fill,linetype,size,x,y
geom_quantile	绘制分位数回归线	colour,linetype,size,weight,x,y
geom_raster	绘制光栅图	color, fill, linetype, size, x, y
geom_rect	二维长方形图	colour,fill,linetype,size,xmax,xmin,ymax,ymin
geom_ribbon	绘制色带图（彩虹图）	colour,fill,linetype,size,x,ymax,ymin
geom_rug	绘制边际地毯图	colour,linetype,size
geom_segment	添加线段或箭头	colour,linetype,size,x,xend.y.yend
geom_smooth	绘制平滑线图	aplha,colour,fill,linetype,size,weight,x,y
geom_step	阶梯图	colour,linetype,size,x,y
geom_text	添加文本	angle,colour,hjust,label,size,size,vjust,x,y
geom_tile	瓦片图（多个小长方形或者多边形）	colour,fill,linetype,size,x,y
geom_violin	小提琴图	weigth,colour,fill,size,linetype,x,y
geom_vline	垂直线	colour,linetype,size

ggplot2 的几何图形有很多，在绘图时可以根据需要选用，而且可以通过叠加的方式实现图形的绘制。

【例 5.31】 ggplot2 几何图形叠加。

```
p <- ggplot(mtcars, aes(x = wt, y = mpg)) +
  geom_point(size=2,mapping = aes(color = factor(am)))+
  theme (axis.text.x = element_text (size = 20),
         axis.text.y = element_text (size = 20),
         axis.title.x = element_text (size = 20),
         axis.title.y = element_text (size = 20),
         legend.title = element_text (size = 18),
         legend.text = element_text (size = 18))
p   #根据数据与美学设置绘制指定的图形
p1 <- p + geom_vline(xintercept = 1:5) +
  geom_hline(yintercept = seq(from=10,to=30,by=5)) +
  geom_smooth()
p1
```

示例程序运行结果如图 5.38 所示。

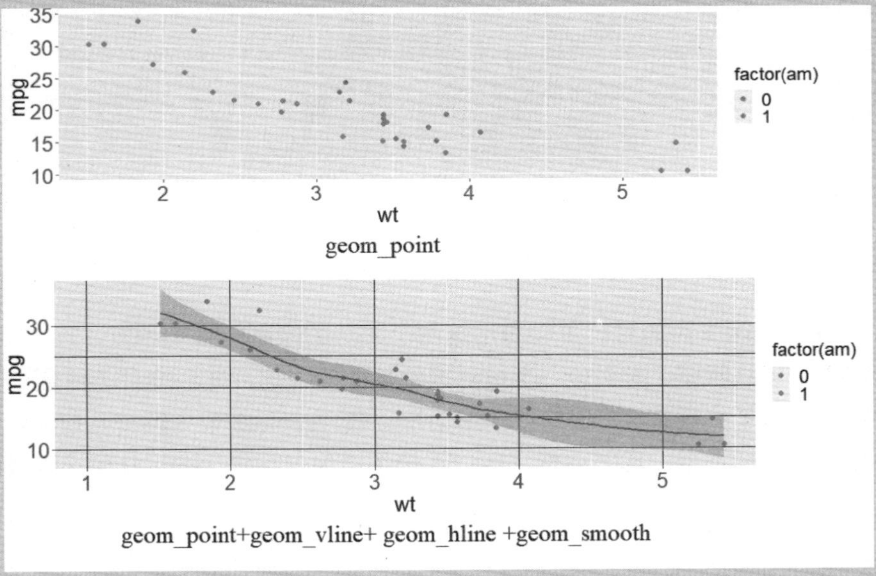

geom_point

geom_point+geom_vline+ geom_hline +geom_smooth

图 5.38　示例程序运行结果

5.2.4　统计变换

统计类型 stat 是指对数据所应用的统计类型和方法。为了更好地理解统计变换，下面举例进行介绍。

【例 5.32】 随机生成 100 个满足一定条件的随机数，分别用基础绘图函数和 ggplot2 中的 geom_bar 函数绘制柱状图并进行对比。

```
set.seed(10)
d1<-data.frame(x<-round(rnorm(100,mean = 80,sd = 5)))
barplot(d1$x,cex.axis = 2)
ggplot(d1,aes(x))+ geom_bar()+
theme (axis.text.x = element_text (size = 20),
       axis.text.y = element_text (size = 20),
       axis.title.x = element_text (size = 22),
       axis.title.y = element_text (size = 22))
```

示例程序运行结果如图 5.39 所示。

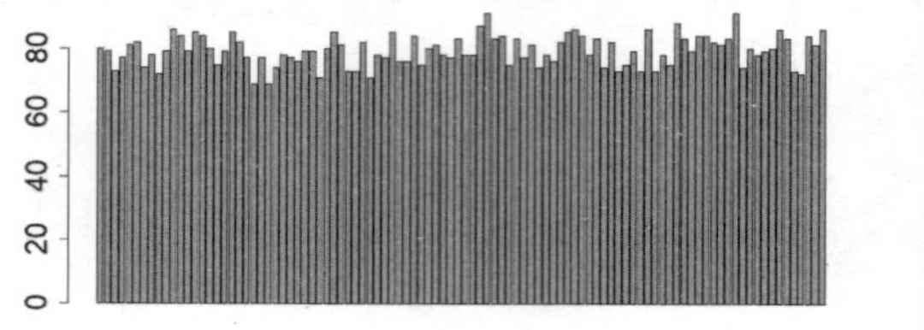

（a）采用基础绘图函数

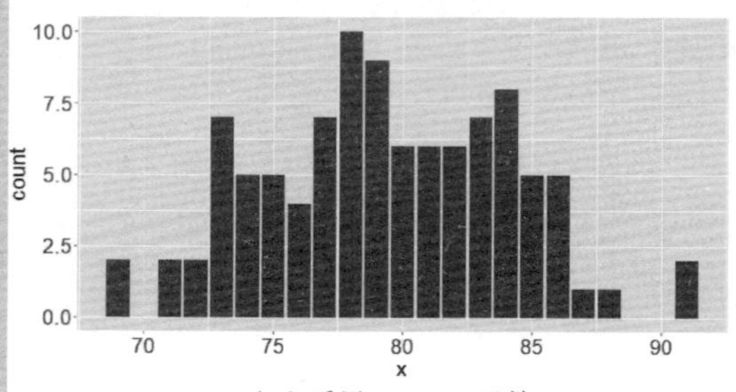

（b）采用geom_bar函数

图 5.39　示例程序运行结果

从图 5.39 中的两张图的对比可以看出这两个方法的绘制结果不一致，其中图 5.39（b）是人们希望得到的柱状图。图 5.39（a）是对原始数据的绘制，图 5.39（b）则是在 geom_bar 函数内部默认进行了频数统计，因此绘图结果不一致。ggplot2 中为每个几何元素图形都指定了一种默认的统计类型，反之亦然，所以在绘图中仅仅指定 geom 几何元素或者 stat 统计类型，另一个也会自动获取，得到相应的结果，这也是 stat 统计变换也可以用于绘图的原因。表 5.19 列出了 ggplot2 中常见的统计变换。

表 5.19　ggplot2 中常见的统计变换

统计图形	几何图形
stat_bin	geom_histogram,geom_freqpoly
stat_bin_2d	geom_bin2d
stat_bin_hex	geom_hex
stat_boxplot	geom_boxplot
stat_contour	geom_contour

续表

统计图形	几何图形
stat_count	geom_bar, geom_col
stat_density	geom_density
stat_density_2d	geom_density_2d
stat_ecdf	经验累计分布
stat_ellipse	数据椭圆可视化
stat_function	geom_function
stat_identity	数据不经过任何统计转换（数据保持不变）
stat_qq	geom_qq
stat_qq_line	geom_qq_line
stat_quantile	geom_quantile
stat_sf	geom_sf_text, geom_sf_label
stat_smooth	geom_smooth
stat_spoke	geom_spoke
stat_sum	geom_count
stat_summary	汇总 y 值(x 处或合并的 x 处)
stat_summary_2d	长方形区域汇总
stat_summary_hex	六边形区域汇总
stat_unique	删除重复值，如 stat="unique"
stat_ydensity	geom_violin

这里要注意的是一些不同的 geom_xxx 函数，通过对统计变换参数 stat 进行调整，不同的绘图函数也可以得到相同的图形。直方图的绘制原理是先将连续变量分段、统计频数，再绘制成柱状图，这就是分箱统计变换，即 stat = bin。ggplot2 中直方图对应的几何图形函数是 geom_histogram，但是通过设置统计变换参数 stat，geom_bar 函数也能绘制直方图。

【例 5.33】 ggplot2 中的统计变换参数设置。

```
set.seed(10)
d2<-data.frame(x<-rnorm(100,8))
p1<-ggplot( d2,aes(x)) +
  geom_histogram(binwidth=0.25, color ="white")+
  theme(axis.text = element_text(size = 20),
        axis.title = element_text(size = 20))  #调整坐标刻度字体
p2<-ggplot( d2,aes(x)) +
  geom_bar(stat="bin",binwidth=0.25, color ="white")+
  theme(axis.text = element_text(size = 20),
        axis.title = element_text(size = 20))
p1
p2 #p1,p2 的绘图是相同的
```

示例程序运行结果如图 5.40 所示。

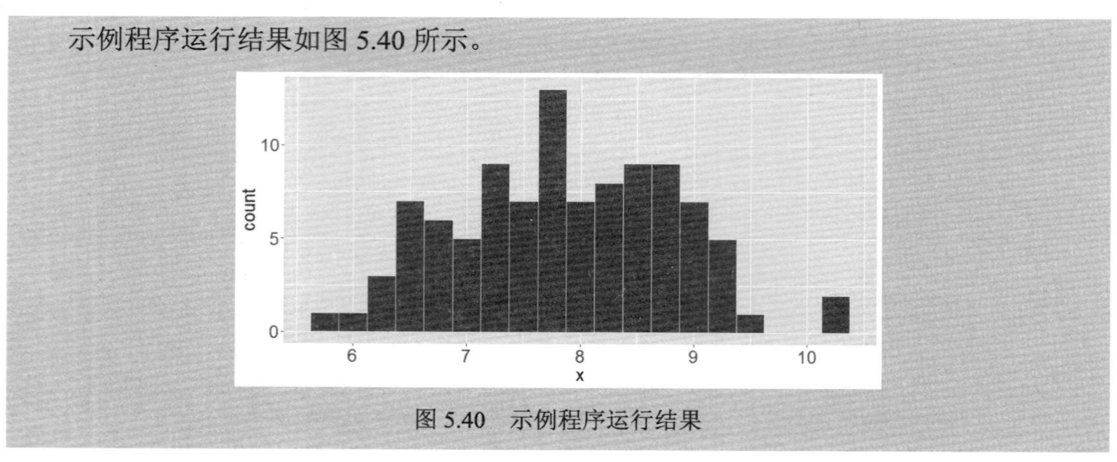

图 5.40 示例程序运行结果

5.2.5 标尺设置

在绘图过程中，aes 函数对数据变量、图形属性进行了映射，标尺（scale）实现了数据和图形的属性映射过程。无论任何图形属性，如 x、y、color、fill、alpha、shape 等，都可以用标尺来控制其显示方式。ggplot2 提供了 4 种不同的标尺函数族。

（1）scale_*_continuous：连续型数据值映射到相关美学属性时使用的默认函数。

（2）scale_*_discrete：离散型数据值映射到相关美学属性时使用的默认函数。

（3）scale_*_identity：数据的原始值映射到相关美学属性时使用的函数。

（4）scale_*_mannual：手动指定离散数据值作为美学属性的取值时使用的函数。

【例 5.34】 利用 scale 函数进行绘图内容标尺设置。

```
p<-ggplot(mtcars, aes(cyl, mpg)) +
  geom_boxplot(aes(col = factor(cyl)))+
  theme(
    axis.text = element_text(size = 20),
    axis.title = element_text(size = 20),
    legend.text = element_text(size = 20),    #调整图例文本字体大小为 20
    legend.title = element_text(size = 20)
  )
p
p1<-p + scale_color_manual(
  values = c("red", "blue", "green"),
  name="cyl",
  labels = c("four", "six", "eight")
)
p1
p2<-p1+ scale_x_discrete(position = "top") +
  scale_y_continuous(position = "right")
p2
```

示例程序运行结果如图 5.41 所示。

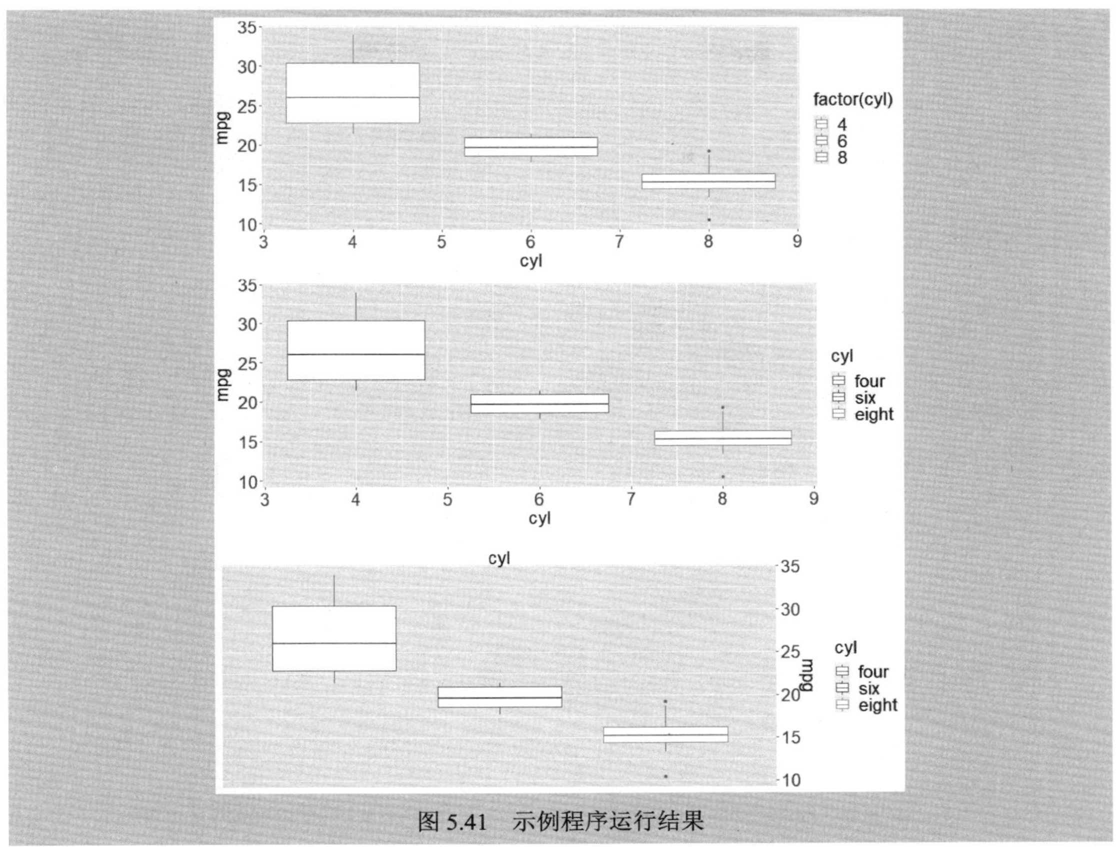

图 5.41　示例程序运行结果

5.2.6　坐标系转换

ggplot2 中的坐标系统默认为笛卡儿坐标系。ggplot2 的坐标系统可以控制坐标轴，还可以进行变换，如 x 轴、y 轴翻转、笛卡儿坐标和极坐标转换等，以满足人们不同的需求。ggplot2 常用坐标系转换函数如表 5.20 所示。

表 5.20　ggplot2 常用坐标系转换函数

转换函数	功能与参数描述
coord_cartesian(xlim = NULL, ylim = NULL)	笛卡儿坐标：coord_cartesian 的参数相对比较简单，是 x 和 y 的数据限定范围
coord_flip(...)	横向转换坐标：把 x 轴和 y 轴互换，没有特殊参数
coord_trans(x = "identity", y = "identity", limx = NULL, limy = NULL)	坐标形式转换：包括对数转换、平方根转换等，这里 x 和 y 的值可以是 log10、log2 或 squal 等，另外两个参数也是限定坐标范围
coord_equal(ratio=1, ...)	等坐标转换：使用这个函数后，x 轴和 y 轴坐标会被转换成相等形式，此时图形会产生较大的缩放，ratio 可以进一步调整缩放比例（x 和 y 的比值）
coord_polar(theta = "x", start = 0, direction = 1)	极坐标转换：通过弯曲指定的坐标绘制蜘蛛网图或饼图，其中参数 theta 可以选择 x 或 y，表示外延的坐标；start 是坐标开始的角度，默认为 12 点钟方向；direction 表示数据的方向，1 是顺时针，-1 为逆时针

【例 5.35】 以 diamonds 数据集中的数据为例，对图形进行坐标系转换。

```
(p<-ggplot(diamonds)+
  geom_bar(aes(x=clarity, fill=cut))+
```

```
  theme(axis.text = element_text(size = 20),
       axis.title = element_text(size = 24),
       legend.title = element_text (size = 14),
       legend.text = element_text (size = 14))) #柱状图(图 5.42 中第一张图)
(p<-p+coord_flip())                              #翻转坐标轴(图 5.42 中第二张图)
(p1<-p+coord_polar(theta = "x"))                 #对 x 轴进行弯曲(图 5.42 中第三张图)
(p2<-p+coord_polar(theta = "y"))                 #对 y 轴进行弯曲(图 5.42 中第四张图)
```

示例程序运行结果如图 5.42 所示。

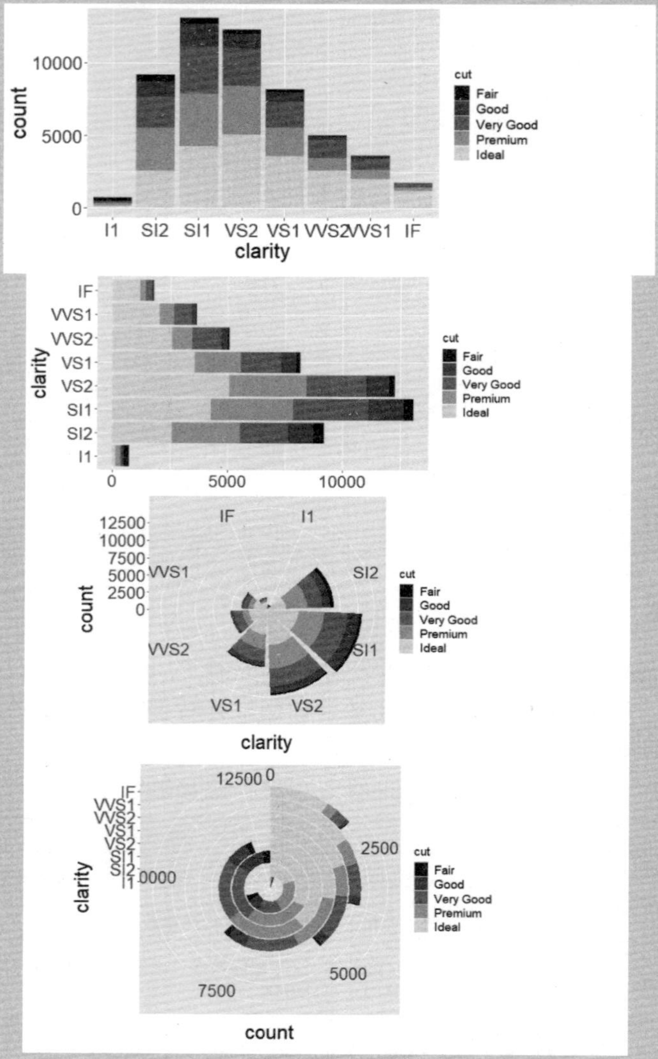

图 5.42 示例程序运行结果

5.2.7 分面设置

分面是指根据一定的规则进行分组绘图。在绘图过程中，经常需要先对数据分面，再将子图呈现在同一个页面上。ggplot2 提供了 facet_wrap 和 facet_grid 两个分面绘图函数。

1. facet_wrap 函数

facet_wrap 函数的调用格式如下。

```
facet_wrap( facets, nrow = NULL, ncol = NULL, scales = "fixed", shrink =
            TRUE, labeller = "label_value", as.table = TRUE, switch = NULL,
            drop = TRUE, dir = "h", strip.position = "top" )
```

facet_ wrap 函数的功能是生成一维面板，然后系统再根据实际情况进行换行。该函数主要基于一个因子进行分面设置，形式为“~变量”。

【例 5.36】 使用 facet_wrap 函数进行分面绘图。

```
p<-ggplot(mtcars,aes(wt,mpg,color=factor(cyl)))+
  geom_point(size=3)+
  theme(axis.text = element_text(size = 20),
        axis.title = element_text(size = 24),
        legend.title = element_text (size = 18),
        legend.text = element_text (size = 18),
        strip.text = element_text(size = 14))  #调整分面标识字体为 12

p+facet_wrap(~vs)                   #单个变量进行分面
p+facet_wrap(~cyl+am)               #多个变量进行分面
```

示例程序运行结果如图 5.43 所示。

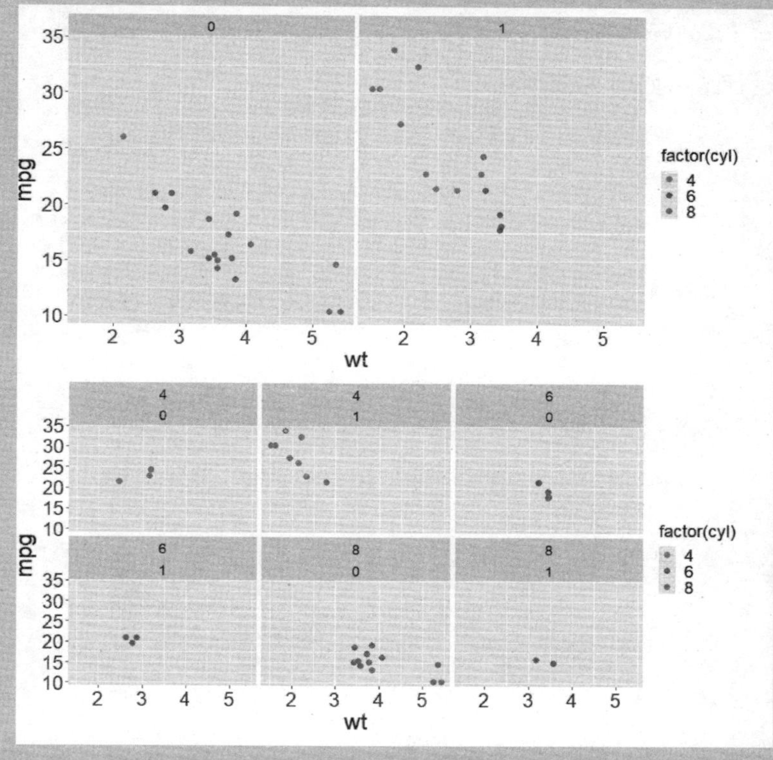

图 5.43 示例程序运行结果

2. facet_grid 函数

facet_grid 函数的调用格式如下。

```
facet_grid( rows = NULL, cols = NULL, scales = "fixed", space = "fixed",
          shrink = TRUE, labeller = "label_value", as.table = TRUE, switch
          = NULL, drop = TRUE, margins = FALSE, facets = NULL )
```

其中，参数 rows 和 cols 分别用于将画布分成指定的行数与列数，一般是由 vars 函数得到的一组变量或表达式，同时 facet_grid 函数也可以使用 grp1～grp2 形式的公式，此时 x 轴方向按 grp2 的值分割，y 轴方向按 grp1 的值分割；参数 scales 用于指定分面后坐标轴尺度的适应规则（默认为"fixed"），取值 free_x 表示按行适应，取值 free_y 表示按列适应，取值 free 则表示行和列均自适应。

【例 5.37】 用 facet_grid 函数实现绘图的分面控制。

```
library(ggplot2)
p <- ggplot(mtcars,aes(mpg,wt,colour=factor(cyl))) +
  geom_jitter(size=3)+theme(
    axis.text = element_text(size = 20),
    axis.title = element_text(size = 24),
    legend.title = element_text (size = 14),
    legend.text = element_text (size = 14),
    panel.spacing = unit(1.5, "lines"),      #调整分面的间隔为 1.5 行
    strip.text = element_text(size = 14)     #调整分面标识字体大小为 12
  )
p + facet_grid(vs~am)
p + facet_grid(vars(vs), vars(am), scales = 'free', margins = T)
```

示例程序运行结果如图 5.44 所示。

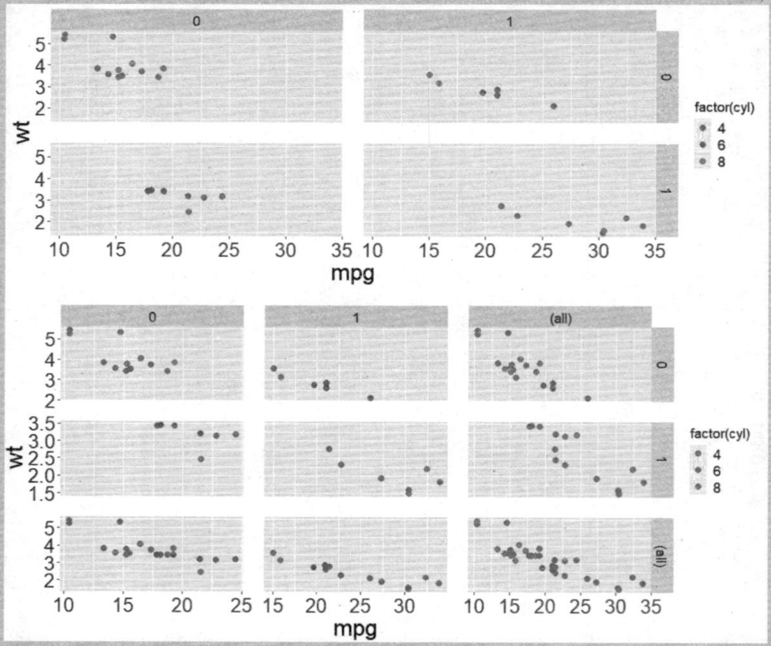

图 5.44 示例程序运行结果

5.3　数据可视化的应用

5.3.1　相关性分析

数据的相关性是指两个或多个变量之间的关系程度。当一个变量的值随着另一个变量的值变化时，它们就被认为是相关的。相关性有许多度量指标和方法，其中最常用的是皮尔逊相关系数。R 语言内置的 cor 函数可用来计算两个变量之间的相关系数，当结果为正时，表明变量之间存在正相关；当结果为负时，表明变量之间存在负相关。图形也可以很直观地表现变量之间的相关性，下面以内置的 mtcars 数据集中的燃油效率（mpg）和引擎排量（disp）数据为例进行说明。

【例 5.38】 图形分析两个变量之间的数据相关性。

```
library(ggplot2)

#加载数据
data(mtcars)
cor(mtcars$mpg, mtcars$disp)
ggplot(mtcars, aes(x = disp, y = mpg)) +
  geom_point() +
  labs(x = "引擎排量", y = "燃油效率")+
  geom_smooth()+
  theme(axis.text = element_text(size = 20),
        axis.title = element_text(size = 24))
```

示例程序运行结果如图 5.45 所示。

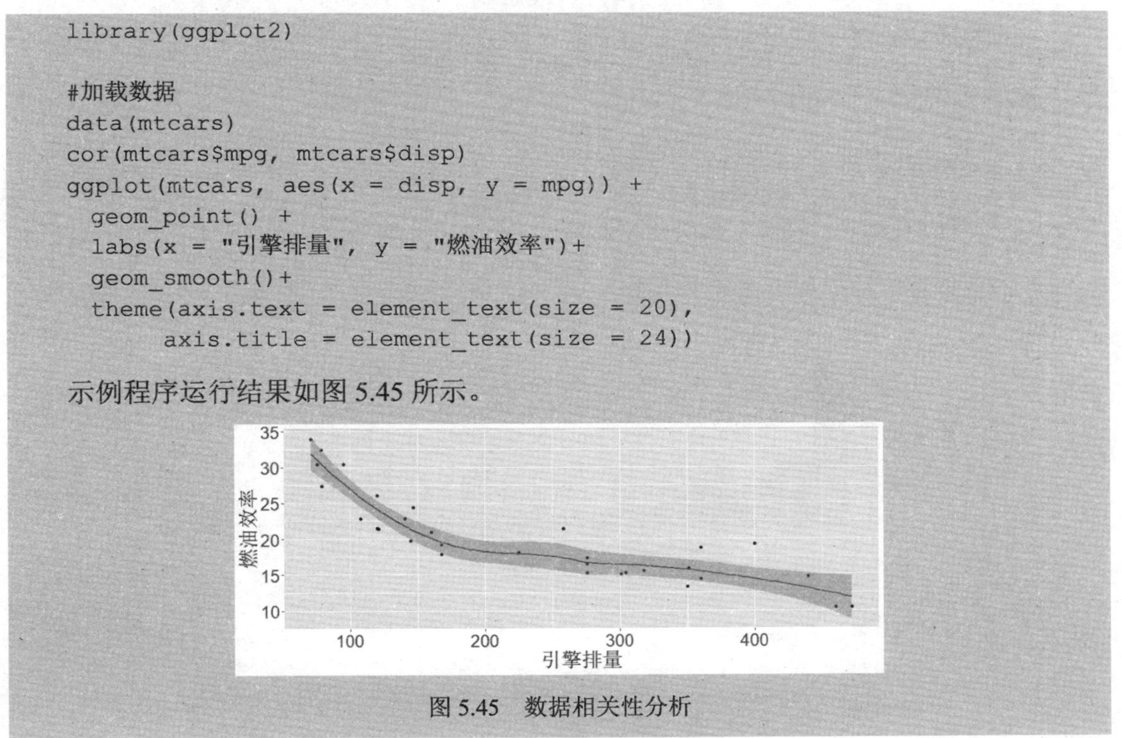

图 5.45　数据相关性分析

示例中绘制了一个散点图，其中 x 轴对应引擎排量，y 轴对应燃油效率。在这个散点图中可以很直观地看到：随着引擎排量的增加，燃油效率下降，这与 cor 函数计算的相关系数结果一致。

5.3.2　数据的分布

在研究某个数据集时，绘图是一种非常有用的工具，可以帮助人们更直观地了解数据的分布和特征。下面通过一个简单的例子说明绘图在数据分布方面的应用。

【例 5.39】 diamonds 是一个关于钻石价格的数据集，其中包含 53940 个观测值和 10 个变量，包括钻石的重量、颜色、净度、切工、价格等信息。要求用图形展示钻石的价格分布，以及价格与重量的关系。

```
#加载 ggplot2 包
library(ggplot2)

#导入 diamonds 数据集
data(diamonds)
#绘制钻石价格的直方图
theme1<-theme(
  plot.title=element_text (size=24, color="red"),
  axis.text=element_text(size=20),
  axis.title=element_text(size=24))
ggplot(diamonds, aes(x = price))+theme1+
  geom_histogram(binwidth = 500)+
  labs(title="钻石价格分布图", x="价格", y="数量")
#绘制钻石重量和价格的散点图
ggplot(diamonds, aes(x=carat, y=price))+theme1+
  geom_point(alpha=0.3)+
  labs(title="钻石重量和价格散点图",
       x="重量（克拉）", y="价格（美元）")
```

示例程序运行结果如图 5.46 所示。

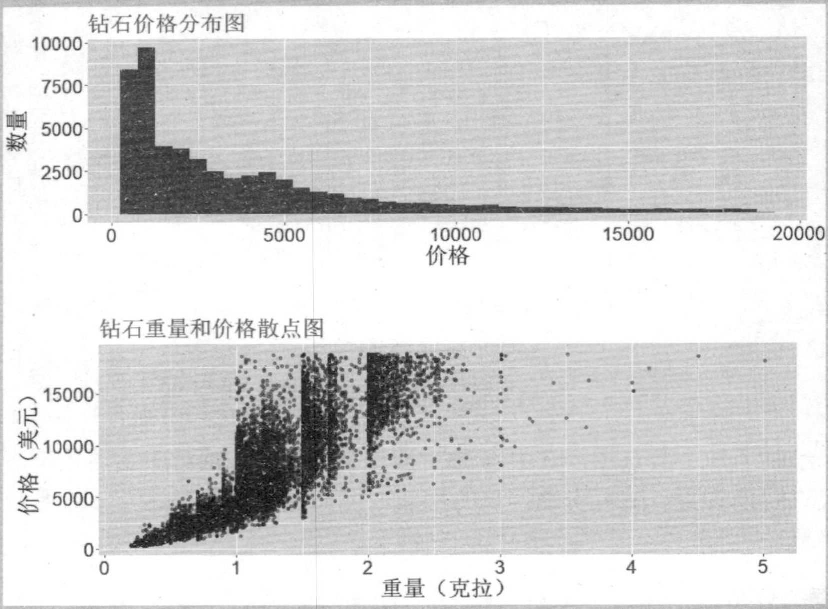

图 5.46　示例程序运行结果

从上面的图形结果可以清楚地看到钻石价格的分布呈现右偏的形态，而且样本中大部分钻石的价格都在 5000 美元以下，高价值的钻石相对较少；钻石的价格与其重量有着比较明显的正相关性。

小　结

本章主要介绍了 R 语言的内置高级绘图函数与图形元素的添加，以及第三方绘图软件包 ggplot2 的使用。本章需要掌握的 R 函数包括 colors、palette、rgb、rainbow、hist、barplot、pie、boxplot、plot、pairs、corrgram、density、sm.density.compare、vioplot、contour、stars、points、lines、abline、text、mtext、title、legend、axis、par、layout、bmp、qplot、ggplot、facet_wrap、facet_grid。本章知识结构如图 5.47 所示。

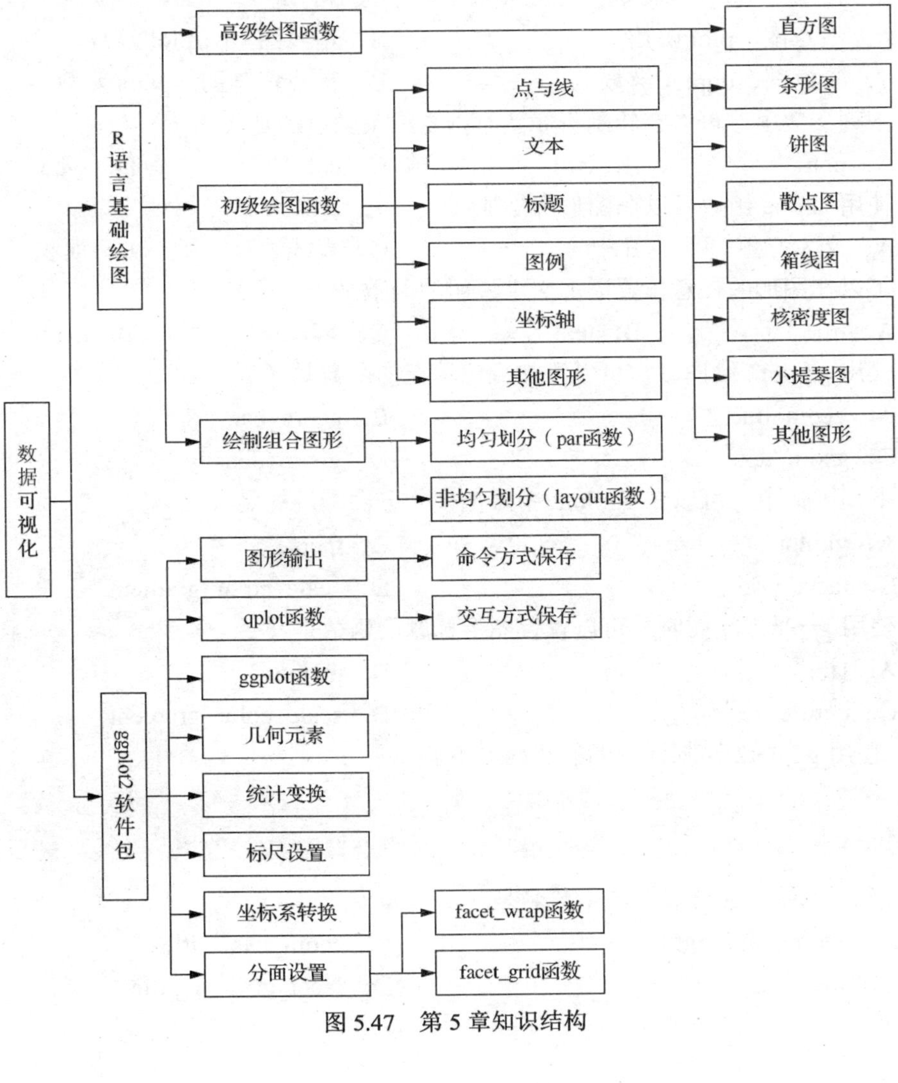

- 数据可视化
  - R语言基础绘图
    - 高级绘图函数
      - 直方图
      - 条形图
      - 饼图
      - 散点图
      - 箱线图
      - 核密度图
      - 小提琴图
      - 其他图形
    - 初级绘图函数
      - 点与线
      - 文本
      - 标题
      - 图例
      - 坐标轴
      - 其他图形
    - 绘制组合图形
      - 均匀划分（par函数）
      - 非均匀划分（layout函数）
  - ggplot2软件包
    - 图形输出
      - 命令方式保存
      - 交互方式保存
    - qplot函数
    - ggplot函数
    - 几何元素
    - 统计变换
    - 标尺设置
    - 坐标系转换
    - 分面设置
      - facet_wrap函数
      - facet_grid函数

图 5.47　第 5 章知识结构

习题5

一、选择题

1. 在下列图形中，（ ）不用于分析数据分布情况。

A．条形图 B．直方图

C．多变量相关矩阵图 D．箱线图

2. 为展示数据类别的占比情况，可以考虑绘制的图形是（ ）。

A．散点图 B．箱线图

C．饼图 D．多变量相关矩阵图

3. 下列绘制的图形与R函数对应关系中，不正确的是（ ）。

A．散点图，plot函数 B．箱线图，barplot函数

C．Q-Q图，qqplot函数 D．散点矩阵图，pairs函数

4. 下列参数中，可以在绘制折线图时指定线条颜色的是（ ）。

A．pch B．lwd C．col D．type

5. 使用abline函数可以在图形上添加（ ）。

A．文本标签 B．点 C．直线 D．面积

6. 可以在图形的任意位置添加文字说明的函数是（ ）。

A．title B．text C．sub D．main

7. 使用ggplot2绘图时，可以添加颜色填充的函数是（ ）。

A．geom_line B．geom_bar

C．geom_text D．geom_density

8. 下列函数中，可以在ggplot2中添加多个分面图层的是（ ）。

A．ggplot B．theme

C．facet_grid D．scale_color_gradient

9. 使用ggplot2绘图时，可以设置图形标题的函数是（ ）。

A．labs B．theme

C．ggtitle D．scale_color_gradient

10. 使用ggplot2绘制柱形图的代码如下。

```
df <- data.frame(x = c("A", "B", "C"), y = c(10, 20, 30))
ggplot(df, aes(x, y)) + ____(fill = "blue") + ____("My Barplot")
```

则两个下划线处应该填写的函数名是（ ）。

A．geom_bar、ggtitle B．geom_bar、title

C．qplot、ggtitle D．facet_grid、ggtitle

二、操作题

1．假设有如下学生身高和体重示例数据。

- 学号：1, 2, 3, 4, 5, 6。
- 性别：男，女，男，女，男，女。
- 身高（cm）：170, 165, 175, 160, 180, 168。
- 体重（kg）：60, 55, 70, 50, 75, 55。

使用 plot 函数绘制一个散点图，展示学生的身高和体重之间的关系。通过设置点的颜色和大小来区分男生和女生（男——蓝色，8 号点样式；女——白色，16 号点样式），并在左上角添加图例。

2．某公司生产 5 种不同的商品，下面是不同商品的销售额示例数据。

- 商品类别：A, B, C, D, E。
- 销售额（万元）：10, 15, 8, 12, 20。

请使用 barplot 函数绘制一个条形图，显示不同商品类别的销售额。根据销售额的大小，对条形进行排序并添加标签。

3．假设有 100 名学生参加了一场考试，要求用直方图展示他们的考试成绩分布。考试成绩应满足正态分布，均值为 80，标准差为 10。请使用 R 语言生成测试数据并绘制直方图。

提示：为了数据结果可以复现，可以设置随机种子 set.seed(123)。

4．假设某地某年月平均气温变化情况如下。

- 月份：1～12 月。
- 月平均气温（℃）：-4, 3, 8, 16, 22, 28, 34, 27, 23, 17, 10, 0。

使用 plot 函数绘制一个折线图，展示一年内每个月的气温变化，并使用 text 函数在每个数据点上添加对应的温度标签，同时自行添加标题、坐标轴标签和网格线，以增强折线图的可读性。

5．假设有如下 5 个城市的人口数量和面积数据。

- 城市：北京，上海，广州，深圳，成都。
- 人口数量（万人）：2150, 2420, 1450, 1300, 1600。
- 面积（km^2）：16410, 6340, 7434, 1997, 14335。

使用 plot 函数绘制一个散点图，用于显示不同城市的人口数量和面积之间的关系。使用不同形状的点来表示不同的地区类型。

6．某玩具厂在 4 个地区（北京，上海，广州，深圳）的销售数据如下。

- 年份：2018, 2019, 2020, 2021。
- 地区：北京，上海，广州，深圳。
- 销售额（万元）：
    - 2018 年：100, 120, 80, 90。
    - 2019 年：110, 130, 85, 95。
    - 2020 年：120, 140, 90, 100。
    - 2021 年：130, 150, 95, 110。

请使用 ggplot 和 geom_bar 函数绘制一个堆叠柱状图，展示不同年份的销售额在各个地区的分布。

7．假设有如下不同教育水平、不同性别的员工工资分布数据。

- 教育水平：高中，本科，硕士，博士。
- 工资（万元）：
  - 高中：10, 12, 9, 11, 13。
  - 本科：15, 18, 16, 17, 20。
  - 硕士：20, 22, 19, 21, 24。
  - 博士：25, 28, 26, 27, 30。
- 性别：男，女，男，女，男，…（交叉重复到指定数量）。

请使用 ggplot 和 geom_boxplot 函数绘制一个箱线图，展示不同教育水平的工资分布情况。要求按性别分组并添加颜色。

第6章 概率论与数理统计基础

【内容提要】

概率论与数理统计是现代数学的两个重要分支，在各领域都有着广泛的应用。在学习数据分析的相关理论与技术之前，有必要掌握概率论与数理统计的基本理论与基本知识。本章将简单介绍概率论与数理统计的基本知识与相关概念，主要包括随机变量的分布及其数字特征、样本统计量及概率分布的R函数。

【学习目标】

（1）了解频率和概率、条件概率与相互独立的意义。
（2）掌握常见分布的定义、数字特征与应用场景。
（3）掌握常用统计量的定义及其用R语言计算的方法。
（4）掌握概率分布的分位数定义及其用R语言计算的方法。
（5）掌握三大统计分布的定义。
（6）掌握常用分布的4类R函数的使用方法。

6.1 概率论基础知识

概率论是研究随机性与不确定性的数学学科，即研究相继发生或同时发生的大量随机现象的平均特性，如电话呼叫、质量控制、系统故障、雷达检测、噪声、出生率与死亡率等。某事件的概率是该事件固有的性质，概率值一般是未知的，但可以用随机试验的频率得到其近似值。在数学上，需要建立一套完整的公理体系去推演事件的概率模型，因此概率论是建立在公理基础上的数学理论。

6.1.1 概率的基本概念

1. 频率与概率

对于事件 A 来说，如果试验重复进行 n 次，事件 A 发生 n_A 次，那么事件 A 的频率为 n_A/n。例如，在1000次掷硬币的试验中，如果出现正面的次数为459次，那么出现正面的频率为0.459。在不同的时间或不同条件下，对于同一枚硬币来说，掷1000次硬币出现正面的频率往往是不同的，这就是所谓的“偶然性”或“或然性”，即硬币出现正面是随机的。随着试验次数的增加，可以发现硬币出现正面的频率会接近某一个常数，这个常数就是掷硬币试验内在的数字规律，即硬币出现正面的概率。因此，概率所揭示的是某随机事件内在的数字特征，反映的是一种必然现象。

当随机试验的次数 n 足够大时，事件 A 发生的频率就非常接近某常数 $P(A)$，也就是

$$P(A) \approx \frac{n_A}{n}$$

在概率论中，称 $P(A)$ 为事件 A 的概率，因此概率反映了某事件出现机会的大小。在多次独立试验中，某事件出现的频率值会在某概率值附近波动，因而可以用频率推断概率的值。频率一般是针对某次或某组随机试验而言的，即频率是某个随机试验下所得到的统计值，这个统计值具有随机性。

2. 条件概率与相互独立

在数据统计分析与机器学习中，经常要用到条件概率，如贝叶斯分析。假设 A 和 B 是两个随机事件，且 $P(A)>0$，则称

$$P(B \mid A) = \frac{P(AB)}{P(A)}$$

为在事件 A 发生的条件下事件 B 的概率，即条件概率。如果事件 A 和事件 B 满足 $P(AB) = P(A)P(B)$，则称事件 A 与事件 B 相互独立。对于 n 个事件相互独立的定义可以参考相关书籍，值得注意的是，n 个事件相互独立一定是两两相互独立，反之并不成立。在统计与大数据分析等应用中，相互独立是一个非常重要的概念，在许多重复试验和重复过程中，事件的发生往往相互独立；另外，独立性假设可以极大地简化概率模型。

6.1.2 随机变量与分布

1. 随机变量

由于有些随机试验或随机过程中的基本事件并不是用数字表示的，例如，在掷硬币试验中，基本事件为{正面}与{反面}，这种表示方式不利于用数学方法研究概率模型及其性质，因此需要引入一种用数值表示随机事件的方法，即随机变量。对于样本空间中的基本事件（或样本点）ω 来说，如果存在唯一确定的实数 $X(\omega)$ 与之对应，则称函数 $X = X(\omega)$ 为（一维）随机变量。在概率论与数理统计中，一般使用大写字母表示随机变量，如 X、Y 等，随机变量的取值一般用小写字母 x、y 等表示，此时随机事件的概率可以表示为 $P(X = x)$、$P(X \leqslant x)$ 等。若随机变量 $X(\omega)$ 取有限个值或可列个值（即其值可以排成一列），则称 $X(\omega)$ 为离散型随机变量；若随机变量 $X(\omega)$ 的取值填满了数轴上的某一个区间（或某几个区间的并），则称 $X(\omega)$ 为连续型随机变量。

2. 分布函数

由于概率 $P(X \leqslant x)$ 是一个关于变量 x 的函数，记 $F(x) = P(X \leqslant x)$，因此对于任意随机事件的概率都可以用 $F(x)$ 来确定。可以用 $F(x)$ 来刻画某个随机试验或随机过程的概率特征，一般称 $F(x)$ 为分布函数或累计概率函数。分布函数 $F(x)$ 是一个单调非减函数，其定

义域是 $(-\infty,+\infty)$，值域是[0, 1]，并且对于任意随机变量 X 都有且仅有一个分布函数。对于分布函数 $F(x)$ 来说，以下计算公式成立。

$$P(a < X \leqslant b) = F(b) - F(a)$$

【例 6.1】 假设一盒子中装有 10 个球，其中 5 个球上标有数字 1，3 个球上标有数字 2，2 个球上标有数字 3。从中任取一个球，记随机变量 X 表示"取得的球上标有的数字"，求 X 的分布函数 $F(x)$。

由于随机变量 X 取值为 1、2、3，且对应概率值为 0.5、0.3、0.2。因此，当 $x<1$ 时，$P(X \leqslant x)=0$；当 $1 \leqslant x < 2$ 时，$P(X \leqslant x) = P(X = 1) = 0.5$；当 $2 \leqslant x < 3$ 时，$P(X \leqslant x) = P(X = 1) + P(X = 2) = 0.8$；当 $x \geqslant 3$ 时，$P(X \leqslant x) = P(X = 1) + P(X = 2) + P(X = 3) = 1$。综上，可得随机变量 X 的分布函数

$$F(x) = \begin{cases} 0, & x < 1 \\ 0.5, & 1 \leqslant x < 2 \\ 0.8, & 2 \leqslant x < 3 \\ 1, & x \geqslant 3 \end{cases}$$

3. 离散型随机变量及其分布律

对于离散型随机变量 X 来说，其概率值可以用分布列来描述。若一维离散型随机变量 X 取值 $\{x_1, x_2, \cdots\}$，则称概率序列

$$P(X = x_i) = p_i, \ i = 1, 2, \ \cdots$$

为随机变量 X 的分布律（或分布列、概率函数）。一维随机变量 X 的分布律可用表 6.1 所示的二维表格表示。常见离散型随机变量分布主要有 0-1 分布、二项分布和泊松分布。

表 6.1　离散型随机变量的分布律

X	x_1	x_2	…	x_n	…
概率	p_1	p_2	…	p_n	…

0-1 分布：在随机试验中，如果只关心某随机事件 A 是发生还是不发生，则称这样的随机试验为伯努利试验。在一次伯努利试验中，若用 $X=1$ 表示随机事件 A 发生，$X=0$ 表示随机事件 A 不发生，则称随机事件 A 服从 0-1 分布或两点分布，记为 $X \sim B(1, p)$，其分布列为 $P(X = 0) = 1 - p$，$P(X = 1) = p$。

二项分布：若用随机变量 X 表示在 n 重伯努利试验中某事件发生的次数，则 X 的可能取值为 $0, 1, 2, \cdots, n$。假设事件出现的概率为 p，如果在 n 次伯努利试验中，事件出现 k 次的概率为

$$P(x = k) = C_n^k p^k (1 - p)^{n-k}, \ k = 0, 1, \cdots, n$$

则称随机变量 X 服从参数为 n、p 的二项分布，记为 $X \sim B(n, p)$。二项分布是一种常用的离散分布，如某手术成功的概率为 0.995，则 100 次手术成功数 $X \sim B(100, 0.995)$。图 6.1 所示为 $B(25, 0.5)$ 的分布律。

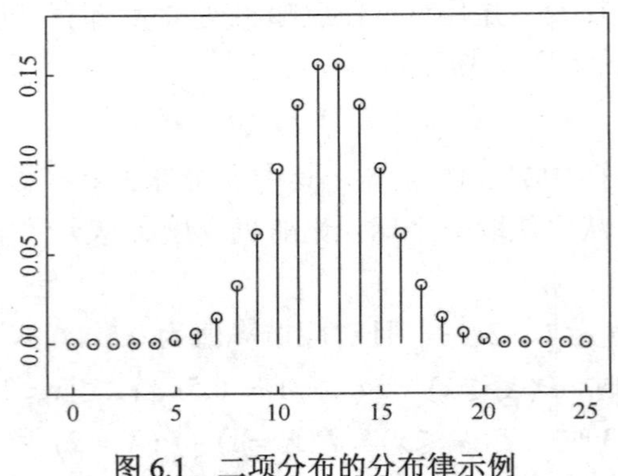

图 6.1 二项分布的分布律示例

泊松分布：设随机变量 X 的可能取值为 $0, 1, 2, \cdots$，若分布律为

$$P(X=k)=\frac{\lambda^k}{k!}\mathrm{e}^{-\lambda}\text{，}\quad \lambda>0\text{，}\quad k=0, 1, \cdots$$

则称随机变量 X 服从参数为 λ 的泊松分布，记为 $X\sim P(\lambda)$。图 6.2 所示为 $\lambda=8$ 的泊松分布的分布律。泊松分布也是一种常用的离散型分布，往往与计数过程有关，例如，某一时间段网站的点击数、某时间段内到达医院门诊的患者数、书本印刷错误数等。

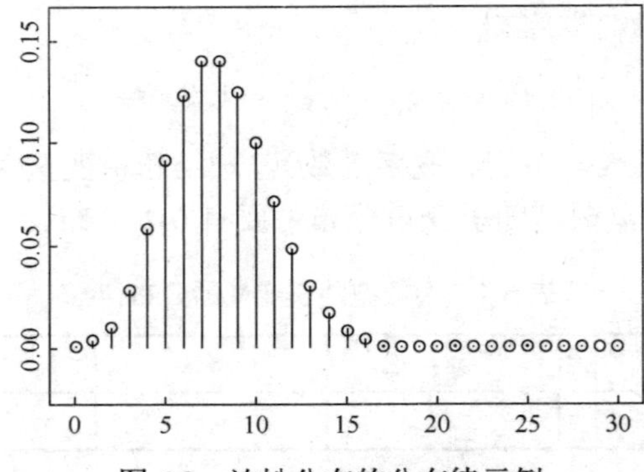

图 6.2 泊松分布的分布律示例

4. 连续型随机变量及其密度函数

假设 $F(x)$ 是随机变量 X 的分布函数，若存在非负函数 $f(x)$ 使得 $F(x)=\int_{-\infty}^{x} f(t)\mathrm{d}t$，则称 X 为（一维）连续型随机变量，$f(x)$ 为 X 的（概率）密度函数。连续型随机变量的概率一般使用密度函数 $f(x)$ 来描述。密度函数 $f(x)$ 和分布函数 $F(x)$ 之间的关系可用图 6.3 来表示，即

$$F(x)=P(X\leqslant x)=\int_{-\infty}^{x} f(t)\mathrm{d}t$$

因此 $f(x)=F'(x)$，且对常数 c 有 $P(X=c)=0$。

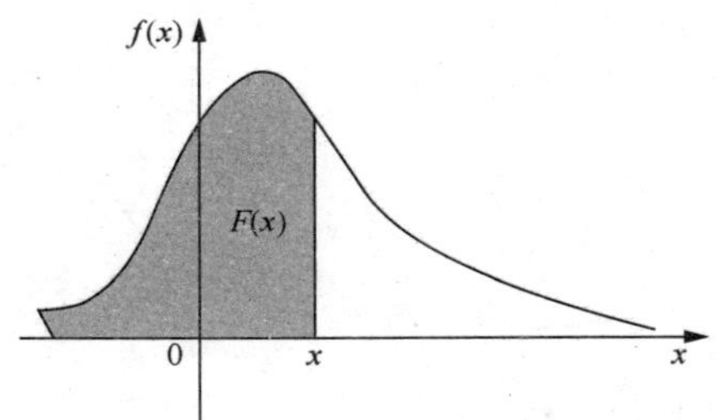

图 6.3　$f(x)$ 与 $F(x)$ 的几何关系

均匀分布：对于任意实数 a 和 b（$a<b$），若随机变量 X 的密度函数为

$$f(x)=\begin{cases}\dfrac{1}{b-a}, & a<x<b\\ 0, & \text{其他}\end{cases}$$

则称 X 服从区间 $[a,b]$ 上的均匀分布，记为 $X\sim U(a,b)$。图 6.4 所示为均匀分布的密度函数与分布函数的几何图形，其中

$$F(x)=\begin{cases}0, & x<a\\ \dfrac{x-a}{b-a}, & a\leqslant x<b\\ 1, & x\geqslant b\end{cases}$$

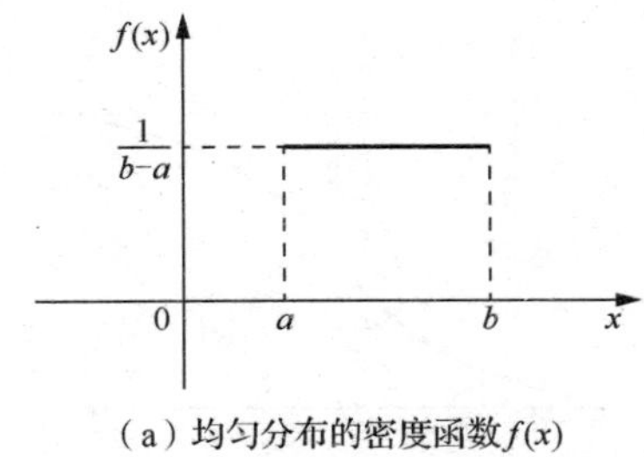

（a）均匀分布的密度函数 $f(x)$

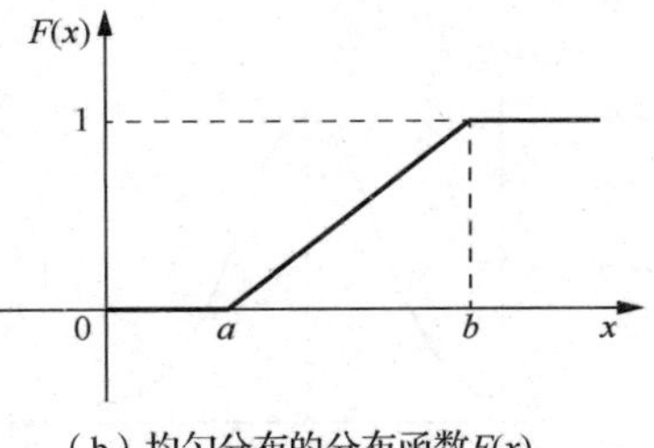

（b）均匀分布的分布函数 $F(x)$

图 6.4　均匀分布的密度函数和分布函数的几何图形

指数分布：若随机变量 X 的密度函数为

$$f(x)=\begin{cases}\lambda \mathrm{e}^{-\lambda x}, & x\geqslant 0\\ 0, & x<0\end{cases}$$

其中，$\lambda>0$，称随机变量 X 服从参数为 λ 的指数分布，记为 $X\sim E(\lambda)$，其分布函数为

$$F(x)=\begin{cases}0, & x<0\\ 1-\mathrm{e}^{-\lambda x}, & x\geqslant 0\end{cases}$$

指数分布常被用于对各种寿命数据建模，如电子元件的寿命、随机服务系统中的服务时间等都可以假定服从指数分布。图 6.5 所示为指数分布的密度函数与分布函数的几何图形。

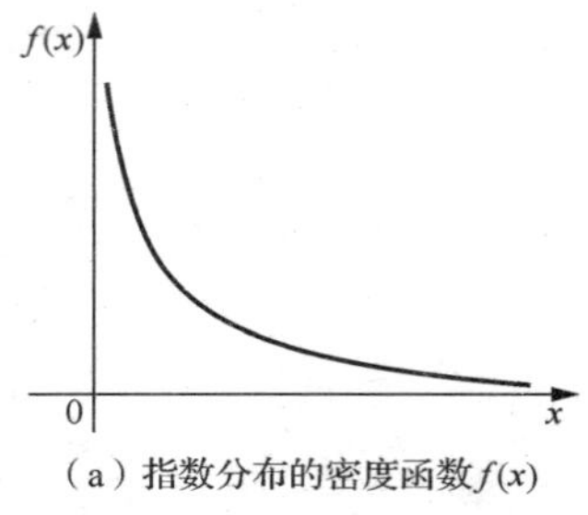

（a）指数分布的密度函数$f(x)$

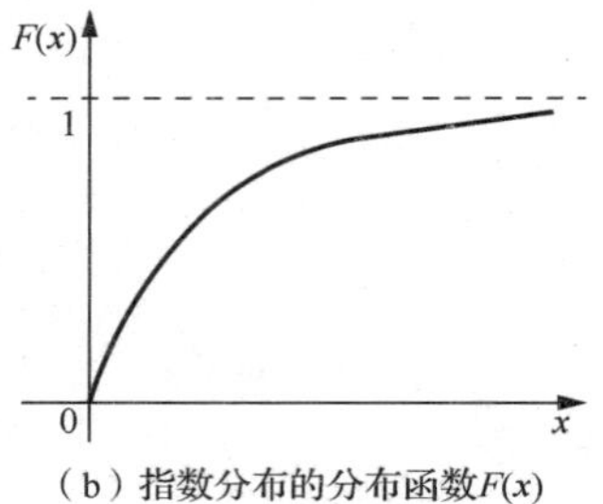

（b）指数分布的分布函数$F(x)$

图 6.5　指数分布的密度函数与分布函数的几何图形

正态分布：若随机变量 X 的概率密度函数为

$$f(x)=\frac{1}{\sqrt{2\pi}\sigma}\mathrm{e}^{-\frac{(x-\mu)^2}{2\sigma^2}}, \quad -\infty<x<+\infty$$

则称 X 服从参数 μ 和 σ^2 的正态分布，记为 $X\sim N(\mu,\sigma^2)$，其分布函数为

$$F(x)=\frac{1}{\sqrt{2\pi}\sigma}\int_{-\infty}^{x}\mathrm{e}^{-\frac{(t-\mu)^2}{2\sigma^2}}\mathrm{d}t$$

正态分布的密度函数 $f(x)$ 和分布函数 $F(x)$ 的几何图形如图 6.6 所示。正态分布是应用最为广泛的概率分布，很多统计数据都可以用正态分布建模，如考试成绩、测量误差、身高与体重等。当 $\mu=0$，$\sigma=1$时，称 $N(0,1)$ 为标准正态分布，其密度函数关于 y 轴对称。如果 $X\sim N(\mu,\sigma^2)$，则 $(X-\mu)/\sigma\sim N(0,1)$。

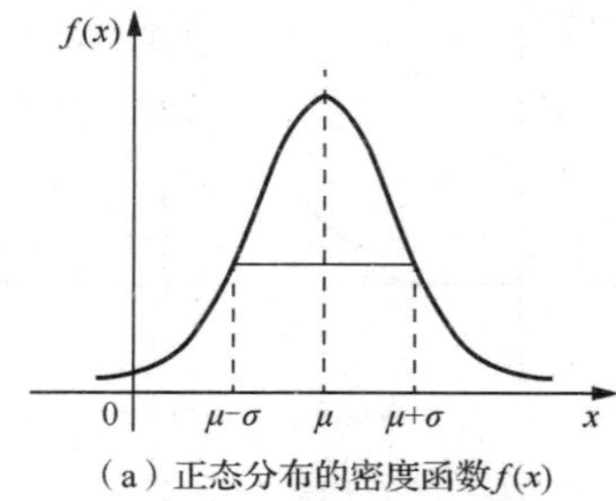

（a）正态分布的密度函数$f(x)$

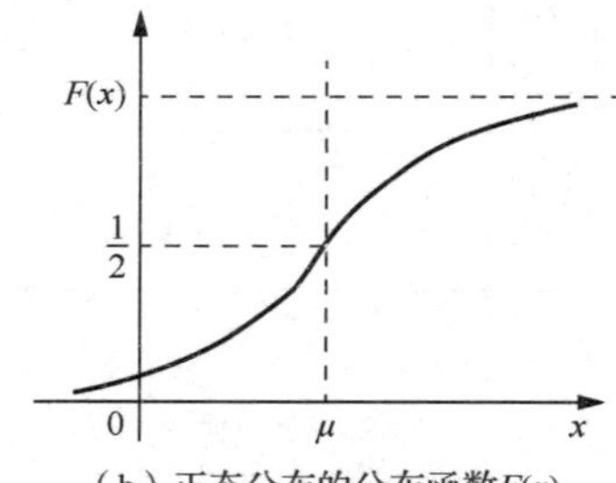

（b）正态分布的分布函数$F(x)$

图 6.6　正态分布的密度函数与分布函数的几何图形

6.1.3　随机变量的数字特征

在实际应用中，用随机变量的数字特征可以简单、直观地表述随机变量的分布特征，如最大（小）值、均值、方差等。有时随机变量的密度函数或分布律中也包含参数，这些参数往往与随机变量的数字特征相关联，如果确定了随机变量的数字特征，那么随机变量的分布也就可以确定了。

1. 数学期望

平均值是一个非常重要的统计量。在概率论中，随机变量的平均值称为数学期望。若离散型随机变量的分布律为$P(X=x_i)=p_i$，$i=1,2,\cdots$，则称

$$E(X)=\sum_{i=1}^{\infty}x_i p_i$$

为离散型随机变量的数学期望。若 X 是连续型随机变量，则称

$$\mu=E(X)=\int_{-\infty}^{+\infty}xf(x)\mathrm{d}x$$

为连续型随机变量的数学期望。数学期望也简称期望或均值，也可用符号 μ 表示。

2. *方差与标准差*

对于随机变量 X 来说，若 $E\{[X-E(X)]^2\}$ 存在，则称

$$D(X)=E\{[X-E(X)]^2\}$$

为随机变量 X 的方差，称方差 $D(X)$ 的算术平方根

$$\sigma=\sqrt{D(X)}$$

为随机变量 X 的标准差。

3. *数学期望与方差的性质*

假设 X 和 Y 是两个随机变量，且 $E(X)$ 和 $E(Y)$ 存在，则有以下性质。

（1）设 c 是常数，则 $E(c)=c$， $D(c)=0$。

（2）若 k、 c 是常数，则 $E(kX+c)=kE(X)+c$， $D(kX+c)=k^2D(X)$。

（3） $E(X+Y)=E(X)+E(Y)$。

（4）若 X 与 Y 相互独立，则 $E(XY)=E(X)E(Y)$， $D(X\pm Y)=D(X)+D(Y)$。

（5） $D(X)=E(X^2)-[E(X)]^2$。

（6）若 $X\sim B(1,p)$，则 $E(X)=p$， $D(X)=p(1-p)$。

（7）若 $X\sim B(n,p)$，则 $E(X)=np$， $D(X)=np(1-p)$。

（8）若 $X\sim P(\lambda)$，则 $E(X)=\lambda$， $D(X)=\lambda$。

（9）若 $X\sim U(a,b)$，则 $E(X)=(a+b)/2$， $D(X)=(b-a)^2/12$。

（10）若 $X\sim E(\lambda)$，则 $E(X)=1/\lambda$， $D(X)=1/\lambda^2$。

（11）若 $X\sim N(\mu,\sigma^2)$，则 $E(X)=\mu$， $D(X)=\sigma^2$。

4. *协方差与相关系数*

统计分析研究的一个重要方向是两个随机变量的相关性研究，如身高与体重之间的相关性、抽烟与患肺癌之间的相关性、气温与粮食产量的相关性等。刻画两个随机变量相关性的常用数字特征主要有协方差和相关系数。

对于二维随机变量 (X,Y) 来说，如果 $E\{[X-E(X)][Y-E(Y)]\}$ 存在，则称

$$\mathrm{cov}(X,Y)=E\{[X-E(X)][Y-E(Y)]\}=E(XY)-E(X)E(Y)$$

为随机变量 X 和 Y 的协方差。协方差反映了两随机变量协同变化的关系，体现了两个随机变量的相关性。用协方差刻画协同关系时存在一定的缺陷，例如，在讨论新生婴儿身高和体重的协方差时，用两套不同的单位（m 和 kg、cm 和 g）计算协方差，得到的结果并不相同。因此需要将协方差标准化，以得到正确的相关系数。

对于二维随机变量(X,Y)来说，如果$\mathrm{cov}(X,Y)$存在，且$D(X)>0$，$D(Y)>0$，则称

$$\rho(X,Y)=\frac{\mathrm{cov}(X,Y)}{\sqrt{D(X)}\sqrt{D(Y)}}$$

为随机变量X和Y的相关系数，也记为ρ_{XY}。当$\rho_{XY}=0$时，称X和Y线性无关或线性不相关；当$|\rho_{XY}|=1$时，称X和Y完全线性相关；当$\rho_{XY}=1$时，称X和Y完全正线性相关；当$\rho_{XY}=-1$时，称X和Y完全负线性相关；当$\rho_{XY}>0$时，称X和Y正线性相关；当$\rho_{XY}<0$时，称X和Y负线性相关。

5. k阶矩

假设X、Y是随机变量，k与ℓ是正整数，则称$E(X^k)$为随机变量X的k阶原点矩；$E\{[X-E(X)]^k\}$为随机变量X的k阶中心矩；$E\{[X-E(X)]^k[Y-E(Y)]^\ell\}$和$E(X^kY^\ell)$分别为随机变量$X$和$Y$的混合中心矩与混合原点矩。若$E(X)\neq 0$，且方差$D(X)$存在，则称

$$\delta=\frac{\sqrt{D(X)}}{|E(X)|}$$

为随机变量X的变异系数。

6.2 数理统计知识

统计学研究的是概率论相关理论在实际问题中的应用，其结论是基于观测与推理的结果。统计学包括分析和设计两部分。分析部分就是所谓的数理统计，主要涉及重复试验分析和随机事件的相关理论。设计部分就是应用统计学，研究数据采集和试验构造，这些数据和过程可以用概率描述。

6.2.1 总体与样本

1. 总体与个体

在统计问题中，研究对象的全体称为总体，构成总体的每个成员称为个体。在实际问题中，总体与个体所描述的是客观对象的某个属性，如研究小学生视力情况，小学生的视力就构成了问题的总体和个体；而研究小学生体重时，小学生体重的全体是总体，每个小学生的体重是个体。因此，每个总体均由一组数据构成，如果这些数据可用某个概率分布来描述，那么总体的数量指标就是服从某分布的随机变量。在统计学中，也将离散随机变量的分布律$P(X=x)$记为$f(x)$，如果分布含有未知参数θ，那么密度函数和分布函数可记为$f(x;\theta)$和$F(x;\theta)$。

2. 样本与抽样

在统计应用中，总体分布往往是未知的，如汽车厂商要设计一款既经济又舒适的家用小汽车的座椅，那么厂商就需要知道使用人群的体型宽度，但体型宽度服从的分布一般是

未知的。探究体型宽度分布的一个办法是抽样，即从潜在顾客群中按照规则选取部分个体，采集其体型数据，然后推断总体分布的某些数字特征或分布。这种按照一定规则从总体中抽取的部分个体所组成的集合称为样本，从总体中抽取样本的过程称为抽样，抽取规则称为抽样方案。在每次抽样中，如果总体中的所有个体都有相同的几率被抽中，则称这种抽样过程为简单随机抽样，被抽到的样本称为简单随机样本。由于抽样具有不确定性，因此样本是一组随机变量。一般用大写字母$X_1, X_2, \cdots, X_n$表示样本，其中n是样本数目，称为样本容量。因此简单随机样本是独立同分布的随机变量。

假设$x_1, x_2, \cdots, x_n$是随机样本的观测值，如果总体X是离散型随机变量，则简单随机样本的联合分布律为

$$f(x_1, x_2, \cdots, x_n; \theta) = \prod_{i=1}^{n} P(X_i = x_i; \theta)$$

如果总体X是连续型随机变量，则简单随机样本的联合密度函数为

$$f(x_1, x_2, \cdots, x_n; \theta) = \prod_{i=1}^{n} f(x_i; \theta)$$

抽样是一种重要的技术手段，可以在不需要观测全部数据的情况下推断总体的特征。抽样方法又可分为简单随机抽样、分层抽样、整群抽样、系统抽样和多阶段抽样。在R语言中，sample函数或软件包sampling中的srswr和srswor函数用于实现简单随机抽样。3个函数的具体用法如下。

（1）srswr(n, N)：从N个样本中重复随机抽取n个样本，返回一个长度为N的向量，向量中的元素由$0, 1, \cdots, n$等数字构成，表示对应位置的样本被抽中的次数。例如：

```
> set.seed(1)
> sampling::srswr(4,10) #需要先安装包 sampling
 [1] 0 0 0 2 0 1 1 0 0 0
```

返回结果表明4号样本被抽中2次，6号和7号样本被抽中1次。

（2）srswor(n, N)：从N个样本中无重复随机抽取n个样本，返回一个长度为N的向量，向量中的元素由1和0构成，分别表示对应位置的样本被抽中和未被抽中。例如：

```
> set.seed(1)
> sampling::srswor(4,10) #需要先安装包 sampling
[1] 1 0 0 1 0 0 1 0 1 0
```

返回结果表明1号、4号、7号、9号样本被抽中。

（3）sample(x, size, replace = FALSE, prob = NULL)：从x中抽取size个元素，返回结果为x中的元素所构成的长度为size的向量。参数replace = FALSE表示无放回地抽样，此时size值应该小于x的长度；replace = TRUE表示有放回的抽样。参数prob是一个概率向量，表示x中对应元素被抽中的概率。例如，从字母a、b、c中有放回地抽取10个元素，并且3个元素被抽中的概率分别为0.5、0.3、0.2，代码如下。

```
> set.seed(1)
> sample(c("a","b","c"),size = 10, replace = TRUE,prob = c(0.5,0.3,0.2))
 [1] "a" "a" "b" "c" "a" "c" "c" "b" "b" "a"
```

【例 6.2】 把随机数生成种子设置为 1000，并从 26 个英文字母中有放回地抽取 12 个字母，要求每个字母被抽到的概率相同。请分别用 sample 函数和 srswr 函数实现抽样。

首先用 sample 函数实现，R 程序如下。

```
> set.seed(1000)
> sample(letters, 12, replace = TRUE)
 [1] "p" "d" "k" "v" "s" "x" "c" "r" "v" "f" "m" "f"
```

接着用 srswr 函数实现抽样，R 程序如下。

```
> set.seed(1000)
> index = sampling::srswr(12,26)
> ord = c(1:26)[index!=0] #被抽中的编号
> ns = index[index!=0] #被抽中编号对应的抽中次数
> letters[rep(ord,times = ns)]
 [1] "b" "d" "g" "l" "n" "o" "r" "t" "v" "y" "y" "z"
```

6.2.2 样本统计量

利用样本所提供的信息对总体分布中未知参数进行推断是数理统计和统计分析研究的基本任务之一，即由样本推断总体。但是直接使用样本数据很难解决推断问题，需要先将样本数据加工成某些数字特征。样本数据加工后的数字特征就是统计量，它综合了样本信息，是统计推断的基础。统计量的选择和运用在统计推断中占据核心地位。

设 $X_1, X_2, \cdots, X_n$ 是总体的样本，若样本函数 $g(X_1, X_2, \cdots, X_n)$ 不包含总体中的任何未知参数，则称 g 为样本统计量，简称统计量。在抽样结果出来之前，统计量是一个随机变量；抽样完成后，可得到观测值 $x_1, x_2, \cdots, x_n$，对应的 $g(x_1, x_2, \cdots, x_n)$称为统计量观测值。

1. *样本均值与方差*

设 $X_1, X_2, \cdots, X_n$ 是总体 X 的样本，称

$$\bar{X} = \frac{1}{n}\sum_{i=1}^{n} X_i$$

为样本均值；称

$$S^2 = \frac{1}{n-1}\sum_{i=1}^{n}(X_i - \bar{X})^2$$

为样本方差，称 S 为样本标准差。它们的观察值分别为

$$\bar{x} = \frac{1}{n}\sum_{i=1}^{n} x_i ,\quad s^2 = \frac{1}{n-1}\sum_{i=1}^{n}(x_i - \bar{x})^2$$

有时观测值 $\bar{x}$ 、 s^2 仍称为样本均值、样本方差。

样本均值又称算术平均数，是数据分布的中心值，可以近似地反映随机变量的真实值。在 R 语言中，计算样本均值的函数是 mean，该函数的调用格式如下。

```
mean(x, trim = 0, na.rm = FALSE, ...)
```

函数 mean 的返回值是对象 x 的平均值。其中，参数 x 是数值型或逻辑型对象，可以是向量、矩阵或数组等；参数 trim 表示计算均值前去除与均值相差较大数据的比例，默认值为 0，表示不去除数据，即取全部数据计算均值；参数 na.rm 表示在计算均值前是否剥离缺失值，默认值为 FALSE，表示不剥离缺失值，即 NA 不参与计算。使用函数 mean 时需要注意以下问题。

（1）参数 x 是数值型或逻辑型对象，也可以是日期型、日期时间型或时间间隔型对象。例如：

```
> mean(as.Date(c('2022-12-15', '2023-1-1'), '%Y-%m-%d')) #日期型
[1] "2022-12-23"
```

（2）当参数 x 是复数型对象时，trim 只能取 0，如 mean(c(180+0i, 200+0i),　trim = 0.3) 将返回错误信息。

（3）当参数 x 是矩阵或数组时，函数 mean 返回所有元素的平均值。如果要计算矩阵各行或各列的平均值，可以使用 apply、rowMeans 和 colMeans 函数。例如：

```
> mx = matrix(1:12, nrow = 3)
> mean(mx) #计算矩阵所有元素的均值
[1] 6.5
> apply(mx, 1, mean) #计算各行的均值
[1] 5.5 6.5 7.5
> apply(mx, 2, mean) #计算各列的均值
[1]  2  5  8 11
```

（4）当参数 x 是数据框时，函数 mean 的返回值为 NA，且返回警告信息。若要计算数据框中每个变量的均值，可以使用 apply 函数。例如：

```
> df = data.frame(s = c(1, 2, 3), t = c(10, 20, 30))
> apply(df, 2, mean)
 s   t
 2  20
```

（5）样本均值对异常数据非常敏感，即对离平均值比较远的样本数据敏感。为了避免异常值影响样本均值，在使用函数 mean 时，可以使用参数 trim 去除异常值，其中 trim 取值[0, 0.5]。例如：

```
> mean(c(1, 200, 200, 200), trim = 0.2) #没有去除数据 1
[1] 150.25
> mean(c(1, 200, 200, 200), trim = 0.3) #去除数据 1
[1] 200
```

（6）如果 x 中含有 NA，则需要设置 na.rm = TRUE，否则返回 NA。

方差和标准差反映了样本数据的离散程度，样本值的离散程度越高，方差和标准差就越大，反之亦然。在 R 语言中，函数 var 用于计算样本方差，其调用格式如下。

```
var(x, y = NULL, na.rm = FALSE, use)
```

该函数返回 x 的方差或协方差矩阵，或者 x 和 y 的协方差。其中，参数 na.rm 的用法与函数 mean 中的 na.rm 的用法类似。参数 use 是一个字符串，表示计算协方差的方法，常用方法有 pearson、kendall 和 spearman。参数 x 是一个数值型的向量、矩阵或数据框。当参数 y=NULL 或不使用参数 y 时，如果参数 x 是一个向量，那么 var 返回 x 的样本方差；如果参数 x 是一个矩阵或数据框（数据框的每个变量都是数值型向量），那么函数返回 x 的样本协方差矩阵。当 y 不为 NULL 时，如果参数 x 和 y 是数值型向量，那么函数返回 x 和 y 的协方差。例如：

```
> var(c(2.3, 9.5, 5.2, 7.3, 6.6)) #向量
[1] 7.117
> set.seed(1)
> x = matrix(rnorm(12, 1, 2), nrow = 4)
> y = runif(4, 1, 3)
> z = runif(4, 0, 8)
> df = data.frame(y, z)
> var(x) #参数 x 是矩阵的情形
           [,1]       [,2]       [,3]
[1,]  4.8590241  0.4736365  -1.640277
[2,]  0.4736365  1.9059653   1.421343
[3,] -1.6402767   1.4213427   2.243775
> var(df)          #参数 x 是数据框的情形
             y            z
y  0.122308374  -0.008130605
z -0.008130605   3.223980610
> var(y, z)       #参数 y 和 z 是数值型向量的情形
[1] -0.008130605
> var(y, x)       #参数 x 和 y 一个是向量，另一个是矩阵或数据框的情形
         [,1]       [,2]        [,3]
[1,] 0.558976  -0.1768134  -0.4858832
> var(x, df)      #参数 x 和 y 是矩阵或数据框的情形
             y          z
[1,]   0.5589760  -0.5877750
[2,]  -0.1768134   1.4079982
[3,]  -0.4858832   0.6130887
```

函数 sd(x, na.rm = FALSE)返回向量 x 的标准差，其中参数 na.rm 的用法与函数 mean 中 na.rm 的用法相同。参数 x 是一个数值型向量或其他数值型对象，如矩阵、数组等。例如：

```
> sd(c(2.3, 9.5, 5.2, 7.3, 6.6))
[1] 2.667771
> set.seed(1)
> sd(matrix(rnorm(12, 1, 2), nrow = 4))
[1] 1.621455
```

可以用 R 语言的流程控制语句编写自定义函数（或软件包）完成样本均值、样本方差和样本标准差的计算。

【例 6.3】 用循环语句自定义函数计算样本向量 x 的方差。

下面是自定义函数的脚本文件与测试程序。

```
my.var <- function(x){
  sum <- 0
  for(k in x) sum <- sum + k
  avg <- (sum / length(x))
  sum <- 0
  for(k in x) sum <- sum + (k - avg)^2
  return(sum / (length(x)-1))
}
> set.seed(1) #测试
> my.var(runif(20, 1, 10))
[1] 6.63094
```

2. 样本矩

设$(X_1, X_2, \cdots, X_n)$是总体 X 的样本，称

$$A_k = \frac{1}{n}\sum_{i=1}^{n} X_i^k \text{ , } k = 1, 2, \cdots$$

为样本的 k 阶原点矩；称

$$M_k = \frac{1}{n}\sum_{i=1}^{n} (X_i - \overline{X})^k \text{ , } k = 2, 3, \cdots$$

为样本的 k 阶中心矩。使用 R 语言的 mean 函数可以实现样本的 k 阶原点矩和中心矩的计算。

【例 6.4】 自定义函数完成样本的 k 阶中心矩的计算。

```
> my.central.moment <- function(x, k){return(mean((x-mean(x))^k))}
> set.seed(1)
> my.central.moment(rnorm(100, 2, 1), 2)
[1] 0.7986945
```

在 moments 软件包中，moment 函数用于计算样本的 k 阶原点矩和 k 阶中心矩。moment 函数的调用格式如下。

```
moment(x, order = 1, central = FALSE, absolute = FALSE, na.rm = FALSE)
```

moment 函数返回指定阶的原点矩或中心矩。其中，参数 x 是一个数值型的向量；参数 order 用于指定原点矩或中心矩的阶，其默认值是 1。参数 central 的默认值是 FALSE，表示计算向量 x 的原点矩；当 central = TRUE 时，函数 moment 返回向量 x 的中心矩。参数 absolute 用于指定计算参数 x 的绝对值的原点矩或中心矩，参数 na.rm 的用法与函数 mean 中 na.rm 的用法相同。例如：

```
> z = c(-3, 2, -5)
> moments::moment(z, order = 1, absolute = F)
[1] -2
> moments::moment(z, order = 1, absolute = T)
[1] 3.333333
> moments::moment(z, order = 3, central = TRUE)
[1] 12
> moments::moment(z, order = 3, central = FALSE)
[1] -48
```

3. 样本偏度与峰度

对于正态分布，只要知道均值和方差就可以确定其分布。但对于未知分布，不仅需要掌握数据的集中程度与离散趋势，还要知道数据分布的形状是否对称、偏斜程度及其分布扁平程度等。偏度也称为偏态或偏态系数，是统计数据分布偏斜方向和偏斜程度的度量指标，是统计数据分布非对称程度的数字特征。假设 M_2 和 M_3 分别为样本的 2 阶与 3 阶中心矩，则称

$$\text{skew}=\frac{M_3}{M_2^{3/2}}$$

为样本的偏度或偏态系数。正态分布的偏度为 0，两侧尾部长度对称。当 skew < 0 时，称分布具有负偏离或左偏态，此时位于均值左边的数据比位于右边的数据少，直观表现为左边尾部比右边尾部长，因为有少数变量值很小，使曲线左侧尾部拖得很长。当 skew > 0 时，称分布具有正偏离或右偏态，此时位于均值右边的数据比位于左边的数据少，直观表现为右边尾部比左边尾部长，因为有少数变量值很大，使曲线右侧尾部拖得很长。当 skew 接近 0 时，可认为分布是对称的。

峰度是描述总体中所有取值分布形态陡缓程度的统计量。假设 M_2 和 M_4 分别为样本的 2 阶与 4 阶中心矩，则称

$$\text{kurt}=\frac{M_4}{M_2^2}-3$$

为样本的峰度。峰度需要与正态分布相比较，峰度为 0 表示总体数据分布与正态分布的陡缓程度相同；峰度大于 0 表示总体数据分布与正态分布相比较为陡峭，为尖顶峰；峰度小

于 0 表示总体数据分布与正态分布相比较为平坦，为平顶峰。峰度的绝对值数值越大表示其分布形态的陡缓程度与正态分布的差异程度越大。

使用 R 语言的 mean 函数可以方便地定义样本偏度和峰度函数。下面是样本偏度函数与峰度函数的定义。

```
myskew <- function(x){#自定义偏度函数
  return(mean((x - mean(x))^3)/(mean((x - mean(x))^2))^(3/2))
}
mykurt <- function(x){#自定义峰度函数
  return(mean((x - mean(x))^4)/(mean((x - mean(x))^2))^2-3)
}
> set.seed(1) #测试韦布尔分布
> x=rweibull(100, shape=12, scale=0.3)
> myskew(x)
[1] -0.4971738
> mykurt(x)
[1] 0.358202
```

4. 样本变异系数与标准误

虽然方差和标准差反映了抽样数据与样本均值之间的离散程度，但是当需要比较两组数据离散程度大小时，如果两组数据的测量尺度相差太大，或者数据量纲不同，那么方差或标准差的值就相差较大。此时应当消除测量尺度和量纲的影响，由于变异系数

$$\mathrm{CV}=\frac{S}{\overline{X}}$$

与量纲无关，因而可以消除测量尺度与量纲的影响。CV 的 R 函数可定义为

```
my.CV = function(x){ return(sd(x)/mean(x)) }
```

标准误是统计推断的可靠性指标，用于衡量抽样误差，标准误越小，样本均值与总体均值就越接近，用样本统计量推断总体参数的可靠度就越大。使用 SE 表示标准误，其数学定义为

$$\mathrm{SE}=\frac{S}{\sqrt{n}}$$

其中，S 为样本标准差，n 为样本容量。SE 的 R 函数可以定义为

```
my.SE = function(x){ return(sd(x)/sqrt(length(x)))}
```

5. 顺序统计量与极差

假设 $X_1, X_2, \cdots, X_n$ 是总体 X 的样本，对样本由小到大排序后得到 $(X_{(1)}, X_{(2)}, \cdots, X_{(n)})$，即 $X_{(1)} \leqslant X_{(2)} \leqslant \cdots \leqslant X_{(n)}$，则称 $X_{(i)}$ 为第 i 个顺序统计量，其中 $X_{(1)}$ 称为最小顺序统计量，$X_{(n)}$ 称为最大顺序统计量。在 R 语言中，使用 sort(x)函数可以直接得到样本 x 的顺序统计量，min(x)函数用于返回样本 x 中的最小顺序统计量，max(x)函数用于返回样本 x 中的最大顺序统计量。

样本极差也可以反映样本数据的分散程度，在数学上将样本极差定义为

$$R = x_{(n)} - x_{(1)}$$

用 range 函数或者 max 与 min 函数就可以定义样本极差的 R 函数。

```
my.Range <- function(x) {return(range(x)[2]-range(x)[1])}
```

6. 样本分位数与众数

假设 $X_1, X_2, \cdots, X_n$ 是总体 X 的样本，且 $0 < p < 1$，则称

$$x_p = \begin{cases} X_{(\lfloor np \rfloor + 1)}, & np\text{不是整数} \\ \dfrac{X_{(np)} + X_{(np+1)}}{2}, & np\text{是整数} \end{cases}$$

为样本的 p 分位数。在 R 语言中，用函数 quantile 计算向量 $\boldsymbol{x}$ 的 p 分位数。

```
quantile (x, probs, na.rm = F)
```

在 quantile 函数中，参数 x 是一个数值型向量，参数 probs 是介于 0 与 1 之间的概率值。注意，quantile 函数计算出来的分位数与上式定义的分位数并不完全相同，而是修正后的分位数。quantile 函数的算法：首先计算分位数的位置，然后确定该位置左右两个样本值，最后返回这两个样本值的加权平均值。

例如：

```
my.quantile<-function(x, p){ #用 quantile 函数的算法自定义函数
  if(p==0) return(min(x))
  x <- sort(x)
  y <- p*( length(x)-1)+1
  t <- floor(y)
  return(x[t]*(t+1-y)+x[t+1]*(y-t))
}
> set.seed(1)
> x = rnorm(100)
> quantile(x, 0.3)
     30%
-0.375342
> my.quantile(x, 0.3)
[1] -0.375342
```

当 $p = 0.5$ 时，$x_{0.5}$ 就是中位数，可用 R 函数 median(x)计算向量 x 的中位数。中位数也用于描述样本数据的集中趋势，并且不受样本极端数据的影响，因此在处理有极端数据点的样本数据时，常常用样本中位数代替样本均值来描述样本数据的集中趋势。$x_{0.25}$ 和 $x_{0.75}$ 分别表示下四分位数和上四分位数，四分位数常用于描述样本数据的集中程度。

众数是指在统计分布上具有明显集中趋势的数值，也是一组数据中出现频数最多的数值。注意，在一组样本中可能存在多个众数，例如，样本{2, 3, 2, 3, 6, 7, 3, 1, 2, 1}中的众数为 2 和 3。在连续分布的密度曲线中，众数就是密度曲线的极大值点。众数不受样本数据

的极端值影响，但可靠性较差。在分析非数值型样本数据的集中趋势时，由于无法使用样本均值或中位数，因此常用众数来描述非数值型数据的集中趋势。下面的示例代码中，自定义函数 my.mode 用于查找向量 x 中的众数。

```
my.mode<-function(x){  #自定义众数查找函数
  tab <- table(x)
  return(row.names(tab)[which.max(tab)])
}
> set.seed(1)
> x=floor(runif(100, 1, 10))
> my.mode(x)
[1] "4"
> my.mode(sample(c('a', 'b', 'c', 'd', 'e'), 100, replace = TRUE, prob =
  c(0.1, 0.2, 0.5, 0.1, 0.1)))
[1] "c"
```

7. *样本协方差与相关系数*

样本协方差是用来衡量两个样本之间相关性的统计量，即衡量一个样本偏离均值的程度对另一个样本偏离其均值产生的影响，它可以用于估计二维总体的协方差。假设 $\{(X_1,Y_1),(X_2,Y_2),\cdots,(X_n,Y_n)\}$ 是二维总体 (X,Y) 的样本，则称

$$S_{XY}=\frac{1}{n-1}\sum_{i=1}^{n}(X_i-\bar{X})(Y_i-\bar{Y})$$

为二维总体 (X,Y) 的样本协方差，或 X 和 Y 的样本协方差，简称协方差。自协方差 S_{XX} 就是随机样本 $X_1,X_2,\cdots,X_n$ 的样本方差。样本协方差的大小与数据统计时所使用的量纲相关，而相关系数

$$r=\frac{\sum_{i-1}^{n}(X_i-\bar{X})(Y_i-\bar{Y})}{\sqrt{\sum_{i=1}^{n}(X_i-\bar{X})^2\sum_{i=1}^{n}(Y_i-\bar{Y})^2}}$$

则可以消除量纲的影响。

【例 6.5】 自定义函数计算样本 x 和 y 的协方差。

```
> my.cov=function(x, y){ return(sum((x-mean(x))*(y-mean(y)))/(length(x)-1))}
> my.cov(iris$Petal.Length, iris$Petal.Width)
[1] 1.295609
```

用 R 函数 cov 和 cor 可计算样本协方差和相关系数，其调用格式如下。

```
cov(x, y = NULL, use = "everything", method = c("pearson", "kendall",
    "spearman"))
cor(x, y = NULL, use = "everything", method = c("pearson", "kendall",
    "spearman"))
```

cor 函数的用法与 cov 函数相同，且参数意义也相同，其中参数 x 是数值型向量、矩阵

或数据框。参数 y 是一个数值型向量、矩阵或数据框，且默认值为 NULL。参数 use 是一个可选参数，用于指明当参数 x 和 y 中出现缺失值时如何计算协方差和相关系数。参数 method 用于指明计算协方差和相关系数的方法，默认值为 pearson。

（1）当 x 为向量且 y=x 时，cov 函数返回 x 的方差。

```
> cov(iris$Sepal.Length, iris$Sepal.Length)
[1] 0.6856935
> var(iris$Sepal.Length)
[1] 0.6856935
```

（2）当 x 为矩阵或数据框且 y =NULL 时，cov 函数返回 x 的协方差矩阵。

```
> cov(iris[, c(1:4)])
             Sepal.Length Sepal.Width Petal.Length Petal.Width
Sepal.Length    0.6856935  -0.0424340    1.2743154   0.5162707
Sepal.Width    -0.0424340   0.1899794   -0.3296564  -0.1216394
Petal.Length    1.2743154  -0.3296564    3.1162779   1.2956094
Petal.Width     0.5162707  -0.1216394    1.2956094   0.5810063
```

（3）当 x 为矩阵或数据框且 y 为向量时，cov 函数返回 x 列变量与 y 之间的协方差；当 x 为向量且 y 为矩阵或数据框时，cov 函数返回 x 与 y 列变量之间的协方差。

```
> cov(iris[, c(1:3)], iris[[4]])
                   [, 1]
Sepal.Length  0.5162707
Sepal.Width  -0.1216394
Petal.Length  1.2956094
> cov(iris[[4]], iris[, c(1:3)])
     Sepal.Length   Sepal.Width  Petal.Length
[1, ]    0.5162707    -0.1216394     1.295609
```

（4）当 x 和 y 都为矩阵或数据框时，cov 函数返回 x 的各列变量分别与 y 的各列变量之间的协方差。

```
> cov(iris[, c(1:2)], iris[, c(3:4)])
             Petal.Length  Petal.Width
Sepal.Length    1.2743154   0.5162707
Sepal.Width    -0.3296564  -0.1216394
```

6.2.3 常用统计量分布

卡方分布、t 分布和 F 分布是统计学中的三大重要分布，它们在正态总体的假设检验与统计推断中起着重要作用。

1. 卡方分布

假设 $X_1, X_2, \cdots, X_n$ 为独立同分布的随机变量，且服从标准正态分布，则称随机变量

$$Y = X_1^2 + X_2^2 + \cdots + X_n^2 = \sum_{i=1}^{n} X_i^2$$

所服从的分布为自由度是 n 的卡方分布，记作 $Y \sim \chi^2(n)$ 。卡方分布的密度函数比较复杂，密度函数的具体表达可以自行查阅相关资料。图 6.7 是卡方分布的密度曲线。

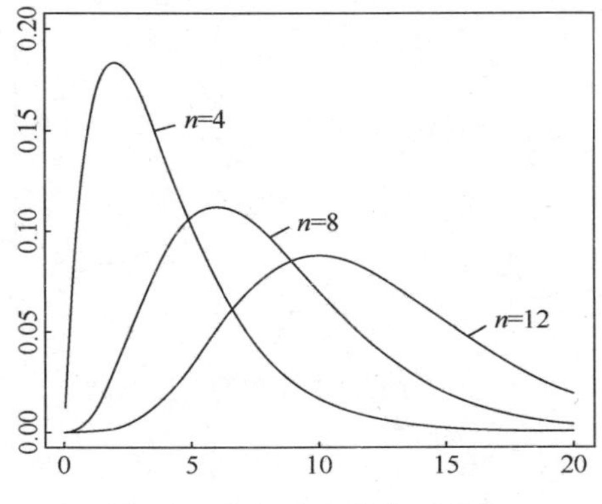

图 6.7　卡方分布的密度曲线

2. *t* 分布

假设随机变量 $X \sim N(0,1)$ ，$Y \sim \chi^2(n)$ ，且 X 和 Y 相互独立，则称随机变量

$$T = \frac{X}{\sqrt{Y/n}}$$

所服从的分布为自由度是 n 的 t 分布，记作 $T \sim t(n)$ 。t 分布的密度函数是偶函数，即图形关于 y 轴对称，如图 6.8 所示。

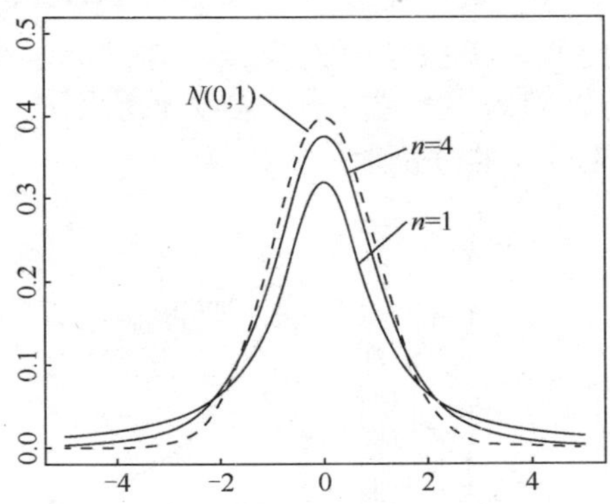

图 6.8　$t(n)$ 分布的密度曲线，虚线为标准正态密度曲线

3. *F* 分布

假设随机变量 $X \sim \chi^2(m)$ ，$Y \sim \chi^2(n)$ ，且 X 与 Y 相互独立，则称随机变量

$$F = \frac{X/m}{Y/n}$$

所服从的分布为自由度是 m 和 n 的 F 分布，记作 $F \sim F(m,n)$ 。$F(m,n)$ 分布的密度曲线如图 6.9 所示。

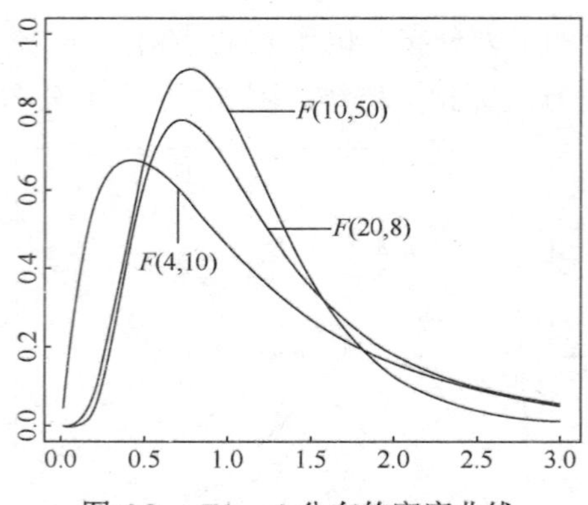

图 6.9　$F(m,n)$ 分布的密度曲线

6.2.4　概率分布的分位数

在统计分析与统计推断中，经常用到概率分布的分位数。假设随机变量 X 的分布函数为 $F(x)$ 且密度函数为 $f(x)$，对于任意给定的实数 α ($0<\alpha<1$)，如果存在 x_α 满足

$$F(x_\alpha)=P(X\leqslant x_\alpha)=\int_{-\infty}^{x_\alpha}f(x)\mathrm{d}x=\alpha$$

则称 x_α 为概率分布 $F(x)$ 的 α 分位数，也称下侧分位数。若 $x_{\alpha/2}$ 和 $x_{1-\alpha/2}$ 满足 $P(X\leqslant x_{\alpha/2})=\alpha/2$ 且 $P(X\geqslant x_{1-\alpha/2})=\alpha/2$，或 $P(x_{\alpha/2}<X<x_{1-\alpha/2})=1-\alpha$，则称 $x_{\alpha/2}$ 和 $x_{1-\alpha/2}$ 为 $F(x)$ 关于 α 的双侧分位数。对于离散型随机变量来说，对应于 α 的分位数 x_α 并不唯一。例如，随机变量 X 的取值是自然数，且 $x_{0.1}=3$ 是关于 $\alpha=0.1$ 的分位数，那么 $x_{0.1}=3.5$ 也是关于 $\alpha=0.1$ 的分位数。因此，离散型随机变量的分位数定义要复杂一些①。如图 6.10 所示，当 $x\leqslant x_\alpha$ 时，密度函数 $f(x)$、垂线 $x=x_\alpha$ 与 x 轴所围成的面积等于 α，由于阴影部分面积为 α，所以 x_α 为对应于 α 的分位数。

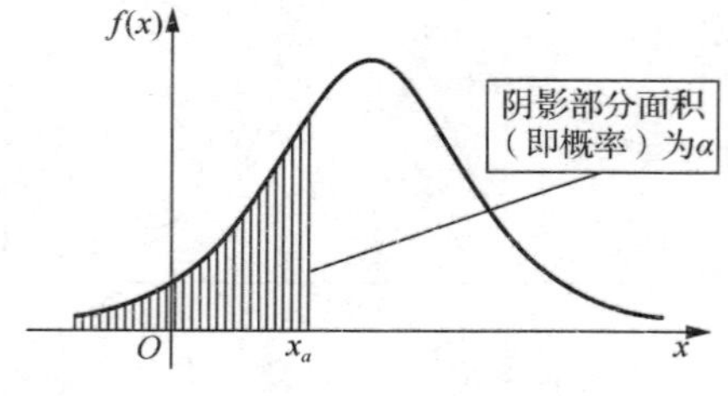

图 6.10　分位数的几何意义

在假设检验和统计推断中，常常需要用到标准正态分布、卡方分布、t 分布和 F 分布的下侧分位数和双侧分位数，下面讨论这 4 个分布对应于 α ($0<\alpha<0.5$)的分位数。

1．标准正态分布的分位数

标准正态分布 $N(0,1)$ 关于 α 的下侧分位数记为 u_α，双侧分位数分别记为 $u_{\alpha/2}$ 和 $u_{1-\alpha/2}$。

---

① 离散型随机变量 X 关于 $\alpha(0<\alpha<0.5)$ 的分位数定义为 $\sup\{x_\alpha: P(X\leqslant x_\alpha)\leqslant\alpha\}$。

因为标准正态分布关于y轴对称，所以$u_{1-\alpha/2}=-u_{\alpha/2}$，其几何意义如图6.11所示。使用qnorm函数可以返回正态分布的分位数，当参数lower.tail = TRUE（默认值）时，qnorm返回下侧分位数；当lower.tail = FALSE时，qnorm返回上侧分位数，即qnorm(α, lower.tail = FALSE) = qnorm($1-\alpha$, lower.tail = TRUE)。

```
> qnorm(0.05) #对应于0.05的分位数
[1] -1.644854
> c(qnorm(0.05), qnorm(0.05, lower.tail = FALSE)) #对应0.1的双侧分位数
[1] -1.644854  1.644854
```

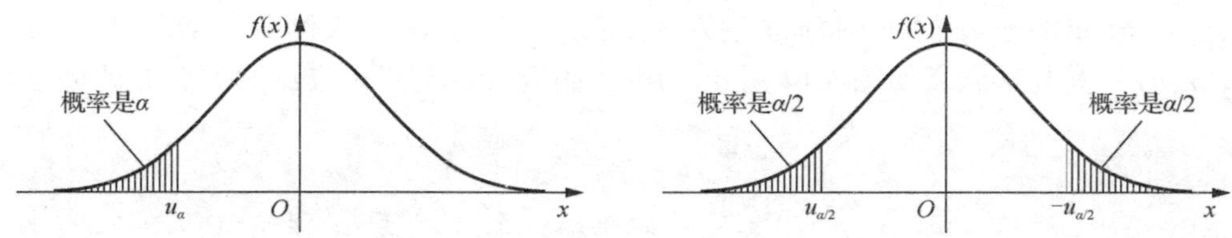

图6.11　标准正态分布的分位数

2. 卡方分布的分位数

卡方分布关于α的下侧分位数记为$\chi_{\alpha}^{2}(n)$，关于α的双侧分位数记为$\chi_{\alpha/2}^{2}(n)$和$\chi_{1-\alpha/2}^{2}(n)$，其几何意义如图6.12所示。用qchisq函数可返回对应α的分位数，且有qchisp(α, n, lower.tail = FALSE) = qchisp($1-\alpha$, n, lower.tail = TRUE)。

```
> qchisq(0.05, 4) #对应0.05的下侧分位数
[1] 0.710723
> qchisq(0.05, 4, lower.tail = FALSE) #上侧分位数，等于qchisq(0.95, 4)
[1] 9.487729
```

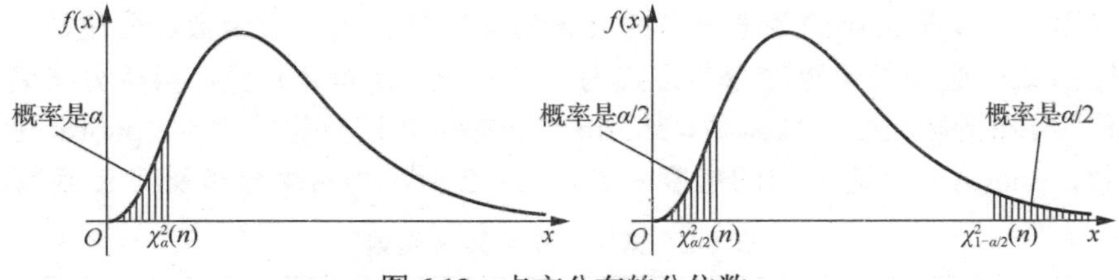

图6.12　卡方分布的分位数

3. t分布的分位数

假设t分布关于α的下侧分位数是$t_{\alpha}(n)$，关于α的双侧分位数是$t_{\alpha/2}(n)$和$t_{1-\alpha/2}(n)$。由于t分布的密度函数是偶函数，因此$t_{1-\alpha/2}(n)=-t_{\alpha/2}(n)$，其几何意义如图6.13所示。用函数qt可以返回对应α的t分布的分位数。

```
> qt(0.01, 8) #下侧分位数
[1] -2.896459
> qt(0.01, 8, lower.tail = FALSE) #上侧分位数，等于qt(0.99, 8)
[1] 2.896459
```

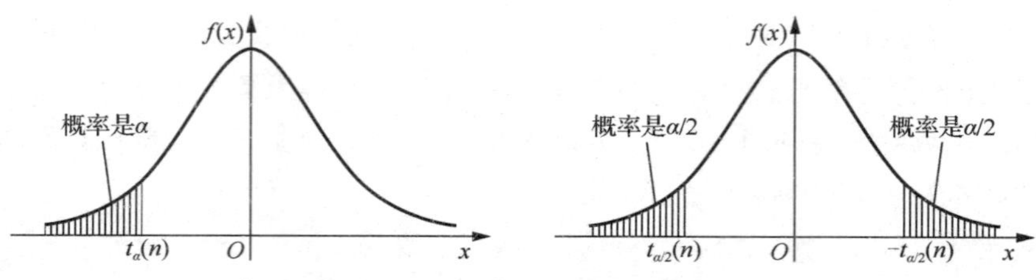

图 6.13　*t* 分布的分位数

4. *F* 分布的分位数

记 *F* 分布关于 α 的下侧分位数为 $F_\alpha(m,n)$，关于 α 的双侧分位数为 $F_{\alpha/2}(m,n)$ 和 $F_{1-\alpha/2}(m,n)$，其几何意义如图 6.14 所示。用 qf 函数可以返回对应 α 的 *F* 分布的分位数。

```
> qf(0.01, 10, 50)  #下侧分位数
[1] 0.2429867
> qf(0.01, 10, 50, lower.tail = FALSE) #上侧分位数，等于 qf(0.99, 10, 50)
[1] 2.698139
```

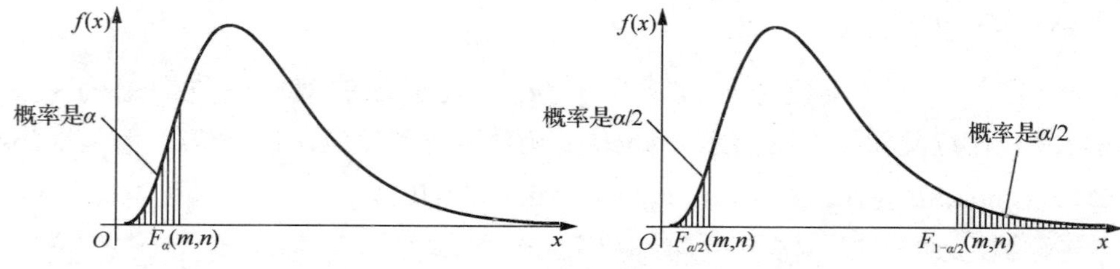

图 6.14　*F* 分布的分位数

6.2.5　概率分布的 R 函数

R 语言提供了 4 类常用的关于分布的 R 函数，即随机数生成函数、分位数函数、分布函数和密度函数。这 4 类函数的命名方式为：以 r、q、p 和 d 开头，再接分布名。例如，rnorm 是正态分布的随机数生成函数，qnorm 是正态分布的分位数函数，pnorm 是正态分布的概率函数，dnorm 是正态分布的密度函数。表 6.2 所示为常用分布及其 R 函数。

表 6.2　常用分布及其 R 函数

分布	分布类型	R 函数常用形式
指数分布	连续型	dexp(x, rate = 1)，pexp(q, rate = 1) qexp(p, rate = 1)，rexp(n, rate = 1)
正态分布	连续型	dnorm(x, mean, sd)，pnorm(q, mean, sd) qnorm(p, mean, sd)，rnorm(n, mean, sd)
t 分布	连续型	dt(x, df)，pt(q, df)，qt(p, df)，rt(n, df)
卡方分布	连续型	dchisq(x, df)，pchisq(q, df) qchisq(p, df)，rchisq(n, df)
F 分布	连续型	df(x, df1, df2)，pf(q, df1, df2) qf(p, df1, df2)，rf(n, df1, df2)
二项分布	离散型	dbinom(x, size, prob)，pbinom(q, size, prob) qbinom(p, size, prob)，rbinom(n, size, prob)

续表

分布	分布类型	R 函数常用形式
超几何分布	离散型	dhyper(x, m, n, k)，phyper(q, m, n, k) qhyper(p, m, n, k)，rhyper(nn, m, n, k)
符号秩分布	离散型	dsignrank(x, n)，psignrank(q, n) qsignrank(p, n,)，rsignrank(nn, n)
Wilcoxon 分布	离散型	dwilcox(x, m, n)，pwilcox(q, m, n) qwilcox(p, m, n)，rwilcox(nn, m, n)
泊松分布	离散型	dpois(x, lambda)，ppois(q, lambda) qpois(p, lambda)，rpois(n, lambda)

【例 6.6】 模拟均值为 5、标准差为 2 的正态分布的直方图与密度曲线。先生成 200000 个服从均值为 5、标准差为 2 的随机数序列，然后绘制直方图与密度曲线。

```
> set.seed(1)
> x = rnorm(200000,mean = 4, sd = 2)
> y = hist(x, breaks = 30, axes = FALSE, freq = F, xlab = '', ylab = '',
  main = '')
> par(new = TRUE)
> plot(y$density, type = 'l', cex.axis = 1.5, xlab = '', ylab = '',lwd = 3)
```

示例程序运行结果如图 6.15 所示。

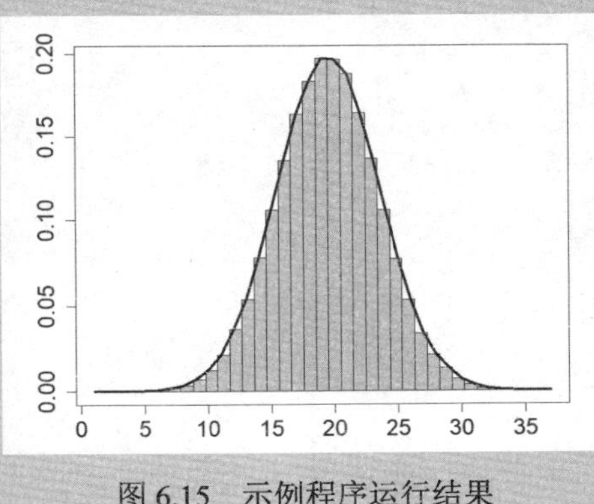

图 6.15　示例程序运行结果

【例 6.7】 用蒙特卡罗法模拟计算 π 的近似值。

蒙特卡罗法也称统计模拟法、统计试验法。蒙特卡罗法的基本思想是，为了求解某问题，首先建立一个概率模型或随机过程，使其参数或数字特征等于问题的解；然后通过对模型的观察或抽样试验来计算这些参数或数字特征；最后给出所求解的近似值。本例假设二维随机变量（X, Y）在区域[0, 1]×[0, 1]上服从均匀分布，即联合概率密度

$$f(x,y)=\begin{cases}1, & 0<x<1, 0<y<1\\ 0, & 其他\end{cases}$$

如图 6.16 所示，阴影部分是四分之一单位圆，面积 $S'=\pi/4$，边长为 1 的正方形面积 $S=1$，因此 $P(X^2+Y^2\leqslant 1)=S'/S=\pi/4$。如果用均匀分布产生 n 对随机点 (x_i, y_i)，并假设落在阴影部分的点的数目为 k，那么落在阴影部分的点的比率为 $k/n\approx\pi/4$，即 $\pi\approx 4k/n$。下面定义函数 my.Compute.PI 用于计算 π 的近似值，输入参数为 n。

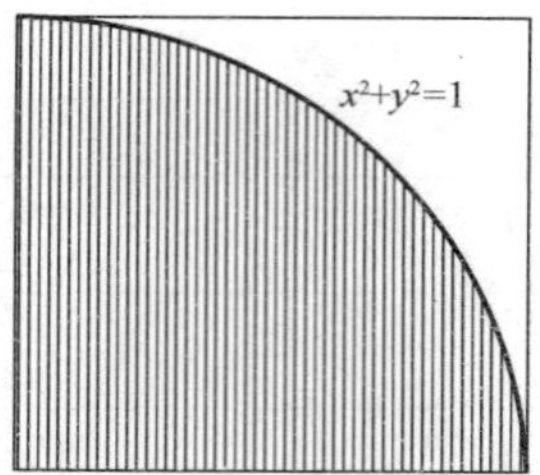

图 6.16　蒙特卡罗法示意图

```
my.Compute.PI <- function(n){
  X = runif(n); Y = runif(n)
  k = sum(X^2 + Y^2 <= 1)
  return(4*k/n)
}
> my.Compute.PI(1000000)
[1] 3.143708
```

【例 6.8】 绘制自由度为 10 的 t 分布的密度曲线。

```
x = seq(from = -3, to = 3, by = 0.01)
y = dt(x, df = 10)
plot(x, y, xlab='', ylab='', axes=F, type='l', lwd=2, ylim=c(-0.1,0.45),
   xlim = c(-3.5,3.5))
arrows(0, -0.1, 0, 0.45, lwd = 2, length = 0.1)
arrows(-3.5, 0, 3.5, 0, lwd = 2, length = 0.1)
text(-0.4, 0.43, labels = 'f(x)', cex = 1.5)
text(3.3, -0.02, labels = 'x', cex = 1.5)
```

示例程序运行结果如图 6.17 所示。

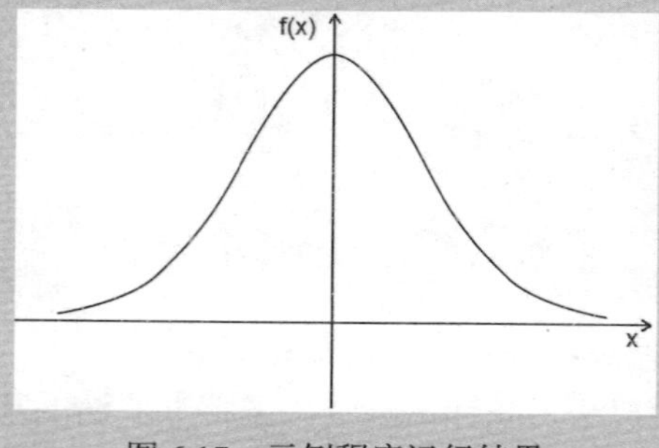

图 6.17　示例程序运行结果

【例 6.9】 绘制标准正态分布的分布函数的几何图形。

```
q = seq(from = -3, to = 3, by = 0.01)
p = pnorm(x)
plot(q, p, xlab = '', ylab = '', axes = FALSE, type = 'l', lwd = 2, ylim
   = c(-0.1,1.1), xlim = c(-3.5,3.5))
arrows(0, -0.1, 0, 1.1, lwd = 2, length = 0.1)
arrows(-3.5, 0, 3.5, 0, lwd = 2, length = 0.1)
text(-0.4, 1.0, labels = 'F(x)', cex = 1.5)
text(3.3, -0.05, labels = 'x', cex = 1.5)
```

示例程序运行结果如图 6.18 所示。

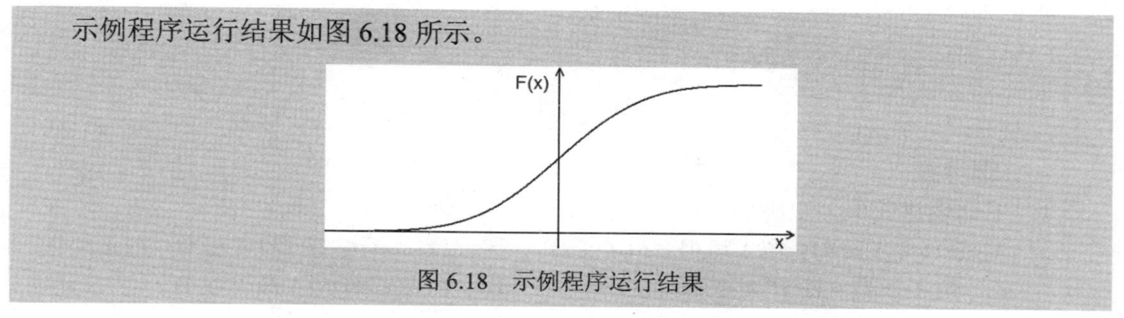

图 6.18　示例程序运行结果

小　结

本章回顾了概率论与数理统计的相关知识，需要重点掌握的 R 函数包括 sum、mean、var、sd、sample、sort、quantile、median、cov、cor、rbinom、dbinom、qbinom、pbinom、rnorm、dnorm、qnorm、pnorm、rt、dt、qt、pt、rchisq、dchisq、dchisq、pchisq、rf、df、qf、pf 等。本章知识结构如图 6.19 所示。

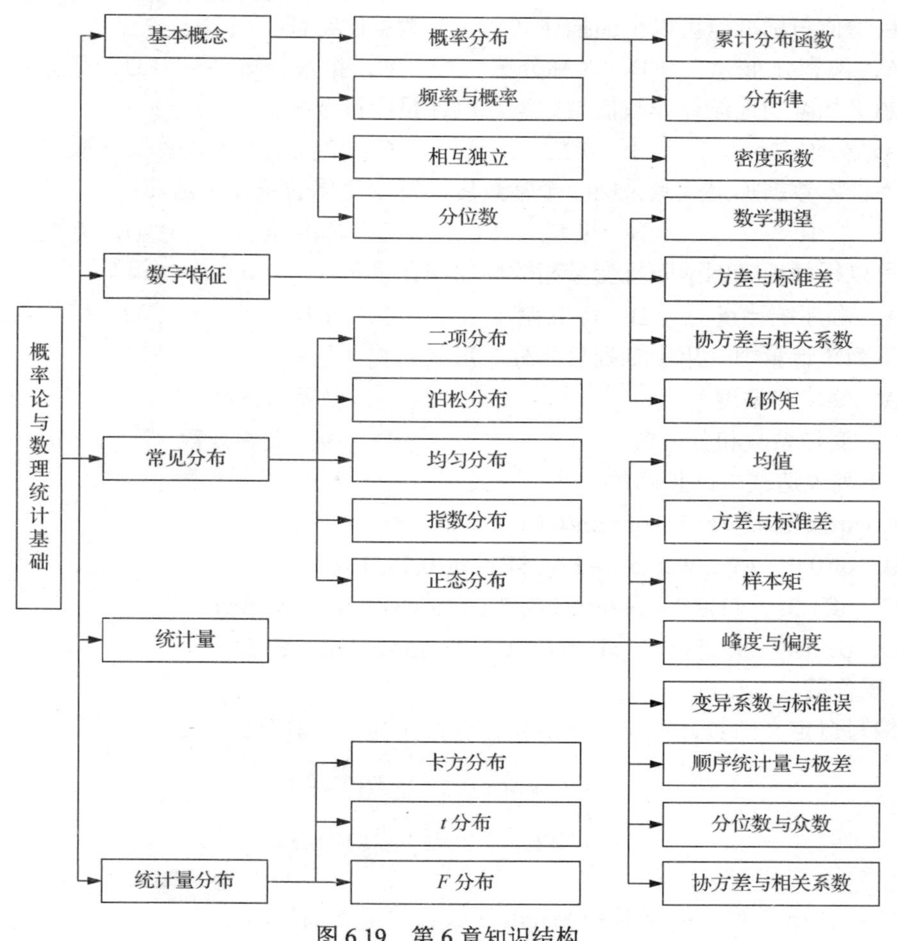

图 6.19　第 6 章知识结构

习题6

一、选择题

1. 下列表达式中，正确的是（   ）。

   A. $P(1\leqslant X\leqslant 4)=P(X\leqslant 4)-P(X\leqslant 1)$ B. $P(1<X\leqslant 4)=P(X\leqslant 4)-P(X\leqslant 1)$

   C. $P(X\geqslant 4)=1-P(X\leqslant 4)$ D. $P(X\leqslant 4)=1-P(X\geqslant 4)$

2. 对于常数 c 来说，下列选项中正确的是（   ）。

   A. $E(c)=0$ B. $E(c)=c$ C. $D(c)=c$ D. $D(c)=c^2$

3. 如果样本数据存在异常值，那么下列统计量中可以很好地反映样本真实值的选项是（   ）。

   A. 中位数 B. 均值 C. 方差 D. 标准差

4. 如果想研究样本数据的离散程度，研究指标最好选择（   ）。

   A. k 阶矩 B. 均值 C. 变异系数 D. 众数

5. 用均值与标准差可以全面描述（   ）数据的特征。

   A. 偏态分布 B. 对称分布 C. 指数分布 D. 正态分布

6. 想更加客观地统计非数值型数据，统计量应该选择（   ）。

   A. 分位数 B. 众数 C. 中位数 D. 极差

7. 当样本数据加上或减去同一个常数后，发生变化的统计量是（   ）。

   A. 均值 B. 极差 C. 标准差 D. 方差

8. 可以很好地刻画两随机变量相关性的统计量是（   ）。

   A. 顺序统计量 B. 标准差 C. 方差 D. 相关系数

9. 下列统计量中，用于刻画总体分布形状的统计量是（   ）。

   A. 峰度和偏度 B. 极差和标准差

   C. 变异系数和分位数 D. 中位数和众数

10. 下列表达式中，正确的是（   ）。

   A. qnorm(0.99)= 1 – qnorm(0.01)

   B. qt(0.01, 13, lower.tail = FALSE)= qt(0.99, 13)

   C. pf(1.3, 7, 11)= 1 – pnorm(1.3, 7, 11, lower.tail = FALSE)

   D. pchisq(1.3, 23)= – pnorm(– 1.3, 23, lower.tail = FALSE)

二、操作题

1. 编写自定义函数计算向量 $\boldsymbol{x}$ 的 p 分位数，其中计算公式如下。

$$x_p=\begin{cases}X_{(\lfloor np\rfloor+1)}, & np\text{不是整数}\\ \dfrac{X_{(np)}+X_{(np+1)}}{2}, & np\text{是整数}\end{cases}$$

2. 使用 R 语言的 sum 函数和 length 函数计算样本向量的方差。

3．编写自定义函数计算统计量$(n-1)\ S^2/\sigma^2$的值，其中σ^2为已知数，S^2为样本数据的样本方差，n为样本容量。

4．编写自定义函数计算统计量$\dfrac{(\bar{X}-\bar{Y})-(\mu_1-\mu_2)}{S_w\sqrt{1/m+1/n}}$的值，其中$\bar{X}$和$\bar{Y}$为样本数据$x$和$y$的均值，$m$和$n$为样本数据$x$和$y$的容量。已知数$\mu_1$和$\mu_2$分别是两个总体的数学期望，$S_w^2=\dfrac{(m-1)S_1^2+(n-1)S_2^2}{m+n-2}$。

5．编写自定义函数计算统计量$\dfrac{(\bar{X}-\bar{Y})-(\mu_1-\mu_2)}{S_z/\sqrt{n}}$的值，其中$\bar{X}$和$\bar{Y}$为样本数据$x$和$y$的均值，$n$为样本数据的容量（样本$x$和$y$的长度相等）。已知数$\mu_1$和$\mu_2$分别是两个总体的数学期望，$S_z^2=\dfrac{1}{n-1}\sum_{i=1}^{n}\left[(X_i-Y_i)-(\bar{X}-\bar{Y})\right]^2$。

6．编写自定义函数计算统计量$\dfrac{\bar{X}-\bar{Y}-(\mu_1-\mu_2)}{\sqrt{S_1^2/m+S_2^2/n}}$的值，输入为样本$x$和样本$y$，以及总体均值mu1（即$\mu_1$）和mu2（即$\mu_2$）。

7．已知随机变量X的分布函数$F(x)=\begin{cases}0, & x<0\\ 1-\mathrm{e}^{-0.4x}, & x\geqslant 0\end{cases}$，请编写自定义函数计算概率$P(X\leqslant x)$的值，该自定义函数的输入为$x$。

8．自定义R函数用于绘制正态分布$N(\mu,\sigma^2)$的密度曲线，输入参数为mu（对应μ的值）和sigma（对应σ的值），图形在x轴上的范围为$[\mu-5\sigma,\mu+5\sigma]$。

9．某医院研究儿童体重与心脏横径的关系，测得13名8岁男童的体重（kg）和心脏横径（cm）数据如下：体重（25.2, 19.5, 24.0, 20.5, 25.0, 22.0, 21.5, 23.5, 26.5, 23.5, 22.0, 20.0, 28.0）和心脏横径（9.2, 7.8, 9.4, 8.6, 9.0, 8.8, 9.0, 9.4, 9.7, 8.8, 8.5, 8.2, 9.9）。请研究心脏横径与体重之间的相关性。

10．计算下面3组同龄男孩的身高（cm）均值、极差和标准差。甲组：90, 95, 100, 105, 110。乙组：96, 98, 100, 102, 104。丙组：96, 99, 100, 101, 104。

第7章 参数估计

【内容提要】

如何根据总体样本所提供的信息对总体分布、总体参数或其数字特征等进行统计推断，是数理统计及其应用研究的一个基本问题。由样本数据估计未知分布的参数或数字特征的推断问题称为参数估计。本章将介绍点估计和区间估计的相关概念、基本原理及计算方法，特别是正态分布、指数分布与 0-1 分布总体参数的置信区间的计算方法。

【学习目标】

（1）理解矩估计法和极大似然估计法的基本原理与计算过程。

（2）了解常见分布的估计量公式。

（3）掌握区间估计的基本原理与计算过程。

（4）掌握正态总体参数的置信区间计算及其 R 语言实现方法。

（5）掌握指数分布参数与 0-1 分布参数的置信区间的计算。

7.1 点估计

如果总体分布形式已知，但有一个或多个参数未知，那么用样本来估计总体未知参数的问题称为参数的点估计。假设总体 X 的分布函数 $F(x;\theta)$ 的形式已知，但参数 θ 未知，则称参数 θ 为总体参数，其中 θ 可能是多个未知参数构成的向量。设 $X_1, X_2, \cdots, X_n$ 是总体 X 的样本，$x_1, x_2, \cdots, x_n$ 是样本值，如果用统计量 $\hat{\theta}=\hat{\theta}(X_1, X_2, \cdots, X_n)$ 来估计参数 θ，则称 $\hat{\theta}$ 为参数 θ 的估计量或点估计量，称 $\hat{\theta}(x_1, x_2, \cdots, x_n)$ 为参数 θ 的估计值，有时将 $\hat{\theta}(X_1, X_2, \cdots, X_n)$ 和 $\hat{\theta}(x_1, x_2, \cdots, x_n)$ 都称为参数 θ 的估计。常见的点估计法有矩估计法和极大似然估计法。

7.1.1 矩估计法

矩估计法的基本思想是用样本矩代替总体矩。由于总体矩是关于未知参数 θ 的函数，而样本矩是已知数，令总体矩等于样本矩后，就可以得到关于未知参数 θ 的方程或方程组，然后解方程就可以求出参数θ的估计值。假设总体X的分布函数为$F(x;\theta)$，$\theta=(\theta_1,\theta_2,\cdots,\theta_k)$是含$k$个未知数的总体参数。矩法估计的具体步骤如下。

（1）计算总体X的r阶原点矩$E(X^r)=\int_{-\infty}^{+\infty}x^r f(x)\mathrm{d}x$，若$E(X^r)$不是$\theta$的函数，则计算下一阶原点矩。这里假设$E(X^r)$都是未知参数$\theta$的函数，即

$$E(X^r)=g_r(\theta_1,\theta_2,\cdots,\theta_k)$$

（2）用样本的r阶原点矩替换总体的r阶原点矩，则有

$$\begin{cases}g_1(\theta_1,\theta_2,\cdots,\theta_k)=\sum_{i=1}^{n}X_i/n\\ g_2(\theta_1,\theta_2,\cdots,\theta_k)=\sum_{i=1}^{n}X_i^2/n\\ \qquad\vdots\\ g_k(\theta_1,\theta_2,\cdots,\theta_k)=\sum_{i=1}^{n}X_i^k/n\end{cases}$$

（3）解方程组若得到

$$\theta_r=h_r(X_1,X_2,\cdots,X_n)，\quad r=1,2,\cdots,k$$

则称$h_r(X_1,X_2,\cdots,X_n)$为θ_r的矩估计量，记为$\hat{\theta}_r$，$h_r(x_1,x_2,\cdots,x_n)$则称为θ_r的矩估计值。

【例 7.1】 假设总体$X\sim F(x;\theta)$，其中$\theta=(\mu,\sigma^2)$是未知参数，且$E(X)=\mu$，$D(X)=\sigma^2$，求参数θ的矩估计量。自定义函数完成正态分布参数μ和σ^2矩估计值的计算，其中输入为样本值x。

用一阶原点矩和二阶原点矩近似总体一阶原点矩和二阶原点矩，可得

$$\begin{cases}E(X)=\mu=\sum_{i=1}^{n}X_i/n=\bar{X}\\ E(X^2)=\sigma^2+\mu^2=\sum_{i=1}^{n}X_i^2/n\end{cases}$$

解方程组得$\mu=\bar{X}$，$\sigma^2=\frac{1}{n}\sum_{i=1}^{n}X_i^2-\bar{X}^2$。由于$\frac{n-1}{n}S^2=\frac{1}{n}\sum_{i=1}^{2}X_i^2-\bar{X}^2$，因此参数$\theta$的矩估计量为$\hat{\mu}=\bar{X}$，$\hat{\sigma}^2=(n-1)S^2/n$。下面的脚本是正态分布的矩估计值的自定义函数。

```
my.estimate.norm.parameter <- function(x){
  mx = mean(x)
  sigma2 = (length(x)-1)*var(x)/length(x)
  return(list(mu = mx,  var = sigma2))
}
> set.seed(1)
> x = rnorm(1000,  mean = 2.5,  sd = 0.8)
> my.estimate.norm.parameter(x) #均值的真实值为2.5，方差的真实值为0.64
$mu
```

```
[1] 2.490681
$var
[1] 0.684787
```

求参数的矩估计量需要计算总体 X 的 r 阶原点矩，这需要用到微积分学中的积分运算，对于一些表达式复杂的分布来说，求它们的矩估计量一般比较困难。但对于常见分布来说，它们的矩估计量可以用样本显式地表示出来。设 $\bar{X}$ 和 S 为样本均值和标准差，下面是几种常见分布的矩估计量。

（1）若 $X \sim B(m, p)$，则参数 p 的矩估计量 $\hat{p} = \bar{X} / m$。

（2）若 $X \sim P(\lambda)$，则参数 λ 的矩估计量 $\hat{\lambda} = \bar{X}$。

（3）若 $X \sim U(a,b)$，则参数 a 和 b 的矩估计量 $\hat{a} = \bar{X} - S\sqrt{3(n-1)/n}$，$\hat{b} = \bar{X} + S\sqrt{3(n-1)/n}$。

（4）若 $X \sim E(\lambda)$，则参数 λ 的矩估计量 $\hat{\lambda} = 1/\bar{X}$。

（5）若 $X \sim N(\mu, \sigma^2)$，则参数 μ 和 σ^2 的矩估计量 $\hat{\mu} = \bar{X}$，$\hat{\sigma}^2 = (n-1)S^2 / n$。

【例 7.2】 自定义函数计算总体 $X \sim U(a,b)$ 关于参数 a 和 b 的矩估计值，其中输入参数为样本 x。

```
my.estimate.unif.parameter <- function(x){
  n = length(x)
  mu = mean(x)
  tmp = sqrt(3*(n-1)/n)*sd(x)
  return(c(mu - tmp, mu + tmp))
}
> set.seed(1)
> x = runif(10000, min = -1, max = 3.6)
> my.estimate.unif.parameter(x) #真实值为-1 和 3.6
[1] -1.017991  3.619536
```

7.1.2 极大似然估计法

极大似然估计法是一种非常重要的点估计方法，在机器学习与人工智能中都有着广泛的应用①。下面先用一个例子解释极大似然估计法的基本思想，然后详细介绍极大似然估计法的具体计算步骤。

【例 7.3】 设箱子里装有黑白两种颜色的球，其中一种颜色的球有 99 个，另一种颜色的球只有 1 个，但不知道哪种颜色的球只有 1 个。随机地从这个箱子里有放回地取出 2 个球，结果取得的都是白球，问这个箱子中哪种颜色的球只有 1 个？

假设箱子中白球的比例为 p，那么 p 的取值只有两种可能，即 $p = 0.01$ 或 $p = 0.99$。不管哪种可能，从箱子里有放回地取 2 个球“都是白球”这个事件都有可能发生，且发生的

① 李航. 统计学习方法[M]. 北京：清华大学出版社, 2012.

概率为 p^2，但只有 $p^2=0.01^2$ 或 $p^2=0.99^2$ 两种可能。现在抽样结果都是白球，即抽取到白球的可能性最大，那么可推断 $\hat{p}$=0.99，因而推断黑球只有 1 个。

由例 7.3 可知，极大似然估计法的基本原理是极大似然估计值应满足当样本值出现时概率达到最大。假设总体 X 的分布形式 $f(x;\theta)$ 已知，其中 $f(x;\theta)$ 为分布律或密度函数，$\theta=(\theta_1,\theta_2,\cdots,\theta_k)$ 是未知参数。根据极大似然估计法的基本原理可知，若 x_i 是某样本观测值，则分布 $f(x_i;\theta)$ 应取得最大值，因此只需求出 $f(x_i;\theta)$ 关于未知参数 θ 的极大值点 $\hat{\theta}$，从而可推断出 $\hat{\theta}$ 为参数 θ 的估计量。对于样本观测值 $x_1,x_2,\cdots,x_n$，构造参数 θ 的函数

$$L(\theta)=\prod_{i=1}^{n}P(X_i=x_i;\theta)$$

或

$$L(\theta)=\prod_{i=1}^{n}f(x_i;\theta)$$

由上面的分析可知，参数 θ 的估计值为上式的最大值点 $\hat{\theta}$，在统计学上，称 $\hat{\theta}$ 为 θ 的极大似然估计量，称上式为似然函数。由于函数 $L(\theta)$ 是多个函数乘积的形式，而 $\ln L(\theta)$ 是多个函数和的形式，求 $\ln L(\theta)$ 的极值点要容易得多，因此在极大似然估计法中一般使用对数似然函数 $\ln L(\theta)$。极大似然估计法的计算步骤可归纳如下。

（1）根据总体 X 的分布 $f(x;\theta)$，可得对数似然函数 $\ln L(\theta)=\sum_{i=1}^{n}\ln f(x_i;\theta)$。

（2）求对数似然函数的偏导数，并令偏导数等于 0，即 $\frac{\partial \ln L(\theta)}{\partial \theta}=0$，其中符号 ∂ 是偏导运算符。

（3）解方程组 $\frac{\partial \ln L(\theta)}{\partial \theta}=0$，可得极大似然估计量 $\hat{\theta}$。

极大似然估计法需要计算偏导数，推导过程较为复杂，幸运的是，常见分布的极大似然估计量可以用样本 $X_1,X_2,\cdots,X_n$ 显示地表达出来。

（1）若 $X\sim B(m,p)$，则 $\hat{p}=\overline{X}/m$。

（2）若 $X\sim P(\lambda)$，则 $\hat{\lambda}=\overline{X}$。

（3）若 $X\sim U(0,\theta)$，则 $\hat{\theta}=X_{(n)}$。

（4）若 $X\sim E(\lambda)$，则 $\hat{\lambda}=1/\overline{X}$。

（5）若 $X\sim N(\mu,\sigma^2)$，则 $\hat{\mu}=\overline{X}$，$\hat{\sigma}^2=(n-1)S^2/n$。

【例 7.4】 自定义函数计算 $X\sim B(m,p)$ 的极大似然估计值，其中函数的输入为样本向量 $\boldsymbol{x}$ 和总试验次数 m。

```
my.estimate.likelihood = function(x, m){ return(mean(x)/m) }
> set.seed(1)
```

```
> x = rbinom(2000, 10000, prob = 0.37)
> my.estimate.likelihood(x, 10000) #真实值为0.37
[1] 0.3698673
```

7.2 区间估计

7.2.1 区间估计的基本概念

点估计可以通过样本观测值得到参数θ的估计值$\hat{\theta}$，但$\hat{\theta}$只是参数θ的近似值，它没有反映出这个近似值的误差范围和可信度，即没有给出$\hat{\theta}$偏离θ有多远、估计值落在某区间的可信度有多大，区间估计弥补了点估计的这个缺点。区间估计法可以为参数θ找到两个估计量$\hat{\theta}_1$和$\hat{\theta}_2$（其中$\hat{\theta}_1<\hat{\theta}_2$），使得参数$\theta$以一定可信度落在区间（$\hat{\theta}_1,\hat{\theta}_2$）内。

1. 相关术语

假设总体$X\sim f(x;\theta)$，θ是未知参数，$X_1,X_2,\cdots,X_n$是从总体X中抽取的样本，对于给定的$\alpha(0<\alpha<1)$，若统计量$\hat{\theta}_1$和$\hat{\theta}_2$满足

$$P(\hat{\theta}_1\leqslant\theta\leqslant\hat{\theta}_2)=1-\alpha \tag{7.1}$$

则称随机区间$[\hat{\theta}_1,\hat{\theta}_2]$为参数$\theta$的置信度为$1-\alpha$的双侧置信区间，简称参数$\theta$的置信区间。其中，$\hat{\theta}_1$和$\hat{\theta}_2$分别称为置信下限和置信上限，$1-\alpha$称为置信度或置信水平，$\alpha$称为显著水平。若统计量$\hat{\theta}_1$满足$P(\hat{\theta}_1\leqslant\theta)=1-\alpha$，则称随机区间$[\hat{\theta}_1,+\infty)$为参数$\theta$的置信度为$1-\alpha$的下限置信区间，称$\hat{\theta}_1$为参数$\theta$的置信度为$1-\alpha$的单侧置信下限。若统计量$\hat{\theta}_2$满足$P(\theta\leqslant\hat{\theta}_2)=1-\alpha$，则称$(-\infty,\hat{\theta}_2]$为参数$\theta$的置信度为$1-\alpha$的上限置信区间，称$\hat{\theta}_2$为参数$\theta$的置信度为$1-\alpha$的单侧置信上限。$[\hat{\theta}_1,+\infty)$和$(-\infty,\hat{\theta}_2]$统称为参数$\theta$的单侧置信区间。

2. 计算过程

假设θ服从某连续分布，α是给定的显著水平，则由图7.1（a）可知，当$\hat{\theta}_1$和$\hat{\theta}_2$满足

$$P(\theta\leqslant\hat{\theta}_1)=\frac{\alpha}{2}，\quad P(\theta\geqslant\hat{\theta}_2)=\frac{\alpha}{2} \tag{7.2}$$

时，式（7.1）成立，因此$[\hat{\theta}_1,\hat{\theta}_2]$为参数$\theta$的置信区间。同样由图7.1（b）和（c）可知，单侧置信下限$\hat{\theta}_1$和单侧置信上限$\hat{\theta}_2$可由

$$P(\theta\leqslant\hat{\theta}_1)=\alpha，\quad P(\theta\geqslant\hat{\theta}_2)=\alpha \tag{7.3}$$

计算得到。

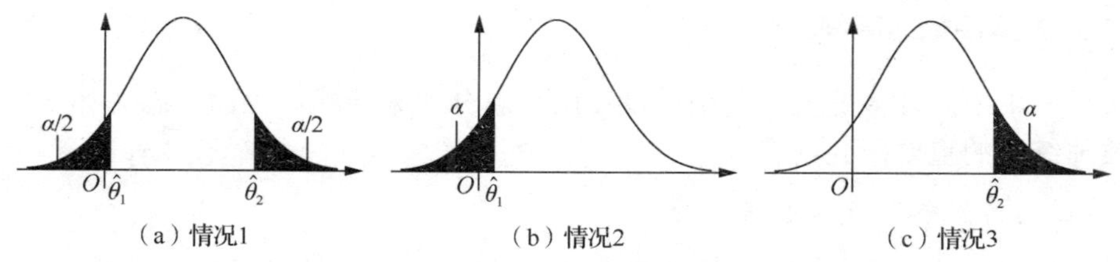

（a）情况1　（b）情况2　（c）情况3

图 7.1　区间估计值与显著水平 α 的关系

一般情况下，参数 θ 的分布很难确定，所以不能直接用式（7.2）和式（7.3）求 $\hat{\theta}_1$ 和 $\hat{\theta}_2$。但是可以构造一个分布已知且包含参数 θ 的样本函数 $T=T(\theta;X_1,X_2,\cdots,X_n)$。对于双侧区间估计来说，可以根据 α 和已知分布确定 $\hat{T}_1$ 和 $\hat{T}_2$ 满足

$$P(\hat{T}_1 \leqslant T \leqslant \hat{T}_2)=1-\alpha$$

从而由 $\hat{T}_1 \leqslant T(\theta) \leqslant \hat{T}_2$ 即可确定参数 θ 的置信区间。对于单侧置信区间来说，用相同过程可以得到参数 θ 的单侧置信区间。置信区间的计算过程可归纳如下。

（1）构造样本函数 $T=T(\theta)$，并确定 T 的分布。

（2）确定 T 的置信区间 $[\hat{T}_1,\hat{T}_2]$、$(-\infty,\hat{T}_2]$ 或 $[\hat{T}_1,+\infty)$，满足

$$P(\hat{T}_1 \leqslant T \leqslant \hat{T}_2)=1-\alpha,\ P(T \leqslant \hat{T}_2)=1-\alpha \text{ 或 } P(\hat{T}_1 \leqslant T)=1-\alpha$$

（3）由不等式 $\hat{T}_1 \leqslant T \leqslant \hat{T}_2$、$T \leqslant \hat{T}_2$ 或 $\hat{T}_1 \leqslant T$ 即可确定参数 θ 的区间估计值。

【例 7.5】 假设总体方差 σ^2 已知，求正态总体参数 μ 的置信区间。

由 $Z=\dfrac{\bar{X}-\mu}{\sigma/\sqrt{n}} \sim N(0,1)$ 和 α 可得 $u_{\alpha/2}$ 和 $u_{1-\alpha/2}$ 满足

$$P(Z \leqslant u_{\alpha/2})=\frac{\alpha}{2},\quad P(Z \leqslant u_{1-\alpha/2})=1-\frac{\alpha}{2}$$

即 $P(u_{\alpha/2} \leqslant Z \leqslant u_{1-\alpha/2})=1-\alpha$，然后解不等式

$$u_{\alpha/2} \leqslant \frac{\bar{X}-\mu}{\sigma/\sqrt{n}} \leqslant u_{1-\alpha/2}$$

由于 $u_{1-\alpha/2}=-u_{\alpha/2}$，可得参数 u 的双侧置信区间为

$$\left[\bar{X}+u_{\alpha/2}\frac{\sigma}{\sqrt{n}},\ \bar{X}-u_{\alpha/2}\frac{\sigma}{\sqrt{n}}\right] \tag{7.4}$$

同理，可得参数 u 的单侧置信区间为

$$\left[\bar{X}+u_{\alpha}\frac{\sigma}{\sqrt{n}},\ +\infty\right),\left(-\infty,\ \bar{X}-u_{\alpha}\frac{\sigma}{\sqrt{n}}\right] \tag{7.5}$$

在式（7.4）和式（7.5）中，$u_{\alpha/2}$ 和 u_{α} 可通过 R 函数 qnorm 得到。

7.2.2 正态总体参数的区间估计

在实际应用中，许多随机现象都可以使用正态分布来建模，因而正态总体参数的区间估计是数理统计的重要研究内容。

1. 单正态总体参数 μ 的置信区间

当 σ^2 已知时，可用 $Z=\dfrac{\bar{X}-\mu}{\sigma/\sqrt{n}}$ 计算参数 μ 的区间估计，得到的置信区间如式（7.4）和式（7.5）所示。当 σ^2 未知时，可用 $T=\dfrac{\bar{X}-\mu}{S/\sqrt{n}}$ 计算参数 μ 的置信区间，其中 $T\sim t(n-1)$。参考例 7.5 的计算过程可得，当 σ^2 未知时，参数 μ 的双侧置信区间为

$$\left[\bar{X}+t_{\alpha/2}\frac{S}{\sqrt{n}},\ \bar{X}-t_{\alpha/2}\frac{S}{\sqrt{n}}\right]$$

单侧置信区间为

$$\left[\bar{X}+t_{\alpha}\frac{S}{\sqrt{n}},\ +\infty\right),\left(-\infty,\ \bar{X}-t_{\alpha}\frac{S}{\sqrt{n}}\right]$$

其中，$t_{\alpha/2}$ 和 t_{α} 是分布 $t(n-1)$ 的分位数，可用 R 函数 qt 查找得到。

当用 R 语言自定义函数实现时，输入参数 alt 标识双侧置信区间与单侧置信区间，alt = "two.sided"表示双侧置信区间，alt = "less"表示上限置信区间，alt = "greater"表示下限置信区间。参数 sigma = NULL 表示总体方差未知，即使用 t 分布计算参数 μ 的置信区间，否则表示总体标准差为 sigma。下面的脚本是计算单正态总体参数 μ 的置信区间的自定义函数。

```
my.sigle.mu.interval = function(x, sigma=NULL, alpha, alt='two.sided'){
  n = length(x)
  if(is.null(sigma)){ #sigma 未知
    ta = ifelse(alt=="two.sided", qt(alpha/2,df=n-1), qt(alpha,df=n-1))
    tmp = ta * sd(x) / sqrt(n)
  }else{
    ua = ifelse(alt == "two.sided", qnorm(alpha/2), qnorm(alpha))
    tmp = sigma * ua / length(x)
  }
  switch(alt, two.sided = c(mean(x) + tmp, mean(x) - tmp),
    greater = c(mean(x) + tmp, Inf), less = c(-Inf, mean(x) - tmp)
  )
}
```

【例 7.6】 现随机地从一批正态分布为 $N(\mu,\ 0.02^2)$ 的零件中抽取 16 个零件，测得其长度(单位：cm)分别为 2.14, 2.10, 2.13, 2.15, 2.13, 2.12, 2.13, 2.10, 2.15, 2.12, 2.14, 2.10, 2.13, 2.11, 2.14, 2.11。试用 R 程序估计零件的平均长度 μ 的估计值与置信区间，其中 $\alpha=0.05$。

由于μ的估计值为样本均值$\bar{X}$，因此其估计值可以用 mean 函数直接计算；用自定义函数 my.sigle.mu.interval 可估计μ的置信区间，下面程序返回的双侧置信区间为[2.12255, 2.12745]。

```
> x = c(2.14, 2.10, 2.13, 2.15, 2.13, 2.12, 2.13, 2.10, 2.15, 2.12, 2.14,
        2.10, 2.13, 2.11, 2.14, 2.11)
> mean(x) #矩估计值
[1] 2.125
> my.sigle.mu.interval(x, sigma = 0.02, alpha = 0.05) #置信区间
[1] 2.12255  2.12745
```

【例 7.7】 假设σ未知，计算例题 7.6 中零件长度的置信区间，α=0.05。

调用函数 my.sigle.mu.interval，返回置信区间为[2.115874, 2.134126]。

```
> x = c(2.14, 2.10, 2.13, 2.15, 2.13, 2.12, 2.13, 2.10, 2.15, 2.12, 2.14,
        2.10, 2.13, 2.11, 2.14, 2.11)
> my.sigle.mu.interval(x, sigma = NULL, alpha = 0.05) #置信区间
[1] 2.115874 2.134126
```

用 R 函数 t.test 可以计算当σ^2未知时，参数μ的点估计值和置信区间。

```
t.test(x, alternative = "two.sided", conf.level = 0.95, ...)
```

该函数的返回值是一个 htest 类，成员对象 estimate 和 conf.int 分别表示样本 x 的点估计值和置信区间。参数 x 是样本向量，参数 alternative 用于标识双侧检验（当 alternative = "two.sided"时）、左侧检验（当 alternative = "less"时）和右侧检验（当 alternative = "greater"时），对应的置信区间为双侧置信区间、上限置信区间和下限置信区间。参数 conf.level 是置信度，其默认值为 0.95，即显著水平为 0.05。

【例 7.8】 用 t.test 函数计算例 7.6 中零件长度的估计值和置信区间，其中置信度为95%。

在 RStudio 命令窗口运行如下代码，返回置信区间为[2.115874, 2.134126]，点估计值为 2.125。

```
> x = c(2.14, 2.10, 2.13, 2.15, 2.13, 2.12, 2.13, 2.10, 2.15, 2.12, 2.14,
        2.10, 2.13, 2.11, 2.14, 2.11)
> ret = t.test(x, alternative = 'two.sided', conf.level = 0.95)
> as.numeric(ret$conf.int) #双侧置信区间
[1] 2.115874 2.134126
> as.numeric(ret$estimate) #点估计值
[1] 2.125
```

2. 单正态总体参数σ^2的置信区间

（1）当μ已知时，参数σ^2的置信区间。由卡方分布的定义可知

$$Z = \sum_{i=1}^{n}\left(\frac{X_i - \mu}{\sigma}\right)^2 = \frac{1}{\sigma^2}\sum_{i=1}^{n}\left(X_i - \mu\right)^2 \sim \chi^2(n)$$

先根据α和卡方分布得到分位数$\chi_{\alpha/2}$和$\chi_{1-\alpha/2}$，再解不等式可得σ^2的双侧置信区间为

$$\left[\frac{1}{\chi_{1-\alpha/2}}\sum_{i=1}^{n}\left(X_i-\mu\right)^2,\ \frac{1}{\chi_{\alpha/2}}\sum_{i=1}^{n}\left(X_i-\mu\right)^2\right]$$

单侧置信区间为

$$\left[\frac{1}{\chi_{1-\alpha}}\sum_{i=1}^{n}\left(X_i-\mu\right)^2,\ +\infty\right),\ \left(-\infty,\ \frac{1}{\chi_{\alpha}}\sum_{i=1}^{n}\left(X_i-\mu\right)^2\right]$$

其中，分位数$\chi_{\alpha/2}$、$\chi_{1-\alpha/2}$、χ_{α}和$\chi_{1-\alpha}$可由函数qchisq查询得到。

（2）当μ未知时，参数σ^2的置信区间。由

$$Z=\frac{(n-1)S^2}{\sigma^2}\sim\chi^2(n-1)$$

可得分位数$\chi_{\alpha/2}$和$\chi_{1-\alpha/2}$，再解不等式可得σ^2的双侧置信区间为

$$\left[\frac{(n-1)S^2}{\chi_{1-\alpha/2}},\ \frac{(n-1)S^2}{\chi_{\alpha/2}}\right]$$

单侧置信区间为

$$\left[\frac{(n-1)S^2}{\chi_{1-\alpha}},\ +\infty\right),\ \left(-\infty,\ \frac{(n-1)S^2}{\chi_{\alpha}}\right]$$

下面的自定义函数用于计算单正态总体参数σ^2的置信区间，参数alt用于标识双侧置信区间与单侧置信区间，参数mu = NULL表示总体均值未知，否则总体均值已知且为mu。

```
my.single.var.interval = function(x, mu=NULL, alpha, alt="two.sided"){
  n = ifelse(is.null(mu), length(x)-1, length(x))
  if(alt == "two.sided"){
    left = qchisq(alpha/2, n)      #左侧分位数
    right = qchisq(1-alpha/2, n)   #右侧分位数
  }else{
    left = qchisq(alpha, n)
    right = qchisq(1-alpha, n)
  }
  tmp = ifelse(is.null(mu), n*var(x), sum((x-mu)^2))
  switch(alt, two.sided = tmp/c(right,left),
    greater = c(tmp/right,Inf), less = c(-Inf,tmp/left)
  )
}
```

【例7.9】 一批钢筋的20个样品的屈服点（单位：t/cm^2）为4.98, 5.11, 5.20, 5.11, 5.00, 5.35, 5.61, 4.88, 5.27, 5.38, 5.46, 5.27, 5.23, 4.96, 5.15, 4.77, 5.35, 5.38, 5.54, 5.20。假设屈服点服从$N(5.21,\sigma^2)$，请用R语言计算参数σ^2的双侧置信区间，其中置信度为95%。

使用自定义函数my.single.var.interval计算置信区间，下面是本例的R程序与返回结果，其中返回的双侧置信区间为[0.02697719, 0.09611317]。

```
> x = c(4.98, 5.11, 5.20, 5.11, 5.00, 5.35, 5.61, 4.88, 5.27, 5.38, 5.46,
        5.27, 5.23, 4.96, 5.15, 4.77, 5.35, 5.38, 5.54, 5.20)
> my.single.var.interval(x, mu = 5.21, alpha = 1-0.95)
[1] 0.02697719 0.09611317
```

【例 7.10】 从一批零件中抽取 16 个零件，测得它们的直径（单位：mm）分别为 12.15, 12.12, 12.01, 12.08, 12.09, 12.16, 12.03, 12.01, 12.06, 12.13, 12.07, 12.11, 12.08, 12.01, 12.03, 12.06。设这批零件的直径服从正态分布 $N(\mu,\sigma^2)$，请用 R 语言计算参数 σ^2 的双侧置信区间和单侧置信区间，其中 $\alpha=0.02$ 。

使用自定义函数my.single.var.interval计算置信区间，下面是本例的R程序与返回结果，其中返回的双侧置信区间为[0.001196942, 0.006998959]，单侧置信区间为[0.00129514, Inf]和(−Inf, 0.006115374]。

```
> x = c(12.15, 12.12, 12.01, 12.08, 12.09, 12.16, 12.03, 12.01, 12.06, 12.13,
      12.07, 12.11, 12.08, 12.01, 12.03, 12.06)
> my.single.var.interval(x, mu = NULL, alpha = 0.02, alt = 'two.sided')
[1] 0.001196942  0.006998959
> my.single.var.interval(x, mu = NULL, alpha = 0.02, alt = 'greater')
[1] 0.00129514         Inf
> my.single.var.interval(x, mu = NULL, alpha = 0.02, alt = 'less')
[1]        -Inf  0.006115374
```

3. 双正态总体均值差的置信区间

假设 $X\sim N(\mu_1,\sigma_1^2)$，$Y\sim N(\mu_2,\sigma_2^2)$，且 X 和 Y 相互独立，$X_1,X_2,\cdots,X_m$ 是总体 X 的样本，$Y_1,Y_2,\cdots,Y_n$ 是总体 Y 的样本，记 $\bar{X}$ 和 $\bar{Y}$ 为样本均值，S_1^2 和 S_2^2 为样本方差。

（1）当 σ_1^2 和 σ_2^2 已知时，$\mu_1-\mu_2$ 的置信区间。由抽样分布定理可知

$$Z=\frac{(\bar{X}-\bar{Y})-(\mu_1-\mu_2)}{\sqrt{\sigma_1^2/m+\sigma_2^2/n}}\sim N(0,1)$$

则由标准正态分布和显著水平 α 可得 $\mu_1-\mu_2$ 的双侧置信区间为

$$\left[(\bar{X}-\bar{Y})+u_{\alpha/2}\sqrt{\frac{\sigma_1^2}{m}+\frac{\sigma_2^2}{n}},\ (\bar{X}-\bar{Y})-u_{\alpha/2}\sqrt{\frac{\sigma_1^2}{m}+\frac{\sigma_2^2}{n}}\right]$$

单侧置信区间为

$$\left[(\bar{X}-\bar{Y})+u_{\alpha}\sqrt{\frac{\sigma_1^2}{m}+\frac{\sigma_2^2}{n}},\ +\infty\right),\quad \left(-\infty,\ (\bar{X}-\bar{Y})-u_{\alpha}\sqrt{\frac{\sigma_1^2}{m}+\frac{\sigma_2^2}{n}}\right]$$

其中，$u_{\alpha/2}$ 和 u_α 可由 R 函数 qnorm 查询得到。

【例 7.11】 两台机床加工同一种轴，其椭圆度分别服从分布 $N(\mu_1, 0.025)$ 和 $N(\mu_2, 0.062)$，现分别抽取 200 根和 150 根轴，测量其椭圆度（单位：mm）。经计算，第一台机床的样本均值 $\bar{X}=0.081\,\text{mm}$，第二台机床的样本均值 $\bar{Y}=0.062\,\text{mm}$。给定置信度为 95%，请用 R 语言编程计算 $\mu_1-\mu_2$ 的双侧置信区间。

在本例中，两总体方差已知，R 程序如下所示，并由返回结果可知 $\mu_1-\mu_2$ 的双侧置信区间为[−0.02647511, 0.06447511]。

```
> a = 1-0.95; v1 = 0.025; v2 = 0.062; m = 200; n = 150; dif = 0.081 - 0.062
> tmp = qnorm(a/2) * sqrt(v1/m + v2/n)
> dif + c(tmp, -tmp)
[1] -0.02647511  0.06447511
```

（2）当 σ_1^2 和 σ_2^2 未知但 $\sigma_1^2=\sigma_2^2$ 时，$\mu_1-\mu_2$ 的置信区间。已知

$$T=\frac{(\bar{X}-\bar{Y})-(\mu_1-\mu_2)}{S_w\sqrt{1/m+1/n}}\sim t(m+n-2)，\quad S_w^2=\frac{m-1}{m+n-2}S_1^2+\frac{n-1}{m+n-2}S_2^2$$

由 t 分布与 α 可得 $\mu_1-\mu_2$ 的双侧置信区间为

$$\left[\bar{X}-\bar{Y}+t_{\alpha/2}S_w\sqrt{\frac{1}{m}+\frac{1}{n}},\ \bar{X}-\bar{Y}-t_{\alpha/2}S_w\sqrt{\frac{1}{m}+\frac{1}{n}}\right]$$

单侧置信区间为

$$\left[\bar{X}-\bar{Y}+t_{\alpha}S_w\sqrt{\frac{1}{m}+\frac{1}{n}},\ +\infty\right),\quad \left(-\infty,\ \bar{X}-\bar{Y}-t_{\alpha}S_w\sqrt{\frac{1}{m}+\frac{1}{n}}\right]$$

其中，$t_{\alpha/2}$ 和 t_α 可用自由度为（$m+n-2$）的 qt 函数查询得到。

【例 7.12】 某公司利用两条自动化流水线灌装矿泉水，现分别从两条流水线上随机抽取 12 个样本和 17 个样本，用于研究每瓶矿泉水的体积（单位：mL）。通过计算得到 $\bar{X}=501.1\text{mL}$，$\bar{Y}=499.7\text{mL}$，$S_1^2=2.4$，$S_2^2=4.7$。假设这两条流水线所灌装的矿泉水的体积分别服从 $N(\mu_1,\sigma^2)$ 和 $N(\mu_2,\sigma^2)$，请用 R 语言编程计算 $\mu_1-\mu_2$ 的双侧置信区间，其中显著水平 $\alpha=0.05$。

下面是本例的 R 程序及其返回结果，从返回结果可知 $\mu_1-\mu_2$ 的双侧置信区间为[−0.1006879, 2.9006879]。

```
> a = 0.05; dif = 501.1 - 499.7; s1 = 2.4; s2 = 4.7; m = 12; n = 17
> sw = sqrt((m-1)*s1 + (n-1)*s2) / sqrt(m + n - 2)
> tmp = qt(a/2, m + n - 2) * sw * sqrt(1/m + 1/n)
> dif + c(tmp, -tmp)
[1] -0.1006879  2.9006879
```

（3）当 σ_1^2 和 σ_2^2 未知但 $m=n$ 时，$\mu_1-\mu_2$ 的置信区间。由于

$$T=\frac{(\bar{X}-\bar{Y})-(\mu_1-\mu_2)}{S_z/\sqrt{n}}$$

服从 $t(n-1)$ 分布，其中 $S_z^2=\dfrac{1}{n-1}\sum_{i=1}^{n}\left[(X_i-Y_i)-(\bar{X}-\bar{Y})\right]^2$，因此由 t 分布可得 $\mu_1-\mu_2$ 的双侧置信区间为

$$\left[\bar{X}-\bar{Y}+t_{\alpha/2}\frac{S_z}{\sqrt{n}},\ \bar{X}-\bar{Y}-t_{\alpha/2}\frac{S_z}{\sqrt{n}}\right]$$

单侧置信区间为

$$\left[\bar{X}-\bar{Y}+t_{\alpha}\frac{S_z}{\sqrt{n}},\ +\infty\right),\ \left(-\infty,\ \bar{X}-\bar{Y}-t_{\alpha}\frac{S_z}{\sqrt{n}}\right]$$

其中，$t_{\alpha/2}$ 与 t_{α} 可用自由度为（$n-1$）的 qt 函数查询得到。

（4）当 σ_1^2 和 σ_2^2 未知但容量 m,n 较大时，$\mu_1-\mu_2$ 的置信区间。当容量 m 和 n 较大（$m\geqslant30$ 与 $n\geqslant30$）时，有

$$T=\frac{(\bar{X}-\bar{Y})-(\mu_1-\mu_2)}{\sqrt{S_1^2/m+S_2^2/n}}\sim N(0,1)$$

因此对于给定的显著水平 α，$\mu_1-\mu_2$ 的双侧置信区间为

$$\left[\bar{X}-\bar{Y}+u_{\alpha/2}\sqrt{\frac{S_1^2}{m}+\frac{S_2^2}{n}},\ \bar{X}-\bar{Y}-u_{\alpha/2}\sqrt{\frac{S_1^2}{m}+\frac{S_2^2}{n}}\right]$$

单侧置信区间为

$$\left[\bar{X}-\bar{Y}+u_{\alpha}\sqrt{\frac{S_1^2}{m}+\frac{S_2^2}{n}},\ +\infty\right),\ \left(-\infty,\ \bar{X}-\bar{Y}-u_{\alpha}\sqrt{\frac{S_1^2}{m}+\frac{S_2^2}{n}}\right]$$

其中，$u_{\alpha/2}$ 和 u_{α} 可由 R 函数 qnorm 查询得到。

（5）当 σ_1^2 和 σ_2^2 未知且不相等时，$\mu_1-\mu_2$ 的置信区间。因为统计量

$$T=\frac{(\bar{X}-\bar{Y})-(\mu_1-\mu_2)}{\sqrt{S_1^2/m+S_2^2/n}}\sim t(\hat{v})$$

其中自由度 $\hat{v}=\dfrac{(S_1^2/m+S_2^2/n)^2}{S_1^4/[m^2(m-1)]+S_2^4/[n^2(n-1)]}$，所以由 $t(\hat{v})$ 分布可得 $\mu_1-\mu_2$ 的双侧置信区间为

$$\left[\bar{X}-\bar{Y}+t_{\alpha/2}\sqrt{\frac{S_1^2}{m}+\frac{S_2^2}{n}},\ \bar{X}-\bar{Y}-t_{\alpha/2}\sqrt{\frac{S_1^2}{m}+\frac{S_2^2}{n}}\right]$$

单侧置信区间为

$$\left[\bar{X}-\bar{Y}+t_{\alpha}\sqrt{\frac{S_1^2}{m}+\frac{S_2^2}{n}},\ +\infty\right),\ \left(-\infty,\ \bar{X}-\bar{Y}-t_{\alpha}\sqrt{\frac{S_1^2}{m}+\frac{S_2^2}{n}}\right]$$

其中，$t_{\alpha/2}$ 和 t_{α} 可用自由度为 $\hat{v}$ 的 qt 函数查询得到。

下面的自定义函数用于计算双正态总体均值差 $\mu_1 - \mu_2$ 的置信区间，输入参数 sx 和 sy 为两正态样本的总体方差，不为 NULL 时，表示方差已知。参数 var.equal = TRUE 表示方差相等情形，若 sx 和 sy 不为 NULL，则该参数失效。参数 large = TRUE 表示按大容量样本处理，如果 sx 和 sy 不为 NULL，或者 var.equal = TRUE，则该参数失效。如果总体方差未知、var.equal = FALSE 且 large = FALSE，则判断样本容量是否相等，若相等，则按容量相等处理，否则为一般情形。

```
my.double.mu.interval = function(x, y, sx=NULL, sy=NULL, var.equal=FALSE,
                         large=FALSE, alpha=0.05, alt = 'two.sided'){
  m = length(x);   n = length(y)
  dif = mean(x) - mean(y)
  if(!is.null(sx) && !is.null(sy)){ #方差已知
    if(alt=='two.sided'){
      left = qnorm(alpha/2); right = qnorm(1-alpha/2)
    }else{
      left = qnorm(alpha); right = qnorm(1-alpha)
    }
    se = sqrt(sx/m + sy/n)
  }else if(var.equal){ #方差相等情形
    if(alt=='two.sided'){
      left = qt(alpha/2, m+n-2); right = qt(1-alpha/2, m+n-2)
    }else{
      left = qt(alpha, m+n-2); right = qt(1-alpha, m+n-2)
    }
    sw = sqrt((m-1)*var(x) + (n-1)*var(y)) / sqrt(m+n-2)
    se = sw * sqrt(1/m + 1/n)
  }else if(large){ #要求按大容量样本处理
    if(alt=='two.sided'){
      left = qnorm(alpha/2); right = qnorm(1-alpha/2)
    }else{
      left = qnorm(alpha); right = qnorm(1-alpha)
    }
    se = sqrt(var(x)/m + var(y)/n)
  }else if(m==n){ #样本容量相等
    if(alt=='two.sided'){
      left = qt(alpha/2, n-1); right = qt(1-alpha/2, n-1)
    }else{
      left = qt(alpha, n-1); right = qt(1-alpha, n-1)
    }
    se = sd(x-y) / sqrt(n)
  }else{ #一般情形
    v = (var(x)/m + var(y)/n)^2 / (var(x)^2/(m^3-m^2) + var(y)^2/(n^3-n^2))
    if(alt=='two.sided'){
      left = qt(alpha/2, v); right = qt(1-alpha/2, v)
    }else{
```

```
      left = qt(alpha, v); right = qt(1-alpha,v)
    }
    se = sqrt(var(x)/m + var(y)/n)
  }
  switch (alt, two.sided = dif + se*c(left, right),
    greater = c(dif + se*left, Inf), less = c(-Inf, dif + se*right)
  )
}
```

【例 7.13】 某种农作物有 A 和 B 两个品种，它们在 8 个地区的亩产量（单位：斤）数据如下。

品种 A：860, 870, 560, 930, 840, 930, 750, 790。

品种 B：800, 790, 580, 910, 870, 820, 740, 760。

假定亩产量都服从正态分布，求 A 和 B 平均亩产量之差在置信度 95%下的置信区间，请使用 R 语言编程实现。

下面调用自定义函数 my.double.mu.interval 计算，可得平均亩产量之差在置信度 95%下的双侧置信区间为[−7.904246, 72.904246]。

```
> x = c(860, 870, 560, 930, 840, 930, 750, 790)
> y = c(800, 790, 580, 910, 870, 820, 740, 760)
> my.double.mu.interval(x,y)
[1] -7.904246 72.904246
```

此外，函数 t.test 也可以用于计算两样本均值差的置信区间，但它只适用于上述（2）、（3）、（5）3 种情形。

函数 t.test 的调用格式如下。

```
t.test(x, y = NULL, alternative = c("two.sided", "less", "greater"), mu =
       0, paired = FALSE, var.equal = FALSE, conf.level = 0.95, ...)
```

其中，参数 x 和 y 是数值型向量，当 y 为 NULL 或默认值，t.test 函数只对单正态样本 x 进行估计和检验。若要计算两正态总体均值差的置信区间，则参数 y 不能为 NULL。参数 alternative 用于标识双侧检验、左侧检验和右侧检验，对应于返回结果中的成员变量 conf.int 为双侧置信区间或单侧置信区间。

（1）若 paired = TRUE 且 var.equal = FALSE，则 conf.int 返回情形（3）的置信区间，调用格式如下。

```
r = t.test(x, y, alternative = "two.sided", paired = TRUE)
as.numeric(r$conf.int)
```

（2）若 paired = FALSE 且 var.equal = TRUE，则 conf.int 返回情形（2）的置信区间，调用格式如下。

```
r = t.test(x, y, alternative = "two.sided", var.equal = TRUE)
as.numeric(r$conf.int)
```

（3）若 paired = FALSE 且 var.equal = FALSE，则 conf.int 返回情形（5）的置信区间，调用格式如下。

```
r = t.test(x, y, alternative = "two.sided", paired = FALSE, var.equal = FALSE)
as.numeric(r$conf.int)
```

【例 7.14】 用 t.test 函数按情形（2）、（3）、（5）三种方式计算例 7.13 中品种 A 和 B 平均亩产量之差的置信区间，其中 $\alpha = 0.05$ 。

下面是 R 程序及其返回结果。

```
> x = c(860, 870, 560, 930, 840, 930, 750, 790)
> y = c(800, 790, 580, 910, 870, 820, 740, 760)
> r = t.test(x, y, alternative = "two.sided", var.equal = TRUE)
> as.numeric(r$conf.int) #情形(2)
[1] -86.01038 151.01038
> r = t.test(x, y, alternative = "two.sided", paired = TRUE)
> as.numeric(r$conf.int) #情形(3)，与例 7.13 的结果相同
[1] -7.904246 72.904246
> r = t.test(x, y, alternative = "two.sided")
> as.numeric(r$conf.int) #情形(5)
[1] -86.42591 151.42591
```

4. 双正态总体方差比的置信区间

（1）当 μ_1 和 μ_2 已知时，方差比 σ_1^2/σ_2^2 的置信区间。由 F 分布的定义可知

$$\frac{n\sigma_2^2\sum_{i=1}^{m}(X_i-\mu_1)^2}{m\sigma_1^2\sum_{i=1}^{n}(Y_i-\mu_2)^2} \sim F(m,n)$$

由分布 $F(m,n)$ 和 α 可得 σ_1^2/σ_2^2 的双侧置信区间为

$$\left[\frac{n\sum_{i=1}^{m}(X_i-\mu_1)^2}{mf_{1-\alpha/2}\sum_{i=1}^{n}(Y_i-\mu_2)^2}, \frac{n\sum_{i=1}^{m}(X_i-\mu_1)^2}{mf_{\alpha/2}\sum_{i=1}^{n}(Y_i-\mu_2)^2}\right]$$

单侧置信区间为

$$\left[\frac{n\sum_{i=1}^{m}(X_i-\mu_1)^2}{mf_{1-\alpha}\sum_{i=1}^{n}(Y_i-\mu_2)^2}, +\infty\right), \left(-\infty, \frac{n\sum_{i=1}^{m}(X_i-\mu_1)^2}{mf_{\alpha}\sum_{i=1}^{n}(Y_i-\mu_2)^2}\right]$$

其中，$f_{\alpha/2}$、$f_{1-\alpha/2}$、f_α 和 $f_{1-\alpha}$ 可由 R 函数 qf 查询得到。

（2）当 μ_1 和 μ_2 未知时，方差比 σ_1^2/σ_2^2 的置信区间。由于

$$\frac{S_1^2/\sigma_1^2}{S_2^2/\sigma_2^2} \sim F(m-1, n-1)$$

因此σ_1^2/σ_2^2的双侧置信区间为

$$\left[\frac{S_1^2}{S_2^2 f_{1-\alpha/2}}, \frac{S_1^2}{S_2^2 f_{\alpha/2}}\right]$$

单侧置信区间为

$$\left[\frac{S_1^2}{S_2^2 f_{1-\alpha}}, +\infty\right), \left(-\infty, \frac{S_1^2}{S_2^2 f_{\alpha}}\right]$$

下面自定义 R 函数计算σ_1^2/σ_2^2的双侧置信区间与单侧置信区间，其中参数 mx 和 my 不为 NULL 时，表示总体均值已知，否则表示总体均值未知。

```
my.var.ratio.int = function(x, y, mx=NULL, my=NULL, alpha, alt="two.sided"){
  m = length(x); n = length(y)
  if(!is.null(mx) && !is.null(my)){ #总体均值已知
    if(alt=='two.sided'){
      left = qf(alpha/2,m,n); right = qf(1-alpha/2,m,n)
    }else{
      left = qf(alpha,m,n); right = q(1-alpha,m,n)
    }
    tmp = n*sum((x-mx)^2) / (m*sum((y-my)^2))
  }else{ #总体均值未知
    if(alt=='two.sided'){
      left = qf(alpha/2,m-1,n-1); right = qf(1-alpha/2,m-1,n-1)
    }else{
      left = qf(alpha,m-1,n-1); right = q(1-alpha,m-1,n-1)
    }
    tmp = var(x)/var(y)
  }
  switch (alt, two.sided = tmp / c(right, left),
    greater = c(tmp/right, Inf), less = c(-Inf, tmp/left) )
}
```

【例 7.15】 某自动机床加工同类型套筒，假设套筒直径服从正态分布，从两个不同班次的产品中各抽检 5 个套筒，测得直径（单位：cm）分别如下。

A 班：2.066, 2.063, 2.068, 2.060, 2.067。

B 班：2.058, 2.057, 2.063, 2.059, 2.060。

试用 R 语言求两班次所加工的套筒方差比σ_A^2/σ_B^2的双侧置信区间，$\alpha=0.05$。

调用均值未知情形的 my.var.ratio.int 函数，下面是 R 程序及其返回结果，显示σ_A^2/σ_B^2的双侧置信区间为[0.2101996, 19.3902773]。

```
> A = c(2.066, 2.063, 2.068, 2.060, 2.067)
> B = c(2.058, 2.057, 2.063, 2.059, 2.060)
> my.var.ratio.int(A, B, alpha = 0.05)
[1]  0.2101996 19.3902773
```

在 R 语言中，可用函数 var.test 计算均值未知时的方差比置信区间，该函数调用格式如下。

```
var.test(x, y, ratio = 1, alternative = c("two.sided", "less", "greater"),
         conf.level = 0.95, ...)
```

var.test 函数返回值的成员对象 conf.int 是两样本 x 和 y 的方差比置信区间。其中，参数 x 和 y 是两正态总体的样本；参数 alternative 和 conf.level 的意义与 t.test 函数中的意义相同，若只使用该函数计算置信区间，则可以省略参数 ratio。

【例 7.16】 用 var.test 函数计算例 7.15 中方差比的双侧置信区间。

下面是本例的 R 程序与其返回结果。

```
> A = c(2.066, 2.063, 2.068, 2.060, 2.067)
> B = c(2.058, 2.057, 2.063, 2.059, 2.060)
> r = var.test(A, B, conf.level = 0.95)
> as.numeric(r$conf.int)
[1]  0.2101996  19.3902773
```

7.2.3 非正态总体的参数区间估计

1. 指数分布参数的置信区间

假设总体 $X \sim E(\lambda)$，$\lambda > 0$ 是待估计参数。$X_1, X_2, \cdots, X_n$ 是来自总体 X 的样本，$\overline{X}$ 是样本均值。由统计量

$$Z = 2n\lambda\overline{X} \sim \chi^2(2n)$$

可知参数 λ 的双侧置信区间为

$$\left[\frac{\chi_{\alpha/2}}{2n\overline{X}}, \frac{\chi_{1-\alpha/2}}{2n\overline{X}}\right]$$

单侧置信区间为

$$\left[\frac{\chi_{\alpha}}{2n\overline{X}}, +\infty\right), \left(0, \frac{\chi_{1-\alpha}}{2n\overline{X}}\right]$$

其中，$\chi_{\alpha/2}$、$\chi_{1-\alpha/2}$、χ_{α} 和 $\chi_{1-\alpha}$ 可由自由度为 $2n$ 的 qchisq 函数查询得到。

2. 0-1 分布的参数区间估计

假设总体 $X \sim B(1, p)$，$X_1, X_2, \cdots, X_n$ 是来自总体 X 的样本，其中 $X_i = 1$ 表示事件发生或试验成功，否则表示事件未发生或试验未成功。当 n 充分大时，近似有

$$\frac{\overline{X} - \mu}{S / \sqrt{n}} \sim N(0,1)$$

由正态分布可得参数 p 的双侧置信区间为

$$\left[\overline{X} + \frac{u_{\alpha/2}S}{\sqrt{n}}, \overline{X} - \frac{u_{\alpha/2}S}{\sqrt{n}}\right]$$

单侧置信区间为

$$\left[\bar{X}+\frac{u_\alpha S}{\sqrt{n}},\ 1\right],\quad \left[0,\ \bar{X}-\frac{u_\alpha S}{\sqrt{n}}\right]$$

在实际应用中，一般只统计事件发生次数或试验成功次数 k，即有 k 个 X_i 的值为 1，经简单计算可得

$$\bar{X}=\frac{1}{n}\sum_{i=1}^{n}X_i=\frac{k}{n},\quad S^2=\frac{1}{n-1}\sum_{i=1}^{n}(X_i-\bar{X})^2=\frac{k(n-k)}{n(n-1)}$$

因此参数 p 的双侧置信区间也可表示为

$$\left[\frac{k}{n}+u_{\alpha/2}\sqrt{\frac{k(n-k)}{n^2(n-1)}},\ \frac{k}{n}-u_{\alpha/2}\sqrt{\frac{k(n-k)}{n^2(n-1)}}\right]$$

同理，参数 p 的单侧置信区间也可表示为

$$\left[\frac{k}{n}+u_\alpha\sqrt{\frac{k(n-k)}{n^2(n-1)}},\ 1\right),\quad \left(0,\ \frac{k}{n}-u_\alpha\sqrt{\frac{k(n-k)}{n^2(n-1)}}\right]$$

其中，$u_{\alpha/2}$ 和 u_α 可由 R 函数 qnorm 查询得到。

用 R 语言自定义函数计算参数 p 的置信区间，首先需要判断输入是 k（成功次数）和 n（总的试验次数），还是由 0 和 1 构成的向量，然后从上面两种区间表达式中选择一种恰当的表达式。

```
my.percent.interval = function(k, n, alpha=0.05, alt="two.sided"){
  u = ifelse(alt=="two.sided", qnorm(alpha/2), qnorm(alpha))
  if(length(k)>1){  #输入为 0 与 1 组成的向量
    tmp = u*sd(k)/sqrt(length(k))
    mx = mean(x)
  }else{#输入是成功次数 k 和总的试验次数 n
    tmp = u*sqrt(k*(n-k)/(n-1))/n
    mx = k/n
  }
  switch(alt, two.sided = mx + c(tmp, -tmp),
      greater = c(mx+tmp, 1), less = c(0, mx-tmp) )
}
```

【例 7.17】 从某厂生产的一批产品中抽查了 100 件产品，发现其中有一级品 60 件。请计算一级品率的双侧置信区间和单侧置信区间，其中置信度为 95%。

直接调用自定义函数 my.percent.interval 求解，其中 k=60，n=100。下面是 R 程序及其返回结果。

```
> my.percent.interval(60, 100)
[1] 0.503498 0.696502
> my.percent.interval(60, 100, alt = "greater")
[1] 0.519013 1.000000
```

```
> my.percent.interval(60, 100, alt = "less")
[1] 0.000000 0.680987
```

小　结

本章主要介绍了点估计与区间估计的基本原理及其具体的计算过程，需要掌握的R函数包括mean、var、sd、qnorm、ifelse、switch、t.test、var.test、qf、qchisq、qt等。本章知识结构如图7.2所示。

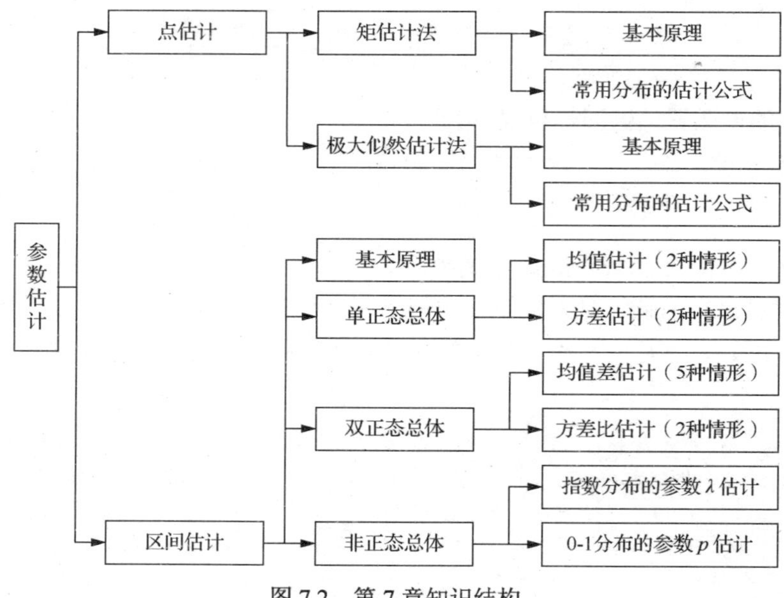

图7.2　第7章知识结构

习题 7

一、选择题

1．下列关于估计量的说法中，正确的是（　　）。

A．估计量就是总体参数

B．估计量就是用于估计总体参数的统计量

C．估计量就是总体参数的值

D．估计量就是总体参数的估计值

2．下列关于置信度的说法中，正确的是（　　）。

A．表达了置信区间的准确性　　B．表达了置信区间的精确性

C．表达了置信区间的显著性　　D．表达了置信区间的可靠性

3．下面选项中，属于点估计的常用方法的是（　　）。

A．矩估计法和区间估计

B．极大似然估计法和区间估计

C．矩估计法和极大似然估计法

D．矩估计法、区间估计和极大似然估计法

4．极大似然估计法的基本思想是（　　）。

A．样本原点矩应该等于总体原点矩

B．样本中心矩应该等于总体中心矩

C．由样本值推断似然函数可能取得最大值

D．由似然函数的导数或偏导数推断总体分布可能取得最大值

5．若 $X \sim N(\mu, \sigma^2)$，则参数 σ^2 的矩估计量为（　　）。

A．S^2　　B．$S^2/(n-1)$　　C．S　　D．$(n-1)S^2/n$

6．已知 $X \sim B(m, p)$，参数 p 矩估计量为 $\hat{p} = \bar{X}/m$，x 是样本数据，下列 R 程序中，可计算该估计值的是（　　）。

A．mean(x)/length(x)　　B．mean(x)

C．mean(x)/m　　D．median(x)/m

7．在均匀分布 $U(0,\theta)$ 中，参数 θ 的极大似然估计量 $\hat{\theta} = X_{(n)}$，假设 x 是长度为 n 的样本向量，则下列选项中，可用于计算估计量观测值的是（　　）。

A．max(x)　　B．min(x)　　C．range(x)　　D．median(x)

8．当正态总体参数 σ^2 已知时，若想对参数 μ 的置信区间进行估计，则最适合用于计算 μ 的置信区间的是（　　）。

A．$\bar{X}-\mu$　　B．$(\bar{X}-\mu)^2$

C．$(\bar{X}-\mu)\sqrt{n}/S$　　D．$(\bar{X}-\mu)\sqrt{n}/\sigma$

9．当样本容量较大时，由于 $Z = \dfrac{(\bar{X}-\bar{Y})-(\mu_1-\mu_2)}{\sqrt{S_1^2/m + S_2^2/n}}$ 服从正态分布，因此可以用 Z 来计算 $\mu_1-\mu_2$ 的置信区间。在计算过程中，查找分位数应使用函数（　　）。

A．rnorm　　B．qnorm　　C．pnorm　　D．dnorm

10．假设两个正态样本的容量相等，则由 $\dfrac{(\bar{X}-\bar{Y})-(\mu_1-\mu_2)}{S_z/\sqrt{n}} \sim t(n-1)$ 即可得到 $\mu_1-\mu_2$ 的置信区间。在这种情况下，首先需要使用 R 函数获得分位数 $t_{\alpha/2}$，然后由分位数确定置信区间，则该分位数函数是（　　）。

A．pt($\alpha/2, n-1$)　　B．qt($\alpha/2, n-1$)

C．pnorm($\alpha/2, n-1$)　　D．qnorm($\alpha/2, n-1$)

二、操作题

1．自定义函数实现 σ_1^2 和 σ_2^2 已知时的 $\mu_1-\mu_2$ 双侧置信区间与单侧置信区间的计算。

2. 自定义函数实现σ_1^2和σ_2^2未知但相等时的$\mu_1-\mu_2$双侧置信区间与单侧置信区间的计算。

3. 自定义函数实现σ_1^2和σ_2^2未知且不相等但容量较大时的$\mu_1-\mu_2$双侧置信区间与单侧置信区间的计算。

4. 自定义函数实现σ_1^2和σ_2^2未知且不相等时的$\mu_1-\mu_2$双侧置信区间与单侧置信区间的计算。

5. 分别用第 2 道和第 4 道操作题的自定义函数计算例 7.13 中平均亩产量之差的置信区间（其中显著水平为 0.05），然后与 t.test 的计算结果进行对比，看是否相同。

6. 自定义函数实现μ_1和μ_2未知时的方差比σ_1^2/σ_2^2的双侧置信区间和单侧置信区间的计算。

7. 为了调查每个顾客在超市的平均消费水平，从 A 超市随机选取了 30 名顾客的消费金额（单位：元）：591, 371, 529, 298, 48, 201, 625, 246, 726, 162, 445, 68, 378, 558, 196, 577, 359, 236, 530, 164, 307, 593, 186, 211, 598, 202, 194, 419, 446, 578。从 B 超市随机抽取了 20 名顾客的消费金额(单位：元)：333, 197, 234, 172, 361, 257, 430, 263, 351, 284, 233, 309, 189, 257, 370, 455, 355, 453, 150, 496。假设顾客的消费数据服从正态分布但两者的方差不相同，取显著水平为 0.01，请计算下面两个问题的置信区间。

（1）以两个超市的消费数据作为样本，计算均值的双侧置信区间。

（2）计算超市 A 和超市 B 均值差的双侧置信区间。

8. 从正态总体X中抽取 25 个样本数据，经计算得到样本均值$\bar{X}=25.87$，样本标准差$S=3.23$，请用 R 语言计算总体均值的双侧置信区间和方差的双侧置信区间，其中显著水平$\alpha=0.05$。

9. 假设两正态总体的均值与方差都是未知参数，现在分别从两个总体中抽取容量$n_1=9$和容量$n_2=12$的两个样本，计算它们的均值和标准差，得到$\bar{x}_1=1.57$，$\bar{x}_2=2.35$，$s_1=0.52$，$s_2=0.38$。假设显著水平$\alpha=0.1$，请用 R 语言计算两总体均值差的双侧置信区间和方差比的双侧置信区间。

10. 假设总体X服从指数分布$E(\lambda)$，从总体中随机抽取 10 个测试数据：0.75, 1.05, 0.47, 0.28, 0.59, 0.41, 0.15, 1.61, 0.48, 0.08。请用 R 语言计算置信度 95%下参数λ的双侧置信区间。

11. 自定义 R 函数计算指数分布参数的双侧置信区间。

第 8 章 假设检验

【内容提要】

统计推断的另一类重要问题是假设检验。本章介绍了假设检验的基本概念与原理、计算方法、参数假设检验与非参数检验。在参数检验中，主要介绍了正态分布、指数分布与 0-1 分布参数检验的实现过程。在非参数检验中，主要介绍了经验分布值与理论值的差异检验方法、样本数据统计频率与理论频率的差异检验方法、样本数据符号检验与秩和检验方法以及列联表检验法。

【学习目标】

（1）理解假设检验的基本原理与基本概念。
（2）掌握检验临界值与检验 P 值的计算过程。
（3）掌握正态分布总体的参数检验的临界值与 P 值的计算。
（4）掌握指数分布、0-1 分布和二项分布的参数检验临界值与 P 值的计算。
（5）掌握 Pearson 拟合优度检验法与 Kolmogorov-Smirnov 检验法。
（6）掌握正态性检验的基本方法。
（7）掌握列联表独立性检验方法。
（8）掌握 Fisher 精确检验方法、McNemar 检验法与 Kappa 检验法。
（9）掌握对称中心符号检验与符号秩的基本原理及检验方法。
（10）掌握非成对样本的 Brown-Mood 检验法与 Mann-Whitney 检验法。

8.1 概　　述

有人说赌场的骰子有问题，因为他可以连续多次掷出 6 点。最后经试验测试，他连续 5 次掷出了 6 点。如果骰子是均匀的，那么他掷出 6 点的概率只有 1/6，5 次掷出 6 点的概率为 $(1/6)^5 \approx 0.00013$，这相当于在 10000 组这样的试验中大约只有一组试验结果是“5 次都掷出 6 点”，因此这不大可能发生，这样就从统计学角度推断出这枚骰子应该“有问题”，这个推断过程就是假设检验的“小概率原理”，它类似于反证法。具体地，先假设某条件成立，然后用统计学知识推断某事件概率很小，几乎不可能发生，但是试验结果却发生了，所以应该拒绝这种假设成立。这种思想就是用“小概率原理”否证原假设。

8.1.1 假设检验基本概念

1. 假设检验引例

假设检验是一种应用非常广泛的统计推断方法，常用于在总体分布形式已知但参数未知的情况下推断总体的某些性质。假设检验需要对总体做出某些假设，然后根据样本数据对这种假设做出接受与拒绝的决策。

【例 8.1】 某红酒企业用罐装机封装红酒，每瓶容量服从正态分布 $N(750, 2^2)$。现随机抽查了 9 瓶红酒，其容量（单位：mL）分别为 748.5, 751, 752, 749.5, 747.5, 750.5, 752, 746.5, 753。假设瓶装容量的波动幅度保持不变，问该罐装机工作是否正常？

由于罐装机长时间工作，可能造成瓶装容量不再服从分布 $N(750, 2^2)$，因此在本例中，需要对装瓶容量是否等于 750mL 做出推断，即对假设问题（$\mu = 750$）做出接受或拒绝的判断。

【例 8.2】 假设某商场于 11 月份开展购物促销活动，抽取 5 种商品，并统计 10 月份与 11 月份的销售额（单位：万元），统计数据如表 8.1 所示。问促销活动前后的销售额有没有显著差异？

表 8.1　10 月份与 11 月份的销售额　（单位：万元）

10 月份	12.2	6.3	9.7	15.4	13.8
11 月份	15.6	9.1	16.3	17.2	18.5

假设 μ_1 为 10 月份的销售均值，μ_2 为 11 月份的销售均值。在这个例子中，商场经营者更关心的是促销活动的销售额是否有明显的提升，即需要对假设问题 $\mu_1 < \mu_2$ 做出判断。从上述两个例子可以看出，用假设检验方法对实际问题做出推断与决策，首先需要将实际问题转换成假设检验问题，即建立检验假设（即原假设），然后利用数理统计知识对检验假设做出科学的推断。

2. 建立检验假设

假设检验首先需要对实际问题建立一个合理假设，然后在这个假设的基础上构造一个拒绝域，并依据样本数据判断检验统计量是否落在该拒绝域内，从而获得最终的推断结果。因此，假设检验过程的第一步是构造假设问题。

假设检验需要建立原假设 H_0 和备择假设 H_1，备择假设是原假设的对立面，即检验结果否定 H_0 意味着接受 H_1。如果假设检验问题是关于总体参数的假设检验，则称之为参数假设检验，否则称之为非参数假设检验。

对于参数假设检验来说，假设 θ 是待检验参数，θ_0 是已知常量，那么参数假设检验的假设有以下 3 种形式。

（1）双侧检验。$H_0:\theta=\theta_0$，$H_1:\theta\neq\theta_0$。

（2）右侧检验。$H_0:\theta\leqslant\theta_0$，$H_1:\theta>\theta_0$。

（3）左侧检验。$H_0:\theta\geqslant\theta_0$，$H_1:\theta<\theta_0$。

例如，例 8.1 的假设检验问题可以描述为$H_0:\mu=750$，$H_1:\mu\neq750$；例 8.2 的检验问题可以描述为$H_0:\mu_1\geqslant\mu_2$，$H_1:\mu_1<\mu_2$。

对于非参数假设检验来说，其原假设和备择假设一般不能用数学表达式描述，需要使用描述性文字进行描述。

H_0：满足条件 P，H_1：不满足条件 P

【例 8.3】 某高等学校信息技术基础课程的考试通过率与教师性别的统计数据如表 8.2 所示。请分析考试通过率与教师性别是否无关。

表 8.2　考试通过率与教师性别的统计数据

性别	未通过人数	已通过人数	合计
男	103	2075	2178
女	61	1021	1082
合计	164	3096	3260

本例的假设问题可描述如下。

H_0：考试通过率与教师性别无关，H_1：考试通过率与教师性别有关

3. 构造拒绝域

在假设检验中，当确定了拒绝原假设的取值范围（即拒绝域）后，就可以对假设检验问题做出最后的决策了。因此确定拒绝域是假设检验的一个重要步骤。

在例 8.1 中，样本均值$\bar{X}$是参数μ的估计值，是一个随机变量。如果原假设$H_0:\mu=750$为真，那么$\bar{X}$应该在 750 附近波动，不会离总体均值$\mu=750$很远。反之，如果$\bar{X}$离$\mu=750$很远，则表明原假设不成立，应该拒绝原假设。因此需要确定一个具体区间$[C_1,C_2]$，使得当原假设为真时$\bar{X}$应该落在这个区间内。但是人们无法直接确定$[C_1,C_2]$，即便确定了$[C_1,C_2]$，由于$\bar{X}$是随机的，$\bar{X}$也可能落在区间$[C_1,C_2]$之外。实际做法是指定一个较大的概率$1-\alpha$，使得区间$[C_1,C_2]$能覆盖$\bar{X}$的置信度达到$1-\alpha$，即

$$P(C_1\leqslant\bar{X}\leqslant C_2)=1-\alpha \tag{8.1}$$

由式（8.1）可知，若$\bar{X}$的分布已知，则可由α得到分位数C_1和C_2。确定C_1和C_2的方法与区间估计相同，只需要取C_1和C_2满足

$$P(\bar{X}<C_1)=\frac{\alpha}{2}，\ P(\bar{X}>C_2)=\frac{\alpha}{2} \tag{8.2}$$

就可以得到式（8.1）成立，如图 8.1 所示。式（8.2）确定临界值的方法也称枢轴变量法。因此，当给定概率值α后，若$\bar{X}$的分布已知，就可以用式（8.2）确定区间$[C_1,C_2]$。

由式（8.1）可知，若原假设成立，则 $\bar{X}$ 落在区间 $[C_1, C_2]$ 内的置信度是 $1-\alpha$，所以称区间 $[C_1, C_2]$ 为假设检验的接受域。如果统计量 $\bar{X}$ 的观测值落在区间 $[C_1, C_2]$ 之外，那么就可以怀疑原假设的真实性，从而拒绝原假设，因此也称 $(-\infty, C_1) \cup (C_2, +\infty)$ 为假设检验的拒绝域。

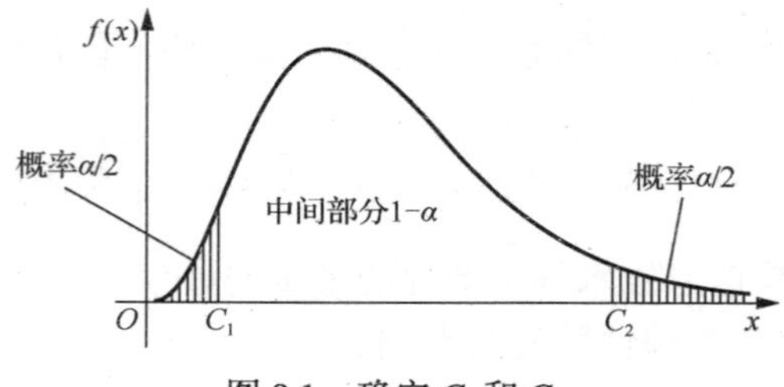

图 8.1 确定 C_1 和 C_2

但是 $\bar{X}$ 的分布并不已知，因此直接用 $\bar{X}$ 和置信度 $1-\alpha$ 无法确定 C_1 和 C_2。也就是说，不能直接使用 $\bar{X}$ 确定例 8.1 中的假设检验拒绝域，需要用样本构造一个已知分布的统计量。对于例 8.1 的检验问题，构造统计量

$$Z = \frac{\bar{X}-\mu}{\sigma/\sqrt{n}}$$

其中，μ 为总体均值；σ 为总体标准差；n 为样本容量。由 $\bar{X}$ 是 μ 的估计值可知，Z 应该在 0 附近波动，若原假设 $\mu=750$ 成立，则

$$Z = \frac{\bar{X}-750}{\sigma/\sqrt{n}}$$

也在 0 附近波动，不会离 0 很远。当指定置信度 $1-\alpha$ 后，取分位数 $u_{\alpha/2}$ 与 $u_{1-\alpha/2}$ 满足

$$P(u_{\alpha/2} \leqslant Z \leqslant u_{1-\alpha/2}) = 1-\alpha$$

这样可以获得统计量 Z 的拒绝域为 $(-\infty, u_{\alpha/2}) \cup (u_{1-\alpha/2}, +\infty)$。由 $Z \sim N(0,1)$ 可知，$u_{\alpha/2}$ 与 $u_{1-\alpha/2}$ 可用 qnorm 函数查询得到。接着根据样本值计算统计量 Z 的观测值 z_0，若 $z_0 \in (-\infty, u_{\alpha/2}) \cup (u_{1-\alpha/2}, +\infty)$，则拒绝原假设。根据上面的介绍，假设检验的计算过程可归纳如下。

（1）提出合理的原假设与备择假设。

（2）构造一个已知分布的统计量 $T=T(X_1, X_2, \cdots, X_n)$。

（3）由 T 的分布和 α 确定分位数，从而确定 T 的拒绝域。

（4）根据统计量 T 的观测值做最后的推断。

构造统计量 $T=T(X_1, X_2, \cdots, X_n)$ 是假设检验的关键，其中 T 称为检验统计量，而 $T(x_1, x_2, \cdots, x_n)$ 称为检验统计量的观测值。由拒绝域 $(-\infty, C_1) \cup (C_2, +\infty)$ 可以看出 C_1 和 C_2 是接受域和拒绝域的分界点，因此也称 C_1 和 C_2 为统计量 T 的临界值。由图 8.2 可以看出临界值把 T 轴划分成接受域和拒绝域两部分，当检验统计量的观测值落入阴影部分时，应该拒绝原假设。实际上，假设检验就是检查统计量是否落入离分布中心较远的两端，如果是，则拒绝原假设。

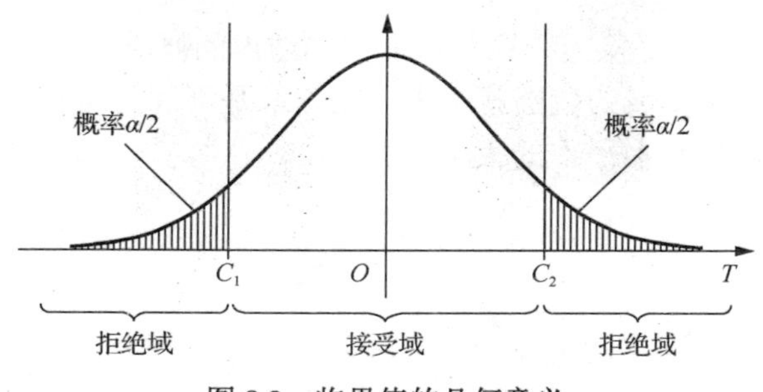

图 8.2 临界值的几何意义

4. 显著性水平

假设检验是一类回答“是”与“否”的两类决策问题，所以假设检验只有 4 种可能结果，如表 8.3 所示。

表 8.3 假设检验的 4 种结果

真实结果	接受 H_0	拒绝 H_0
H_0 为真	推断正确	第一类错误
H_0 为假	第二类错误	推断正确

在表 8.3 中，第一类错误出现的概率称为第一类错误概率，或称弃真概率。记弃真概率为 α，则有

$$P(\text{拒绝} H_0 \mid H_0 \text{为真}) = \alpha$$

第二类错误出现的概率称为第二类错误概率，或称取伪概率。假设取伪概率为 β，则有

$$P(\text{接受} H_0 \mid H_0 \text{为假}) = \beta$$

假设检验的误判会给实际工作带来风险，因此应尽量降低假设检验出现错误的概率。图 8.3 所示为右侧检验问题两类错误之间的关系，左侧 $y = f(x)$ 是当 H_0 为真时检验统计量 T 的密度曲线，右侧 $y = g(x)$ 是当 H_0 为假时检验统计量 T 的密度曲线。假设 C 是临界值，在直线 $T = C$ 右侧（即 $T > C$）是拒绝域，临界值右侧深色阴影部分表示第一类错误概率 α，临界值左侧浅色阴影部分表示第二类错误概率 β。当直线 $T = C$ 向右移动时，α 变小，但 β 增大，所以在样本容量不变的条件下，无法做到同时减少错误概率 α 和 β。

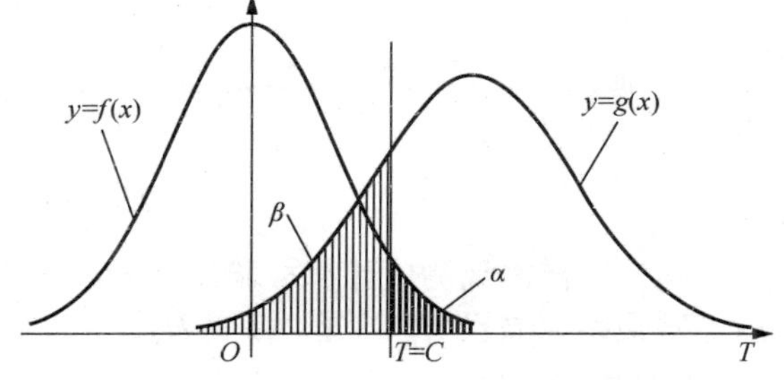

图 8.3 右侧检验问题两类错误之间的关系

在实际工作中，需要对 α 和 β 的大小做一个合理选择，一般选择折中方案：先对第一类错误概率进行限制，限制为不超过给定的 α，一般 α 值比较小，然后尽量降低第二类错误概率。显然 α 是第一类错误风险的度量值，在统计学上，第一类错误概率 α 又称为假设检验的显著水平，$1-\alpha$ 又称为置信度，通常选择 α 等于 0.1、0.05 或 0.01 等。显著水平 α

是犯第一类错误的概率，也是检验统计量落在拒绝域内的概率，所以α越大或置信度越小，拒绝域的范围就越大，接受域的范围就越小。图 8.4 是不同显著水平的拒绝域，可以看出假设检验的推断结果与显著水平α的大小有关。

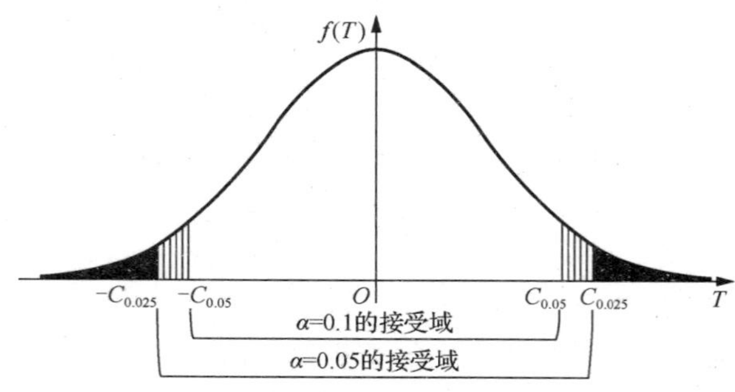

图 8.4　显著水平与接受域的关系

8.1.2　经典检验方法

经典检验方法就是根据事先给定的显著水平确定拒绝域或临界值的检验方法。经典检验方法的计算过程与区间估计的计算过程非常相似，具体计算过程如下。

（1）将实际问题转化成假设检验问题，即提出原假设H_0与备择假设H_1。

（2）构造检验统计量$T=T(X_1,X_2,\cdots,X_n)$，在原假设H_0为真的条件下，确定统计量T的分布或近似分布。

（3）根据给定的显著水平α计算分位数，确定检验临界值C或拒绝域。如图 8.5 所示，双侧检验的临界值为对应于$\alpha/2$的分位数$x_{\alpha/2}$和$(1-\alpha/2)$的分位数$x_{1-\alpha/2}$，左侧检验的临界值为x_α，右侧检验的临界值为$x_{1-\alpha}$。

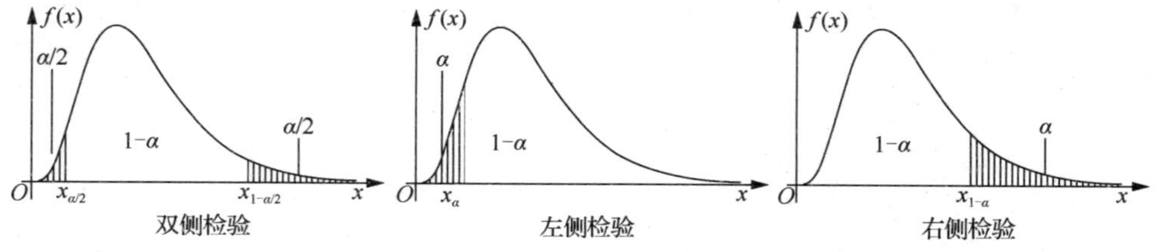

图 8.5　假设检验的临界值

（4）用样本观测值计算检验统计量T的值。若T落在拒绝域（即图 8.5 中的阴影区间）内，则拒绝原假设H_0，否则接受H_0。

【例 8.4】 设$X\sim N(\mu,\sigma^2)$，$X_1,X_2,\cdots,X_n$是来自总体X的样本，其中参数σ已知，μ为待检参数。请编写 R 函数计算下面的假设检验问题。当$\alpha=0.05$时，推断例题 8.1 中的罐装机是否工作正常。

① 双侧检验。$H_0:\mu=\mu_0$，$H_1:\mu\neq\mu_0$。

② 右侧检验。$H_0:\mu\leqslant\mu_0$，$H_1:\mu>\mu_0$。

③ 左侧检验。$H_0:\mu\geqslant\mu_0$，$H_1:\mu<\mu_0$。

对于双侧检验来说，当原假设 $\mu=\mu_0$ 成立时，由抽样分布定理可知

$$Z=\frac{\bar{X}-\mu_0}{\sigma/\sqrt{n}}\sim N(0,1)$$

由于 $\bar{X}$ 是 μ 的估计值，那么 $\bar{X}$ 远离 μ 的可能性很小，从而 Z 远离 0 的可能性也很小，因此给定小概率 α 作为显著水平。若存在 C 使得

$$P(|Z|>C)=\alpha \tag{8.3}$$

则根据小概率原理，当 $|Z|>C$ 时应拒绝原假设，即拒绝域为 $\{Z\,||Z|>C\}$。由式（8.2）可知，临界值 C 应满足 $P(Z>C)=\alpha/2$，即 $P(Z\leqslant C)=1-\alpha/2$，因此 $C=u_{1-\alpha/2}$，拒绝域为 $\{Z\,||Z|>u_{1-\alpha/2}\}$。

对于右侧检验来说，$\bar{X}$ 从右侧远离 μ 的可能性很小，因此对于某个 $C>0$ 来说，不等式 $\sqrt{n}(\bar{X}-\mu)/\sigma>C$ 成立的可能性也很小。若原假设 $\mu\leqslant\mu_0$ 成立，则 $\bar{X}-\mu_0\leqslant\bar{X}-\mu$，此时 Z 不再服从分布 $N(0,1)$，但是对于指定的小概率 α 有

$$P(Z>C)\leqslant P\left(\frac{\bar{X}-\mu}{\sigma/\sqrt{n}}>C\right)=\alpha \tag{8.4}$$

由小概率原理与式（8.4）可知，拒绝域为 $Z>C$，且由式（8.4）的右边等式可得 $C=u_{1-\alpha}$，拒绝域为 $(u_{1-\alpha},+\infty)$。同理，可得左侧检验的拒绝域为 $(-\infty,u_{\alpha})$。

下面用 R 语言自定义函数计算本例的检验统计量的值与临界值，其中参数 alt = "two.sided"时表示双侧检验，alt="greater"时表示右侧检验，alt="less"时表示左侧检验。R 函数返回检验统计量值与临界值。

```
my.mu.test.1<-function(x, mu0=0, sigma, alpha=0.05, alt="two.sided"){
  C <- switch(alt, two.sided=qnorm(1-alpha/2),
        less=qnorm(alpha), greater=qnorm(1-alpha))
  Z <- (mean(x)-mu0)*sqrt(length(x))/sigma
  return(list(critical=C, statistics=Z))
}
```

调用函数 my.mu.test.1 计算例 8.1 检验问题的临界值与统计量的值，从返回结果可以看出统计量的值为 0.08333333，临界值为 1.959964，因此接受原假设，可认为瓶装机工作正常。

```
> x = c(748.5, 751, 752, 749.5, 747.5, 750.5, 752, 746.5, 753)
> my.mu.test.1(x, mu0 = 750, sigma = 2, alpha = 0.05)
$critical
[1] 1.959964
$statistics
[1] 0.08333333
```

8.1.3 *P* 值检验方法

经典检验方法需要事先给定显著水平 α，然后根据 α 确定临界值或拒绝域。如果用计

算机软件设计一个函数实现经典检验方法，那么对相同检验问题，要得到不同显著水平下的检验结果，需要调用该函数多次，因此这种软件使用起来并不是很方便。

P 值检验法是一种通过检验统计量的分布及其观测值查找检验概率值，然后与显著水平 α 进行比较，并对原假设做出推断的检验方法。P 值检验法只需计算机软件返回检验 P 值，然后就可以与不同的显著水平比较，从而可以实现一次计算多次比较。

图 8.6 所示为双侧检验拒绝域示意图。其中，$t_{\alpha/2}$ 和 $t_{1-\alpha/2}$ 是双侧检验的临界值，$t_{0.5}$ 是对应概率 0.5 的分位数。p_0 是对应统计量观测值 T_0 的概率，在左图中 $p_0 = P(T \leqslant T_0)$，在右图中 $p_0 = P(T > T_0) = 1 - P(T \leqslant T_0)$，左右阴影部分的概率（即面积）为 $\alpha/2$。由图 8.6 可知，当 $p_0 < \alpha/2$ 时，T_0 落在拒绝域内，即当 $2p_0 < \alpha$ 时，拒绝原假设。因此当 $P(T \leqslant T_0) < 0.5$ 时（左图），若 $2P(T \leqslant T_0) < \alpha$，则拒绝原假设；当 $P(T \leqslant T_0) > 0.5$ 时（右图），若 $2[1 - P(T \leqslant T_0)] < \alpha$，则拒绝原假设。

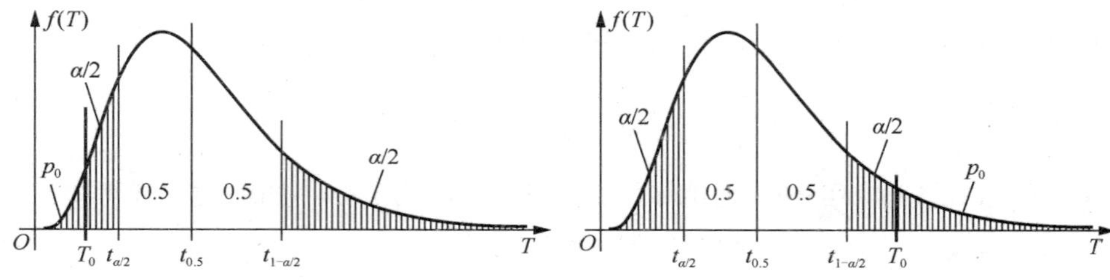

图 8.6　双侧检验拒绝域示意图

图 8.7 所示为单侧检验拒绝域示意图。在图 8.7 中，T_0 是检验统计量观测值，t_α 是左侧检验的临界值，$t_{1-\alpha}$ 是右侧检验的临界值。在左图中，$p_0 = P(T \leqslant T_0)$；在右图中，$p_0 = 1 - P(T \leqslant T_0)$。由图 8.7 可以看出，当 $p_0 < \alpha$ 时，应拒绝原假设。

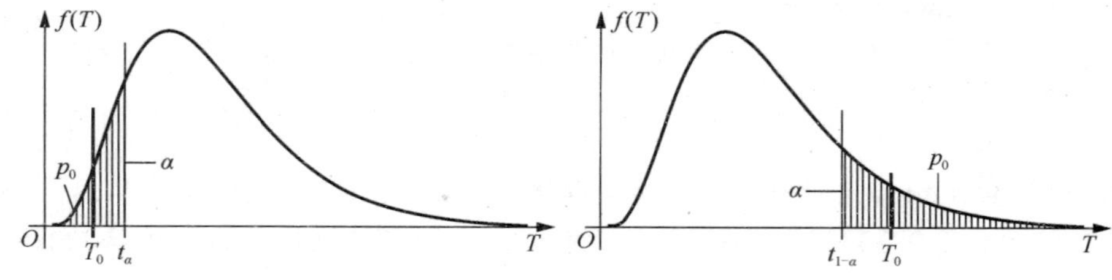

图 8.7　单侧检验拒绝域示意图

综合上述结果，检验 P 值可定义为

$$\text{p.value} = \begin{cases} 2P(T \leqslant T_0), & \text{双侧检验且} P(T \leqslant T_0) < 0.5 \\ 2[1 - P(T \leqslant T_0)], & \text{双侧检验且} P(T \leqslant T_0) \geqslant 0.5 \\ 1 - P(T \leqslant T_0), & \text{右侧检验} \\ P(T \leqslant T_0), & \text{左侧检验} \end{cases} \tag{8.5}$$

则 $\text{p.value} < \alpha$ 意味着拒绝原假设 H_0，因此 P 值检验过程可归纳如下。

（1）提出原假设与备择假设。

（2）构造检验统计量T并确定其分布或近似分布。

（3）当双侧检验的原假设为真时，计算统计量的观测值T_0。

（4）用式（8.5）计算检验P值。

（5）推断：当p.value$<\alpha$时拒绝原假设，否则接受原假设。

用R语言计算检验P值的过程如下。

（1）计算检验统计量观测值T_0。

（2）用R语言的概率函数计算$p_0 = P(T \leqslant T_0)$。

（3）用式（8.5）计算检验P值，用R语言的ifelse函数可表示为

$$\text{p.value} = \begin{cases} 2 * \text{ifelse}(p_0 < 0.5, p_0, 1 - p_0), & \text{双侧检验} \\ 1 - p_0, & \text{右侧检验} \\ p_0, & \text{左侧检验} \end{cases} \tag{8.6}$$

如果用参数alt标识检验类型，即alt = "two.sided"时表示双侧检验，alt = "less"时表示左侧检验，alt = "greater"时表示右侧检验，那么式（8.6）可用以下R程序实现。

```
p.value = switch (alt,
  two.sided = 2*ifelse(p0 < 0.5, p0, 1 - p0),
  greater = 1 - p0,
  less = p0)
```

【例8.5】 对例8.4所示的检验问题，自定义R函数计算检验P值。

自定义函数的R程序如下，其中参数alt的意义与例8.4相同。

```
pv.mu.test.1<-function(x, mu0 = 0, sigma = 1, alt = "two.sided"){
  Z <- (mean(x)-mu0)*sqrt(length(x))/sigma
  p <- pnorm(Z)
  switch(alt, two.sided = 2*ifelse(p<=0.5,p,1-p),
         less = p, greater = 1-p)
}
> x = c(748.5, 751, 752, 749.5, 747.5, 750.5, 752, 746.5, 753)
> pv.mu.test.1(x, 750, 2)
[1] 0.9335865
```

返回的检验P值很大，因此接受原假设，可认为罐装机工作正常。

8.2 参数假设检验

8.2.1 单正态总体假设检验

假设总体$X \sim N(\mu, \sigma^2)$，$X_1, X_2, \cdots, X_n$是来自总体X且容量为n的样本，$x_1, x_2, \cdots, x_n$为样本观测值，$\bar{X}$和S^2分别为样本均值和样本方差，$\bar{x}$和s^2分别为样本均值和样本方差的观测值。下面讨论不同情形下的正态总体参数μ和σ^2的假设检验问题。

1. 单正态总体均值的假设检验

设 μ_0 是已知常数，单正态总体均值 μ 的假设检验问题可描述如下。

① 双侧检验。$H_0:\mu=\mu_0$，$H_1:\mu\neq\mu_0$。

② 右侧检验。$H_0:\mu\leqslant\mu_0$，$H_1:\mu>\mu_0$。

③ 左侧检验。$H_0:\mu\geqslant\mu_0$，$H_1:\mu<\mu_0$。

（1）总体方差已知的均值检验。检验统计量

$$Z=\frac{\overline{X}-\mu}{\sigma/\sqrt{n}}\sim N(0,1) \tag{8.7}$$

其双侧检验拒绝域为 $|Z|>u_{1-\alpha/2}$，右侧检验拒绝域为 $Z>u_{1-\alpha}$，左侧检验拒绝域为 $Z<u_{\alpha}$，其中 $u_{1-\alpha/2}$、u_{α} 和 $u_{1-\alpha}$ 是标准正态分布的分位数。检验 P 值由标准正态分布与检验统计量式（8.7）的值确定。由于检验统计量 Z 服从标准正态分布，因此也称这类检验为 U 检验或 Z 检验。

（2）总体方差未知的均值检验。检验统计量

$$T=\frac{\overline{X}-\mu}{S/\sqrt{n}}\sim t(n-1) \tag{8.8}$$

从经典检验法的推导过程可知，其双侧检验拒绝域为 $|T|>t_{1-\alpha/2}$，右侧检验拒绝域为 $T>t_{1-\alpha}$，左侧检验拒绝域为 $T<t_{\alpha}$，其中 $t_{1-\alpha/2}$、$t_{1-\alpha}$ 和 t_{α} 是分布 $t(n-1)$ 的分位数。检验 P 值由式（8.6）与式（8.8）计算得到。

【例 8.6】 自定义 R 函数计算单正态总体的均值检验 P 值。

pv.single.mu.test 函数返回结果为 htest 类，其中成员变量 statistic 为检验统计量的值，p.value 为检验 P 值，parameter 为检验统计量分布的参数，method 为检验方法。输入参数 x 为样本数据；mu 为目标均值 μ_0；var 为总体方差，当 var = NULL 时表示总体方差未知；参数 alt 用于标识检验类型。

```
pv.single.mu.test = function(x, mu = 0, var = NULL, alt = 'two.sided'){
  n = length(x); xbar = mean(x)
  if(is.null(var)){ #总体方差未知情形
    z0 = sqrt(n)*(xbar-mu)/sd(x)
    p0 = pt(z0,n-1)
    mth = 't 检验'
    para = n-1
    names(para) = "自由度"
  }else{ #总体方差已知情形
    z0 = sqrt(n)*(xbar-mu)/sqrt(var)
    p0 = pnorm(z0)
    mth = 'Z 检验'
    para = c(0,1)
    names(para) = c("均值","标准差")
  }
```

```
  pv = switch(alt, two.sided = 2*ifelse(p0<0.5,p0,1-p0),
              greater = 1-p0, less = p0)
  names(z0) = '统计量'
  structure(list(statistic = z0, p.value = pv, alternative = alt,
                 method = mth,parameter = para),class = 'htest')
}
```

下面是自定义函数 pv.single.mu.test 的测试程序及其返回结果。

```
> set.seed(1)
> x = rnorm(50, 4, 2.1)
> pv.single.mu.test(x, mu = 4)
    t 检验
data:
统计量 = 0.85432, 自由度 = 49, p-value = 0.3971
alternative hypothesis: two.sided

> pv.single.mu.test(x,mu=4,var=2.1^2)
    Z 检验
data:
统计量 = 0.71028, 均值 = 0, 标准差 = 1, p-value = 0.4775
alternative hypothesis: two.sided
```

【例 8.7】 自定义 R 函数计算单正态总体均值检验的拒绝域。

自定义函数的输入参数同 pv.single.mu.test 函数，返回统计量观测值和拒绝域。下面是自定义函数的 R 程序。

```
my.single.mu.test = function(x, mu=0, var=NULL, alpha=0.05, alt='two.sided'){
  n = length(x);   xbar = mean(x)
  if(is.null(var)){ #总体方差未知情形
    z0 = sqrt(n)*(xbar-mu)/sd(x)
    int = switch (alt, two.sided = c(qt(alpha/2,n-1),qt(1-alpha/2, n-1)),
          greater = c(qt(1-alpha,n-1),Inf), less = c(-Inf,qt(alpha,n-1)))
  }else{ #总体方差已知情形
    z0 = sqrt(n)*(xbar-mu)/sqrt(var)
    int = switch (alt, two.sided = c(qnorm(alpha/2), qnorm(1-alpha/2)),
          greater = c(qnorm(1-alpha), Inf), less = c(-Inf, qnorm(alpha)))
  }
  return(list(statistic = z0, reject = int))
}
```

【例 8.8】 某学科全校平均成绩为 75 分，现抽查某班级 12 名学生的成绩如下：79, 73, 65, 74, 54, 87, 74, 94, 77, 65, 79, 63。请分析这 12 名学生的平均成绩是否等于 75 分。假设成绩服从正态分布，且显著水平 $\alpha = 0.05$ 。

本例的原假设为 $H_0: \mu = 75$，用下面的 R 程序计算检验 P 值后，再与显著水平进行比较。

```
> x = c(79, 73, 65, 74, 54, 87, 74, 94, 77, 65, 79, 63)
> pv.single.mu.test(x, mu = 75)$p.value
[1] 0.6803506
```

由返回结果可以看出，这 12 名学生的平均成绩与全校平均成绩 75 分无显著差异。

2. 单正态总体方差的假设检验

假设 σ_0^2 为被检验总体的目标方差值，那么单正态总体方差检验问题可描述如下。

① 双侧检验。$H_0: \sigma^2 = \sigma_0^2$，$H_1: \sigma^2 \neq \sigma_0^2$。

② 右侧检验。$H_0: \sigma^2 \leqslant \sigma_0^2$，$H_1: \sigma^2 > \sigma_0^2$。

③ 左侧检验。$H_0: \sigma^2 \geqslant \sigma_0^2$，$H_1: \sigma^2 < \sigma_0^2$。

（1）总体均值已知的方差检验。在原假设 $\sigma^2 = \sigma_0^2$ 为真的条件下，由卡方分布定义可知统计量

$$Z = \frac{1}{\sigma_0^2}\sum_{i=1}^{n}\left(X_i - \mu\right)^2 \sim \chi^2(n) \tag{8.9}$$

由于 $\sum_{i=1}^{n}\left(X_i - \mu_0\right)^2$ 是 $(n-1)\sigma^2$ 的估计值，因此 Z 应该在$(n-1)$附近波动，Z 接近于 0 或者很大时应该拒绝原假设。因此，其双侧检验拒绝域为 $Z < \chi_{\alpha/2}$ 或 $Z > \chi_{1-\alpha/2}$，右侧检验拒绝域为 $Z > \chi_{1-\alpha}$，左侧检验拒绝域为 $Z < \chi_{\alpha}$，其中 $\chi_{\alpha/2}$、$\chi_{1-\alpha/2}$、$\chi_{1-\alpha}$ 和 χ_{α} 是分布 $\chi^2(n)$ 的分位数。检验 P 值可由式（8.6）和式（8.9）计算得到。

（2）总体均值未知的方差检验。由统计量

$$\frac{(n-1)S^2}{\sigma^2} \sim \chi^2(n-1) \tag{8.10}$$

可推导出其双侧检验的拒绝域为 $Z < \chi_{\alpha/2}$ 或 $Z > \chi_{1-\alpha/2}$，右侧检验的拒绝域为 $Z > \chi_{1-\alpha}$，左侧检验的拒绝域为 $Z < \chi_{\alpha}$，其中 $\chi_{\alpha/2}$、$\chi_{1-\alpha/2}$、$\chi_{1-\alpha}$ 和 χ_{α} 是分布 $\chi^2(n-1)$ 的分位数。检验 P 值由式（8.6）与式（8.10）计算得到。

【例 8.9】 自定义计算单正态总体方差检验 P 值。

自定义函数的输入参数 x 为样本数据；var0 为目标方差值；mu 为总体均值，mu = NULL 表示均值未知；alt 用于标识检验问题的类型。

```
pv.single.var.test = function(x, var0=1, mu=NULL, alt='two.sided'){
  n = length(x)
  if(is.null(mu)){ #总体均值未知情形
    z0 = (n-1)*var(x)/var0
    p0 = pchisq(z0,n-1)
    para = n-1
```

```
  }else{ #总体方差已知情形
    z0 = sum((x-mu)^2)/var0
    p0 = pchisq(z0,n)
    para = n
  }
  pv = switch(alt, two.sided = 2*ifelse(p0<0.5,p0,1-p0),
              greater = 1-p0, less = p0)
  names(z0) = '统计量'
  names(para) = "自由度"
  mth = '单正态总体方差卡方检验'
  structure(list(statistic=z0, p.value=pv, method='单正态总体方差检验',
              alternative=alt, parameter=para),class = 'htest')
}
```

【例 8.10】 某大米加工厂生产的袋装米的重量要求满足标准差不超过 0.25，抽查 15 袋米，测得其重量（单位：kg）为 24.9, 25.3, 25.1, 25.1, 25.1, 25.3, 24.9, 24.9, 25.2, 24.9, 25.0, 24.9, 25.0, 25.0, 25.1。请问抽样的结果是否满足标准差的要求？其中 $\alpha=0.05$ 。

根据题意，本例的原假设为 $H_0:\sigma^2\leqslant 0.25^2$ ，可先用以下 R 程序计算检验 P 值，然后与显著水平进行比较，并做出推断。

```
> x = c(24.9, 25.3, 25.1, 25.1, 25.1, 25.3, 24.9, 24.9, 25.2, 24.9, 25.0,
      24.9, 25.0, 25.0, 25.1)
> pv.single.var.test(x, var0 = 0.25^2, alt = 'greater')$p.value
[1] 0.9922077
```

返回的检验 P 值为 0.9922077，接受原假设，认为袋装米满足标准差要求。

8.2.2 两正态总体的假设检验

假设总体 $X\sim N(\mu_1,\sigma_1^2)$ ， $Y\sim N(\mu_2,\sigma_2^2)$ ，且 X 和 Y 相互独立. $X_1,X_2,\cdots,X_m$ 是总体 X 的样本， $x_1,x_2,\cdots,x_m$ 为样本观测值； $Y_1,Y_2,\cdots,Y_n$ 是总体 Y 的样本， $y_1,y_2,\cdots,y_n$ 为样本观测值； $\bar{X}$ 、 $\bar{Y}$ 、 S_1^2 、 S_2^2 分别为两样本的均值与方差， $\bar{x}$ 、 $\bar{y}$ 、 s_1^2 、 s_2^2 分别为对应统计量的观测值。

1. 两个正态总体均值差假设检验

① 双侧检验。 $H_0:\mu_1=\mu_2$ ， $H_1:\mu_1\neq\mu_2$ 。

② 右侧检验。 $H_0:\mu_1\leqslant\mu_2$ ， $H_1:\mu_1>\mu_2$ 。

③ 左侧检验。 $H_0:\mu_1\geqslant\mu_2$ ， $H_1:\mu_1<\mu_2$ 。

（1）方差已知的均值差检验。由统计量

$$\frac{(\bar{X}-\bar{Y})-(\mu_1-\mu_2)}{\sqrt{\sigma_1^2/m+\sigma_2^2/n}}\sim N(0,1)$$

可知，在原假设 $H_0:\mu_1=\mu_2$ 成立的条件下，统计量

$$Z=\frac{\bar{X}-\bar{Y}}{\sqrt{\sigma_1^2/m+\sigma_2^2/n}}\sim N(0,1) \tag{8.11}$$

因而其双侧检验的拒绝域为 $|Z|>u_{1-\alpha/2}$，右侧检验的拒绝域为 $Z>u_{1-\alpha}$，左侧检验的拒绝域为 $Z<u_\alpha$，其中 $u_{1-\alpha/2}$、$u_{1-\alpha}$ 和 u_α 是分布 $N(0,1)$ 的分位数。检验 P 值由式（8.6）、式（8.11）和分布 $N(0,1)$ 计算得到。

（2）方差未知但相等的均值差检验。由统计量

$$\frac{(\bar{X}-\bar{Y})-(\mu_1-\mu_2)}{S_w\sqrt{1/m+1/n}}\sim t(m+n-2),\quad S_w^2=\frac{m-1}{m+n-2}S_1^2+\frac{n-1}{m+n-2}S_2^2$$

可知，当原假设 $H_0:\mu_1=\mu_2$ 成立时，统计量

$$T=\frac{\bar{X}-\bar{Y}}{S_w\sqrt{1/m+1/n}}\sim t(m+n-2) \tag{8.12}$$

由此可得其双侧检验的拒绝域为 $|T|>t_{1-\alpha/2}$，右侧检验的拒绝域为 $T>t_{1-\alpha}$，左侧检验的拒绝域为 $T<t_\alpha$，其中 $t_{1-\alpha/2}$、$t_{1-\alpha}$ 和 t_α 是分布 $t(m+n-2)$ 的分位数。检验 P 值由式(8.6)、式(8.12)和分布 $t(m+n-2)$ 计算得到。

（3）方差未知但样本容量相等的均值差检验。由统计量

$$\frac{(\bar{X}-\bar{Y})-(\mu_1-\mu_2)}{S_z/\sqrt{n}}\sim t(n-1),\quad S_z^2=\frac{1}{n-1}\sum_{i=1}^{n}\left[(X_i-Y_i)-(\bar{X}-\bar{Y})\right]^2$$

可知，当原假设 $H_0:\mu_1=\mu_2$ 成立时，统计量

$$T=\frac{\bar{X}-\bar{Y}}{S_z/\sqrt{n}}\sim t(n-1) \tag{8.13}$$

因此其双侧检验的拒绝域为 $|T|>t_{1-\alpha/2}$，右侧检验的拒绝域为 $T>t_{1-\alpha}$，左侧检验的拒绝域为 $T<t_\alpha$，其中 $t_{1-\alpha/2}$、$t_{1-\alpha}$ 和 t_α 是分布 $t(n-1)$ 的分位数。检验 P 值由式（8.6）、式（8.13）和分布 $t(n-1)$ 计算得到。

（4）方差未知且不相等但容量较大时的均值差检验。一般两样本的容量均大于 30 时，统计量

$$\frac{(\bar{X}-\bar{Y})-(\mu_1-\mu_2)}{\sqrt{S_1^2/m+S_2^2/n}}$$

近似服从 $N(0,1)$ 分布，则当原假设 $H_0:\mu_1=\mu_2$ 成立时，近似有

$$Z=\frac{\bar{X}-\bar{Y}}{\sqrt{S_1^2/m+S_2^2/n}}\sim N(0,1) \tag{8.14}$$

因此其双侧检验的拒绝域为 $|Z|>u_{1-\alpha/2}$，右侧检验的拒绝域为 $Z>u_{1-\alpha}$，左侧检验的拒绝域为 $Z<u_\alpha$，其中 $u_{1-\alpha/2}$、$u_{1-\alpha}$ 和 u_α 是分布 $N(0,1)$ 的分位数。检验 P 值由式（8.6）、式（8.14）和分布 $N(0,1)$ 计算得到。

（5）方差未知且不相等的均值差检验。由统计量

$$\frac{(\overline{X}-\overline{Y})-(\mu_1-\mu_2)}{\sqrt{S_1^2/m+S_2^2/n}}\sim t(\hat{v}),\quad \hat{v}=\frac{(S_1^2/m+S_2^2/n)^2}{S_1^4/[m^2(m-1)]+S_2^4/[n^2(n-1)]}$$

可知，当原假设 $H_0:\mu_1=\mu_2$ 成立时，统计量

$$T=\frac{\overline{X}-\overline{Y}}{\sqrt{S_1^2/m+S_2^2/n}}\sim t(\hat{v}) \tag{8.15}$$

由小概率检验原理可得其双侧检验的拒绝域为 $|T|>t_{1-\alpha/2}$，右侧检验的拒绝域为 $T>t_{1-\alpha}$，左侧检验的拒绝域为 $T<t_{\alpha}$，其中 $t_{1-\alpha/2}$、$t_{1-\alpha}$ 和 t_{α} 是分布 $t(\hat{v})$ 的分位数。检验 P 值由式（8.6）、式（8.15）和分布 $t(\hat{v})$ 计算得到。

【例 8.11】 自定义函数计算两正态总体均值差检验的 P 值。

下面程序中，当自定义函数的输入参数 vx 和 vy 不为 NULL 时，表示方差已知的均值差检验，否则，先判断参数 var.equal 是否为 TRUE，如果 var.equal = TRUE，则表示方差相等的均值差检验。当方差未知且 var.equal = FALSE 时，先判断参数 large 是否为 TRUE，如果 large = TRUE，则按照大容量样本处理；如果 large = FALSE，则先判断两样本容量是否相同，若相同，则按容量相等的方法计算 P 值；否则按情形（5）处理。

```
pv.double.mu.test=function(x, y, vx=NULL, vy=NULL, var.equal=FALSE,
                     large=FALSE, alt='two.sided'){
  m = length(x);  n = length(y)
  dif = mean(x) - mean(y)
  if(!is.null(vx) && !is.null(vy)){ #方差已知情形
    z0 = dif / sqrt(vx/m + vy/n)
    p0 = pnorm(z0)
    par = c(0,1)
    names(par) = c('均值', '标准差')
    mtd = '方差已知时均值差 U 检验'
  }else if(var.equal){ #方差相等情形
    sw = sqrt((m-1)*var(x)+(n-1)*var(y))/sqrt(m+n-2)
    z0 = dif / (sw * sqrt(1/m + 1/n))
    par = m + n -2
    names(par) = '自由度'
    p0 = pt(z0, par)
    mtd = '方差未知但相等时均值差 t 检验'
  }else if(large){ #大容量样本
    z0 = dif / sqrt(var(x)/m + var(y)/n)
    p0 = pnorm(z0)
    par = c(0,1)
    names(par) = c('均值','标准差')
    mtd = '方差未知容量较大时均值差 U 检验'
  }else if(m==n){ #容量相等情形
    sz = sd(x-y)
    z0 = sqrt(n) * mean(x-y) / sz
    par = n-1
```

```
    names(par) = '自由度'
    p0 = pt(z0, n-1)
    mtd = '方差未知容量相同时均值差 t 检验'
  }else{ #一般情形
    par = (var(x)/m+var(y)/n)^2 / (var(x)^2/(m^3-m^2) + var(y)^2/(n^3-n^2))
    z0 = dif / sqrt(var(x)/m + var(y)/n)
    names(par) = '自由度'
    p0 = pt(z0,par)
    mtd = '一般情形下的均值差 t 检验'
  }
  pv = switch (alt, two.sided = 2*ifelse(p0<0.5, p0, 1-p0),
              greater = 1-p0, less = p0  )
  names(z0) = '统计量'
  structure(list(statistic=z0, p.value=pv, alternative = alt,
              method = mtd, parameter = par), class = 'htest')
}
```

2. *两正态总体方差比假设检验*

两正态总体方差大小检验通常用方差比构造统计量，例如，检验方差σ_1^2与σ_2^2相等相当于检验方差比σ_1^2/σ_2^2等于 1。方差比检验的原假设和备择假设描述如下。

① 双侧检验。$H_0:\sigma_1^2=\sigma_2^2$，$H_1:\sigma_1^2\neq\sigma_2^2$。

② 右侧检验。$H_0:\sigma_1^2\leqslant\sigma_2^2$，$H_1:\sigma_1^2>\sigma_2^2$。

③ 左侧检验。$H_0:\sigma_1^2\geqslant\sigma_2^2$，$H_0:\sigma_1^2<\sigma_2^2$。

（1）均值已知的方差比检验。由卡方分布和 F 分布的定义可知

$$\frac{n\sigma_2^2\sum_{i=1}^{m}(X_i-\mu_1)^2}{m\sigma_1^2\sum_{i=1}^{n}(Y_i-\mu_2)^2}\sim F(m,n)$$

则在原假设$H_0:\sigma_1^2=\sigma_2^2$成立的条件下，统计量

$$F=\frac{n\sum_{i=1}^{m}(X_i-\mu_1)^2}{m\sum_{i=1}^{n}(Y_i-\mu_2)^2}\sim F(m,n) \tag{8.16}$$

由小概率原理可得其双侧检验的拒绝域为$F<f_{\alpha/2}$或$F>f_{1-\alpha/2}$，右侧检验的拒绝域为$F>f_{1-\alpha}$，左侧检验的拒绝域为$F<f_\alpha$，其中$f_{\alpha/2}$、$f_{1-\alpha/2}$、f_α和$f_{1-\alpha}$为分布$F(m,n)$的分位数。检验 P 值由式（8.6）、式（8.16）和分布$F(m,n)$计算得到。

（2）均值未知的方差比检验。若原假设$H_0:\sigma_1^2=\sigma_2^2$成立，则由

$$\frac{S_1^2/\sigma_1^2}{S_2^2/\sigma_2^2}\sim F(m-1,n-1)$$

可知统计量

$$F = S_1^2 / S_2^2 \sim F(m-1, n-1) \tag{8.17}$$

因此其双侧检验的拒绝域为 $F < f_{\alpha/2}$ 或 $F > f_{1-\alpha/2}$，右侧检验的拒绝域为 $F > f_{1-\alpha}$，左侧检验的拒绝域为 $F < f_{\alpha}$，其中 $f_{\alpha/2}$、$f_{1-\alpha/2}$、f_{α} 和 $f_{1-\alpha}$ 为分布 $F(m-1, n-1)$ 的分位数。检验 P 值由式（8.6）、式（8.17）和分布 $F(m-1, n-1)$ 计算得到。

【例 8.12】 自定义函数计算两个正态总体方差比的检验 P 值。

自定义函数的输入参数 mu1 和 mu2 不为 NULL 时，表示均值已知时的方差比检验，否则表示均值未知时的方差比检验。

```
pv.double.var.test=function(x, y, mu1=NULL, mu2=NULL, alt='two.sided'){
  m=length(x)
  n=length(y)
  if(!is.null(mu1) && !is.null(mu2)){ #均值已知情形
    f0=n*sum((x-mu1)^2) / (m*sum((y-mu2)^2))
    p0=pf(f0, m, n)
    para=c(m, n)
    names(para)=c('自由度1', '自由度2')
    mtd='均值已知时双正态总体方差比检验'
  }else{ #均值未知情形
    f0=var(x) / var(y)
    p0=pf(f0, m-1, n-1)
    para=c(m-1, n-1)
    names(para)=c('自由度1', '自由度2')
    mtd='均值未知时双正态总体方差比检验'
  }
  pv=switch (alt,
      two.sided=2*ifelse(p0<0.5,p0,1-p0),
      greater=1-p0,
      less=p0 )
  names(f0)='统计量'
  dat=paste(deparse(substitute(x)), '和', deparse(substitute(y)))
  structure(list(statistic=f0,p.value=pv,alternative=alt, data.name=dat,
                  method=mtd,parameter=para), class='htest')
}
```

8.2.3 非正态总体的假设检验

1．指数分布的参数检验

假设总体 $X \sim E(\lambda)$，$X_1, X_2, \cdots, X_n$ 为总体样本，$\overline{X}$ 为样本均值，$x_1, x_2, \cdots, x_n$ 为样本观测值，$\overline{x}$ 为样本均值的观测值。参数 $\lambda > 0$ 是待检验参数，原假设和备择假设如下。

① 双侧检验。$H_0: \lambda = \lambda_0$，$H_1: \lambda \neq \lambda_0$。

② 右侧检验。$H_0: \lambda \leqslant \lambda_0$，$H_1: \lambda > \lambda_0$。

③ 左侧检验。$H_0: \lambda \geqslant \lambda_0$，$H_1: \lambda < \lambda_0$。

由于$2n\lambda\overline{X} \sim \chi^2(2n)$，当原假设$\lambda=\lambda_0$成立时，统计量

$$Z = 2n\lambda_0\overline{X} \sim \chi^2(2n) \tag{8.18}$$

因此其双侧检验的拒绝域为$Z<\chi_{\alpha/2}$或$Z>\chi_{1-\alpha/2}$，右侧检验的拒绝域为$Z<\chi_{\alpha}$，左侧检验的拒绝域为$Z>\chi_{1-\alpha}$。记统计量的值$z_0 = 2n\lambda_0\overline{x}$，双侧检验的 P 值为$2\min\{P(Z\leqslant z_0), 1-P(Z\leqslant z_0)\}$，右侧检验的$P$值为$P(Z\leqslant z_0)$，左侧检验的$P$值为$1-P(Z\leqslant z_0)$。

2. 0-1 分布参数的假设检验

假设总体$X\sim B(1,p)$，且X_1，X_2，…，X_n为总体样本，其中$X_i=1$或0。设$\overline{X}$和$\overline{x}$分别为样本均值和样本均值的观测值，S^2和s^2分别为样本方差和样本方差的观测值。参数p的假设检验问题描述如下。

① 双侧检验。$H_0: p=\lambda_0$，$H_1: p\neq\lambda_0$。

② 右侧检验。$H_0: p\leqslant\lambda_0$，$H_1: p>\lambda_0$。

③ 左侧检验。$H_0: p\geqslant\lambda_0$，$H_1: p<\lambda_0$。

（1）0-1 分布近似检验法。当样本容量足够大时，近似有

$$\frac{\overline{X}-p}{\sqrt{p(1-p)/n}} \sim N(0,1)$$

因此，当原假设$H_0: p=\lambda_0$成立时，统计量

$$Z = \frac{\overline{X}-\lambda_0}{\sqrt{\lambda_0(1-\lambda_0)/n}} \tag{8.19}$$

近似服从$N(0,1)$，由此可知其双侧检验的拒绝域为$|Z|>u_{1-\alpha/2}$，右侧检验的拒绝域为$Z>u_{1-\alpha}$，左侧检验的拒绝域为$Z<u_{\alpha}$。检验P值由式（8.6）、式（8.19）与分布$N(0,1)$计算得到，其中$\overline{X}$的观测值$\overline{x}=k/n$，k为n次抽样中的成功次数。

【例 8.13】 在某次考试中，101 个考生只有 56 人通过，请问本次考试的通过率是否达到了 60%，其中$\alpha=0.05$。

本例的原假设为$H_0: p\geqslant 0.6$，其中p为通过率。下面是本例的 R 程序。

```
> n = 101; k = 56; p0 = 0.6
> pnorm( (k / n - p0) / sqrt(p0*(1-p0)/n))
[1] 0.1750717
```

返回结果表明接受原假设，可从统计学上认为本次考试通过率达到了 60%。

（2）0-1 分布的精确检验。对 0-1 分布总体进行n次抽样，如果某事件出现k次或试验成功k次，那么k服从二项分布$B(n, p)$，所以可以用精确分布（即二项分布）计算检验临界值和检验P值，这种方法也称二项分布的参数检验。

设随机变量$X\sim B(n,p)$，k表示n次伯努利试验中的成功次数，即k为X的观测值，下面考虑检验P值的计算。若原假设$p=\lambda_0$成立，则$X\sim B(n,\lambda_0)$。对于双侧检验来说，当$P(X\leqslant k)<0.5$时，其检验P值就不一定是$2P(X\leqslant k)$了，这一点与连续分布完全不同。由于$P(X=0)<P(X=1)<\cdots<P(X=k)$，此时双侧检验的$P$值是所有概率小于等

于 $P(X=k)$ 的点概率值之和。例如，对于分布 $B(9,0.4)$ 的分布律（表 8.4），当 $k=1$ 时，其检验 P 值为 $P(X=0)+P(X=1)+P(X=7)+P(X=8)+P(X=9)=0.0956$，而不是 $2\times[P(X=0)+P(X=1)]=0.1412$。同理，当 $P(X\leqslant k)\geqslant 0.5$ 时，双侧检验的 P 值是所有小于等于 $P(X=k)$ 的点概率值之和。综上所述，双侧检验的检验 P 值的计算过程可归纳如下。

① 求分布 $B(n,\lambda_0)$ 的分布律。

② 计算所有小于等于 $P(X=k)$ 的点概率之和。

右侧检验的检验 P 值为 $P(X\geqslant k)=1-P(X<k)=1-P(X\leqslant k-1)$；左侧检验的检验 P 值为 $P(X\leqslant k)$。注意，二项分布检验可用于对称中心检验，如符号检验，在这种情况下，观测值 k 可能不是整数。k 不是整数的处理方法：若双侧检验且 $k\leqslant n\lambda_0$ 或左侧检验，则取 k 的整数部分；若双侧检验且 $k>n\lambda_0$ 或右侧检验，则取大于 k 的最小整数。

表 8.4 $B(9,0.4)$的分布律

X	0	1	2	3	4	5	6	7	8	9
p	0.0101	0.0605	0.1612	0.2508	0.2508	0.1672	0.0743	0.0212	0.0035	0.0003

【例 8.14】 自定义函数计算二项分布参数检验的检验 P 值。

自定义函数的输入参数 k 为试验成功次数，n 为总的试验次数；p0 为目标概率值，即检验问题中的 λ_0；参数 alt 用于标识检验问题的类型。

```
pv.binom.test <- function(k, n, p0=0.5, alt="two.sided"){
  mid = n*p0  #概率为 0.5 的分界线
  if(alt == "two.sided"){k=ifelse(k<=mid, floor(k), ceiling(k))}
  if(alt == "less"){k = floor(k)}
  if(alt == "greater"){k = ceiling(k)}
  p.point = dbinom(0:n, n, p0) #分布律
  tmp = dbinom(k, n, p0) + 1e-10 #为了比较大小，适当放大
  pv = switch (alt, two.sided = sum(p.point[p.point <= tmp]),
        greater = pbinom(k-1,n,p0,lower.tail = FALSE), less = pbinom(k,n,p0))
  mth = '0-1 分布精确检验'
  structure(list(p.value=pv,alternative=alt,method=mth),class='htest')
}
```

【例 8.15】 用二项分布检验法计算例 8.13 中的检验 P 值。

下面使用 pv.binom.test 函数计算检验 P 值。

```
> pv.binom.test(56, 101, p0=0.6, alt = 'less')$p.value
[1] 0.2019535
```

8.2.4 假设检验的 R 函数

在 R 语言中，检验函数名一般都以.test 结尾，检验函数返回一个 htest 类的数据对象，该对象由多个成员对象构成，其中各成员对象的意义如表 8.5 所示。

表 8.5　htest 类的成员对象

对象名称	意义
statistic	检验统计量值
parameter	检验统计量所服从分布的参数值
p.value	检验 P 值
conf.int	被检验参数的区间估计值
estimate	被检验参数的点估计值
null.value	原假设中被检验参数的目标值
alternative	备择假设的文字描述
method	检验方法的文字描述
data.name	样本数据对象的名称

1. t.test 函数

t.test 函数的调用格式如下。

```
t.test(x, y = NULL, alternative = c("two.sided", "less", "greater"), mu =
        0, paired = FALSE, var.equal = FALSE, conf.level = 0.95, ...)
```

t.test 函数用于检验总体方差未知时的均值或均值差。其中，参数 x 和 y 是总体样本数据所构成的向量，当 y = NULL 时，t.test 函数用于检验 x 的总体均值与 mu 之间的关系，即单正态的均值检验。例如：

```
> set.seed(1)
> x = rnorm(40, mean = 3, sd = 1.2)
> t.test(x, mu = 3.2)$p.value
[1] 0.5974645
```

当参数 y 不等于 NULL 时，t.test 函数用于检验 x 的总体均值与 y 的总体均值之间的关系，即检验两正态总体均值差与 mu 之间的关系。例如，检验均值差是否等于 1 的 R 程序如下。

```
> set.seed(1)
> x = rnorm(30, mean = 4, sd = 2)
> y = rnorm(55, mean = 1.5, sd = 1.3)
> t.test(x, y, mu = 1)$p.value
[1] 0.0001763755
```

当参数 paired = FALSE（默认值）且 var.equal = FALSE（默认值）时，t.test 函数调用式（8.15）计算检验 P 值。在下面的代码中，t.test 函数使用参数 paired 和 var.equal 的默认值，返回的 P 值与程序 pv.double.mu.test(x,y)返回的 P 值相同。

```
> set.seed(1)
> x = rnorm(30, mean = 4, sd = 2)
> y = rnorm(43, mean = 3.8, sd = 1.3)
> t.test(x, y)$p.value
```

```
[1] 0.80183
> pv.double.mu.test(x, y)$p.value
[1] 0.80183
```

当参数 paired 和 var.equal 同时为 TRUE 时，函数 t.test 按 paired = TRUE 处理，即用式（8.13）计算检验 P 值。在 paired = TRUE 的情况下，x 和 y 的长度必须相等。例如：

```
> set.seed(1)
> x = rnorm(45, mean = 3, sd = 2)
> y = rnorm(45, mean = 3.1, sd = 1.3)
> t.test(x, y, paired = TRUE, var.equal = TRUE)$p.value
[1] 0.7496264
> pv.double.mu.test(x, y)$p.value
[1] 0.7496264
```

当 var.equal = TRUE 且 paired = FALSE 时，t.test 函数调用式（8.12）计算检验 P 值。例如：

```
> set.seed(1)
> x = rnorm(35, mean = 3, sd = 2)
> y = rnorm(53, mean = 3.1, sd = 1.3)
> t.test(x, y, var.equal = TRUE)$p.value
[1] 0.7437911
> pv.double.mu.test(x, y, var.equal = TRUE)$p.value
[1] 0.7437911
```

当方差已知时，需要使用标准正态分布计算检验 P 值，因此 t.test 函数不能调用式（8.11）检验均值差；当样本容量足够大时，t.test 不能调用式（8.14）计算检验 P 值。在这两种情况下，也可以调用 t.test 函数计算近似 P 值，如调用式（8.15）计算 P 值。

2. var.test 函数

var.test 函数的调用格式如下。

```
var.test(x, y, ratio = 1, alternative = c("two.sided", "less", "greater"),
         conf.level = 0.95, ...)
```

var.test 函数返回一个 htest 类的数据对象，其中，参数 x 和 y 是两个正态总体的样本数据，不能为空值（NULL）；参数 ratio 是待检验的目标比值。

```
> set.seed(1)
> x = rnorm(100,sd = 1.2)
> y = rnorm(200,sd = 1.3)
> var.test(x,y)$p.value
[1] 0.04275034
> pv.double.var.test(x,y)$p.value
[1] 0.04275034
```

注意

var.test 不提供均值已知时的方差比检验 P 值，即不调用式（8.16）计算检验 P 值，只调用式（8.17）计算方差比检验 P 值。

3. prop.test 函数

prop.test 函数的调用格式如下。

```
prop.test(x, n, p = NULL, alternative = c( "two.sided", "less", "greater"),
        conf.level = 0.95, correct = TRUE)
```

prop.test 函数使用卡方统计量检验参数 p(目标比率)，且返回一个 htest 类的数据对象。参数 x 可以是一个向量或矩阵型数据，参数 n 是一个向量或常数，如果 x 是矩阵（表格），那么 n 可以省略。若参数 x 是一个整数，则参数 n 也是一个整数。若用 prop.test 计算例 8.13 中的检验 P 值，则 R 程序就可以用下面的格式调用该函数。

```
> prop.test(56, 101, p = 0.6, alternative = 'less')$p.value
[1] 0.2024913
```

4. binom.test 函数

binom.test 函数的调用格式如下。

```
binom.test(x, n, p = 0.5, alternative = c("two.sided", "less", "greater"),
          conf.level = 0.95)
```

与 prop.test 函数不同，binom.test 函数用二项分布计算检验 P 值，其中参数 x 是试验成功次数，参数 n 是试验总次数，参数 p 是目标比率。例如，用 binom.test 函数计算例 8.13 中的检验 P 值，并与自定义函数 pv.binom.test 进行比较。

```
> binom.test(56, 101, p = 0.6, alternative = 'less')$p.value
[1] 0.2019535
```

返回的检验 P 值与 pv.binom.test 函数相同，参见例 8.15 的运行结果。

【例 8.16】 已知某水样中碳酸钙的真实浓度为 20.7mg/ L。现在用某种方法重复测定该水样 12 次，其测定值分别为 20.99, 20.41, 20.10, 20.00, 20.91, 22.60, 20.99, 20.42, 20.90, 22.99, 23.12, 20.89。请问所测值与真实值有无显著差异？其中显著水平 α=0.05。

本例的检验问题为 $H_0: \mu = 20.7$ ， $H_1: \mu \neq 20.7$ 。使用 t.test 函数返回检验 P 值后，再与 α 进行比较并做出判断。

```
> x=c(20.99, 20.41, 20.10, 20.00, 20.91, 22.60, 20.99, 20.42, 20.90, 22.99,
     23.12, 20.89)
> t.test(x, mu=20.7, alternative="two.sided")$p.value
[1] 0.1455175
```

返回的检验 P 值约为 0.1455，故接受原假设，不认为测量值与真实值存在显著差异。

【例 8.17】 从以往的资料发现，慢性支气管炎患者血液中胆碱酯酶活性往往偏高。某校将同性别同年龄的患者与健康人员配成 8 对，测量该值并加以比较。用配对 t 检验分析这两组资料是否有显著差异？其中置信度为 95%。

患者组：3.28, 2.60, 3.32, 2.72, 2.38, 3.64, 2.98, 4.40。

健康组：2.36, 2.40, 2.40, 2.52, 3.04, 2.64, 2.56, 2.40。

假设本例患者和健康人员的胆碱酯酶活性均值分别为μ_1和μ_2，则原假设为$H_0:\mu_1=\mu_2$。用 t.test 函数计算检验 P 值时，应设置 paired = TRUE。

```
> x=c(3.28, 2.60, 3.32, 2.72, 2.38, 3.64, 2.98, 4.40)
> y=c(2.36, 2.40, 2.40, 2.52, 3.04, 2.64, 2.56, 2.40)
> t.test(x, y, paired = T, alternative = "two.sided")$p.value
[1] 0.05780883
```

返回的 P 值约为 0.05781，接受原假设，不认为两者胆碱酯酶活性有明显差异。

【例 8.18】 为了研究新药的降血糖效果，某医院用 40 名II型糖尿患者进行同期随机对照实验。先随机将患者分成实验组和对照组（服用另一种经典降血糖药物），分别测得开始前和 8 周后的空腹血糖，记录下降数。

实验组：−0.70, −5.60, 2.00, 2.80, 0.70, 3.50, 4.00, 5.80, 7.10, −0.50, 2.50, −1.60, 1.70, 3.00, 0.40, 4.50, 4.60, 2.50, 6.00, −1.40。

对照组：3.70, 6.50, 5.00, 5.20, 0.80, 0.20, 0.60, 3.40, 6.60, −1.10, 6.00, 3.80, 2.00, 1.60, 2.00, 2.20, 1.20, 3.10, 1.70, −2.00。

假设置信度为 95%，请先分析两组资料的总体方差是否相等，然后分析新药与另一种药物在降血糖效果方面有无显著差异。

假设实验组和对照组的血糖下降的均值分别为μ_1和μ_2，那么检验问题可描述为H_0：$\mu_1=\mu_2$，$H_1:\mu_1\neq\mu_2$。首先分析两个样本的总体方差是否相等，如果相等，那么在用 t.test 函数进行显著性分析时，把参数 var.equal 设置为 TRUE，否则设置为 FALSE。下面是本例的 R 脚本程序。

```
x = c(-0.70, -5.60, 2.00, 2.80, 0.70, 3.50, 4.00, 5.80, 7.10, -0.50, 2.50,
      -1.60, 1.70, 3.00, 0.40, 4.50, 4.60, 2.50, 6.00, -1.40)
y = c(3.70, 6.50, 5.00, 5.20, 0.80, 0.20, 0.60, 3.40, 6.60, -1.10, 6.00,
      3.80, 2.00, 1.60, 2.00, 2.20, 1.20, 3.10, 1.70, -2.00)
(r1 = var.test(x, y)$p.value)
if(r1 < 0.05) {t.test(x, y, var.equal = FALSE)
}else {t.test(x, y, var.equal = TRUE)}
```

在返回结果中，var.test 函数返回的检验 P 值为 0.3152554，表明方差相等，因此将做方差相等的 t 检验；t.test 函数返回的检验 P 值为 0.5248079，因此，接受原假设，不能认为两者在降血糖方面有显著差异。

【例 8.19】 对某类电子产品的可靠性进行测试，从仓库中随机抽取样品后对某可靠性指标进行数据采集，得到的指标数据为 0.94, 0.95, 0.95, 0.98, 0.91, 0.93, 0.94, 0.92, 0.93, 0.96, 0.96, 0.96, 0.91, 0.88, 0.92, 0.89, 0.89, 0.95, 0.97。如果该电子产品要求可靠性指标的标准差不超过 0.03，请问这批产品是否满足可靠性要求？其中置信度为 95%。

本例的检验目标为标准差小于 0.03，即$H_0:\sigma^2\leqslant 0.03^2$，其中$\sigma$为电子产品可靠性指标的标准差，因此采用单正态总体的方差检验。这里不能使用 var.test 函数，但可用 pv.single.var.test 函数计算检验 P 值。

```
> x = c(0.94, 0.95, 0.95, 0.98, 0.91, 0.93, 0.94, 0.92, 0.93, 0.96, 0.96,
      0.96, 0.91, 0.88, 0.92, 0.89, 0.89, 0.95, 0.97)
```

```
> pv.single.var.test(x, var0 = 0.03^2, alt = "greater")$p.value
[1] 0.5737796
```

由于检验 P 值为0.5737796，因此从统计学意义上可以认为电子产品满足可靠性要求。

【例 8.20】 当调整施肥方案后，统计某农作物在 7 块实验地亩产量（公斤/亩）数据如下。

调整前：327, 367, 356, 320, 394, 321, 338。

调整后：402, 391, 404, 353, 378, 406, 396。

在置信度为95%的条件下，施肥方案的改进会不会提高农作物的产量？

在此例中，可以使用配对均值检验法计算检验 P 值，其中检验问题为 $H_0:\mu_1 \geqslant \mu_2$，$H_1:\mu_1 < \mu_2$。

```
> x = c(327, 367, 356, 320, 394, 321, 338)
> y = c(402, 391, 404, 353, 378, 406, 396)
> t.test(x, y, paired = TRUE, alternative = 'less')$p.value
[1] 0.007218781
```

返回的 P 值为 0.007218781，拒绝原假设，从统计学意义上认为施肥方案的改进会提高农作物的产量。

【例 8.21】 从仓库中抽检某产品 103 件，发现不合格的样品 8 件，那么能否从统计学意义上得出产品合格率达到了 98%？其中置信度为 95%。

记合格率为 p，本例的检验问题可描述为 $H_0: p \geqslant 0.98$，因此可以使用 binom.test 函数计算检验 P 值，然后与显著水平 $1-95\% = 0.05$ 进行比较。

```
> binom.test(103-8, 103, p=0.98, alternative = 'less')$p.value
[1] 0.001129822
```

返回的检验 P 值为 0.001129822<0.05，因此可认为此批产品的合格率并未达标。

【例 8.22】 对学生考试成绩进行抽样调查，从 A 学校中抽取 30 人统计某学科的平均分为 65.2，成绩标准差为 7.3；从 B 学校中抽取 30 人统计该学科的平均分为 73.3，成绩标准差为 9.2。请问 A、B 两学校在该学科教学质量上有无显著差异？其中显著水平 α =0.05。

本例并没有给出原始数据，所以不能使用 t.test 函数计算检验 P 值，同样也不使用式（8.13）计算检验 P 值（因为计算 S_z 比较困难）。因此，本例可先检验方差是否相等，然后检验均值是否相等。本例的原假设为 $H_0:\mu_1=\mu_2$，其中 μ_1 和 μ_2 为 A、B 两个学校的平均成绩。首先检验 $\sigma_A^2=\sigma_B^2$，R 程序及其返回结果如下。

```
> n = 30; m= 30; SA = 7.3^2; SB = 9.2^2
> p0 = pf(SA/SB, m-1, n-1)  #用式(8.17)做方差比检验
> 2*min(p0, 1-p0)           #双侧检验 P 值
[1] 0.2188245
```

返回的检验 P 值为 0.2188245>0.05，可认为两者的方差是相等的，因此下面用方差未知但相等的 t 检验，即使用式（8.12）计算检验 P 值。

```
> sw = sqrt(((m-1)*SA + (n-1)*SB) / (m+n-2))
> ma = 65.2; mb = 73.3
```

```
> t0 = (ma-mb) / (sw*sqrt(1/m+1/n))
> p0 = pt(t0, m+n-2)
> 2*min(p0, 1-p0)
[1] 0.0003754115
```

返回的检验 P 值很小，可以认为 A、B 两个学校的教学质量存在显著差异。

8.3 非参数假设检验

8.3.1 分布函数的拟合优度检验

拟合优度检验是检验样本所在的总体分布与某种理论分布是否一致的统计推断方法，其基本思路是构造衡量样本分布与理论分布之间拟合程度（或差异程度）的量，若这个量超过某个界限，则认为样本分布与理论分布差异太大。

假设总体 X 的概率分布函数为 $F(x)$，且 $F(x)$ 的形式未知，$X_1, X_2, \cdots, X_n$ 是总体 X 的样本。$F_0(x;\theta)$ 是已知概率分布函数，且 $\theta=(\theta_1,\theta_2,\cdots,\theta_k)$ 是含有 k 个未知数的参数向量，则拟合优度检验的原假设和备择假设可描述为

$$H_0: F(x)=F_0(x;\theta)\text{，}\quad H_1: F(x)\neq F_0(x;\theta)$$

1. Pearson 拟合优度卡方检验

Pearson 拟合优度卡方检验是常用的拟合优度检验方法之一，适合检验各种类型的理论分布。Pearson 拟合优度卡方检验的主要思路：比较样本数据的观测频数与理论分布 $F_0(x;\theta)$ 的期望频数，若原假设成立，则二者偏差应该不会太大。观测频数与理论频数越接近，表示待检验分布与理论分布符合程度越好，即拟合优度越好。因此可以构造一个表示观测频数与理论频数的差异统计量，该统计量越小，就意味着待检验分布与理论分布的拟合优度越好。Pearson 于 1900 年首次构造了这个统计量，并证明了该统计量的极限分布就是卡方分布，因此也称该统计量为 Pearson 卡方统计量，该检验方法为 Pearson 拟合优度卡方检验。

1）理论分布的参数估计

如果理论分布中含有未知参数，那么首先需要确定理论分布中的未知参数值，通常使用极大似然估计法计算参数 θ 的点估计值 $\hat{\theta}$ 。

2）构造检验统计量

（1）把数轴 $(-\infty,+\infty)$ 划分成 m 个不相交的子区间，得到

$$D_i=(a_{i-1},a_i]\text{，}\quad i=1,2,\cdots,m$$

其中，$a_0=-\infty$，$a_m=+\infty$，且满足 $a_0<a_1<\cdots<a_m$ 。

（2）计算落入每个小区间 D_i 内的样本数，记为 n_i，对应的频率 $f_i=n_i/n$ 。计算理论分布概率为

$$p_i=F_0(a_i;\hat{\theta})-F_0(a_{i-1},\hat{\theta})\text{，}\quad i=1,2,\cdots,m$$

（3）构造统计量

$$Z=\sum_{i=1}^{m}\left(\frac{n_i}{n}-p_i\right)^2\cdot\frac{n}{p_i}=\sum_{i=1}^{m}\frac{(n_i-np_i)^2}{np_i} \qquad (8.20)$$

在原假设为真的条件下，f_i与p_i的差值应该很小，即$(n_i/n-p_i)^2$很小，因此当Z较大时应该拒绝原假设。在拟合优度检验中，称Z为Pearson卡方统计量。

3）确定统计量Z的分布

Pearson于1900年证明了式（8.20）中的统计量Z的极限分布为$\chi^2(m-k-1)$，其中m为区间数目，k为理论分布$F_0(x;\theta)$中参数的个数。

4）确定拒绝域和检验P值

Pearson拟合优度卡方检验是一类右侧检验问题，所以统计量Z的拒绝域为$Z>z_{1-\alpha}$，检验P值为$1-P(Z\leqslant z_0)$，其中z_0为统计量的观测值。

使用Pearson拟合优度卡方检验时应注意以下问题。

（1）样本容量应尽量大，通常要求$n\geqslant 50$。

（2）小区间数目满足$m\approx 1.87(n-1)^{0.4}$或$5\leqslant m\leqslant 16$。

（3）样本落入小区间的频数至少是5。

如果理论分布是离散型分布，那么在构造Pearson卡方统计量时就不需要对区间进行分割了，因此Pearson拟合优度卡方检验更适合离散分布的拟合优度检验。

【例8.23】 假设总体X的分布函数为$F(x)$，$\omega_1,\omega_2,\cdots,\omega_m$是从总体$X$中抽样得到的$m$类样品的频数，其中样本容量$n=\sum_{i=1}^{m}\omega_i$；$F_0(x)$是一个已知离散型分布函数，其分布列为$p_1,p_2,\cdots,p_m$。请编写R函数计算Pearson拟合优度卡方检验的检验P值。

本例实际上是检验观测频率与理论概率是否相等，即检验问题可描述为

$$H_0:\frac{n_i}{n}=p_i\text{，}\quad H_1:\frac{n_i}{n}\neq p_i$$

由于理论分布不含未知参数，因此$Z\sim\chi^2(m-1)$。下面是自定义函数的R程序。

```
my.pearson.test <- function(xi, pi){
  n = sum(xi)     #样本容量
  m = length(xi) #区间数目
  z = sum((xi-n*pi)^2/(n*pi)) #统计量
  names(z) <- '统计量 Z'
  par = m - 1
  names(par) <- '卡方分布自由度'
  pv = 1 - pchisq(z, par)
  names(pv) = NULL
  mth = 'Pearson 拟合优度卡方检验'
  structure(list(statistic = z, parameter = par, method = mth,
               p.value = pv), class = 'htest')
}
```

【例 8.24】 在圆周率$\pi = 3.14159265\cdots$的前 800 位中，数字 0 到 9 出现的频数如表 8.6 所示。假设显著水平$\alpha = 0.05$，请问π中出现的数字是否符合离散均匀分布？

表 8.6 数字 0 到 9 出现的频数

数字	0	1	2	3	4	5	6	7	8	9
频数	74	92	83	79	80	73	77	75	76	91

本例需要检验每个数字出现的概率 p 是否都相等，即检验问题可描述为

$$H_0 : p = 0.1 \text{，} \quad H_1 : p \neq 0.1$$

```
> ni = c(74,92,83,79,80,73,77,75,76,91)
> pi = rep(0.1, times = 10)          #理论概率
> my.pearson.test(ni,pi)$p.value   #需先运算函数的定义
[1] 0.8232783
```

从返回的检验 P 值可知，应接受原假设，认为π中出现的数字符合均匀分布。

5）chisq.test 函数

chisq.test 函数的调用格式如下。

```
chisq.test(x, y = NULL, correct = TRUE, p = rep(1/length(x), length(x)),
           rescale.p = FALSE, simulate.p.value = FALSE, B = 2000)
```

chisq.test 函数可用于 Pearson 拟合优度卡方检验，也可用于列联表的卡方检验。当用于 Pearson 拟合优度卡方检验时，实际上是检验频数 x 的总体分布与理论分布律 p 是否一致。其返回值是 htest 类，其中成员变量 p.value 是检验 P 值，statistic 是 Pearson 卡方统计量的值，parameter 是卡方分布的自由度。如果 p.value 是用蒙特卡罗模拟得到的，那么 parameter 的值为 NA。

（1）参数 x 为向量或者是一行（列）的矩阵，参数 y 不用输入或者设置 y = NULL；参数 x 表示观测频数。

（2）参数 correct 一般用于列联表检验。

（3）参数 p 是理论分布概率值，其默认值为 1/length(x)，参数 p 的长度与参数 x 的长度相同。

（4）参数 rescale.p 的默认值为 FALSE，表示对参数 p 不做规范化处理，否则 chisq.test 函数将对参数 p 进行规范化处理，使得处理后的 p 的和等于 1。

（5）参数 simulate.p.value 的默认值为 FALSE，表示 p.value 由近似卡方分布得到，否则 p.value 由蒙特卡罗模拟得到。

（6）参数 B 用于指定蒙特卡罗模拟的次数。

【例 8.25】 用 chisq.test 函数计算例 8.24 中的检验 P 值。

```
> ni = c(74,92,83,79,80,73,77,75,76,91)  #数字出现的频数
> pi = rep(0.1, times = 10)              #理论概率
> chisq.test(ni, p = pi)$p.value
[1] 0.8232783
```

返回的检验 P 值为 0.8232783，与例 8.24 自定义函数相同。用 chisq.test 函数做拟合优度检验时，其输入参数 x 为观测频数，参数 p 为理论频率，因此需要提前计算观测频数与理论频数。如果理论分布是连续型分布，则需要划分小区间，统计小区间的频数，因此连续型分布的 Pearson 拟合优度卡方检验的计算过程比较复杂。

2. Kolmogorov-Smirnov 检验

在 Pearson 拟合优度卡方检验中，用经验分布频率和理论分布概率之间的差异度来构造检验统计量，需要分组计算观测频数和理论分布概率，不是很方便。Kolmogorov-Smirnov 检验是基于累计分布函数值的假设检验，简称 K-S 检验。K-S 检验常用于检验经验分布是否符合某理论分布，或者检验两经验分布间是否存在显著差异。K-S 检验通过比较两个概率分布函数值来检验它们之间的差异性。

1）单样本 K-S 检验

假设 $F_0(x)$ 是已知连续分布函数，$x_1, x_2, \cdots, x_n$ 是样本观测值，排序后得到 $x_{(1)} \leqslant x_{(2)} \leqslant \cdots \leqslant x_{(n)}$，则经验函数为

$$F_n(x)=\begin{cases}0, & x<x_{(1)}\\ \dfrac{k}{n}, & x_{(k)} \leqslant x<x_{(k+1)}\\ 1, & x \geqslant x_{(n)}\end{cases} \tag{8.21}$$

单样本 K-S 检验常用于检验样本总体分布是否与 $F_0(x)$ 相符，检验问题可描述为

$$H_0: X \text{ 服从分布 } F_0(x), \quad H_1: X \text{ 不服从分布 } F_0(x)$$

单样本 K-S 检验的基本思路是通过检查总体 X 的经验分布 $F_n(x)$ 与 $F_0(x)$ 的偏差是否超过了某个临界值来检验原假设的真假。在实际应用中，取经验分布函数 $F_n(x)$ 与理论分布函数 $F_0(x)$ 的最大偏差

$$Z=\max|F_n(x)-F_0(x)|$$

作为检验统计量。Z 越小，表明 $F_n(x)$ 越接近 $F_0(x)$，若 Z 大于某临界值 $C_{n,\alpha}$，则拒绝原假设。

（1）单样本 K-S 检验的计算过程。单样本 K-S 检验主要由计算统计量观测值和确定临界值两个步骤构成。

① 计算统计量 Z 的观测值。由式（8.21）可以看出经验分布函数是一个阶梯函数，所以 $F_n(x)$ 与 $F_0(x)$ 的最大偏差应该在分段点取得，其中分段点就是样本值，如图 8.8 所示。因此 K-S 检验的统计量

$$Z=\max_{1\leqslant k\leqslant n}\left\{\left|F_n(x_{(k)})-F_0(x_{(k)})\right|,\left|F_n(x_{(k-1)})-F_0(x_{(k)})\right|\right\}$$

其中，$F_n(x_0)=0$（参见图 8.8 左下角的表达式），当出现两个或两个以上相同样本数据时，也可以用上面公式计算统计量 Z。在 R 语言中，可以用 ecdf 函数产生经验函数对象，如 ecdf(x)返回由样本 x 产生的经验函数，而 ecdf(x)(x)返回样本 x 的经验函数值。

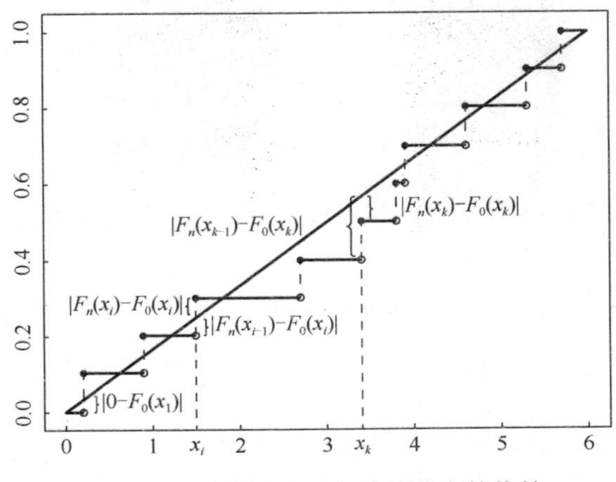

图 8.8 经验分布与已知连续分布的偏差

② 确定临界值与检验 P 值。统计量 $K=\sqrt{n}Z$ 的极限分布为 Kolmogorov 分布，其分布函数为

$$F(x)=P\left(K\leqslant x\right)=1-2\sum_{i=1}^{+\infty}(-1)^{i-1}\mathrm{e}^{-2i^2x^2} \tag{8.22}$$

因此当样本容量较大时，统计量 $\sqrt{n}Z$ 近似服从 Kolmogorov 分布，但是直接由 Kolmogorov 分布函数计算分位数很困难，一般需要从 Kolmogorov 分位数表中查找临界值。假设 z_0 是统计量 Z 的值，$k_0=\sqrt{n}z_0$，由于 K-S 检验是一类右侧检验问题，因此检验 P 值为 $P(K>k_0)$，把 k_0 代入式（8.22）可得

$$P\left(K>k_0\right)=1-P\left(K\leqslant\sqrt{n}z_0\right)=2\sum_{i=1}^{+\infty}(-1)^{i-1}\mathrm{e}^{-2ni^2z_0^2} \tag{8.23}$$

将式（8.23）的求和上限换成一个较大的正整数 N 就能得到检验 P 值的近似值

$$\text{p.value}=P(K>\sqrt{n}z_0)\approx 2\sum_{i=1}^{N}(-1)^{i-1}\mathrm{e}^{-2ni^2z_0^2} \tag{8.24}$$

（2）用 R 自定义函数进行单样本 K-S 检验。下面的 R 自定义函数用于计算样本总体服从正态分布、指数分布和均匀分布的检验 P 值。用参数 flag 标识分布类型，flag="norm"表示正态分布，flag="exp"表示指数分布，flag="unif"表示均匀分布；参数 para 指明理论分布的参数。

```
my.single.ks.test = function(x, flag="norm", para=c(0,1), N=1000){
  x = sort(x);  n = length(x)
  fn = ecdf(x)(x)    #生成经验分布函数 fn
  fn2 = c(0,fn[1:(n-1)])
  f0 = switch (flag, #理论概率值
       norm = pnorm(x,mean = para[1],sd = para[2]),
       exp = pexp(x,rate = para),
       unif = punif(x, min = para[1], max = para[2])
  )
```

```
  Z = max(c(abs(fn-f0), abs(fn2-f0)))
  names(Z) = 'K-S 统计量'
  i = 1:N #用式(8.24)计算检验 P 值
  pv = 2*sum((-1)^(i-1)*exp(-2*n*i^2*Z^2))
  mth = '单样本 K-S 检验'
  structure(list(statistic=Z, p.value=pv, method=mth), class='htest')
}
```

【例 8.26】 用 K-S 检验验证自由度为 30 的 t 分布近似标准正态分布，其中 α =0.05。

先用 rt 函数产生 100 个随机数，然后用 my.single.ks.test 函数检验随机数是否符合标准正态分布。

```
> set.seed(1)
> y = rt(100, df = 30) #产生 t 分布的随机数
> my.single.ks.test(y, flag = "norm", para = c(0,1))$p.value
[1] 0.8730059
```

返回的检验 P 值大于 0.05，因此可认为自由度为 30 的 t 分布近似符合标准正态分布。

（3）用 ks.test 函数进行单样本 K-S 检验。ks.test 函数的调用格式如下。

```
ks.test(x, y, …)
```

该函数也可用于计算单样本 K-S 检验的统计量的值和检验 P 值。其中，参数 x 为样本值，参数 y 为分布函数名，后面的省略号参数给出了理论分布的参数值，如 ks.test(x, "pnorm", mean = 0, sd = 1)。

【例 8.27】 用 ks.test 函数验证例 8.26 中的检验问题。

通过下面的 R 程序，可以看出 ks.test 函数返回的检验 P 值与 my.single.ks.test 函数返回的 P 值相同。

```
> set.seed(1)
> x = rt(100,df = 30)
> ks.test(x, y = pnorm, mean = 0, sd = 1)$p.value
[1] 0.8730059
```

2）两样本 K-S 检验

假设 $X_1, X_2, \cdots, X_m$ 是总体 X 的样本，$Y_1, Y_2, \cdots, Y_n$ 是总体 Y 的样本。两样本 K-S 检验用于检验两组样本是否存在显著性差异，或者两组样本是否来自同一个总体。所以两样本 K-S 检验问题可描述为

$$H_0: X \text{ 分布与 } Y \text{ 分布相同}, \quad H_1: X \text{ 分布与 } Y \text{ 分布不相同}$$

（1）两样本 K-S 检验的计算过程。在两样本 K-S 检验过程中，首先需要计算两个样本的经验函数值的最大偏差，从而得到检验统计量的值；然后由检验统计量的值得到检验 P 值。

① 计算两样本经验函数的最大偏差。假设两个样本的经验函数分别为 $F_{x,m}$ 和 $F_{y,n}$，

图 8.9 所示为两样本经验函数的对比图，从图中可以看出两个经验函数的最大偏差在样本点处。因此，两样本经验函数的最大偏差

$$Z = \max\left\{\left|F_{x,m}(x_i) - F_{y,n}(x_i)\right|, \left|F_{x,m}(y_j) - F_{y,n}(y_j)\right|\right\} \tag{8.25}$$

其中，x_i 和 y_j 为总体 X 和 Y 的样本观测值。

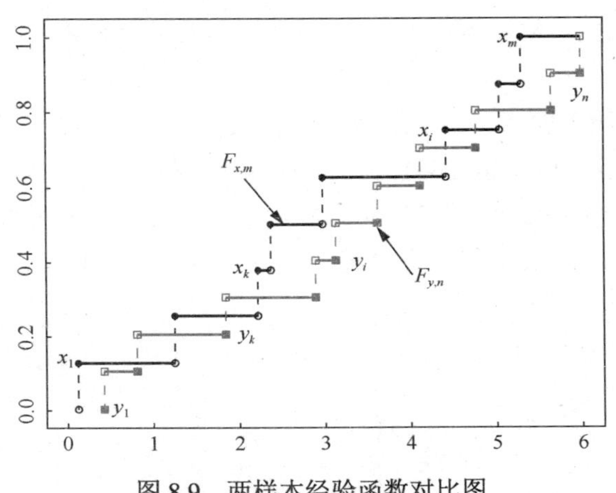

图 8.9 两样本经验函数对比图

用 R 实现时，可用 ecdf 函数构造经验函数，如用函数 ecdf(x)生成样本 x 的经验函数，用 ecdf(x)(y)函数返回样本 y 在样本 x 的经验函数中的函数值。因此式（8.25）可用下面的 R 程序计算。

```
Z = max(abs(ecdf(x)(sort(c(x,y)))- ecdf(y)(sort(c(x,y)))))
```

② 确定临界值和检验 P 值。两样本 K-S 检验的临界值可以通过查找 K-S 检验临界值表得到。由于统计量

$$K = Z\sqrt{\frac{mn}{m+n}}$$

的极限分布为式（8.22）所示的 Kolmogorov 分布，且 K-S 是右侧检验，因此其检验 P 值为 $P(K > k_0)$，其中 k_0 是统计量 K 的值。假设 z_0 是统计量 Z 的观测值，将 k_0 代入式（8.22），并由概率的性质可得检验 P 值的近似值为

$$P(K > k_0) = P\left(K > z_0\sqrt{\frac{mn}{m+n}}\right) = 2\sum_{i=1}^{N}(-1)^{i-1}\mathrm{e}^{-2i^2mnz_0^2/(m+n)} \tag{8.26}$$

其中，N 为给定的正整数。

（2）用 R 自定义函数进行两样本 K-S 检验。下面是用自定义函数调用式（8.26）计算检验 P 值的 R 程序。

```
my.double.ks.test = function(x, y, N = 100){
  m = length(x); n = length(y)
  Z = max(abs(ecdf(x)(sort(c(x,y))) - ecdf(y)(sort(c(x,y))))) #统计量Z
  names(Z) = 'K-S统计量'
  i = 1:N #用式(8.26)计算检验P值
  pv = 2*sum((-1)^(i-1)*exp(-2*i^2*m*n*Z^2/(m+n)))
  mth = '双样本K-S检验'
  structure(list(statistic = Z, p.value = pv, method = mth),class = 'htest')
}
```

【例 8.28】 请检验下面 A、B 两组数据是否来自同一总体，其中 α=0.05。

A 组：513, 522, 451, 511, 507, 491, 519, 492, 494, 517, 534。

B 组：502, 495, 488, 496, 490, 497, 503, 491, 526, 501, 511, 477, 507, 486。

用 my.double.ks.test 函数计算检验 P 值，然后与 α 进行对比。下面是本例的 R 程序。

```
> a = c(513, 522, 451, 511, 507, 491, 519, 492, 494, 517, 534)
> b = c(502, 495, 488, 496, 490, 497, 503, 491, 526, 501, 511, 477, 507,
      486)
> my.double.ks.test(a,b)$p.value
[1] 0.2224527
```

返回的检验 P 值为 0.2224527>0.05，接受原假设，可认为两者来自同一总体。

（3）用 ks.test 函数进行两样本 K-S 检验。ks.test(x,y)函数也可用于检验样本 x 和样本 y 是否来源于同一总体，其中参数 x 和 y 是两样本的向量。下面是用 ks.test 函数计算例 8.28 中的检验 P 值的 R 程序。

```
> a = c(513, 522, 451, 511, 507, 491, 519, 492, 494, 517, 534)
> b = c(502, 495, 488, 496, 490, 497, 503, 491, 526, 501, 511, 477, 507,
      486)
> ks.test(a,b)$p.value
[1] 0.1532418
```

返回的检验 P 值为 0.1532418，与 my.double.ks.test 函数返回的检验 P 值不同，但是两者返回的统计量的值相同，这是因为自定义函数计算检验 P 值所使用的方法是式（8.26）的近似方法。

8.3.2 正态性检验

检验总体 X 是否为正态分布在统计学中占有重要地位，这类问题称为正态性检验问题。本节主要介绍 Q-Q 图正态性检验和 Shapiro-Wilk 检验。正态性检验的假设问题可以描述为

$$H_0: F(x) = F_0(x), \quad H_1: F(x) \neq F_0(x)$$

其中，$F_0(x)$ 为 $N(\mu_0, \sigma_0^2)$ 的概率分布函数。

1. Q-Q 图正态性检验

1）Q-Q 图正态性检验的基本原理

Q-Q 图正态性检验是一种简单易行的正态性检验方法，通过图形表示经验分布与理论分布是否一致，其检验问题可描述为

$$H_0: F_n(x) \text{ 与 } F_0(x) \text{ 相符}, \quad H_1: F_n(x) \text{ 与 } F_0(x) \text{ 不相符}$$

其中，$F_n(x)$ 为样本的经验分布函数［参见式（8.21）］；$F_0(x)$ 为分布 $N(\mu_0, \sigma_0^2)$ 的概率分布函数。记 $\varPhi(x)$ 为标准正态分布函数，将 $F_0(x)$ 标准化可得

$$F_0(x) = \varPhi\left(\frac{x-\mu_0}{\sigma_0}\right)$$

因此，原假设成立就意味着

$$F_0(x) = \varPhi\left(\frac{x-\mu_0}{\sigma_0}\right) \approx F_n(x)$$

进而得到

$$\frac{x-\mu_0}{\sigma_0} \approx \varPhi^{-1}\left(F_n(x)\right) \tag{8.27}$$

概率分布函数的反函数值为分位数，记 $t = \varPhi^{-1}\left(F_n(x)\right)$，则 $t_i = \varPhi^{-1}\left(F_n(x_i)\right)$ 为对应 $F_n(x_i)$ 的分位数，将样本数据 $x_1, x_2, \cdots, x_n$ 代入式（8.27）可得

$$x_i \approx \sigma_0 t_i + \mu_0 \tag{8.28}$$

用绘图函数将所有数据点（t_i, x_i）绘制出来就会得到 Q-Q 图。所以原假设成立时，式（8.28）左右两边非常接近，即数据点（t_i, x_i）在直线 $x = \sigma_0 t + \mu_0$ 附近，这就是 Q-Q 图正态性检验的基本思想。

2）绘制正态 Q-Q 图

绘制正态 Q-Q 图时，首先对样本数据排序得到 $x_{(1)}, x_{(2)}, \cdots, x_{(n)}$，计算经验函数值 $F_n(x_{(1)}), F_n(x_{(2)}), \cdots, F_n(x_{(n)})$；然后查找对应 $F_n(x_{(i)})$ 的理论分位数 t_i；最后使用绘图函数绘制散点图 $\{(t_1, x_{(1)}), (t_2, x_{(2)}), \cdots, (t_n, x_{(n)})\}$。下面的程序是简易的正态 Q-Q 图的 R 自定义函数。

```
my.qq.norm <- function(x,...){
  fn = ecdf(x)(sort(x)) #经验函数值
  ti = qnorm(fn)
  plot(ti, sort(x), ...)
}
```

下面的 R 程序是绘制分位数拟合直线的自定义函数，其中参数 probs 用于指定两个分位数的百分比。

```
my.qqline <- function(x, probs = c(0.25,0.75), ...){
  x <- quantile(x, probs) #计算样本分位数，可得两个纵坐标值
  t <- qnorm(probs) #计算正态分布的分位数，可得两个横坐标值
  k <- diff(x)/diff(t) #斜率
  b <- x[1] - k * t[1] #截距
  abline(b, k, ...)
}
```

使用自定义函数绘制 mtcars$wt 的 Q-Q 图，R 程序如下，绘制的正态 Q-Q 图如图 8.10 所示。

```
my.qq.norm(mtcars$wt, pch=1, lwd=2, col="red", cex=1.5, xaxt="n", yaxt="n")
my.qqline(mtcars$wt, lwd = 2, col = "blue")
```

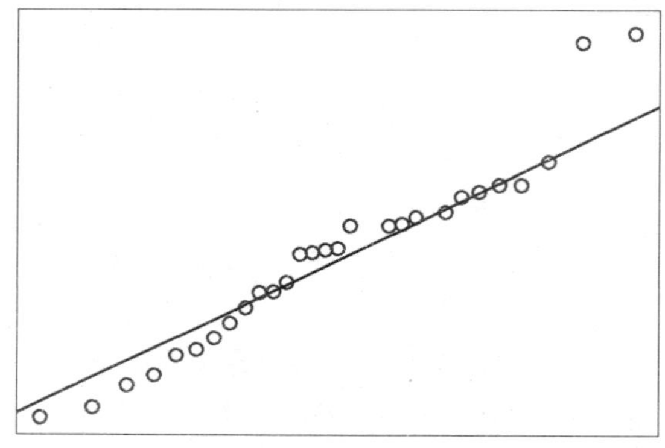

图 8.10　绘制的正态 Q-Q 图

3）R 语言的正态 Q-Q 图函数

R 函数 qqnorm 和 qqline 用于绘制正态 Q-Q 图和分位数拟合直线。

函数 qqnorm(x, ...)用于绘制正态分布的 Q-Q 图，其中参数 x 为样本数据。纵轴表示样本数据，横轴表示理论分位数。

函数 qqline(y, datax = FALSE, distribution = qnorm, probs = c(0.25, 0.75), qtype = 7, ...)用于绘制 Q-Q 图的拟合直线。其中，参数 y 为样本数据；参数 datax 为逻辑型参数，用于指定样本数据显示在 x 轴还是在 y 轴，默认值为 FALSE，表示样本数据显示在 y 轴上；参数 distribution 用于指定理论分布的分位数函数；参数 probs 用于指定绘制拟合直线的分位数所对应的概率值；参数 qtype 用于指定样本数据分位数的计算方法，默认采用 quantile 函数计算。

2. Shapiro-Wilk 检验

Shapiro-Wilk 检验，简称 S-W 检验，常用于检验某分布是否是正态分布。S-W 检验的原假设与备择假设可描述为

$$H_0\text{：总体服从正态分布，}\quad H_1\text{：总体不服从正态分布}$$

假设$x_{(1)},x_{(2)},\cdots,x_{(n)}$是样本顺序统计量的观测值，则 S-W 检验的检验统计量可定义为

$$W=\frac{\left(\sum_{i=1}^{n}a_i x_{(i)}\right)^2}{\sum_{i=1}^{n}(x_i-\bar{x})^2}$$

其中，$\bar{x}$为样本均值；$\left(\sum_{i=1}^{n}a_i x_{(i)}\right)^2$为$(n-1)\sigma_F^2$的最佳线性无偏估计，$\sigma_F^2$为总体方差。$a_1$，$a_2,\cdots,a_n$可由顺序统计量的协方差与均值计算得到，这里不再讨论统计量W的计算过程。

总体方差σ_F^2的估计量$\hat{\sigma}_F^2=S^2=\frac{1}{n-1}\sum_{i=1}^{n}(x_i-\bar{x})^2$，如果样本来自正态总体，那么检验统计量$W$的分子与分母应接近同一个常数$(n-1)\sigma_F^2$，因此$W$越接近 1，样本总体越接近正态分布，当$W$远离 1 时拒绝原假设。统计量$W$的分布的概率值与分位数需要用模拟方法或近似方法得到，在实际应用中，S-W 检验的临界值可通过查找 S-W 检验的临界值表得到。在 R 语言中，可用函数 shapiro.test(x)返回样本 x 的检验统计量及检验P值。

【例 8.29】 假设某只股票在某个时间段内的股价（元）为 13.91, 13.45, 13.10, 12.61, 12.67, 12.85, 12.13, 12.59, 12.32, 12.55, 12.92, 12.85, 12.65, 12.90, 12.74, 12.35, 12.33, 12.36, 12.53, 12.56。试用 S-W 法检验其股价是否符合正态分布。其中$\alpha=0.05$。

用 shapiro.test 函数计算股价的检验P值，R 程序如下。

```
> x = c(13.91, 13.45, 13.10, 12.61, 12.67, 12.85, 12.13, 12.59, 12.32, 12.55,
      12.92, 12.85, 12.65, 12.90, 12.74, 12.35, 12.33, 12.36, 12.53, 12.56)
> shapiro.test(x)$p.value
[1] 0.02823635
```

在返回结果中，检验P值为 0.02823635<0.05，可以做出拒绝原假设的结论，即股价不符合正态分布。

正态性检验是统计应用中的重要问题，主要有图示法（如 Q-Q 图检验法、P-P 图检验法）、Pearson 拟合优度卡方检验和 Kolmogorov-Smirnov 检验，以及其他正态性检验方法，如 Lilliefors 检验、Cramer-von Mises 检验、Anderson-Darling 检验、Shapiro-Francia 检验，在软件包 nortest 中对应的检验函数分别为 lillie.test、cvm.test、ad.test 和 sf.test。

8.3.3 基于列联表的检验

在实际应用中，经常需要先将检验问题转化成某些水平或状态的频数及频数变化，再构造检验统计量。例如，收入与学历是否有关、口味与性别是否有关、通过率与教师性别是否有关、前后两次观测结果是否一致等，这些问题可通过列联表检验来解决。

1. 列联表独立性检验

两随机变量X和Y是否独立的假设检验问题，通常可以描述为

$$H_0: X\text{ 和 }Y\text{ 相互独立}，\quad H_1: X\text{ 与 }Y\text{ 不相互独立}$$

1）列联表的数据表示方法

假设随机变量 X 和 Y 各有 r 和 s 个类别，对（X,Y）进行 n 次独立观测，用 n_{ij} 表示样本观测值中“$X=i$ 且 $Y=j$”的样本数，然后将这些数据排成 r 行 s 列的列联表，如表 8.7 所示。

表 8.7　r 行 s 列的列联表

行号	第 1 列	第 2 列	…	第 s 列	行和
1	n_{11}	n_{12}	…	n_{1s}	$n_{1\cdot}$
2	n_{21}	n_{22}	…	n_{2s}	$n_{2\cdot}$
⋮	⋮	⋮		⋮	⋮
r	n_{r1}	n_{r2}	…	n_{rs}	$n_{r\cdot}$
列和	$n_{\cdot 1}$	$n_{\cdot 2}$	…	$n_{\cdot s}$	n

其中，$n_{i\cdot}$ 和 $n_{\cdot j}$ 分别是随机变量 X 和 Y 在 i 水平和 j 水平下的样本数，且

$$n_{i\cdot}=\sum_{j=1}^{s}n_{ij}\text{，}\quad n_{\cdot j}=\sum_{i=1}^{r}n_{ij}\text{，}\quad n=\sum_{i=1}^{r}\sum_{j=1}^{s}n_{ij}$$

记

$$p_{ij}=P(X=i,Y=j)\text{，}\quad p_{i\cdot}=P(X=i)\text{，}\quad p_{\cdot j}=P(Y=j)$$

则独立性检验问题可简化为边际分布检验：

$$H_0:p_{ij}=p_{i\cdot}p_{\cdot j}\text{，}\quad H_1:p_{ij}=p_{i\cdot}p_{\cdot j}\text{不全成立}$$

其中，$p_{i\cdot}$、$p_{\cdot j}$ 为未知参数，$i=1,2,\cdots,r$；$j=1,2,\cdots,s$。

2）检验统计量

当原假设为真时，由独立性可知，$np_{ij}=np_{i\cdot}p_{\cdot j}$。因为 n_{ij} 是实际观测到的频数，np_{ij} 是期望频数，所以 n_{ij} 与 np_{ij} 之间差距应该很小。构造统计量

$$Z=\sum_{i=1}^{r}\sum_{j=1}^{s}\frac{(n_{ij}-np_{ij})^2}{np_{ij}}=\sum_{i=1}^{r}\sum_{j=1}^{s}\frac{(n_{ij}-np_{i\cdot}p_{\cdot j})^2}{np_{i\cdot}p_{\cdot j}}\tag{8.29}$$

当 Z 较大时，表示期望频数与实际频数相差较大，因此应拒绝原假设。$p_{i\cdot}$ 和 $p_{\cdot j}$ 的极大似然估计量为 $\hat{p}_{i\cdot}=n_{i\cdot}/n$，$\hat{p}_{\cdot j}=n_{\cdot j}/n$，将其代入式（8.29）可得

$$Z=\sum_{i=1}^{r}\sum_{j=1}^{s}\frac{(nn_{ij}-n_{i\cdot}n_{\cdot j})^2}{nn_{i\cdot}n_{\cdot j}}\tag{8.30}$$

3）拒绝域

在原假设成立的条件下，Z 的值应该很小，若 Z 的观测值较大，则应该拒绝原假设。由 Z 近似服从 $\chi^2((r-1)(s-1))$ 分布可知，统计量 Z 的拒绝域为 $Z>z_{1-\alpha}$，检验 P 值为 $P(Z>z_0)$，其中 z_0 为统计量观测值，可用式（8.30）计算得到。

【例 8.30】 某高校高等数学考试通过率与教师性别的统计数据如表 8.8 所示。试分析考试通过率与教师性别是否独立？其中 α =0.05。

表 8.8 考试通过率与教师性别统计数据

性别	未通过	通过	合计
男	717	1124	1841
女	660	1498	2158
合计	1377	2622	3999

先自定义函数计算统计量 Z 与检验 P 值，其中检验问题可描述为

H_0：考试通过率与教师性别无关，H_1：考试通过率与教师性别有关

```
my.independence.test <- function(tab){
  n = sum(tab); ni. = rowSums(tab); n.j = colSums(tab)
  z = sum((n*tab-outer(ni.,n.j))^2/(n*outer(ni.,n.j)))
  df = (nrow(tab)-1)*(ncol(tab)-1)
  p = 1 - pchisq(z,df)
  names(z) = '卡方统计量'
  names(df) = '自由度'
  mth = '独立性卡方检验'
  structure(list(statitic = z, p.value = p, method = mth,parameter = df),
            class = 'htest')
}
> my.independence.test(matrix(c(717,660,1124,1498),nrow = 2))$p.value
[1] 2.902898e-08
```

返回的检验 P 值为 2.902898e-08，拒绝原假设，可认为考试通过率与性别有关。

4）chisq.test 函数

在 R 语言中，chisq.test 函数也可以做列联表检验，该函数调用格式如下。

```
chisq.test(x, y = NULL, correct = TRUE, p = rep(1/length(x), length(x)),
           rescale.p = FALSE, simulate.p.value = FALSE, B = 2000)
```

当 chisq.test 函数做列联表检验时，参数 x 是一个数值型矩阵，用于表示二维列联表中的数据，此时参数 y 为 NULL。参数 correct 是一个逻辑型参数且其默认值为 TRUE，当 correct = TRUE 时，chisq.test 函数将对 2×2 列联表的统计量做连续修正，否则不做修正。下面用 chisq.test 函数计算例 8.30 的检验 P 值。

```
>chisq.test(matrix(c(717,660,1124,1498),nrow=2),correct=FALSE)$p.value
[1] 2.902898e-08
```

当用 chisq.test 函数做列联表检验时，输入参数 x 是二维表格，常用矩阵表示列联表，并且要求频数小的单元格不能太多，不允许出现频数小于 1 的单元格等。另外，chisq.test

函数也可以做分布齐性检验，即检验多个总体在某变量的各个类别上是否具有相同的分布特征，如性别不同的人在商品房的选择上是否一致、不同专业的学生对数学重要性的认识是否一致等。

2. Fisher 精确检验

在列联表检验中，如果样本量较小，如列联表某单元格中的数据小于 5，就不适合使用 Pearson 拟合优度卡方检验了，在这种情况下，可以用 Fisher 精确检验解决独立性问题。

【例 8.31】 表 8.9 是患肺癌与吸烟的频数统计表，请使用 chisq.test 函数计算 Pearson 拟合优度卡方检验的检验 P 值。

表 8.9 患肺癌与吸烟的频数统计表

患肺癌情况	不吸烟	吸烟	行和
患肺癌	$a=1$	$b=7$	$a+b=8$
未患肺癌	$c=10$	$d=5$	$c+d=15$
列和	$a+c=11$	$b+d=12$	$a+b+c+d=23$

下面是 chisq.test 函数的检验 R 程序。

```
> x = matrix(c(1,7,10,5), nrow = 2, byrow = TRUE)
> chisq.test(x)$p.value
[1] 0.04148617
Warning message:
In chisq.test(x) : Chi-squared 近似算法有可能不准
```

警告信息表明用卡方独立性检验的结果可能不准确，主要原因是频数 $a=1$ 且样本容量为 $a+b+c+d=23$，因此在样本容量较小的情况下，不宜使用卡方独立性检验进行独立性检验。

Fisher 精确检验既可用于检验两个随机变量是否相互独立，也可用于检验两类总体的类别所占比例是否相等。其中，两变量独立性检验可描述为

H_0：行变量与列变量相互独立，H_1：行变量与列变量相关

比例相等的检验问题可描述为

H_0：两行的类别所占的比例相等，H_1：两行的类别所占的比例不相等

在表 8.9 中，记 $n=a+b+c+d$，用 T 表示第一个单元格的频数，T 是随机变量，a 是 T 的观测值。若原假设成立，即患肺癌与吸烟没关系，那么患肺癌与未患肺癌的吸烟比例应该相同。在这种情况下，随机变量 T 服从超几何分布 $H(n,r,s)$，其中 $r=a+b$，$s=c+d$，即分布律为

$$P(T=a)=\frac{C_{a+b}^{a}C_{c+d}^{c}}{C_{n}^{a+c}} \tag{8.31}$$

所以检验临界值可以直接使用 R 函数 qhyper 得到。当得到统计量 T 的观测值 a 后，就可以直接用式（8.31）计算检验 P 值。超几何分布是离散分布，确定检验 P 值的方法与二项分

布检验相同，具体内容参见 8.2.3 节。在 R 语言中，可用 dhpyer 和 phyper 函数计算分布律和累计概率值，函数 dhyper(x, m, n, k)表示从装有 m 个白球和 n 个黑球的袋子中抽取 k 个球后，最终抽到 x 个白球（或黑球）的概率；而函数 phyper(x, m, n, k)表示抽到的白球（或黑球）不超过 x 个的概率。下面的脚本文件是 Fisher 精确检验的 R 自定义函数，其返回值为 Fisher 精确检验的检验 P 值。

```
my.fisher.test = function(tab, alt = "two.sided"){
  m = rowSums(tab)[1] #m 个白球
  n = rowSums(tab)[2] #n 个黑球
  k = colSums(tab)[1] #抽取 k 个球
  a = tab[1,1] #k 个球中有 a 个白球
  pi = dhyper(0:min(m,k), m, n, k)
  pa = dhyper(a, m, n, k) + 10^(-10) #为了比较做适当放大
  pv = switch (alt, two.sided = sum(pi[pi<=pa]),
           greater = 1-phyper(a-1,m,n,k), less = phyper(a,m,n,k)
  )
  structure(list(method = 'Fisher 精确检验', p.value = pv), class = 'htest')
}
```

在 R 语言中，可用 fisher.test(x, alternative)函数计算 Fisher 精确检验的检验 P 值，其中参数 x 是表示列联表的二阶矩阵，参数 alternative 用于标识检验问题的类型。

【例 8.32】 用自定义函数 my.fisher.test 分析例 8.31 的检验问题，其中 α =0.05。

本例的检验问题为 H_0： 患肺癌与吸烟无关， H_1： 患肺癌与吸烟有关。

```
> x = matrix(c(1,7,10,5), nrow = 2, byrow = TRUE)
> my.fisher.test(x)$p.value
[1] 0.02719074
```

从返回结果可以看出， $\alpha > 0.02719074$ ，拒绝原假设，可认为患肺癌与吸烟有关。

3. McNemar 检验

McNemar 检验所处理的数据对象也是列联表所记录的类别频数，如表 8.10 所示。McNemar 检验首先对同一批数据做前后两次观测，得到两组样本数据，然后检验两次观测之间到底有多少个体从一类变到另一类。因此 McNemar 检验的主要目的是检验两次观测之间的频数是否存在显著变化，其检验问题可简化为

$$H_0:\ b=c,\quad H_1:\ b\neq c$$

表 8.10 两次观测的频数变化

	第二次观测类 A	第二次观测类 B	合计
第一次观测类 A	a	b	$a+b$
第一次观测类 B	c	d	$c+d$
合计	$a+c$	$b+d$	$a+b+c+d$

记$n=b+c$，构造两个检验统计量Z和T，其中

$$Z=(b-c)^2/n, \quad T=b \tag{8.32}$$

并且Z近似服从分布$\chi^2(1)$；当$n \leqslant 25$时，T服从二项分布$B(n,0.5)$。

当原假设为真时，Z应该很小，如果Z较大，则拒绝原假设。若原假设为真，则两次观测之间从一类变到另一类的概率应该相同，即变化概率都为$1/2$，因此若T不服从概率为0.5的二项分布，就应该拒绝原假设。当样本容量较大时，可用Z来确定检验P值，且拒绝域为$Z>z_{1-\alpha}$。在样本容量较小的情况下，可由统计量T来确定检验临界值和检验P值，且当T远离分布$B(n,0.5)$的对称中心时，应该拒绝原假设。

用自定义函数my.mcnemar.test计算McNemar检验的P值，当函数输入参数exact.p为TRUE时，用统计量T计算检验P值，否则用统计量Z计算检验P值。

```
my.mcnemar.test <- function (x, exact.p = FALSE){
  b = x[1,2]; c = x[2,1]
  n = b + c; Z = (b-c)^2/n
  if(exact.p){ #0.5时左右对称，可用式(8.6)计算
   p=2*min(pbinom(b,n,0.5),1-pbinom(b-1,n,0.5))
  }else{ p = 1-pchisq(Z,1)}
  structure(list(statistic=c(卡方统计量=Z), p.value=p, mth = 'McNemar检验'),
          class = "htest")}
```

【例8.33】 某高校进行学生会主席竞选演讲后，随机抽查100名学生调查支持率情况。在竞选演讲前，这100名学生中有84人支持A，演讲结束后，有1/4支持A的学生改变为支持B，也有1/4原来支持B的学生改变为支持A。请问竞选演讲对学生会主席竞选有显著影响吗？

由题意，可以得到如表8.11所示列联表，然后用my.mcnemar.test函数计算检验P值，R程序如下。

```
> x = matrix(c(63,21,4,12),nrow = 2, byrow = TRUE)
> my.mcnemar.test(x, exact.p = FALSE)$p.value
[1] 0.0006738585
```

返回的检验P值很小，从统计学上看竞选演讲对学生会主席竞选的影响较大。

表8.11 竞选演讲后支持频数变化情况表

	演讲后支持A	演讲后支持B	合计
演讲前支持A	63(a)	21(b)	84
演讲前支持B	4(c)	12(d)	16
合计	67	33	100

在R语言中，mcnemar.test函数可用于McNemar检验，其调用格式如下。

```
mcnemar.test(x, y = NULL, correct = TRUE)
```

该函数返回卡方检验法的检验结果，即用式（8.32）中的统计量 Z 推算检验 P 值。其中，参数 x 是一个表示列联表的矩阵或者是一个因子对象；若 x 是矩阵，则 y = NULL 或者不用输入；若 x 是因子对象，则 y 也是因子对象，表示前后两次观测的类别。参数 correct = TRUE 表示对卡方统计量做连续校正。例如，用 mcnemar.test 函数计算例 8.33 中的检验 P 值。

```
> mcnemar.test(x,correct = FALSE)$p.value
[1] 0.0006738585
```

4. Kappa 检验

评价同一观察者对于相同对象前后两次（或多次）观测能否得到相同或相近的值，或者不同的观察者对相同对象进行观测能否得到相同或相近的值，这类问题称为一致性问题。这类问题常见于医学及测评领域，Kappa 系数和 Kappa 检验通常用于描述和检验两次观测的一致性。一致性检验问题可描述为

H_0：多次（或前后两次）观测结果一致，

H_1：多次（或前后两次）观测结果不一致

设有表 8.12 所示的 2×2 列联表，在 Kappa 检验中，称 $P_0=(a+d)/N$ 为实际一致比，称

$$P_e=\frac{(a+c)(a+b)+(d+b)(d+c)}{N^2}$$

为期望一致比。由 P_0 和 P_e 可定义 Kappa 系数为

$$K=\frac{P_0-P_e}{1-P_e} \tag{8.33}$$

其中，$K<0$ 表示一致性很差；$K=-1$ 表示完全不一致；$K>0$ 表示有一致性，其中 $K<0.2$ 表示具有轻微一致性，$K<0.4$ 表示具有一般一致性，$K<0.6$ 表示具有中等一致性，$K<0.8$ 表示具有实质一致性，$K\geqslant0.8$ 表示具有完美一致性，$K=1$ 表示具有完全一致性。

表 8.12 Kappa 检验的列联表

	阴性	阳性	行和
阴性	a	b	$a+b$
阳性	c	d	$c+d$
列和	$a+c$	$b+d$	$N=a+b+c+d$

设 $X=a+d$，则 $P_0=X/N$ 且 $X\sim B(N,P_0)$，由于二项分布的方差 $D(X)=NP_0(1-P_0)$，由方差性质与式（8.33）可知

$$D(K)=\frac{P_0(1-P_0)}{N(1-P_e)^2}$$

记 $Z = K/\sqrt{D(K)}$ ，则 Z 近似服从分布 $N(0,1)$ 。因此由检验统计量 Z 和标准正态分布可以得到 Z 的拒绝域与检验 P 值。下面自定义函数用于计算 Kappa 系数和检验 P 值。

```
my.kappa.test = function(x, alt = "two.sided"){
  a = x[1,1]; b = x[1,2]; c = x[2,1]; d = x[2,2]
  N = sum(x); P0 = (a+d)/N
  Pe = ((a+c)*(a+b)+(b+d)*(c+d))/N^2
  K = (P0-Pe)/(1-Pe)
  Z = K / sqrt(P0*(1-P0)/(N*(1-Pe)^2))
  p = switch (alt, two.sided = 2*min(pnorm(Z), 1-pnorm(Z)),
        greater = 1 - pnorm(Z), less = pnorm(Z))
  structure(list(statistic = c(正态统计量=Z, Kappa=K), method = 'Kappa 检验',
    p.value = p), class = 'htest')
}
```

【例 8.34】 某医院对 434 名戊型肝炎患者使用两种检验方法（HEV RNA 检测、血清抗-HEV IgM 检测）进行检测，检测结果如表 8.13 所示。请问这两种检验方法有无显著差异？

表 8.13　HEV RNA 检测与血清抗-HEV IgM 检测的检测结果

	HEV-IgM 检测阳性	HEV-IgM 检测阴性	合计
HEV RNA 检测阳性	227	5	232
HEV RNA 检测阴性	138	64	202
合计	365	69	434

使用 my.kappa.test 函数计算检验 P 值。

```
> x = matrix(c(227,138,5,64), nrow = 2)
> my.kappa.test(x)$p.value
[1] 7.393819e-11
```

返回的检验 P 值非常小，因此可以认为两种检测方法存在显著差异。

在软件包 epiR 中，可用 epi.kappa 函数计算 Kappa 系数和 Kappa 检验 P 值。该函数的调用格式如下。

```
epi.kappa(dat, method = "fleiss", alternative = c("two.sided", "less",
          "greater"), conf.level = 0.95)
```

其输入参数 dat 是表示列联表的矩阵；参数 method 表示计算方法，其中 method = "cohen"为本节所介绍的方法。在返回值中，成员变量 kappa 包含了 Kappa 统计量 K 的信息，成员变量 z 包含检验统计量 Z 的值和检验 P 值。

```
> epiR::epi.kappa(x, method = 'cohen')$z$p.value #需要先安装 epiR 软件包
[1] 7.393821e-11
```

8.3.4 单总体秩检验

1. 秩检验的基本概念

秩用于表示顺序统计量的位置，秩检验是常用的非参数统计方法。

1）秩的定义

假设 x_1, x_2, …, x_n 是样本观测值，排序后得到 $x_{(1)} < x_{(2)} < \cdots < x_{(n)}$，若 $x_i = x_{(R_i)}$，则称 x_i 的自然秩为 R_i，简称 x_i 的秩为 R_i。记 $R = (R_1, R_2, \cdots, R_n)$，则 R 及由 R 构造的统计量称为秩统计量。秩方法就是用秩统计量进行统计推断的方法，它与总体所服从的分布无关。如果样本数据 x_1, x_2, …, x_n 中存在相等的数据，则称样本存在结，结的长度就是相等样本数据的个数。当样本存在结时，通常用样本的平均秩代替样本的秩，例如，当 $x_{(i)} = x_{(i+1)} = \cdots = x_{(i+k-1)}$ 时，它们的平均秩为

$$\sum_{j=i}^{i+k-1} \frac{j}{k} = \frac{2i+k-1}{2} \tag{8.34}$$

例如，序列{1, 2, 3, 4, 5, 1, 2, 3, 4, 3, 4, 5}，排序后为{1, 1, 2, 2, 3, 3, 3, 4, 4, 4, 5, 5}，所以元素 1 是结且长度为 2，元素 1 的平均秩是 1.5。

2）rank 函数

在 R 语言中，用 rank 函数可以返回输入向量的秩。该函数的调用格式如下。

```
rank(x, na.last = TRUE, ties.method = c("average", "first", "last", "random",
     "max", "min"))
```

在 rank 函数中，参数 x 是样本数据，可以是数值型、字符型、逻辑型及复数型。参数 ties.method 用于标识秩的计算方法，默认值为"average"，即按照式(8.34)计算；当 ties.method 的值为"min"和"max"时，结元素的秩分别等于该元素在 x 排序后的序列中的最小下标和最大下标。例如，c(5, 7, 5)，若 ties.method= "min"，则秩为{1, 3, 1}；若 ties.method="max"，则秩为{2, 3, 2}；若 ties.method = "first"，表示最先出现的结元素排在前，如{5, 7, 5}对应的秩为{1, 3, 2}；若 ties.method = "random"，表示结元素的秩在对应范围内随机取值。

3）对称中心的检验问题

总体对称中心的假设检验是非参数检验的一个重要应用，检验方法主要有符号检验和符号秩检验等。通常假设总体 X 是连续的，如果总体对称中心为 m_0，那么 $X \geqslant m_0$ 和 $X \leqslant m_0$ 出现的概率应该是相等的，即

$$P(X \leqslant m_0) = P(X \geqslant m_0) = 0.5\text{，}\quad P(X = m_0) = 0$$

若 M_e 是样本中位数，那么 M_e 关于对称中心 m_0 的假设检验问题可描述如下。

① 双侧检验。$H_0: M_e = m_0$，$H_1: M_e \neq m_0$。

② 右侧检验。$H_0: M_e \leqslant m_0$，$H_1: M_e > m_0$。

③ 左侧检验。$H_0: M_e \geqslant m_0$，$H_1: M_e < m_0$。

2. 对称中心的符号检验

1）符号统计量

假设$x_1, x_2, \cdots, x_n$都不等于m_0，则可以定义正的符号数为

$$S^+ = \sum_{i=1}^{n} s_i^+ , \quad s_i^+ = \begin{cases} 1, & x_i - m_0 > 0 \\ 0, & x_i - m_0 < 0 \end{cases}$$

即S^+表示（$x_i - m_0$）为正的样本个数。同样可以定义负的符号数为

$$S^- = \sum_{i=1}^{n} s_i^- , \quad s_i^- = \begin{cases} 0, & x_i - m_0 > 0 \\ 1, & x_i - m_0 < 0 \end{cases}$$

在统计学中，由S^+和S^-构造的统计量称为符号统计量。如果$x_1, x_2, \cdots, x_n$中有t个样本点刚好等于m_0，那么可以先将等于m_0的样本数据删除，再统计S^+和S^-，也可以把这些样本数据的符号记为正或负。

2）拒绝域与检验P值

当原假设为真时，事件$\{X_i < m_0\}$和事件$\{X_i > m_0\}$等可能发生，且发生概率均为0.5，因此S^-和S^+都服从分布$B(n, 0.5)$。对于双侧检验来说，取统计量$K = \min\{S^-, S^+\}$，则$K \sim B(n, 0.5)$，其拒绝域为$K < b_{\alpha/2}$，$b_{\alpha/2}$是二项分布的分位数，可用 qbinom 函数直接计算得到。因为分布$B(n, 0.5)$是对称的，所以检验P值为$2P(K \leqslant k)$，可用 pbinom 函数直接计算得到。

对于右侧检验来说，在原假设的条件下，S^-应该比S^+大，取$K = S^-$，则当K比较小时应该拒绝原假设，即其拒绝域为$K < b_\alpha$，检验P值为$P(K \leqslant k)$。对于左侧检验来说，原假设暗示了S^+应该比较大，因此当S^+很小时应该拒绝原假设。取统计量$K = S^+$，则其检验拒绝域为$K < b_\alpha$，检验P值为$P(K \leqslant k)$。

当n较大时，S^-和S^+近似服从正态分布$N(n/2, n/4)$。在实际应用中，用统计量

$$Z = \frac{K - n/2 + c}{\sqrt{n}/2}$$

对原统计量进行连续性修正，当$K > n/2$时，取$c = -0.5$；当$K < n/2$时，取$c = 0.5$。

3）检验P值的 R 实现

下面用 R 语言自定义函数计算符号检验的检验P值，其中参数 exact = TRUE 表示用二项分布计算检验P值，否则用正态分布近似计算检验P值；参数 correct = TRUE 表示用连续修正公式计算检验P值，否则用正态分布$N(n/2, n/4)$计算检验P值。

```
my.sign.test=function(x, m0=0, exact=TRUE, correct=FALSE, alt="two.sided"){
  x = x[x!=m0] #剔除等于 m0 的点
  x = x-m0; n = length(x)
  s.p = sum(as.integer(x>0)) #S+
  s.m = sum(as.integer(x<0)) #S-
```

```
  K = switch (alt,two.sided = min(s.p,s.m), greater = s.m, less = s.p)
  m.c = ifelse(K==n/2, n/2, ifelse(K<n/2, n/2-0.5, n/2+0.5)) #修正统计量
  pv = ifelse(exact, pbinom(K, n, 0.5) #精确检验
         ifelse(correct, pnorm(K, m.c, sqrt(n)/2) #修正方法
                pnorm(K,n/2,sqrt(n)/2))) #非修正方法
  if(alt == "two.sided") pv = 2*pv
  names(K)="统计量 K"
  structure(list(statistic = K, p.value=pv, method="符号检验"), class="htest")
}
```

【例 8.35】 某地区具有中级职称人员年收入中位数是 25000 元，某一行业中级职称人员的年收入的抽样数据（单位：元）为 25500, 24000, 26000, 26200, 24800, 25400, 25800, 26000, 27000, 30000, 22000, 28000, 23000, 24600。问该行业中级职称人员的年收入的中位数与 25000 元有无显著差异？其中 $\alpha=0.1$ 。

直接调用 my.sign.test 函数，R 程序及其返回结果如下。

```
> x = c(25500, 24000, 26000, 26200, 24800, 25400, 25800, 26000, 27000, 30000,
     22000, 28000, 23000, 24600)
> my.sign.test(x, 25000)$p.value
[1] 0.4239502
```

返回的检验 P 值为 0.4239502>0.1，接受原假设，可认为该行业年收入中位数与 25000 元无显著差异。

3. 单样本的符号秩检验

1）Wilcoxon 符号秩检验的基本原理

假设待检验的对称中心是 m_0，符号检验是用 x_i-m_0 的正负号的数目来推断对称中心是否为 m_0，但是每个数据点的正负号仅代表该点在中心位置的哪一边，并没有体现该点距离中心的远近。Wilcoxon 符号秩检验不仅考虑了观测值的符号，而且充分利用了各观测值距离中心远近的信息，是一种更为高效的对称中心检验方法。

如果原假设 $M_e=m_0$ 成立，那么样本数据大于或小于 m_0 的样本数是大致相等的，这就是符号检验的假设准则。在 Wilcoxon 符号秩检验中，首先对 $|x_i-m_0|$ 进行排序，并计算样本点的绝对秩 R_i，然后计算对应符号为正的样本点的绝对秩之和 W^+、符号为负的样本点的绝对秩之和 W^-。如果 $M_e=m_0$ 成立，则 W^+ 与 W^- 应该大致相等，这就是 Wilcoxon 符号秩检验的基本原理。

2）Wilcoxon 符号秩检验的基本过程

假设样本数据 $x_1,x_2,\cdots,x_n$ 都不等于 m_0，若某个样本数据等于 m_0，可先删除该样本数据，再按照下述步骤进行 Wilcoxon 符号秩检验。

（1）计算 $|x_i-m_0|$ 的秩 R_i，其中 $i=1,2,\cdots,n$ 。

（2）计算 x_i-m_0 的符号为正的 R_i 之和 W^+ 与 x_i-m_0 的符号为负的 R_i 之和 W^- 。

（3）对双侧检验来说，若原假设为真，则 W^+ 和 W^- 大致相等。当 W^+ 和 W^- 中有一个很

小时，原假设不成立的概率就非常大，从而可否定原假设。因此双侧检验取检验统计量 $W=\min\{W^-,W^+\}$。对于右侧检验来说，若原假设 $M_e \leqslant m_0$ 为真，取统计量 $W=W^-$，当 W 较小时应否定原假设。对于左侧检验来说，取统计量 $W=W^+$，当 W 较小时应否定原假设。

（4）当样本容量较小时，可查 Wilcoxon 符号秩分布表得到临界值和检验 P 值。当样本容量 n 较大时，可以用正态分布近似计算临界值和检验 P 值。

3）Wilcoxon 符号秩检验的 R 实现

在 R 语言中，函数 psignrank(w, n)是 Wilcoxon 符号秩分布的概率函数，返回 $P(W \leqslant w)$ 的值；函数 qsignrank(p, n)是概率为 p 的分位数。当样本容量充分大时，统计量 W 近似服从正态分布 $N(E(W), D(W))$，其中

$$E(W)=\frac{n(n+1)}{4}, \quad D(W)=\frac{n(n+1)(2n+1)}{24}+\frac{1}{48}\sum_{i=1}^{k}(t_i^3-t_i)$$

其中，k 为结的个数，t_i 为第 i 个结的长度。注意，当样本中存在结时，不能用精确 Wilcoxon 符号秩分布来计算其临界值和检验 P 值，需要用近似正态分布计算，并且用($W+0.5$)对原统计量进行校正，即 W 近似服从 $N(E(W)-0.5, D(W))$。

下面是 Wilcoxon 符号秩检验的检验 P 值计算程序，自定义函数的输入参数 exact = TRUE 表示用 Wilcoxon 符号秩分布计算检验 P 值，否则用近似正态分布计算；参数 correct = TRUE 表示做连续修正，否则不做连续修正。

```
my.wilcox.test = function(x, m0 = 0, alt = "two.sided", exact = TRUE, correct
                          = FALSE) {
  x = x[(x-m0)!=0]; x = x-m0; g = rank(abs(x))
  w.plus = sum(g[x>0])   #W+
  w.minus = sum(g[x<0])  #W-
  W = min(w.plus,w.minus)
  n = length(x)
  if(any(table(g)>1)){exact = FALSE} #样本存在结，不能做精确检验
  if(exact){ #精确检验
    pr = switch(alt, two.sided = 2*psignrank(W,n),
           greater = psignrank(w.minus,n),less = psignrank(w.plus,n))
  }else{
    mu = ifelse(correct, n*(n+1)/4-0.5, n*(n+1)/4) #修正
    t = table(g);
    sigma = sqrt(n*(n+1)*(2*n+1)/24-sum(t^3-t)/48) #D(W)
    pr = switch(alt, two.sided = 2*pnorm(W, mean = mu, sd = sigma),
           greater = pnorm(w.minus, mean = mu, sd = sigma),
           less = pnorm(w.plus, mean = mu, sd = sigma))
  }
  names(W) = "Wilcoxon 符号秩统计量"
  structure(list(statistic=W, method = "单样本 Wilcoxon 符号秩检验", p.value =
           pr), class="htest")
}
```

在 R 语言中，wilcox.test 函数可返回单样本 Wilcoxon 符号秩检验法的检验 P 值。该函数的调用格式如下。

```
wilcox.test(x, mu = 0, exact = NULL, correct = TRUE, ...)
```

当用 wilcox.test 函数做单样本的符号秩检验时，除参数 x 外，其他参数的名称不能省略，这是因为上面所示的 wilcox.test 函数的用法还有其他参数未列出。参数 exact = FALSE 表示用正态分布近似计算，exact = TRUE 表示用 Wilcoxon 符号秩分布做精确计算，exact = NULL 表示可以不使用该参数，由 wilcox.test 自动选择适当的分布进行计算。参数 correct 只有当 exact 为 FALSE 且样本中有数据等于 mu 或者样本中存在结时才有效，correct = TRUE 表示做连续修正，correct = FALSE 表示不做连续修正。

【例 8.36】 为了解垃圾邮件对大型公司决策层的工作影响程度，某网站收集了 19 家大型公司的 CEO 邮箱中每天收到的垃圾邮件数，得到如下数据（单位：封）：310, 350, 370, 377, 389, 400, 415, 425, 440, 295, 325, 296, 250, 340, 298, 365, 375, 360, 385。从平均意义上看，垃圾邮件的中位数是否超过 320 封？其中 $\alpha = 0.01$。

本例的原假设为"垃圾邮件的中位数小于等于 320"，备择假设为"垃圾邮件的中位数大于 320"。用 my.sign.rank.test 函数计算精确检验的检验 P 值，当样本中存在结时，该自定义函数会自动用正态分布做近似计算。

```
> x = c(310, 350, 370, 377, 389, 400, 415, 425, 440, 295, 325, 296, 250,
      340, 298, 365, 375, 360, 385)
> my.wilcox.test(x,m0=320,exact = TRUE, alt = 'greater')$p.value
[1] 0.00472641
```

返回的检验 P 值为 0.00472641<0.01，所以拒绝原假设，可认为垃圾邮件的中位数超过了 320 封。在本例中，也可用 wilcox.test 函数进行计算。

8.3.5 两总体的秩检验

1. 配对样本的秩检验方法

在实际应用中，有时需要比较成对数据之间的差异。例如，测试某种药物在疗效上是否有显著性效果，可以通过对照试验，比较用药前和用药后的某项指标是否存在显著差异。再如，两种检测方法是否能得到相同的测试结果、某药物的疗效是否优于另一种药物的疗效、两种材料生产的产品在质量上是否存在差异等。配对样本检验要求每对数据都来自同一类对象，并且数据来自连续总体，数据对之间相互独立。配对数据间的比较可用符号检验或 Wilcoxon 符号秩检验方法来推断假设的合理性。

【例 8.37】 现有 10 名患者进行某种药物治疗前后的血压数据（单位：毫米汞柱收缩压），请判断这种药物在治疗高血压方面是否有效。

治疗前(x_i): 147, 140, 142, 148, 169, 170, 161, 144, 171, 161。

治疗后(y_i): 128, 129, 147, 152, 156, 150, 137, 132, 178, 128。

本例实际上要求判断 $y_i < x_i$ 在统计意义上是否成立，即检验 $d_i = x_i - y_i$ 的中位数 M 是否大于 0，所以本例的检验问题可描述为

$$H_0: M \leqslant 0, \quad H_1: M > 0$$

用 my.sign.test 函数做符号检验，R 程序如下。

```
> x = c(147, 140, 142, 148, 169, 170, 161, 144, 171, 161)
> y = c(128, 129, 147, 152, 156, 150, 137, 132, 178, 128)
> my.sign.test(x-y, alt="greater")$p.value
[1] 0.171875
```

由返回结果可以看出，检验 P 值较大，不能拒绝原假设，表明该药物治疗后没有效果。用 my.wilcox.test 函数做 Wilcoxon 符号秩检验，R 程序如下。

```
> my.wilcox.test(x-y, exact = TRUE, alt = 'greater')$p.value
[1] 0.01367188
```

在 $\alpha > 0.01367188$ 条件下，拒绝原假设，认为该药物在治疗高血压方面有一定疗效。用 wilcox.test 函数计算 Wilcoxon 符号秩检验的检验 P 值，R 程序如下。

```
> wilcox.test(x, y, paired = TRUE, exact = TRUE, alternative = 'greater')
$p.value
[1] 0.01367188
```

在某些应用中，经常会遇到两家工厂生产的同类产品的质量有无差异、两种工艺对产品性能的影响有无差异等差异性检验问题。这类问题就是检验两个连续总体的分布函数是否一致的问题，即同分布检验问题：

$$H_0: \ F(x) = G(x), \quad H_1: \ F(x) \neq G(x)$$

在样本容量相等的情况下，同分布检验问题就是检验 $d_i = x_i - y_i$ 的对称中心是否为 0，因此可用符号检验法或符号秩检验法检验容量相等时两样本的同分布性问题。

2. 非成对样本的 Brown-Mood 中位数检验

1）非成对样本的检验问题

在实际应用中，两个样本的中位数（或均值）比较也是假设检验的常见问题。例如，比较两地生活水平或消费水平是否一致、两种汽油中哪一种对环境污染比较小、两种训练方法中哪一种可以更快速地提高运动员的竞技水平、两种药物中哪种药物的疗效更好等。若总体分布未知或者不服从正态分布，则需要使用样本数据的位置信息来检验两个总体的中位数大小。假设 M_x 和 M_y 分别为两个总体的中位数，那么两总体的中位数检验问题可描述如下。

① 双侧检验。$H_0: M_x = M_y$，$H_1: M_x \neq M_y$。

② 右侧检验。$H_0: M_x \leqslant M_y$，$H_1: M_x > M_y$。

③ 左侧检验。$H_0: M_x \geqslant M_y$，$H_1: M_x < M_y$。

2）Brown-Mood 检验统计量

如果原假设 $M_x = M_y$ 成立，那么把它们混合在一起后，得到的共同中位数 M_{xy} 也应该相同，这表明在样本 $X_1, X_2, \cdots, X_m$ 中大于或小于 M_{xy} 的样本数大致相同，在 $Y_1, Y_2, \cdots, Y_n$ 中大于或小于 M_{xy} 的样本数也大体相等。

首先，分别统计 $x_1, x_2, \cdots, x_m$ 和 $y_1, y_2, \cdots, y_n$ 中大于和小于 M_{xy} 的样本数，如表 8.14 所示。若样本数据等于 M_{xy}，则剔除该样本数据后再进行统计，也可以按照某种规则计算到大于或小于 M_{xy} 的样本群中。

表 8.14　大于和小于 M_{xy} 的样本数

	X 样本	Y 样本	合计
观测值大于 M_{xy} 的数目	a	b	$t=a+b$
观测值小于 M_{xy} 的数目	c	d	$s=c+d$
合计	$m=a+c$	$n=b+d$	$N=a+b+c+d$

然后，取表 8.14 中第一个单元格的数据作为检验统计量 A，其中 a 为统计量观测值，在原假设成立时，统计量 A 服从超几何分布，即

$$P(A=a)=\frac{C_m^a C_n^b}{C_{m+n}^{a+b}}$$

对于双侧检验来说，a 很小或者很大时都应该拒绝原假设，所以检验 P 值为 $2\min\{P(A \leqslant a), P(A \geqslant a)\}$。对于右侧检验来说，原假设成立就意味着 a 应该很小，即当 a 较大时应拒绝原假设，所以检验 P 值为 $P(A \geqslant a)$。对于左侧检验来说，原假设成立意味着 a 应该比较大，即当 a 很小时应拒绝原假设，所以检验 P 值为 $P(A \leqslant a)$。

当样本容量较大时，若原假设 $M_x = M_y$ 成立，则统计量

$$Z=\frac{A-mt/N}{\sqrt{mnt(N-t)/N^3}} \tag{8.35}$$

近似服从标准正态分布。连续修正公式为

$$Z=\frac{A+\theta-mt/N}{\sqrt{mnt(N-t)/N^3}} \tag{8.36}$$

且当 $a<\min\{m,t\}/2$ 时，$\theta=0.5$；当 $a>\min\{m,t\}/2$ 时，$\theta=-0.5$，因此可用近似正态分布确定检验 P 值和临界值。

3）Brown-Mood 检验的 R 实现

下面的 R 程序是 Brown-Mood 中位数检验的自定义函数，其中 exact = TRUE 表示用超几何分布确定检验 P 值，否则用标准正态分布计算检验 P 值；当 exact = FALSE 时，参数 correct 才有效，且 correct = TRUE 表示用式（8.36）计算统计量的值，否则用式（8.35）计算。

```
my.brown.mood.test = function(x, y, exact = TRUE, correct = TRUE, alt =
                                        "two.sided"){
  M.xy = median(c(x,y))
```

```
  a = sum(as.integer(x>M.xy))
  b = sum(as.integer(y>M.xy))
  m = sum(as.integer(x!=M.xy))
  n = sum(as.integer(y!=M.xy))
  if(exact) { #精确分布
    Z = a
    p0 = phyper(Z,m,n,a+b)
  }else{
    if(correct){a = ifelse(a < min(m,a+b)/2, a+0.5, a-0.5)} #修正
    N = m+n
    Z = (a-m*(a+b)/N)/sqrt(m*n*(a+b)*(N-a-b)/(N^3))
    p0 = pnorm(Z)
  }
  pv = switch (alt, two.sided = 2*min(p0, 1-p0), greater = 1-p0, less = p0)
  names(Z) = '统计量'
  structure(list(statistic=Z, p.value=pv, method="Brown-Mood 检验"),
            class="htest")
}
```

【例 8.38】 下面两组数据是两地区城镇职工工资的抽样调查结果（单位：元），请用 Brown-Mood 中位数检验两地区工资的中位数是否存在差异。

地区 1：6864, 7304, 7477, 7779, 7895, 8348, 8461, 9553, 9919, 10073, 10270, 11581, 13472, 13600, 13962, 15019, 17244。

地区 2：10276, 10533, 10633, 10837, 11209, 11393, 11864, 12040, 12642, 12675, 13199, 13683, 14049, 14061, 16079。

观测地区 1 和地区 2 的数据，可以发现整体上地区 2 的数据要大于地区 1 的数据。本例的检验问题可描述为

$$H_0: \text{地区 1 的工资中位数不小于地区 2 的工资中位数,}$$

$$H_1: \text{地区 1 的工资中位数小于地区 2 的工资中位数}$$

使用 my.brown.mood.test 函数计算检验 P 值，R 程序如下。

```
> x=c(6864, 7304, 7477, 7779, 7895, 8348, 8461, 9553, 9919, 10073, 10270,
      11581, 13472, 13600, 13962, 15019, 17244)
> y=c(10276, 10533, 10633, 10837, 11209, 11393, 11864, 12040, 12642, 12675,
      13199, 13683, 14049, 14061, 16079)
> my.brown.mood.test(x,y,alt = "less")$p.value
[1] 0.07780674
```

返回的检验 P 值为 0.07780674，在 $\alpha = 0.05$ 的条件下，无法拒绝原假设，所以可以认为地区 1 的工资中位数不会比地区 2 的工资中位数小。

3. Mann-Whitney 检验

Brown-Mood 检验只比较了两组样本大于或小于混合样本中位数的数目，并没有充分

利用样本数据离中心位置的距离信息。Mann-Whitney 检验不仅利用了样本与离混合样本中位数差的符号，而且利用了样本值与中位数之间的距离信息，并构造 Wilcoxon 秩和统计量去推断两个总体中位数的大小关系。

1）Mann-Whitney 统计量

设 $x_1, x_2, \cdots, x_m$ 和 $y_1, y_2, \cdots, y_n$ 为样本观测值。把这两组样本混合起来得到长度为 $N = m + n$ 的样本序列，然后计算它们混合后的秩。令 R_i 为 Y_i 在混合序列中的秩，$W_Y = \sum_{i=1}^{n} R_i$，当 W_Y 值很小时，表明总体 Y 的样本观测值偏小，由此可以怀疑原假设 $M_X = M_Y$ 的正确性。对于总体 X 也可以用同样的方法得到混合后的秩和 W_X，在 W_X 很小的情况下也应拒绝 $M_X = M_Y$ 的假设。统计量 W_X 和 W_Y 常常被称为 Wilcoxon 秩和统计量，或 Mann-Whitney-Wilcoxon 秩和统计量。

记 W_{XY} 为所有 $x_i < y_j$ 的数据对数量，W_{YX} 为所有 $y_j < x_i$ 的数据对数量，则称 W_{XY} 和 W_{YX} 为 Mann-Whitney 统计量。因为

$$W_Y = W_{XY} + \frac{n(n+1)}{2}, \quad W_X = W_{YX} + \frac{m(m+1)}{2}$$

所以 Wilcoxon 秩和统计量等价于 Mann-Whitney 统计量。假设不存在 $x_i = y_j$ 的情形，那么 $W_{XY} + W_{YX} = mn$，在实际计算时，可以把 $x_i = y_j$ 的数据对数量计入 W_{XY} 或 W_{YX} 中。

对于双侧检验来说，当 W_{XY} 很小或 W_{YX} 很小时，应该否定原假设成立，所以取统计量 $K = \min\{W_{XY}, W_{YX}\}$，则检验 P 值为 $2P(K \leqslant k_0)$，其中 k_0 为统计量的值。对于右侧检验来说，原假设 $M_X \leqslant M_Y$ 暗示了 W_{XY} 应该较大，则当 W_{XY} 很小时应拒绝原假设，若取检验统计量 $K = W_{XY}$，则检验 P 值为 $P(K \leqslant k)$。同理，左侧检验的统计量 $K = W_{YX}$，检验 P 值为 $P(K \leqslant k)$。

2）Mann-Whitney 统计量的分布

Mann-Whitney 统计量 W_{XY} 和 W_{YX} 服从 Wilcoxon 分布，是一类离散型分布，其分布律可以通过一个递推公式得到。在 R 语言中，可用 pwilcox(k, m, n)函数计算概率 $P(K \leqslant k)$ 的值。如果使用经典检验方法做 Mann-Whitney 检验，则可用命令 qwilcox(α, n, m)得到检验临界值。

当样本容量较大时，W_{XY} 和 W_{YX} 近似服从正态分布 $N\left(\frac{mn}{2}, \frac{mn(m+n+1)}{12}\right)$，因而统计量 K 近似服从该正态分布，即近似有

$$Z = \frac{K - mn/2}{\sqrt{mn(m+n+1)/12}} \sim N(0,1)$$

在实际计算时，可能会出现样本数据打结，并且需要做连续修正，因而常使用下面的修正公式

$$Z = \frac{K + 0.5 - mn/2}{\sqrt{\frac{mn(m+n+1)}{12} - \frac{mn\sum_{i=1}^{g}(t_i^3 - t_i)}{12(m+m)(m+n-1)}}}$$

其中，Z 近似服从分布 $N(0,1)$。

3）自定义 Mann-Whitney 检验函数

下面用R语言自定义Mann-Whitney检验函数，其中参数exact = TRUE表示用 Wilcoxon 分布计算检验 P 值，exact = FALSE 表示用近似正态分布计算检验 P 值。当 exact = FALSE 时，参数 correct 才有效，且 correct = TRUE 表示用连续修正公式计算检验 P 值，否则不做连续性校正。参数 alt 用于标识检验问题的类型。

```
my.mann.whitney.test = function(x, y, exact=TRUE, correct=FALSE,
                                alt="two.sided"){
  m = length(x);  n = length(y)
  if(sum(outer(y,x,"-")==0)>0) exact = FALSE #出现 xi=yj，不用精确分布
  if(max(table(x))>1 || max(table(y))>1) exact = FALSE #有结，不用精确分布
  if(exact){
    w.xy=sum(outer(y,x,"-")>0)
    w.yx=sum(outer(y,x,"-")<0)
  }else{
    t=rank(c(x,y))
    w.x=sum(t[1:m])
    w.y=sum(t[(m+1):(m+n)])
    w.xy = w.y-n*(n+1)/2
    w.yx = w.x-m*(m+1)/2
  }
  K = switch(alt, two.sided=min(w.xy,w.yx), greater=w.xy, less=w.yx)
  nd = table(rank(c(x,y)))
  g = m*n*sum(nd^3-nd)/(12*(m+n)*(m+n-1))
  g = sqrt(m*n*(m+n+1)/12-g)
  if(!exact) K = ifelse(correct, (K+0.5-m*n/2)/g, (K-m*n/2)/g)
  pr = ifelse(exact, pwilcox(K,m,n), pnorm(K))
  if(alt=="two.sided") pr = 2*pr
  structure(list(statistic=c("统计量"=K), p.value=pr,
              method="Mann-Whitney 检验"), class="htest")
}
```

【例 8.39】 用 Mann-Whitney 检验判断例 8.38 中两地区的工资中位数是否存在差异。

用自定义函数 my.mann.whitney.test 计算检验 P 值。

```
> x=c(6864, 7304, 7477, 7779, 7895, 8348, 8461, 9553, 9919, 10073, 10270,
      11581, 13472, 13600, 13962, 15019, 17244)
> y=c(10276, 10533, 10633, 10837, 11209, 11393, 11864, 12040, 12642, 12675,
      13199, 13683, 14049, 14061, 16079)
> my.mann.whitney.test(x,y,exact = T,alt = "less")$p.value
[1] 0.01352166
```

返回的检验 P 值为 0.01352166，在 $\alpha=0.05$ 的情况下，应该拒绝原假设，可认为地区 1 的工资中位数小于地区 2 的工资中位数。实际情况是地区 1 的平均工资为 10518.88，地区 2 的平均工资是 12344.87，所以 Mann-Whitney 检验比 Brown-Mood 检验具有更优越的性能。

4）wilcox.test 函数

wilcox.test 函数不仅可以做单样本的符号秩检验，也可以做两样本的 Wilcoxon 秩和检验，即 Mann-Whitney 检验。该函数的调用格式如下。

```
wilcox.test(x, y = NULL, alternative = c("two.sided", "less", "greater"),
            mu = 0, paired = FALSE, exact = NULL, correct = TRUE, conf.int
            = FALSE, conf.level = 0.95, tol.root = 1e-4, digits.rank =
            Inf, ...)
```

当参数 y = NULL 或不输入时，wilcox.test 函数用于单样本对称中心的符号检验，其中参数 mu 为被检验的中心。当参数 y 不为空时，wilcox.test 函数用于两总体样本的符号秩检验。paired = TRUE 表示配对的秩检验，此时 x 和 y 是等长度的向量，相当于单样本 x-y 的对称中心检验。paired = FALSE 表示非成对的样本秩和检验，即 Mann-Whitney 检验，此时向量 x 和 y 的长度可以相等也可以不相等，但不能为空。exact = TRUE 表示用精确分布计算检验 P 值，exact = FALSE 表示用近似的连续分布计算检验 P 值。当 exact = FALSE 时，correct = TRUE 表示对统计量做连续修正，否则不做连续修正。以下程序使用 wilcox.test 函数计算例 8.39 中的检验 P 值。

```
> wilcox.test(x,y,exact = T,alternative = "less")$p.value
[1] 0.01352166
```

小　结

本章介绍了假设检验的基本原理与基本概念、经典检验方法与 P 值检验方法的计算方法，并详细介绍了参数检验与非参数检验的几种常用方法。本章需要重点掌握的 R 函数有 sum、mean、var、sd、pnorm、qnorm、pt、qt、pf、qf、pchisq、qchisq、pbinom、qbinom、dbinom、t.test、var.test、binom.test、prop.test、chisq.test、ks.test、table、ecdf、qqnorm、qqline、dhyper、phyper、qhyper、fisher.test、mcnemar.test、rank、psignrank、qsignrank、dsignrank、wilcox.test。本章知识结构如图 8.11 所示。

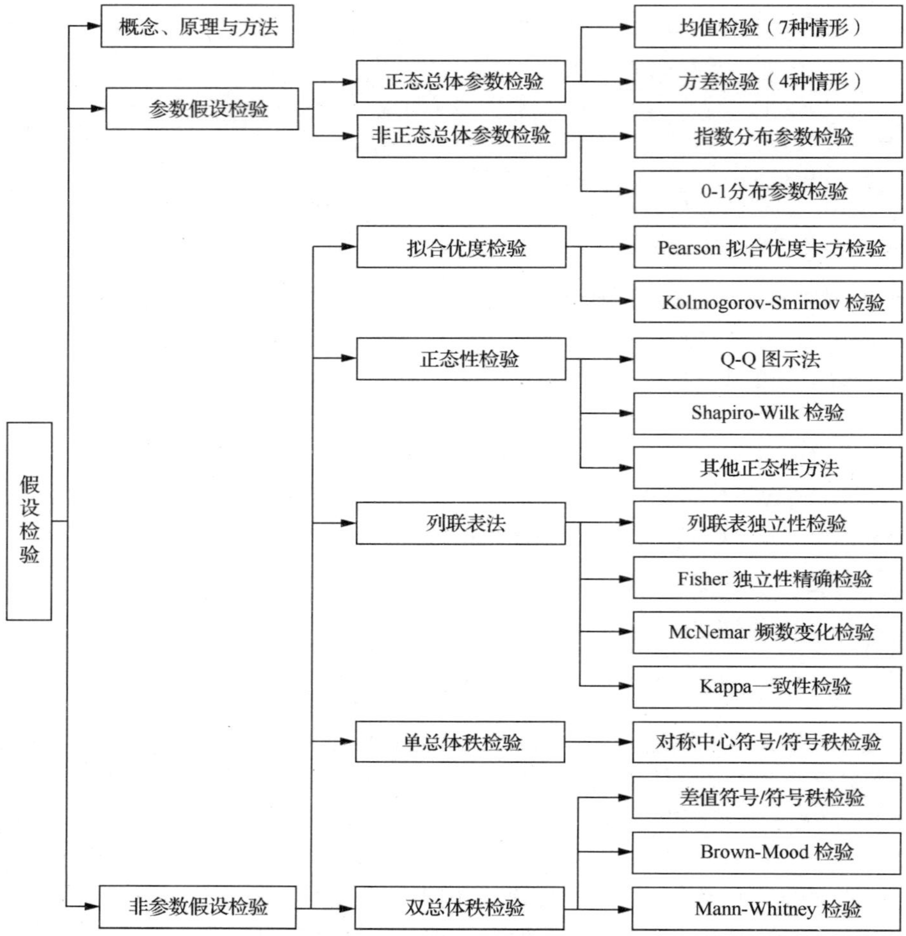

- 假设检验
  - 概念、原理与方法
  - 参数假设检验
    - 正态总体参数检验
      - 均值检验（7种情形）
      - 方差检验（4种情形）
    - 非正态总体参数检验
      - 指数分布参数检验
      - 0-1分布参数检验
  - 非参数假设检验
    - 拟合优度检验
      - Pearson 拟合优度卡方检验
      - Kolmogorov-Smirnov 检验
    - 正态性检验
      - Q-Q 图示法
      - Shapiro-Wilk 检验
      - 其他正态性方法
    - 列联表法
      - 列联表独立性检验
      - Fisher 独立性精确检验
      - McNemar 频数变化检验
      - Kappa一致性检验
    - 单总体秩检验
      - 对称中心符号/符号秩检验
    - 双总体秩检验
      - 差值符号/符号秩检验
      - Brown-Mood 检验
      - Mann-Whitney 检验

图 8.11　第 8 章知识结构

一、选择题

1. 在假设检验中，下列关于显著水平 α 的说法正确的是（　　）。

　A. $P(\text{接受}H_0\,|\,H_0\text{为假})=\alpha$　　B. $P(\text{拒绝}H_0\,|\,H_0\text{为假})=\alpha$

　C. $P(\text{接受}H_0\,|\,H_0\text{为真})=\alpha$　　D. $P(\text{拒绝}H_0\,|\,H_0\text{为真})=\alpha$

2. 在假设检验中，下列关于第二类错误概率 β 的说法中，正确的是（　　）。

　A. $P(\text{接受}H_0\,|\,H_0\text{为真})=\beta$　　B. $P(\text{拒绝}H_0\,|\,H_0\text{为真})=\beta$

　C. $P(\text{接受}H_0\,|\,H_0\text{为假})=\beta$　　D. $P(\text{拒绝}H_0\,|\,H_0\text{为假})=\beta$

3．假设第一类错误概率是α，第二类错误概率是β，那么假设检验的置信度为（　　）。

A．α　　B．β　　C．$1-\alpha$　　D．$1-\beta$

4．下列关于 qnorm 函数的表达式中，正确的是（　　）。

A．qnorm(–0.2)= – qnorm(0.8)　　B．qnorm(–0.2)= qnorm(0.8)

C．qnorm(0.2)= – qnorm(0.8)　　D．qnorm(0.2)= qnorm(0.8)

5．两个正态总体的方差已知，若检验它们的均值差，则应选择（　　）。

A．U 检验　　B．t 检验　　C．卡方检验　　D．F 检验

6．两个正态分布总体的方差未知且样本容量较小，若检验它们的均值差，则应选择（　　）。

A．U 检验　　B．t 检验　　C．卡方检验　　D．F 检验

7．若检验某正态总体的方差等于某个常数，则应选择（　　）。

A．U 检验　　B．t 检验　　C．卡方检验　　D．F 检验

8．方差比检验应选择（　　）。

A．U 检验　　B．t 检验　　C．卡方检验　　D．F 检验

9．指数分布的参数检验应选择（　　）。

A．U 检验　　B．t 检验　　C．卡方检验　　D．F 检验

10．成功率精确检验所使用的分布是（　　）。

A．正态分布　　B．卡方分布　　C．二项分布　　D．*F* 分布

11．Pearson 拟合优度卡方检验中的检验统计量近似服从（　　）。

A．标准正态分布　　B．二项分布　　C．卡方分布　　D．F 分布

12．在 R 语言中，用于 Kolmogorov-Smirnov 检验的函数是（　　）。

A．chisq.test　　B．ks.test　　C．binom.test　　D．var.test

13．在 R 语言中，用于 Shapiro-Wilk 检验的函数是（　　）。

A．ks.test　　B．shapio.test　　C．sw.test　　D．chisq.test

14．Fisher 精确检验使用的分布是（　　）。

A．卡方分布　　B．二项分布　　C．超几何分布　　D．wilcoxon 分布

15．已知向量 $\boldsymbol{x}$ 是 5 个整数构成的向量，并且存在结，如果结的秩按平均秩进行处理，那么 $\boldsymbol{x}$ 的秩和可能为（　　）。

A．15　　B．4　　C．16　　D．7.5

16．在下列检验方法中，可以用于检验样本对称中心的检验是（　　）。

A．Pearson 拟合优度卡方检验　　B．McNemar 检验

C．符号检验　　D．Shapiro-Wilk 检验

17．检验任意两个成对样本的显著性差异，可以使用的检验法是（　　）。

A．配对 t 检验　　B．样本差的对称中心检验

C．Pearson 拟合优度卡方检验　　D．Fisher 精确检验

18．下列方法中，不能实现成对样本同分布性检验的方法是（　　）。

A．样本差值符号检验　　B．样本差值符号秩检验

C．Kolmogorov-Smirnov 检验　　D．Shapiro-Wilk 检验

19. Brown-Mood 检验的基本原理是（　　）。

A. 检验两样本的极差相同　　B. 检验两样本的中位数等于混合中位数

C. 检验两样本的频数相同　　D. 检验两样本经验分布函数相同

20. Mann-Whitney 精确检验所使用的分布是（　　）。

A. 二项分布　　B. Wilcoxon 符号秩分布

C. Wilcoxon 分布　　D. 卡方分布

二、操作题

1. 自定义 R 函数计算两个正态总体均值差检验的接受域和检验统计量的值。

提示：参照例 8.11。

2. 自定义 R 函数计算两个正态总体方差比检验的接受域和统计量的值。

3. 自定义 R 函数计算指数分布参数检验的检验 P 值。

4. 自定义 R 函数调用式（8.19）计算 0-1 分布参数检验的检验 P 值，其中自定义函数的输入为总试验次数 n 和成功次数 k。

提示：式（8.19）中的 $\bar{X}=k/n$。

5. 设 $X\sim B(1,p)$，λ_0 是已知数，参数 p 的检验问题可描述如下。

① 双侧检验。$H_0:p=\lambda_0$，$H_1:p\neq\lambda_0$。

② 右侧检验。$H_0:p\leqslant\lambda_0$，$H_1:p>\lambda_0$。

③ 左侧检验。$H_0:p\geqslant\lambda_0$，$H_1:p<\lambda_0$。

假设 $X_1,X_2,\cdots,X_n$ 是总体 X 的样本，$k=\sum_{i=0}^{n}X_i$，那么当 n 足够大时，近似有

$$\left(\frac{k}{n}-\lambda_0\right)\sqrt{\frac{n^2(n-1)}{k(n-k)}}\sim N(0,1)$$

请自定义 R 函数调用上式计算参数 p 的检验 P 值。

6. 为了比较两种方法对乳酸饮料中脂肪含量的测定结果是否不同，随机抽取 10 份乳酸饮料制品，分别用哥特里-罗紫法和脂肪酸水解法测定，测定结果如下。

哥特里-罗紫法：0.840, 0.591, 0.674, 0.632, 0.687, 0.978, 0.750, 0.730, 1.200, 0.870。

脂肪酸水解法：0.580, 0.509, 0.500, 0.316, 0.337, 0.517, 0.454, 0.512, 0.997, 0.506。

问两种方法的测定结果是否不同？其中 $\alpha=0.05$。

7. 中国气象中心对各省市（包括港澳台地区）的空气质量进行长期监测，下面是 2001 年和 2002 年各地区某种颗粒在空气中的平均浓度，试判断 2002 年空气质量相对于 2001 年是否有明显改进，其中 $\alpha=0.05$。

2001 年：14.52, 15.37, 11.95, 16.05, 10.52, 14.29, 12.43, 11.81, 12.95, 14.23, 17.52, 13.90, 13.57, 13.43, 16.10, 15.00, 17.46, 16.69, 13.29, 11.24, 7.95, 15.26, 17.17, 12.24, 13.29, 9.90, 17.19, 14.89, 4.90, 4.57, 9.48, 16.47, 14.76, 14.30。

2002 年：9.81, 6.28, 5.20, 4.00, 7.35, 2.80, 2.47, 4.00, 0.61, 8.94, 13.40, 7.24, 5.90, 4.44, 7.11, 4.60, 11.77, 10.77, 10.70, 8.31, 7.86, 8.24, 6.28, 7.02, 8.53, 5.20, 3.14, 9.46,10.80, 6.40, 2.87, 5.36, 1.85, 1.60。

8．两组雌鼠，分别饲以两种不同饲料，8 周后记录体重增加量（g）。问两组雌鼠增重的均数是否有显著差异？先做方差齐性检验（即 F 检验），然后根据方差齐性检验结果做 t 检验，其中 $\alpha = 0.05$ 。

A 组：134, 146, 104, 119, 124, 161, 107, 83, 113, 129, 97, 123。

B 组：70, 118, 101, 85, 107, 132, 94。

9．某种能力测试项目通过率一般为 60%，从今年参加测试的人员中随机抽取 100 人，发现只有 45 人通过该项测试，问今年的测试通过率是否明显低于一般水平？其中 $\alpha = 0.01$ 。

10．某随机数生成器产生 30 个随机数，分别是 9.09, 12.12, 12.13, 5.18, 10.15, 13.70, 14.55, 12.69, 11.43, 19.48, 10.97, 7.16, 15.75, 11.64, 6.72, 10.46, 9.78, 14.75, 5.71, 7.77, 10.57, 8.12, 11.72, 12.34, 10.47, 9.84, 8.53, 24.40, 12.09, 21.36。请用 ks.test 函数检验该随机数生成器所产生的随机数是否服从自由度为 13 的卡方分布，其中 $\alpha = 0.05$ 。

11. 某商店调查了某时间段 5 种啤酒的销售量（单位：件）分别为 210, 312, 170, 85, 223。请判断顾客对这 5 种啤酒的偏好有无显著性差异，其中 $\alpha = 0.05$ 。

12．绘制软件包 ISwR 中数据集 alkfos 的成员变量 c0 的 Q-Q 图与 Q-Q 拟合直线。

13．某实验小组有 15 名学生，每人测量某物品的长度（单位：cm）分别为 19.9, 20.1, 20.0, 20.1, 20.2, 20.0, 19.9, 20.0, 20.0, 20.0, 20.1, 20.0, 20.0, 19.9, 19.8。请用 Shapiro-Wilk 检验法检验该实验测得的长度是否符合正态分布，其中 $\alpha = 0.05$ 。

14．某药物治疗不同年龄段患者所获得的效果如表 8.15 所示。请分析药物疗效是否与年龄段有关，其中 $\alpha = 0.05$ 。

表 8.15　某药物对不同年龄段患者的效果

效果	儿童	中年人	老年人
显著	61	33	29
一般	31	51	41
较差	24	20	12

15．甲乙两学徒制作工艺品，其中甲学徒制作的 7 件工艺品中合格品有 3 件，不合格品有 4 件；乙学徒制作的 10 件工艺品中合格品有 6 件，不合格品有 4 件。请问两学徒制作的合格品率是否存在显著差异？其中 $\alpha = 0.05$ 。

16．A、B 两位医生对一批患有某种疾病的患者进行分级诊疗，结果如表 8.16 所示。请用 Kappa 检验法检验两位医生的诊疗是否一致，其中 $\alpha = 0.05$ 。

表 8.16　A、B 两位医生对患者的分级诊疗

A 诊疗结果	B 诊疗结果		
	1 级	2 级	3 级
1 级	13	13	12
2 级	6	9	8
3 级	5	7	9

17．某高中进行文理分科，由于报文科的学生偏少，学校通过宣传，鼓励学生选择文科，得到如表 8.17 所示的统计数据。请问学校的宣传是否对学生选科有显著影响？其中 $\alpha = 0.05$ 。

表 8.17　宣传前后文理科报选人数

	宣传前报理科人数	宣传前报文科人数
宣传后报理科人数	598	14
宣传后报文科人数	90	48

18．沿海地区某大学调查学生消费情况，随机抽取 20 名学生统计其月平均消费金额（单位：元）为 1853, 1204, 1193, 4595, 1666, 2132, 2093, 2938, 1801, 4167, 2401, 2155, 3791, 4247, 3646, 4667, 2642, 2642, 2503, 2822。请分别用符号检验与符号秩检验分析大学生平均每月消费的中位数是否等于 3000 元，其中 $\alpha = 0.05$ 。

19．在某小学随机采集各 10 名 12 岁男童和女童的头发样品，检测发样中钙（Ca）含量（μg/g）数据如下。请问男童与女童头发中 Ca 含量有无差异？先做正态性检验，如果数据不符合正态分布，则进行配对 Wilcoxon 符号秩检验，否则进行 t 检验，其中 $\alpha = 0.05$ 。

男童：1843, 383, 406, 334, 443, 676, 771, 358, 607, 684。

女童：842, 336, 742, 1367, 1623, 597, 1976, 1818, 643, 4534。

20．对 11 份工业污水测定氟离子浓度（mg/L），每份水样同时采用电极法与分光光度法测定，数据如下。请问这两种方法的测定结果有无差别？分别用配对符号检验和 Wilcoxon 符号秩检验进行分析，其中 $\alpha = 0.05$ 。

电极法：10.5, 21.6, 14.9, 30.2, 8.4, 7.7, 16.4, 19.5, 127.0, 18.7, 9.5。

分光光度法：8.8, 18.8, 13.5, 27.6, 9.1, 7.0, 14.7, 17.2, 155, 16.3, 9.5。

21．用两种药物杀灭钉螺实验：采集 14 批活钉螺，随机分为两组，分别用甲、乙两种药物灭杀，用药后清点钉螺的死亡数，并计算每批钉螺的死亡率（%），结果如下所示。请分别用 Brown-Mood 检验和 Mann-Whitney 检验分析两种药物杀灭钉螺的效果有无差别，其中 $\alpha = 0.05$ 。

甲药：32.5, 35.5, 40.5, 40.5, 49.0, 49.5, 51.5。

乙药：16.0, 22.5, 26.0, 28.5, 32.5, 38.0, 40.5。

第9章 多总体数据分析

【内容提要】

研究多个因素对事件的影响是应用统计学研究的一个重要问题。本章将对多总体数据分析进行介绍。首先介绍方差分析的基本概念与方差分析表的计算方法、正交试验设计与数据分析方法，然后简要介绍正态性检验与方差齐性检验方法；最后介绍多总体比较的秩和检验的常用方法。

【学习目标】

（1）理解方差分析与正交试验设计的基本概念、方差分析的先提条件。
（2）掌握单因素方差分析的基本过程与分析方法。
（3）掌握双因素方差分析的基本过程与分析方法。
（4）掌握正态分布检验的基本方法。
（5）掌握多总体方差齐性检验的基本方法。
（6）掌握多总体均值检验的常用方法。
（7）掌握正交试验设计的基本过程及其试验数据分析的基本方法。
（8）掌握多总体比较的秩和检验的常用方法。
（9）掌握 Kruskal-Wallis 秩和检验、Friedman 秩和检验以及 Cochran-Q 检验。

9.1 单因素方差分析

9.1.1 单因素方差分析的基本概念

1. 方差分析的基本概念

在方差分析中，作为研究对象的试验结果通常称为试验指标，用 X 表示。影响试验指标的条件称为因素或因子，用 A、B、C、… 表示，它们在试验中通常作为控制变量。各因素都严格控制在几个不同状态或等级上进行试验，因素在试验中所处的不同状态或等级称为水平，因素 A 的 r 个水平用 $A_1,A_2,\cdots,A_r$ 表示。试验中得到的观测值不尽相同，有的是由不同因素及不同水平造成的，称为因素效应；有的是由试验中的偶然性因素或观测误差造成的，称为试验误差。方差分析的主要任务就是将观测数据的总变差（也称总离差）按照不同的原因分解成因素效应和试验误差，然后进行定量分析，确定各种因素的主次顺序和重要程度，为下一步统计推断做准备。

只有一个因素对试验指标产生影响的试验称为单因素试验，处理单因素试验的统计推断方法称为单因素方差分析。如果试验中涉及的因素多于一个，则称这种试验为多因素试验，多因素试验的统计推断方法称为多因素方差分析，当影响试验的因素数目只有 2 个时，这种统计推断方法称为双因素方差分析。如果在各种水平下所做的重复试验次数都相同，则称这种试验为等重复试验，否则称为不等重复试验。

2. 单因素试验

在单因素方差分析中，假设试验指标为 X，因素为 A，且有 r 个水平 $A_1,A_2,\cdots,A_r$。为了研究因素 A 对试验指标 X 是否有影响，首先需要进行单因素试验，即在因素 A 的每一个水平 A_i 上重复试验 n_i 次，其中 $n_i\geqslant 2$，并把试验结果用表 9.1 所示的形式记录下来，然后对表格数据进行方差分析。

表 9.1　单因素试验结果表

水平	指标值（观测值）				分布
A_1	x_{11}	x_{12}	…	x_{1n_1}	$N(\mu_1,\sigma^2)$
A_2	x_{21}	x_{22}	…	x_{2n_2}	$N(\mu_2,\sigma^2)$
⋮	⋮	⋮		⋮	⋮
A_r	x_{r1}	x_{r2}	…	x_{rn_r}	$N(\mu_r,\sigma^2)$

3. 假设检验问题

将每个水平 A_i 下的指标值 $x_{i1},x_{i2},\cdots,x_{in_i}$ 看作来自总体 X_i 的样本值，并且满足以下 3 个条件。

（1）正态分布：总体 $X_i\sim N(\mu_i,\sigma_i^2)$。

（2）方差齐性：$\sigma_1^2=\sigma_2^2=\cdots=\sigma_r^2$，并记它们的共同方差为 σ^2。

（3）独立性：各个总体 X_i 相互独立，且样本也相互独立。

单因素方差分析的目标是考察因素 A 的各个水平是否对试验指标 X 存在显著影响，即考察 r 个水平对指标 X 的影响是否显著。若单因素试验满足以上 3 个条件，则单因素试验的显著性检验可以简化为比较各个水平下实验结果的均值是否相同，即检验问题可描述为

$$H_0:\ \mu_1=\mu_2=\cdots=\mu_r,\quad H_1:\ \mu_1,\mu_2,\cdots,\mu_r\text{不全相等}$$

若假设检验结果为接受原假设，则认为因素 A 对试验指标 X 无显著影响；否则认为因素 A 对实验指标 X 有显著影响。

9.1.2 单因素方差分析的统计计算

1. 数据分解及其计算

方差分析方法通过对表 9.1 的数据进行平方和分解（即总离差平方和分解），从而分离出不同原因导致的离差平方和。考虑统计量

$$S_{\mathrm{T}} = \sum_{i=1}^{r}\sum_{j=1}^{n_i}(x_{ij} - \overline{x})^2$$

的平方和分解，其中 $\overline{x} = \frac{1}{n}\sum_{i=1}^{r}\sum_{j=1}^{n_i}x_{ij}$， $n = \sum_{i=1}^{r}n_i$。 S_{T} 也称为总离差平方和，是所有指标数据 x_{ij} 与总平均值 $\overline{x}$ 之差的平方和，反映了指标数据的离散程度。可把 S_{T} 分解为

$$S_{\mathrm{T}} = S_{\mathrm{A}} + S_{\mathrm{E}} \tag{9.1}$$

其中， $S_{\mathrm{A}} = \sum_{i=1}^{r}\sum_{j=1}^{n_i}(\overline{x}_{i\cdot} - \overline{x})^2$， $S_{\mathrm{E}} = \sum_{i=1}^{r}\sum_{j=1}^{n_i}(x_{ij} - \overline{x}_{i\cdot})^2$， $\overline{x}_{i\cdot} = \frac{1}{n_i}\sum_{j=1}^{n_i}x_{ij}$。

式（9.1）中的 S_{A} 称为组间离差平方和，它是各个水平下的样本均值与总均值之差的平方和。$\overline{x}_{i\cdot}$ 表示第 i 个水平下的指标数据平均值，是第 i 个总体均值 μ_i 的估计值。若 μ_i 之间有较大的差异，即原假设不成立，就会造成 $\overline{x}_{i\cdot}$ 之间存在较大差异，从而导致 S_{A} 的值变大。这表明可以用 S_{A} 来度量 μ_i 之间的差异程度，所以 S_{A} 也称为因素 A 的效应平方和。

式（9.1）中的 S_{E} 称为组内离差平方和，它是不同水平下样本观测值与该水平下样本均值之差的平方和。 S_{E} 是由试验及其抽样的随机误差所引起的，所以也称 S_{E} 为随机误差平方和。化简组间离差平方和与组内离差平方和的计算公式，可得

$$S_{\mathrm{T}} = \sum_{i=1}^{r}\sum_{j=1}^{n_i}x_{ij}^2 - n\overline{x}^2, \quad S_{\mathrm{A}} = \sum_{i=1}^{r}n_i\overline{x}_{i\cdot}^2 - n\overline{x}^2, \quad S_{\mathrm{E}} = S_{\mathrm{T}} - S_{\mathrm{A}}$$

2. 统计量 F

如果因素 A 不同水平所引起的变化显著，那么 S_{A} 就会变得比较大，所以 S_{A} 与 S_{E} 的比值就比较大；如果因素 A 不同水平引起的变化不显著，那么 S_{A} 就会变得很小， S_{E} 在 S_{T} 中的贡献就可能更多，所以 S_{A} 与 S_{E} 的比值就比较小。因此，若原假设成立，则 $S_{\mathrm{A}}/S_{\mathrm{E}}$ 应该很小，即当 $S_{\mathrm{A}}/S_{\mathrm{E}}$ 比较大时应该拒绝原假设，可认为因素 A 各个水平所带来的变化是显著的。

记

$$MS_{\mathrm{A}} = \frac{S_{\mathrm{A}}}{r-1}, \quad MS_{\mathrm{E}} = \frac{S_{\mathrm{E}}}{n-r}$$

则由随机误差的数据模型与 F 分布的定义可知

$$F = \frac{MS_{\mathrm{A}}}{MS_{\mathrm{E}}} \sim F(r-1, n-r)$$

因此单因素方差分析的拒绝域为$F > F_\alpha$，检验 P 值为$P(F > f_0)$，其中f_0为统计量F的观测值。

3. 方差分析表

为了能清晰地描述检验结果，通常将上面的计算过程和中间结果以二维表格的形式展示，这个表格称为方差分析表，如表 9.2 所示。

表 9.2　单因素方差分析表

方差来源	自由度	平方和	均方和	F 值	检验 P 值
因素 A	$r-1$	S_A	MS_A	$f=\dfrac{MS_A}{MS_E}$	$P(F > f_0)$
误差 E	$n-r$	S_E	MS_E		
总和	$n-1$	S_T			

4. 自定义 R 函数

下面的自定义 R 函数用于计算方差分析表，该函数使用数值型向量 x 记录单因素试验的指标数据，用分类变量 g 来标识因素的水平，返回值为数据框，该数据框表示单因素方差分析表（即表 9.2）中的结果。

```
my.single.factor.aov = function(x, g){
  xibar = tapply(x,g,mean)
  n = length(x)
  ni = as.integer(table(g))
  r = length(ni)
  ST = sum(x^2)-n*mean(x)^2
  SA = sum(ni*xibar^2)-n*mean(x)^2
  SE = ST-SA
  MSA = SA/(r-1)
  MSE = SE/(n-r)
  F.v = MSA/MSE
  p.v = pf(F.v, r-1, n-r, lower.tail = FALSE)
  data.frame(df=c(r-1,n-r), sum.sq=c(SA,SE), mean.sq=c(MSA,MSE),
      F.value=c(F.v,NA),p.value=c(p.v,NA),row.names = c("A","Res"))
}
```

【例 9.1】 利用 4 种不同材料A_1、A_2、A_3、A_4生产元件，测得其使用寿命如表 9.3 所示。请分别计算 4 种材料下的元件平均使用寿命，并分别绘制其箱线图，然后计算其单因素方差分析表。

表 9.3　元件使用寿命数据

材料	使用寿命/h							
A_1	1600	1610	1650	1680	1700	1700	1780	
A_2	1500	1640	1400	1700	1750			
A_3	1640	1550	1600	1620	1640	1600	1740	1800
A_4	1510	1520	1530	1570	1640	1600		

先用表 9.3 中数据创建样本向量，用 rep 函数创建分类变量，用 tapply 函数计算元件平均使用寿命，并用 boxplot 函数绘制箱线图，最后用自定义函数 my.single.factor.aov 计算方差分析表。

```
> x = c(1600, 1610, 1650, 1680, 1700, 1700, 1780, 1500, 1640, 1400, 1700,
       1750, 1640, 1550, 1600, 1620, 1640, 1600, 1740, 1800, 1510, 1520,
       1530, 1570, 1640, 1600)
> g = rep(c("A1", "A2", "A3", "A4"), times = c(7, 5, 8, 6))
> tapply(x, g, mean)
      A1       A2       A3       A4
 1674.286  1598.000  1648.750  1561.667
> boxplot(x~g, xlab = "", ylab = "", cex.axis=1.5)
> my.single.factor.aov(x, g)
    df     sum.sq    mean.sq   F.value   p.value
A    3   49212.35  16404.118  2.165921  0.120838
Res  22  166622.26  7573.739      NA       NA
```

从返回结果可以看出 4 种材料生产的元件的平均使用寿命并不相等，图 9.1 是 4 种材料生产的元件使用寿命箱线图。均值不相等是随机误差引起的还是材料不同造成的，可以用方差分析去推断。从方差分析表可以看出检验 P 值为 0.120838，在显著水平 $\alpha = 0.05$ 的情况下，应该接受原假设，可认为这 4 种材料生产的元件在使用寿命上无显著性差异，因此可认为平均使用寿命不相等是随机误差引起的。

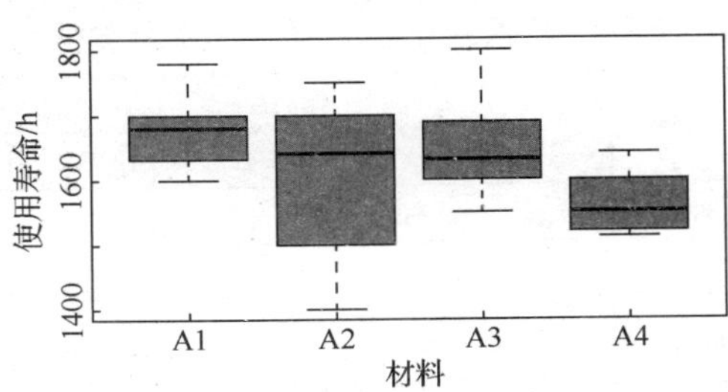

图 9.1　4 种材料生产的元件使用寿命箱线图

5. aov 函数

使用 aov 函数和 summary 函数可返回单因素方差分析表，其中 aov 函数做单因素方差分析的调用格式如下。

```
aov(formula, data = NULL, projections = FALSE, qr = TRUE, contrasts = NULL, ...)
```

在 aov 函数中，参数 formula 是形如 x~g 的公式，其中 x 是指标数据向量，g 是水平类别向量，两者的长度要求相等。使用 aov 函数做单因素方差分析后，可用 summary 函数查看方差分析结果。例如，若用 aov 计算例 9.1 的方差分析表，则 R 程序可用如下方式调用 aov 函数。

```
> summary(aov(x~g))
            Df Sum Sq Mean Sq F value Pr(>F)
g            3  49212   16404   2.166  0.121
Residuals   22 166622    7574
```

9.2 双因素方差分析

在实际应用中，影响试验结果的因素可能有多个，例如，原料的用量、反应时间、温度等都有可能影响化学试验结果，品种、肥料、气候、土质等都可能影响农作物的产量，等等。为了研究不同因素对试验指标的影响程度，需要对试验数据进行多因素方差分析。在多因素方差分析中，除了单个因素可能对试验结果造成显著影响外，不同因素结合也可能造成交互性影响，我们称这种影响为交互作用。因此多因素方差分析还需要考虑因素之间的交互影响，这意味着多因素方差分析要比单因素方差分析复杂得多。本节只讨论两个因素的方差分析，即双因素方差分析。

9.2.1 有交互作用的双因素方差分析

1. 双因素方差分析的假设检验问题

假设有两个因素 A 和 B，因素 A 有 r 个水平 $A_1,A_2,\cdots,A_r$；因素 B 有 s 个水平 $B_1,B_2,\cdots,B_s$，每个组合（A_i,B_j）下重复试验 t 次，记第 k 次观测数据为 x_{ijk}，便可得到如表 9.4 所示的双因素方差分析数据表。

表 9.4 双因素方差分析的重复试验数据

因素 A	因素 B			
	B_1	B_2	…	B_s
A_1	$x_{111}\ x_{112}\ \cdots\ x_{11t}$	$x_{121}\ x_{122}\ \cdots\ x_{12t}$	…	$x_{1s1}\ x_{1s2}\ \cdots\ x_{1st}$
A_2	$x_{211}\ x_{212}\ \cdots\ x_{21t}$	$x_{221}\ x_{222}\ \cdots\ x_{22t}$	…	$x_{2s1}\ x_{2s2}\ \cdots\ x_{2st}$
⋮	⋮	⋮		⋮
A_r	$x_{r11}\ x_{r12}\ \cdots\ x_{r1t}$	$x_{r21}\ x_{r22}\ \cdots\ x_{r2t}$	…	$x_{rs1}\ x_{rs2}\ \cdots\ x_{rst}$

在双因素方差分析中，首先把每个组合（A_i,B_j）下的指标看作一个总体 X_{ij}，其中 t 次重复试验就是这个总体的一个随机样本，t 次重复试验的结果 $x_{ij1},x_{ij2},\cdots,x_{ijt}$ 就是总体 X_{ij} 的观测值。假设总体 X_{ij} 与抽样满足如下三个条件。

（1）正态分布：总体 $X_{ij}\sim N(\mu_{ij},\sigma_{ij}^2)$。

(2) 方差齐性：所有σ_{ij}^2都相等，并记它们的共同方差为σ^2。

(3) 独立性：各个总体X_{ij}相互独立，且抽样也相互独立。

则有交互作用的双因素方差分析就是正态总体的均值检验，该检验问题可描述为

$$H_{A0}: \mu_{1.} = \mu_{2.} = \cdots = \mu_{r.}, \quad H_{A1}: \mu_{1.}, \mu_{2.}, \cdots, \mu_{r.} \text{不全相等};$$

$$H_{B0}: \mu_{.1} = \mu_{.2} = \cdots = \mu_{.s}, \quad H_{B1}: \mu_{.1}, \mu_{.2}, \cdots, \mu_{.s} \text{不全相等};$$

$$H_{A\times B0}: \mu_{ij} \text{全相等}, \quad H_{A\times B1}: \mu_{ij} \text{不全相等}$$

其中，$\mu_{i.} = \frac{1}{s}\sum_{j=1}^{s}\mu_{ij}$，$\mu_{.j} = \frac{1}{r}\sum_{i=1}^{r}\mu_{ij}$。

2. 统计量及其计算

首先对试验数据的总离差平方和进行分解，可得到下面的分解公式

$$S_T = S_A + S_B + S_{A\times B} + S_E$$

其中，$S_T = \sum_{i=1}^{r}\sum_{j=1}^{s}\sum_{k=1}^{t}(x_{ijk} - \overline{x})^2$，$\overline{x} = \frac{1}{rst}\sum_{i=1}^{r}\sum_{j=1}^{s}\sum_{k=1}^{t}x_{ijk}$，

$S_A = st\sum_{i=1}^{r}(\overline{x}_{i..} - \overline{x})^2$，$\overline{x}_{i..} = \frac{1}{st}\sum_{j=1}^{s}\sum_{k=1}^{t}x_{ijk}$，$i = 1, 2, \cdots, r$，

$S_B = rt\sum_{j=1}^{s}(\overline{x}_{.j.} - \overline{x})^2$，$\overline{x}_{.j.} = \frac{1}{rt}\sum_{i=1}^{r}\sum_{k=1}^{t}x_{ijk}$，$j = 1, 2, \cdots, s$，

$S_{A\times B} = t\sum_{i=1}^{r}\sum_{j=1}^{s}(\overline{x}_{ij.} - \overline{x}_{i..} - \overline{x}_{.j.} + \overline{x})^2$，$S_E = \sum_{i=1}^{r}\sum_{j=1}^{s}\sum_{k=1}^{t}(x_{ijk} - \overline{x}_{ij.})^2$，

$\overline{x}_{ij.} = \frac{1}{t}\sum_{k=1}^{t}x_{ijk}$，$i = 1, 2, \cdots, r$，$j = 1, 2, \cdots, s$。

在上面的公式中，S_T是总离差平方和，S_E是误差平方和，S_A是因素A的效应平方和，S_B是因素B的效应平方和，$S_{A\times B}$是因素A和B的交互效应平方和，也可以用下面的简化公式计算。

$$S_T = \sum_{i=1}^{r}\sum_{j=1}^{s}\sum_{k=1}^{t}x_{ijk}^2 - S, \quad S = rst\overline{x}^2,$$

$$S_A = st\sum_{i=1}^{r}\overline{x}_{i..}^2 - S, \quad S_B = rt\sum_{j=1}^{s}\overline{x}_{.j.}^2 - S,$$

$$S_{A\times B} = t\sum_{i=1}^{r}\sum_{k=1}^{t}\overline{x}_{ij.}^2 - S - S_A - S_B, \quad S_E = S_T - S_A - S_B - S_{A\times B}$$

接着用$S_A, S_B, S_{A\times B}$和S_E构造检验统计量，记

$$MS_A = \frac{S_A}{r-1}, \quad MS_B = \frac{S_B}{s-1}, \quad MS_{A\times B} = \frac{S_{A\times B}}{(r-1)(s-1)}, \quad MS_E = \frac{S_E}{rs(t-1)}$$

由此可证明下面 3 个检验统计量在原假设为真的条件下服从 F 分布。

（1）当 H_{A0} 为真时，$F_A=\dfrac{MS_A}{MS_E}\sim F(r-1, rs(t-1))$。

（2）当 H_{B0} 为真时，$F_B=\dfrac{MS_B}{MS_E}\sim F(s-1, rs(t-1))$。

（3）当 $H_{A\times B}$ 为真时，$F_{A\times B}=\dfrac{MS_{A\times B}}{MS_E}\sim F((r-1)(s-1), rs(t-1))$。

3. 有交互作用的双因素方差分析表

统计量 F_A 较大意味着因素 A 引起的效应平方和较大，表明因素 A 的显著作用较大。同样道理，F_B 和 $F_{A\times B}$ 较大表明因素 B 和因素 $A\times B$ 对试验指标的影响较大。因此可分别用 F_A、F_B 和 $F_{A\times B}$ 作为 H_{A0}、H_{B0} 和 $H_{A\times B}$ 的检验统计量，并将计算结果制作成有交互作用的双因素方差分析表，如表 9.5 所示。

表 9.5　有交互作用的双因素方差分析表

方差来源	自由度	平方和	均方和	F 值	P 值
因素 A	$r-1$	S_A	$MS_A=\dfrac{S_A}{r-1}$	$F_A=\dfrac{MS_A}{MS_E}$	P_A
因素 B	$s-1$	S_B	$MS_B=\dfrac{S_B}{s-1}$	$F_B=\dfrac{MS_B}{MS_E}$	P_B
因素 $A\times B$	$(r-1)(s-1)$	$S_{A\times B}$	$MS_{A\times B}=\dfrac{S_{A\times B}}{(r-1)(s-1)}$	$F_{A\times B}=\dfrac{MS_{A\times B}}{MS_E}$	$P_{A\times B}$
误差 E	$rs(t-1)$	S_E	$MS_E=\dfrac{S_E}{rs(t-1)}$		
总和	$rst-1$	S_T			

4. 自定义 R 函数

使用 R 语言的 table 函数可计算因素 A（用 Ai 表示）和因素 B（用 Bj 表示）的因子水平数及重复试验次数，即 table(list(Ai, Bi))返回结果的行数和列数分别是因素 A 和 B 的水平数，返回值就是每个组合的重复试验数。$\bar{x}_{i\cdot\cdot}$、$\bar{x}_{\cdot j\cdot}$ 和 $\bar{x}_{ij\cdot}$ 可分别用命令 tapply(x, Ai, mean)、tapply(x, Bj, mean)和 tapply(x, list(A, B), mean)计算，然后用 sum 函数就可得到统计量的值。检验 P 值用 pf 函数计算。自定义函数的输入参数 Ai 和 Bj 表示两因素 A 和 B 的水平。

```
my.double.factor.aov.1=function(x, Ai, Bj){
  tmp = table(list(Ai, Bj))
  r = nrow(tmp);  s = ncol(tmp);  t = tmp[1]
  xi.. = tapply(x, Ai, mean);  x.j. = tapply(x, Bj, mean)
  xij. = tapply(x, list(A, B), mean)
  S = r * s * t * mean(x)^2; ST = sum(x^2)-S
  SA = s * t * sum(xi..^2) - S;  SB = r * t * sum(x.j.^2) - S
  SAB = t * sum(xij.^2)- S- SA - SB;  SE = ST - SA - SB - SAB
  MSA = SA / (r-1);  MSB = SB / (s-1);
  MSAB = SAB / (r-1) / (s-1);  MSE = SE / r / s / (t-1)
```

```
  FA = MSA / MSE;  FB = MSB / MSE;  FAB = MSAB / MSE
  df = r * s * (t-1)
  PA = pf(FA, r-1, df, lower.tail = FALSE)
  PB = pf(FB, s-1, df, lower.tail = FALSE)
  PAB = pf(FAB, (r-1)*(s-1), df, lower.tail = FALSE)
  data.frame(sum.sq = c(SA, SB, SAB, SE),
    df = c(r-1, s-1, (r-1)*(s-1), r*s*(t-1)),
    mean.sq = c(MSA, MSB, MSAB, MSE), f.value=c(FA, FB, FAB, NA),
    p.value=c(PA, PB, PAB, NA), row.names = c("A", "B", "A:B", "Res"))
}
```

【例 9.2】 在化工生产中，为了提高得率，选了 4 种不同温度（A_1, A_2, A_3, A_4）和 3 种不同浓度（B_1, B_2, B_3）做组合试验，对于不同的温度和浓度组合各做 2 次试验，测得的得率数据如表 9.6 所示。请计算温度与浓度对得率的影响的双因素方差分析表，并分析它们对得率是否存在显著影响。

表 9.6　不同组合的得率数据

浓度	温度			
	A_1	A_2	A_3	A_4
B_1	90　88	86　86	88　84	82　83
B_2	82　83	85　83	82　84	81　85
B_3	80　83	88　89	87　88	90　86

使用自定义函数计算方差分析表，首先用 gl 函数生成因子数据。gl 函数的调用格式如下。

```
gl(n, k, length = n*k, labels = seq_len(n), ...)
```

其中，参数 n 表示向量 c(1:n)，参数 k 表示向量 c(1:n)中每个元素的重复次数，参数 length 表示因子数据的总长度参数，labels 用于指定因子水平的名称。下面是本例的 R 程序及其返回结果。

```
> x=c(90, 88, 86, 86, 88, 84, 82, 83, 82, 83, 85, 83, 82, 84, 81, 85, 80,
     83, 88, 89, 87, 88, 90, 86)
> A=gl(4, 2, 24)
> B=gl(3, 8, 24)
> my.double.factor.aov.1(x, A, B)
      sum.sq  df    mean.sq   f.value     p.value
A   13.45833   3   4.486111  1.474886  0.270884719
B   49.00000   2  24.500000  8.054795  0.006052858
A:B 95.66667   6  15.944444  5.242009  0.007251492
Res 36.50000  12   3.041667        NA           NA
```

从返回结果可以看出，在显著水平 $\alpha = 0.01$ 的条件下，因素 B 和因素 $A \times B$ 对得率影响显著。计算不同浓度下的平均值的 R 程序如下。

```
> tapply(x, B, mean)
     1      2      3
85.875 83.125 86.375
```

从返回的结果可以算出，选择浓度B_3可以获得较高的得率。计算交互作用平均值的R程序如下。

```
> tapply(x, list(B, A), mean)
     1    2    3    4
1 89.0 86.0 86.0 82.5
2 82.5 84.0 83.0 83.0
3 81.5 88.5 87.5 88.0
```

从返回结果中的第三行可以看出，选择温度A_2可以得到更高得率。因此由方差分析表的结果可知，试验最优方案是B_3和A_2的组合。

5. 用 aov 函数计算有交互作用的方差分析表

用 aov 函数进行有交互作用的双因素方差分析的调用格式如下。

```
aov(x~A+B+A:B)
```

其中，参数 x 为指标数据，参数 A 和 B 是因子数据，A:B 表示因素A和因素B之间的交互。若使用 aov 函数计算例 9.2 中的方差分析表，则 R 程序按照如下方式调用 avo 函数。

```
> summary(aov(x~A+B+A:B))
            Df Sum Sq Mean Sq F value  Pr(>F)
A            3  13.46   4.486   1.475 0.27088
B            2  49.00  24.500   8.055 0.00605 **
A:B          6  95.67  15.944   5.242 0.00725 **
Residuals   12  36.50   3.042
---
Signif. codes:  0 '***' 0.001 '**' 0.01 '*' 0.05 '.' 0.1 ' ' 1
```

9.2.2 无交互作用的双因素方差分析

1. 无交互作用的假设检验问题

假设因素A有r个水平$A_1, A_2, \cdots, A_r$，因素B有s个水平$B_1, B_2, \cdots, B_S$，在不同组合之下只做一次试验，得到如表 9.7 所示的试验数据。

表 9.7 无交互作用的试验数据

因素 A	因素 B			
	B_1	B_2	…	B_s
A_1	x_{11}	x_{12}	…	x_{1s}
A_2	x_{21}	x_{22}	…	x_{2s}
⋮	⋮	⋮		⋮
A_r	x_{r1}	x_{r2}	…	x_{rs}

若试验满足正态性、方差齐性和独立性条件，则无交互作用双因素检验问题可描述为

$$H_{A0}: \ \mu_{1\cdot} = \mu_{2\cdot} = \cdots = \mu_{r\cdot}, \quad H_{A1}: \ \mu_{1\cdot}, \mu_{2\cdot}, \cdots, \mu_{r\cdot}\text{不全相等;}$$

H_{B0}： $\mu_{\cdot 1}=\mu_{\cdot 2}=\cdots=\mu_{\cdot s}$， H_{B1}： $\mu_{\cdot 1},\mu_{\cdot 2},\cdots,\mu_{\cdot s}$ 不全相等

2. 统计量及其计算

记总离差平方和 $S_T=\sum_{i=1}^{r}\sum_{j=1}^{s}(x_{ij}-\overline{x})^2$，其中 $\overline{x}=\frac{1}{rs}\sum_{i=1}^{r}\sum_{j=1}^{s}x_{ij}$。对 S_T 进行平方和分解，可得

$$S_T=S_A+S_B+S_E$$

其中，$S_A=s\sum_{i=1}^{r}(\overline{x}_{i\cdot}-\overline{x})^2$， $\overline{x}_{i\cdot}=\frac{1}{s}\sum_{j=1}^{s}x_{ij}$， $i=1,2,\cdots,r$，

$$S_B=r\sum_{j=1}^{s}(\overline{x}_{\cdot j}-\overline{x})^2,\quad \overline{x}_{\cdot j}=\frac{1}{r}\sum_{i=1}^{r}x_{ij},\quad j=1,2,\cdots,s,$$

$$S_E=\sum_{i=1}^{r}\sum_{j=1}^{s}(x_{ij}-\overline{x}_{i\cdot}-\overline{x}_{\cdot j}+\overline{x})^2$$

这里的 S_A 和 S_B 分别称为因素 A 和因素 B 的效应平方和，S_E 称为误差平方和。记 $S=rs\overline{x}^2$，上面的公式可简化为

$$S_T=\sum_{i=1}^{r}\sum_{j=1}^{s}\sum x_{ij}^2-S,\quad S_A=s\sum_{i=1}^{r}\overline{x}_{i\cdot}^2-S,$$

$$S_B=r\sum_{j=1}^{s}\overline{x}_{\cdot j}^2-S,\quad S_E=S_T-S_A-S_B$$

记平方和均值为

$$MS_A=\frac{S_A}{r-1},\quad MS_B=\frac{S_B}{s-1},\quad MS_E=\frac{S_E}{(r-1)(s-1)}$$

则在原假设 H_{A0} 与 H_{B0} 为真的条件下，可以证明

$$F_A=\frac{MS_A}{MS_E}\sim F(r-1,(r-1)(s-1)),\quad F_B=\frac{MS_B}{MS_E}\sim F(s-1,(r-1)(s-1))$$

所以可以用 F 分布计算临界值和检验 P 值，并将计算结果记录在无交互作用的双因素方差分析表中，如表 9.8 所示。

表 9.8　无交互作用的双因素方差分析表

方差来源	自由度	平方和	均方和	F 值	P 值
因素 A	$r-1$	S_A	$MS_A=\frac{S_A}{r-1}$	$F_A=\frac{MS_A}{MS_E}$	P_A
因素 B	$s-1$	S_B	$MS_B=\frac{S_B}{s-1}$	$F_B=\frac{MS_B}{MS_E}$	P_B
误差 E	$(r-1)(s-1)$	S_E	$MS_E=\frac{S_E}{(r-1)(s-1)}$		
总和	$rs-1$	S_T			

3. 无交互作用的方差分析表的 R 实现

无交互作用方差分析可理解为不同组合的实验次数为 1 的有交互作用方差分析，只需要设置 $t=1$ 和 $F_{A\times B}=0$ 就可得到无交互作用的双因素方差分析表。下面是无交互作用的方差分析表的自定义 R 函数。

```
my.double.factor.aov.2=function(x, Ai, Bi){
  tmp = table(list(Ai, Bi))
  r = nrow(tmp);  s = ncol(tmp)
  xi. = tapply(x, Ai, mean);  x.j = tapply(x, Bi, mean)
  S = r * s * mean(x)^2;  ST = sum(x^2) - S
  SA = s * sum(xi.^2) - S;  SB = r * sum(x.j^2) - S
  SE = ST - SA - SB;  MSA = SA / (r-1)
  MSB = SB / (s-1);  MSE = SE / (r-1) / (s-1)
  FA = MSA / MSE;  FB = MSB / MSE
  df = (r-1) * (s-1)
  PA = pf(FA, r-1, df, lower.tail = FALSE)
  PB = pf(FB, s-1, df, lower.tail = FALSE)
  data.frame(sum.sq = c(SA, SB, SE), df = c(r-1, s-1, (r-1) * (s-1)),
        mean.sq = c(MSA, MSB ,MSE),  f.value = c(FA, FB, NA),
        p.value = c(PA, PB, NA), row.names = c("A", "B", "Res"))
}
```

在 R 语言中，用 summary(aov(x~A+B))函数可以获得指标数据 x 关于因素 A 和因素 B 的无交互作用的方差分析表。

【例 9.3】 某研究者采用随机区组设计试验，比较 3 种抗癌药物对小白鼠的抑瘤效果，先将 15 只染有肉瘤的小白鼠按体重大小分成 5 个区组，每个区组内的 3 只小白鼠随机接受 3 种抗癌药物，以肉瘤重量为指标，结果如表 9.9 所示。问 3 种不同药物的抑瘤效果有无显著差别？

表 9.9　3 种不同药物作用后小白鼠肉瘤重量　　（单位：g）

区组	A 药	B 药	C 药
1	0.82	0.65	0.51
2	0.73	0.54	0.23
3	0.43	0.34	0.28
4	0.41	0.21	0.31
5	0.68	0.43	0.24

在本例中，将药物类型看作因素 A，将区组看作因素 B，则上述检验问题可以描述为

H_0：3 种不同药物作用后小白鼠肉瘤重量的总体均数相等，

H_1：3 种不同药物作用后小白鼠肉瘤重量的总体均数不全相等

使用自定义函数计算方差分析表的 R 程序如下。

```
> x = c(0.82, 0.65, 0.51, 0.73, 0.54, 0.23, 0.43, 0.34, 0.28, 0.41, 0.21,
        0.31, 0.68, 0.43, 0.24)
> A = gl(3, 1, 15)
> B = gl(5, 3, 15)
> my.double.factor.aov.2(x, A, B)
     sum.sq  df  mean.sq    f.value      p.value
A    0.22800  2  0.11400   11.93717  0.003968212
B    0.22836  4  0.05709    5.97801  0.015787094
Res  0.07640  8  0.00955         NA           NA
```

由返回结果可知，在显著水平 $\alpha = 0.01$ 条件下应拒绝原假设 H_{A0}，表明不同药物抑瘤效果的差异显著。在本例中，也可用 R 程序 summary(aov(x~A+B))得到方差分析表。

9.3 方差齐性和均值差异检验

9.3.1 正态分布与方差齐性检验

方差分析的 3 个先提条件是正态性、方差齐性和独立性，但是实际情况并不一定满足正态性和方差齐性条件，或者无法确定试验指标是否满足正态性和方差齐性条件，所以在方差分析之前往往需要对试验数据进行正态性和方差齐性检验。

1. 正态性检验

正态性检验（又称正态分布检验）方法有很多，一般来说，对于大容量样本情形，可以使用 Kolmogorov-Smirnov 检验或 Pearson 拟合优度卡方检验；对于小容量样本情形，可以使用 Shapiro-Wilk 检验。

【例 9.4】 在例 9.1 中，检验不同水平下的数据是否服从正态分布，其中 $\alpha = 0.05$。

由于本例样本容量比较小，可使用 Shapiro-Wilk 检验法。下面是本例正态性检验的 R 程序。

```
> x = c(1600, 1610, 1650, 1680, 1700, 1700, 1780, 1500, 1640, 1400, 1700,
        1750, 1640, 1550, 1600, 1620, 1640, 1600, 1740, 1800, 1510, 1520,
        1530, 1570, 1640, 1600)
> g = rep(c("A1", "A2", "A3", "A4"),times = c(7, 5, 8, 6))
> c(shapiro.test(x[g=="A1"])$p.value, shapiro.test(x[g=="A2"])$p.value,
  shapiro.test(x[g=="A3"])$p.value, shapiro.test(x[g=="A4"])$p.value)
[1] 0.6599278  0.6547956  0.2270709  0.4888144
```

由于返回结果为（0.6599278　0.6547956　0.2270709　0.4888144），因此可认为不同因子水平下的试验数据服从正态分布。

2. 方差齐性检验

方差齐性检验是检验多总体方差是否相等的一种检验方法。设$\sigma_1^2,\sigma_2^2,\cdots,\sigma_r^2$分别为正态总体$X_1,X_2,\cdots,X_r$的方差，则多总体方差齐性检验问题可描述为

$$H_0:\sigma_1^2=\sigma_2^2=\cdots=\sigma_r^2,\quad H_1:\sigma_1^2,\sigma_2^2,\cdots,\sigma_r^2\text{不全相等}$$

常见多总体方差齐性检验方法有方差比检验、Hartley 检验、Levene 检验、Bartlett 检验、Fligner-Killeen 检验和 Cochran-C 检验。

（1）方差比检验。方差比检验用于检验两组样本的方差比，具体检验方法可以参见第 8 章的参数假设检验。方差比检验是针对两个总体方差相等的检验问题，要求样本的总体服从正态分布，多总体的方差齐性检验需要使用下面的方法。

（2）Hartley 检验。Hartley 检验用于多总体方差齐性检验，基本思路是用多个总体样本中的最大方差与最小方差的比值构造统计量H。假设$S_1^2,S_2^2,\cdots,S_r^2$是总体样本方差，且每组样本的容量相等，那么 Hartley 检验统计量H可以定义为

$$H=\frac{\max\{S_1^2,S_2^2,\cdots,S_r^2\}}{\min\{S_1^2,S_2^2,\cdots,S_r^2\}}\sim H(r,m-1)$$

其中，m为样本容量，$H(r,m-1)$为 Hartley 分布。当原假设成立时，统计量H的值应该接近于 1，当H较大时，应拒绝原假设。因此可以依据 Hartley 分布确定检验临界值与检验P值。在 SuppDists 包中，H 分布的概率函数、分位数函数和密度函数分别为 pmaxFratio、qmaxFratio 和 dmaxFratio，所以可以用 SuppDists 包自定义 Hartley 检验函数。

（3）Cochran-C 检验。Cochran-C 检验首先计算样本中最大方差和所有方差和的比值来构建统计量，即$C=\max\{S_1^2,S_2^2,\cdots,S_r^2\}\Big/\sum\limits_{i=1}^{r}S_i^2$，然后将统计量观测值和临界值进行比较而对原假设做出推断。与 Hartley 检验一样，Cochran-C 检验要求被检验的总体服从正态分布，且每组样本的容量相等。在软件包 outliers 中，cochran.test 函数是 Cochran-C 方差齐性检验函数。

（4）Bartlett 检验。与 Hartley 检验、Cochran-C 检验不同，Bartlett 检验并不要求样本容量相等，但是要求总体服从正态分布。Bartlett 检验的基本思路是先计算样本组之间的卡方统计量，再根据卡方统计量的值判断组间方差是否相等。

① Bartlett 检验统计量。假设x_{ij}是总体X_i的样本，且样本容量为n_i，总样本容量为$n=\sum\limits_{i=1}^{r}n_i$，则 Bartlett 统计量

$$Z=\frac{1}{C}\left((n-r)\ln S^2-\sum_{i=1}^{r}(n_i-1)\ln S_i^2\right)$$

其中，

$$C=1+\frac{1}{3(r-1)}\left(\sum_{i=1}^{r}\frac{1}{n_i-1}-\frac{1}{n-r}\right),\quad S^2=\frac{1}{n-r}\sum_{i=1}^{r}(n_i-1)S_i^2,$$

$$S_i^2 = \frac{1}{n_i - 1}\sum_{j=1}^{n_i}(x_{ij} - \overline{x}_i)^2 \text{ ，} \quad \overline{x}_i = \frac{1}{n_i}\sum_{j=1}^{n_i}x_{ij}$$

由统计量 Z 近似服从分布 $\chi^2(r-1)$ 可知，Bartlett 检验的拒绝域为 $Z > \chi^2_\alpha$ ，检验 P 值为 $P(Z > z_0)$ ，其中 z_0 为统计量 Z 的观测值。

② Bartlett 检验的自定义函数。自定义函数的输入参数 x 表示样本数据，f 表示样本数据的类别或水平，函数返回值为 htest 对象。

```
my.bartlett.test <- function(x, f){
  f = factor(f);  r = nlevels(f)
  n = length(x);  ni = tapply(x,f,length)
  s2i = tapply(x,f,var);  mse2 = sum(s2i*(ni-1))/(n-r)
  C = 1+(sum(1/(ni-1))-1/(n-r))/3/(r-1)
  Z = ((n-r)*log(mse2)-sum((ni-1)*log(s2i)))/C
  pv = pchisq(Z,r-1,lower.tail = FALSE)
  r = r-1;  names(r) = "自由度"
  names(Z) = "卡方统计量"
  structure(list(statistic = Z, p.value = pv, parameter=r,
                 method = "Bartlett 检验"),class = "htest")
}
```

【例 9.5】 在例 9.1 中，用 Bartlett 检验方法检验不同材料下的方差是否全相等，其中 $\alpha = 0.01$ 。

用自定义函数 my.bartlett.test 计算检验 P 值的 R 程序如下。

```
> x = c(1600, 1610, 1650, 1680, 1700, 1700, 1780, 1500, 1640, 1400, 1700,
        1750, 1640, 1550, 1600, 1620, 1640, 1600, 1740, 1800, 1510, 1520,
        1530, 1570, 1640, 1600)
> g = rep(c("A1", "A2", "A3", "A4"), times = c(7, 5, 8, 6))
> my.bartlett.test(x, g)$p.value
[1] 0.121459
```

返回的检验 P 值为 $0.121459 > 0.01$，因此应该接受方差相等的假设。

③ bartlett.test 函数。R 函数 bartlett.test 也可用于计算 Bartlett 检验的 P 值，具体用法如下。

- bartlett.test(x, ...)：参数 x 是一个数值型的列表。若用 bartlett.test 函数计算例 9.5 的检验 P 值，则可以用 list 函数生成列表，然后调用该函数。R 程序如下所示。

```
> x1 = c(1600, 1610, 1650, 1680, 1700, 1700, 1780)
> x2 = c(1500, 1640, 1400, 1700, 1750)
> x3 = c(1640, 1550, 1600, 1620, 1640, 1600, 1740, 1800)
> x4 = c(1510, 1520, 1530, 1570, 1640, 1600)
> bartlett.test(list(A1 = x1, A2 = x2, A3 = x3, A4 = x4))$p.value
[1] 0.121459
```

- bartlett.test(x, g, ...)：参数 x 是一个数值向量，参数 g 是一个类别向量。
- bartlett.test(formula, data, ...)：参数 formula 是类似 x~g 形式的公式；参数 data 是变量 x 和 g 所在的数据框，如果 x 和 g 是自由变量，则无须使用 data 参数。

（5）Levene 检验。由于 Levene 检验的样本数据可以不是正态的，因此在多总体方差比较中，Levene 检验的条件更为宽松，检验方法更为稳健。

① Levene 检验统计量。Levene 检验的基本思路是先将样本值转换成与组内均值的偏差值，然后用偏差值做方差分析，用组间方差与组内方差比构造检验统计量。设 X_{ij} 是来自总体 X_i 且容量为 n_i 的样本，$n=\sum_{i=1}^{r}n_i$，则 Levene 检验统计量

$$L=\frac{(n-r)\sum_{i=1}^{r}n_i(\bar{Z}_{i.}-\bar{Z})^2}{(r-1)\sum_{i=1}^{r}\sum_{j=1}^{n_i}(Z_{ij}-\bar{Z}_{i.})^2}\sim F(r-1,n-r)$$

其中，$Z_{ij}=|X_{ij}-\bar{X}_{i.}|$ 为样本转换公式，另外两个样本转换公式为 $Z_{ij}=|X_{ij}-M_{i.}|$，$Z_{ij}=|X_{ij}-\bar{X}_{i.}^{*}|$，$M_{i.}$ 是第 i 组样本的中位数，$\bar{X}_{i.}^{*}$ 为剔除部分样本后的均值，且

$$\bar{X}_{i.}=\frac{1}{n_i}\sum_{j=1}^{n_i}X_{ij},\quad \bar{Z}_{i.}=\frac{1}{n_i}\sum_{j=1}^{n_i}Z_{ij},\quad \bar{Z}=\frac{1}{n}\sum_{i=1}^{r}\sum_{j=1}^{n_i}Z_{ij}$$

如果样本来自正态总体，则使用公式 $Z_{ij}=|X_{ij}-\bar{X}_{i.}|$ 或 $Z_{ij}=|X_{ij}-M_{i.}|$ 进行转换；若样本总体不是正态总体，则使用公式 $Z_{ij}=|X_{ij}-M_{i.}|$ 进行转换；如果样本数据中出现了异常值，则使用 $Z_{ij}=|X_{ij}-\bar{X}_{i.}^{*}|$ 进行转换。

② Levene 检验的自定义函数。自定义函数的输入参数 x 为样本数据，g 为分类向量。先用 split(x,g)函数分割数据，然后用 lapply 函数计算转换数据。函数的返回值为 htest 对象。

```
my.levene.test = function(x, g, method = "mean"){
  xij = split(x,g)
  if(method=="mean"){
    zij = lapply(xij, function(t)abs(t-mean(t)))
  }else{
    zij=lapply(xij, function(t)abs(t-median(t)))
  }
  n = length(x);  ni = as.vector(sapply(zij, length))
  r = length(xij);  z.bar = mean(unlist(zij))
  zi.bar = as.vector(sapply(zij, mean))
  zi.c = lapply(zij, function(t){t-mean(t)})
  L = sum(ni*(zi.bar-z.bar)^2)*(n-r)/(r-1)/sum(unlist(zi.c)^2)
  pv=pf(L,r-1,n-r,lower.tail = FALSE)
  df = c(r-1, n-r)
  names(df) = "自由度";  names(L) = "统计量"
  structure(list(statistic=L, p.value=pv, method="Levene 检验", parameter=df),
            class="htest")
}
```

【例 9.6】在例 9.1 中，用 Levene 检验方法检验各组数据的方差是否全相等，其中 $\alpha = 0.01$ 。用 my.levene.test 函数计算检验 P 值，并使用中位数进行转换。其 R 程序如下。

```
> x = c(1600, 1610, 1650, 1680, 1700, 1700, 1780, 1500, 1640, 1400, 1700, 1750,
+      1640, 1550, 1600, 1620, 1640, 1600, 1740, 1800, 1510, 1520, 1530, 1570,
+      1640, 1600)
> g = rep(c("A1","A2","A3","A4"),times = c(7,5,8,6))
> my.levene.test(x,g,method = "median")$p.value
[1] 0.1920753
```

返回的检验 P 值为 0.1920753>0.01，接受原假设，即认为它们的方差是相等的。

在 R 语言中，car 包中的 leveneTest 函数可返回 Levene 检验的统计值和检验 P 值。需要注意的是，Hartley 检验、Cochran-C 检验、Bartlett 检验都需要样本总体服从正态分布，而且 Hartley 检验和 Cochran-C 检验需要样本的容量相同，所以统计软件很少使用 Hartley 检验和 Cochran-C 检验。在方差分析中，Bartlett 检验是常用的方差齐性检验方法，但是当样本数据出现轻微偏斜时，Bartlett 检验精确度就会大大降低。因此对于非正态情况，应该使用 Levene 检验法。

9.3.2 均值差异性检验

方差分析回答了 r 个样本均值是否全相等或不全相等，但是这 r 个样本存在显著差异并不代表任意两个样本之间也存在显著差异。为了分析任意两个样本之间是否存在显著差异，需要对多组样本进行两两比较，该问题可描述为

$$H_0: \ \mu_i = \mu_j, \quad H_1: \ \mu_i \neq \mu_j$$

其中，$i \neq j$ ，$i, j = 1, 2, \cdots, r$ 。

检验统计量。若样本总体服从正态分布，则可使用 t 检验。设 X_{ij} 是总体 X_i 的样本，且样本容量为 n_i ，取检验统计量

$$T_{ij} = \left(\bar{X}_{i\cdot} - \bar{X}_{j\cdot}\right) \Big/ \sqrt{MS_{\mathrm{E}}\left(\frac{1}{n_i} + \frac{1}{n_j}\right)} \tag{9.2}$$

其中，$\bar{X}_{i\cdot}$ 为第 i 个样本的均值，且

$$MS_{\mathrm{E}} = \frac{S_{\mathrm{E}}}{n - r}, \quad S_{\mathrm{E}} = \sum_{i=1}^{r}\sum_{j=1}^{n_i}(x_{ij} - \bar{x}_{i\cdot})^2$$

当原假设 H_0 成立时，$T_{ij} \sim t(n - r)$ ，其中 $n = \sum_{i=1}^{r} n_i$ 。

自定义函数。如果 r 个样本是通过配对试验采集的数据，那么可以用配对试验的 t 检验法进行两两比较。在下面的自定义函数中，参数 paired = TRUE 表示配对试验，paired = FALSE 表示用式（9.2）检验，参数 x 是样本向量，参数 f 是分类向量。

```
my.multiple.t.test=function(x, f, paired=FALSE){
  f = factor(f);  r = nlevels(f);  n = length(x)
```

```
    mse2 = sum(tapply(x,f,var) * (tapply(x,f,length)-1)) / (n-r)
    pv = matrix(nrow = r-1, ncol = r-1)
    sp = split(x,f)
    for(i in (1:(r-1))){
      xi = sp[[i]]; ni = length(xi)
      for(j in ((i+1):r)){
        xj = sp[[j]]; nj = length(xj)
        if(paired){ #两两配对 t 检验
          xij = xi-xj; sz = sd(xij)
          tij = mean(xij) * sqrt(ni) / sz; pr = pt(tij, ni-1)
        }else{ #LSD-T 检验
          tij = (mean(xi)-mean(xj))/sqrt(mse2*(1/ni+1/nj)); pr = pt(tij, n-r)
        }
        pv[j-1,i] = 2*ifelse(pr<0.5, pr, 1-pr) #双侧
      }
    }
    dimnames(pv)<-list(levels(f)[2:r],levels(f)[1:(r-1)])
    return(pv)
}
```

【例 9.7】 某医生为了研究某款降血压新药的临床疗效，选择 120 名高血脂患者，采用安全随机设计方法将患者等分为 4 组，进行双盲试验。6 周后测得低密度脂蛋白含量作为试验结果，并得到如表 9.10 所示的测量值。假设置信度为 95%，请回答以下问题。

（1）用箱线图表示各组数据。

（2）用 Shapiro-Wilk 检验法检验各组数据是否服从正态分布。

（3）用 Levene 检验分析各组数据的方差齐性。

（4）判断 4 个处理组的低密度脂蛋白含量总体均数有无差别。

（5）4 个处理组的低密度脂蛋白含量总体均数两两之间有无差别。

表 9.10　4 个处理组低密度脂蛋白测量值　（单位：mmol/L）

分组	测量值									
安慰剂组	2.53	4.59	4.34	2.66	3.59	3.13	2.64	2.56	3.50	3.25
	3.30	4.04	3.53	3.56	3.85	4.07	3.52	3.93	4.19	2.96
	1.37	3.93	2.33	2.98	4.00	3.55	2.96	4.30	4.16	2.59
新药 2.4g 组	2.42	3.36	4.32	2.34	2.68	2.95	1.56	3.11	1.81	1.77
	1.98	2.63	2.86	2.93	2.17	2.72	2.65	2.22	2.90	2.97
	2.36	2.56	2.52	2.27	2.98	3.72	2.80	3.57	4.02	2.31
新药 4.8g 组	2.86	2.28	2.39	2.28	2.48	2.28	3.21	2.23	2.32	2.68
	2.66	2.32	2.61	3.64	2.58	3.65	2.66	3.68	2.65	3.02
	3.48	2.42	2.41	2.66	3.29	2.70	3.04	2.81	1.97	1.68
新药 7.2g 组	0.89	1.06	1.08	1.27	1.63	1.89	1.19	2.17	2.28	1.72
	1.98	1.74	2.16	3.37	2.97	1.69	0.94	2.11	2.81	2.52
	1.31	2.51	1.88	1.41	3.19	1.92	2.47	1.02	2.10	3.71

在本例中，向量 x 为表 9.10 中的数据；g 为分类变量，用于标识 x 数据的级别。

（1）绘制箱线图，结果如图 9.2 所示。

```
> g = factor(rep(1:4, each=30))  #向量 x 的数据按表 9.10 的顺序输入
> par(mar = c(4.5, 5, 1, 1))      #设置画布边距
> boxplot(x~g, cex.axis = 1.5,    #绘制箱线图
+         xlab = list("处理组",cex=2),
+         ylab = list("低密度脂蛋白含量",cex=2),
+         names=c("安慰剂组","2.4g 组","4.8g 组","7.2g 组"))
```

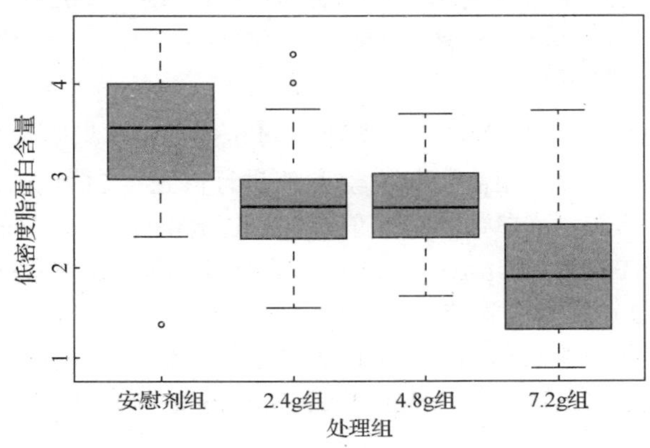

图 9.2　4 个处理组的箱线图

（2）进行 Shapiro-Wilk 正态性检验，从下面的返回结果可以看出，各组数据服从正态分布。

```
> tapply(x,g,function(t){r=shapiro.test(t)$p.value}) #正态性检验
        1         2         3         4
0.2483729 0.4526520 0.1202456 0.2806267
```

（3）进行方差齐性检验，从下面的返回结果可以看出，各组数据的方差相等，即满足方差齐性条件。

```
> my.levene.test(x, g, method = 'median')$p.value
[1] 0.1615485
```

（4）由步骤（2）和步骤（3）可知，本例的样本数据满足方差分析的条件，可用单因素方差分析法分析各组数据的差异。从下面的返回结果可知，各组数据差异度非常大。

```
> my.single.factor.aov(x, g)
     df    sum.sq    mean.sq  F.value      p.value
A     3  30.72536 10.2417878 23.41702 6.368386e-12
Res 116  50.73435  0.4373651       NA           NA
```

（5）下面是多重比较的 R 程序，返回结果显示，除第二组和第三组之间外，其他各组数据之间差异非常显著。

```
> round(my.multiple.t.test(x, g),digits = 6)
         1        2       3
2 0.000115       NA      NA
3 0.000079 0.919321      NA
4 0.000000 0.000026 3.8e-05
```

pairwise.t.test 函数。在 R 语言中，pairwise.t.test 函数用于计算多重均值检验，函数的调用格式如下。

```
pairwise.t.test(x, g, p.adjust.method = p.adjust.methods, pool.sd = !paired,
                paired = FALSE, alternative = c("two.sided", "less",
                "greater"), ...)
```

参数 x 为样本数据，g 为分类向量。参数 p.adjust.method 指明如何调整检验 P 值，在逐对检验时，若自由度比较大，则需要对检验 P 值进行修正；在默认情况下，p.adjust.method = "none"，表示不进行修正，该参数的可选值有 bonferroni、holm、hochberg、hommel、BH、BY。如果参数 paired = TRUE，则 pairwise.t.test 函数将使用配对 t 检验计算检验 P 值。pool.sd = TRUE 表示用式（9.2）计算检验统计量。

均值多重比较还有一些其他方法，如 Dunnett-t 检验、Student-Newman-Keuls 法、Bonferroni 法、Sidak 法、Tukey 法、Scheffe 法、Duncan 法等，具体可以参考 multcomp 包、agricolae 包和 stats 包等。

9.4 正交试验设计

单因素方差分析或双因素方差分析所处理的因素只有一个或两个，可以对不同因素的所有可能的水平组合设计试验，这种试验方法称为全面试验。但是如果因素及因素水平较多，那么试验次数就非常大而且分析过程变得异常复杂。因此在多因素方差分析中，全面试验是不现实的，需要用部分试验代替全面试验。但是试验次数减少会降低试验结果或试验数据的可靠性，所以从不同因素及不同水平的各种组合中挑选部分组合进行试验时，不仅要考虑试验次数减少问题，还要考虑所选取组合的试验仍然能获得满意的试验效果。试验设计就是从各种组合中选择部分组合，并依据选定组合进行试验、采集数据。正交实验设计是一种常用试验设计方法，它将需要研究的多个因素按照组合规则构造成一个正交表，然后按照正交表安排试验、采集试验数据，最后对试验数据进行分析，为实际工作制定优化方案。

9.4.1 正交表的基本概念

正交表是一种特殊的二维表格，分为等水平正交表和混合正交表。

1. 等水平正交表

通常用 $L_N(m^r)$ 来表示等水平正交表的表头符号，其中，L 表示正交表，r 表示因素（或因子）数，m 表示每个因子的水平数，N 表示正交试验次数。正交表 $L_N(m^r)$ 是一个 r 列 N 行的二维表格，表格中的数据由 $\{1, 2, \cdots, m\}$ 中的整数构成，它表示对应因子水平。例如，表 9.11 所示为 $L_8(2^7)$ 正交表。

表 9.11 $L_8(2^7)$正交表

试验号	因素(1)	因素(2)	因素(3)	因素(4)	因素(5)	因素(6)	因素(7)
1	2	2	1	1	2	1	2
2	1	1	2	2	2	1	2
3	1	2	2	1	2	2	1
4	2	1	1	2	2	2	1
5	1	2	1	2	1	2	2
6	1	1	1	1	1	1	1
7	2	2	2	2	1	1	1
8	2	1	2	1	1	2	2

2. 混合正交表

在混合正交表中，各列出现的最大整数不完全相同。其表头符号可表示为 $L_N(m_1^{r_1} \times m_2^{r_2} \times \cdots \times m_k^{r_k})$，对应的正交表共有 N 行数据，总共有 $r = \sum_{i=1}^{k} r_i$ 列，其中 m_i 表示第 i 组的水平数，r_i 表示对应于水平数为 m_i 的因子数。例如，表 9.12 所示为 $L_8(4 \times 2^4)$ 正交表。

表 9.12 $L_8(4\times2^4)$正交表

试验号	因素(1)	因素(2)	因素(3)	因素(4)	因素(5)
1	1	2	1	2	2
2	2	1	1	2	4
3	1	1	1	1	1
4	1	2	2	1	4
5	2	2	2	2	1
6	2	2	1	1	3
7	1	1	2	2	3
8	2	1	2	1	2

3. 正交表的特性

（1）正交性。每个因素的不同水平组合出现的次数是相等的。例如，在表 9.11 中，任意两列间的有序数对(1, 1)、(1, 2)、(2, 1)、(2, 2)出现的次数都是 2。正交性设计有助于分离不同因素的影响，从而更加准确地分析试验对结果的影响。

（2）平衡性。每个因素的水平在整个试验中出现次数是相同的，即正交表每列中不同数字出现次数相同。这种平衡性设计有助于提高实验数据的精确性和可靠性。

（3）对称性。正交表的各种不同水平组合之间具有对称性，即任意两个不同的水平组合之间相互替换后都可以获得相同的结果。

（4）最小化实验次数。使用正交表安排多因素试验可以使实验次数最小化，从而降低试验与数据分析的复杂性。

在 R 语言中，用软件包 DoE.base 中的 oa.design 函数可以得到指定的正交表。该函数的调用格式如下。

```
oa.design(ID = NULL, nruns = NULL, nfactors = NULL, nlevels = NULL,
          factor.names, columns = "order", replications = 1, repeat.only
          = FALSE, randomize = TRUE, seed = NULL, min.residual.df = 0, levordold
          = FALSE)
```

如果想生成等水平的正交表，则可用参数 nfactors 指定因子数，用参数 nlevels 指定水平数，例如，oa.design(nfactors = 7, nlevels = 2)返回的是 $L_8(2^7)$ 正交表。此外，也可使用参数 ID 获得对应的正交表，如 oa.design（ID = L8.2.7, randomize = FALSE）也能返回 $L_8(2^7)$ 正交表。

4. 正交试验设计

正交试验设计主要包括以下步骤。

（1）选择因素。根据试验目标和问题，选择要研究的因素及其水平数。

（2）选择合适的正交表。当确定了因子数和水平数后，再选择合适的正交表。假设实际试验的水平数为 m_0，因子数为 r_0，则选取正交表的一般原则是从所有水平数为 m_0 的常用正交表中查找因子数为 r 的正交表，且 r 是不小于 r_0 的最小整数。例如，试验的因子数为 3，水平数为 3，那么应选择 $L_9(3^4)$ 正交表。

（3）按照正交表实施正交试验，并详细记录试验数据。

（4）对试验数据进行分析。

9.4.2 无交互作用的正交试验

下面通过简单事例介绍无交互作用与有交互作用的正交试验设计过程、试验数据的分析方法、生产方案确定准则。

【例 9.8】 纸的断裂长是评价纸张优劣的主要指标之一，断裂长越大表明纸张的质量越好。为了提高纸的断裂长（单位：m），下面通过纸浆试验介绍无交互作用的正交试验设计过程与数据分析方法，然后根据分析结果确定最佳生产方案。

1. 确定试验因素与水平

根据以往的实践和经验可知，在纸张生产中，影响纸张断裂长的生产因素有温度（℃）、时间（小时）和纸浆浓度（%），且每个因素都有 3 个水平，如表 9.13 所示。

表 9.13　纸浆试验的因素及水平表

因素	水平		
A: 温度(℃)	30	40	50
B: 时间(小时)	2	4	6
C: 纸浆浓度(%)	3	4	5

2. 正交表设计

首先，从 3 水平常用正交表中选择最接近三因素的正交表 $L_9(3^4)$，并使用命令 oa.design (L9.3.4, randomize = FALSE)生成正交表。然后，设计正交表的表头，这里用 A、B、C 分别表示温度、时间和浓度。最后将各因素的水平及其代表水平的数字填入正交表中，如表 9.14 的第 2 列到第 4 列所示。

表 9.14　纸浆正交试验安排与数据

编号	A: 温度（℃）	B: 时间（小时）	C: 纸浆浓度（%）	D: 空列	Y: 断裂长（m）
1	1: 30	1: 2	1: 3	1	3150
2	1: 30	2: 4	3: 5	2	3030
3	1: 30	3: 6	2: 4	3	3100
4	2: 40	1: 2	3: 5	3	2830
5	2: 40	2: 4	2: 4	1	3160
6	2: 40	3: 6	1: 3	2	2950
7	3: 50	1: 2	2: 4	2	2910
8	3: 50	2: 4	1: 3	3	2520
9	3: 50	3: 6	3: 5	1	2670

3. 试验实施与数据采集

按表 9.14 设计的正交试验表安排试验，并将试验结果记录在表 9.14 的最后一列。在同一水平组合下可以重复试验多次，但本例只做了一次。

4. 简单数据分析法

断裂长的值越大表示纸张质量越好，为了得到优化方案，最为直接的方法就是选择表 9.14 中对应指标均值最大的水平组合作为最优方案。由表 9.14 可发现，编号 5 所对应的断裂长为 3160m，是断裂长的最大值。因此用简单数据分析法得到的最优方案为

$$A2(40℃),\ B2(4\text{ 小时}),\ C2(4\%)$$

这种方法对正交试验来说有很大局限性，因为最优试验方案极有可能不在正交表中，且简单数据分析没有充分利用试验设计的正交性。

5. 极差分析法

极差分析法是通过比较每个因素各个水平之间的指标极差来确定各因素的重要程度，具体分析过程如下。

（1）计算每个因素不同水平的指标之和。对于表 9.14 的温度因素来说，水平 1（30℃）的指标和为 3030 + 3150 + 3100 = 9280，水平 2（40℃）的指标和为 2830 + 2950 + 3160 = 8940，水平 3（50℃）的指标和为 2670 + 2520 + 2910 = 8100，所以温度因素 3 个水平的指标和分别为 9280、8940 和 8100。用相同的方法可以得到时间因素 3 个水平的指标和分别为 8890、8710 和 8720，浓度因素 3 个水平的指标和分别为 8620、9170 和 8530。

（2）确定每个因素在不同水平下的极差。温度因素的极差为 9280 − 8100 = 1180，时间因素的极差为 180，浓度因素的极差为 640。其 R 程序如下。

```
> A = c(1, 1, 1, 2, 2, 2, 3, 3, 3)
> B = c(1, 2, 3, 1, 2, 3, 1, 2, 3)
> C = c(1, 3, 2, 3, 2, 1, 2, 1, 3)
> Y = c(3150, 3030, 3100, 2830, 3160, 2950, 2910, 2520, 2670)
> as = tapply(Y, A, sum)
> bs = tapply(Y, B, sum)
> cs = tapply(Y, C, sum)
> c(max(as)-min(as), max(bs)-min(bs), max(cs)-min(cs))
[1] 1180  180  640
```

（3）根据极差确定因素的主次。若某个因素不同水平间的指标极差较大，则表明该因素不同水平对试验指标影响较大，由此可断定该因素对试验指标的影响较大，这样便可以根据极差大小确定各因素的主次。在本例中，温度、浓度和时间 3 个因素的指标极差分别为 1180、640、180，所以由极差可以推断 3 个因素的主次为 A(温度)> C(浓度)> B(时间)。

（4）确定极差分析的最优组合。用极差分析法确定最优组合的原则是依据主次挑选每个因素中最大指标和所对应的水平，然后以该水平作为最优组合的选项。温度因素应选择 $A1$（30℃），时间因素应选择 $B1$（2 小时），浓度因素应选择 $C2$，由此可以得到如下优选方案：

$$A1(30℃)，B1(2\text{ 小时})，C2(4\%)$$

6. 方差分析法

极差分析可以分析出各个因素的主次顺序，但不能确定哪些因素对试验结果有显著影响，所以需要使用方差分析法去推断各因素及各个水平的显著性影响。正交试验方差分析的原理与 9.2 节介绍的方差分析法相同，在 R 中可以直接使用 aov 函数计算正交试验的方差分析表。

```
> L=oa.design(L9.3.4, factor.names=c('温度', '时间', '纸浆浓度', '空列'),
              randomize=FALSE)
> y = c(3150, 3030, 3100, 2830, 3160, 2950, 2910, 2520, 2670)
```

```
> tab = add.response(L934,y) #返回值是数据框
> summary(aov(y~温度+时间+纸浆浓度, data=tab))
          Df  Sum Sq  Mean Sq  F value  Pr(>F)
温度       2  245956   122978    4.587   0.179
时间       2    6822     3411    0.127   0.887
纸浆浓度    2   80022    40011    1.492   0.401
Residuals  2   53622    26811
```

由于时间因素的效应平方和（6822）小于误差平方和（53622），因此认为时间因素的影响很小。下面在分析模型中剔掉时间因素，重新计算方差分析表。

```
> summary(aov(y~温度+纸浆浓度, data=tab)) #不考虑时间因素
          Df  Sum Sq Mean Sq F value Pr(>F)
温度       2  245956  122978   8.138 0.0389 *
纸浆浓度    2   80022   40011   2.648 0.1852
Residuals 4   60444   15111
```

从上面的结果中可以看出，温度因素对实验结果影响显著，再根据指标和的最大值原则，温度因素应选择 $A1$(30℃)。浓度因素和时间因素对指标影响不显著，可以认为指标值不同是由随机误差引起的，特别是时间因素。因此，可以不考虑浓度因素和时间因素的影响，而根据其他生产要素（如节约成本等）选择浓度因素和时间因素。

9.4.3 有交互作用的正交试验

在无交互作用试验中，先选择合适的正交表，并将各个因素随机安排在各列上，然后就可以安排试验并采集数据了。对于有交互作用的正交试验，情况就要复杂得多了，正交表的选择和因素的安排都需要认真考虑，特别是因素间的交互作用。本节只考虑二级交互作用，即两个因素之间的交互作用，因素 A 和因素 B 的交互作用记为 $A\times B$。各个因素的单独作用称为主效应，因素之间的交互作用称为交互效应。有交互作用的正交试验首先需要根据交互作用表设计正交试验表，然后根据正交试验表的试验结果进行数据分析。

1. 交互作用表

在有交互作用的正交试验中，只有配备交互作用表的正交表才能安排交互作用，才能确定任意两个因素交互作用所在的列，这种安排过程称为表头设计。只有正确地进行表头设计，才能分析交互作用对试验结果的影响。例如，确定 3 个因素有交互作用的正交表表头，可根据表 9.15 所示的交互作用表设计表头。因素 A 和 B 安排在第 1 列和第 2 列，查表 9.15 的第 2 行与第 3 列交叉处的元素为 3，表明第 3 列安排因素 $A\times B$。第 4 列安排因素 C，第 1 个因素与第 4 个因素的交叉作用就安排第 5 列，即 $A\times C$ 安排在第 5 列；第 2 个因素与第 4 个因素安排在第 6 列，即 $B\times C$ 安排在第 6 列。

表 9.15 $L_8(2^7)$交互作用表

	1	2	3	4	5	6	7
1	(1)	3	2	5	4	7	6
2		(2)	1	6	7	4	5
3			(3)	7	6	5	4
4				(4)	1	2	3
5					(5)	3	2
6						(6)	1
7							(7)

2. 试验安排

当完成正交表头设计后，可以选择最接近的正交表安排实验（如 6 因素 2 水平正交试验最接近的正交表应为$L_8(2^7)$），再用 DoE.base 包中的 oa.design 函数设计正交表。下面用例 9.9 介绍有交互作用正交试验的设计过程与数据分析方法。

【例 9.9】 在梳棉机上纺粘锦混纺纱，为了提高质量，选择 3 个因素，每个因素两个水平，如表 9.16 所示。3 个因素可能存在交互作用，请设计正交试验，并对棉结粒数的试验结果进行方差分析。

表 9.16 纺粘锦混纺纱试验的因素和水平表

因素	水平 1	水平 2
金属针布（A）	进口的	国产的
产量水平（B）	6kg	10kg
锡林速度（C）	238r/min	320r/min

首先利用表 9.15 设计正交表表头，然后根据设计好的表头设计正交表，得到如表 9.17 所示的正交表，并得到如表 9.17 第 9 列所示的试验数据。

表 9.17 纺粘锦混纺纱试验正交表与试验数据

试验号	A	B	$A \times B$	C	$A \times C$	$B \times C$	空列	棉结粒数
1	1	1	1	1	1	1	1	0.30
2	1	1	1	2	2	2	2	0.35
3	1	2	2	1	1	2	2	0.20
4	1	2	2	2	2	1	1	0.30
5	2	1	2	1	2	1	2	0.15
6	2	1	2	2	1	2	1	0.50
7	2	2	1	1	2	2	1	0.15
8	2	2	1	2	1	1	2	0.40

使用 aov 函数和 summary 函数做方差分析，R 程序如下。

```
> cot = data.frame(y = c(0.30,0.35,0.20,0.30,0.15,0.50,0.15,0.40),
                   A = gl(2,4), B = gl(2,2,8), C = gl(2,1,8))
> cot.aov = aov(y ~ A + B + C + A:B + A:C + B:C, data = cot)
> summary(cot.aov)
          Df  Sum Sq  Mean Sq  F value  Pr(>F)
A          1 0.00031 0.00031    0.111   0.795
B          1 0.00781 0.00781    2.778   0.344
C          1 0.07031 0.07031   25.000   0.126
A:B        1 0.00031 0.00031    0.111   0.795
A:C        1 0.02531 0.02531    9.000   0.205
B:C        1 0.00031 0.00031    0.111   0.795
Residuals  1 0.00281 0.00281
```

由于因素 A、因素 $A \times B$ 和因素 $B \times C$ 的检验 P 值较大，可以推断出它们对棉结粒数的影响不显著，即它们是次要因素。因此，可以考虑在分析模型中剔掉这 3 个因素。此时 R 程序修改如下。

```
> cot.aov2 = aov(y ~ B + C + A:C, data = cot)
> summary(cot.aov2)
          Df  Sum Sq  Mean Sq  F value   Pr(>F)
B          1 0.00781 0.00781    6.818  0.07960 .
C          1 0.07031 0.07031   61.364  0.00433 **
C:A        2 0.02562 0.01281   11.182  0.04068 *
Residuals  3 0.00344 0.00115
```

从返回结果中可以看出，因素 C 的作用最显著，交互因素 $A \times C$ 的作用显著，最后才是因素 B。那么如何确定各个因素的水平作为最佳试验选择呢？这种情况下可以通过计算各个水平的平均值来确定。

```
> cot$AC = c(1, 2, 1, 2, 2, 1, 2, 1)  #添加A×C分类
>x=c(tapply(cot$y, cot$A, mean), tapply(cot$y, cot$B, mean), tapply(cot$y,
      cot$C, mean), tapply(cot$y, cot$AC, mean))
> matrix(x,nrow = 2,dimnames = list(1:2,c("A","B","C","AC")))
      A      B      C      AC
1 0.2875 0.3250 0.2000 0.3500
2 0.3000 0.2625 0.3875 0.2375
```

因为棉结粒数越少越好，而且因素 C 的影响显著，所以首选因素 C 的水平 1；其次选择因素 A 与因素 C 的交互因素的水平 2，此时在保证前两条选择的情况下，因素 A 只能选择水平 2；最后选择因素 B 的水平 2。因此，可以得到较好的生产方案为

金属针布是国产的（$A2$），产量是 10 kg（$B2$），锡林速度为 238 r/min（$C1$）

9.5 多个总体比较的秩检验

方差分析要求每个总体服从正态分布，各个总体的方差相同。如果正态性与方差齐性条件不满足，就需要使用多样本的位置检验方法。常用的多样本位置检验方法有 Kruskal-Wallis 秩和检验、Friedman 秩和检验、Cochran-Q 检验等。

9.5.1 Kruskal-Wallis 秩和检验

Kruskal-Wallis 秩和检验是一种非参数检验方法，常用于判断 3 组或 3 组以上的独立样本是否来自同一个总体，或者是否有一个总体的中位数不同于其他总体的中位数。该检验不需要对数据分布做出预设，可处理连续、类别和序数变量，适用于小样本和异常值较多的情况。设有 k 组样本 x_{ij}， $i=1,2,\cdots,n_i$， $j=1,2,\cdots,k$，则 Kruskal-Wallis 检验问题可描述为

$$H_0:\ m_1=m_2=\cdots=m_k,\quad H_1:\ m_1,m_2,\cdots,m_k\text{不全相等}$$

其中 $m_1,m_2,\cdots,m_k$ 是待检验的中位数。

Kruskal-Wallis 检验的基本思想是将样本合并后计算混合秩 R_{ij}，并根据 R_{ij} 计算 Kruskal-Wallis 统计量 H，其中统计量 H 定义为

$$H=\frac{12}{n(n+1)}\sum_{i=1}^{k}n_i(\bar{R}_i-\bar{R})^2=\frac{12}{n(n+1)}\sum_{i=1}^{k}\frac{R_i^2}{n_i}-3(n+1) \tag{9.3}$$

其中， $n=\sum_{i=1}^{k}n_i$ 是样本总数， $\bar{R}_i$ 为第 i 组样本秩的平均值，且

$$\bar{R}=\frac{1}{n}\sum_{i=1}^{k}R_i=\frac{n+1}{2},\quad R_i=\sum_{j=1}^{n_i}R_{ij}$$

在原假设成立的条件下，统计量 H 近似服从自由度为 $(k-1)$ 的卡方分布，各组样本观测值的秩和大体上相等，且等于 $\bar{R}$，由式（9.3）可以看出此时统计量 H 的值较小；反之，原假设不成立则暗示统计量 H 的值较大。在大样本情况下，统计量

$$Z=\frac{\dfrac{1}{k-1}\sum_{i=1}^{k}n_i(\bar{R}_i-(n+1)/2)^2}{\dfrac{1}{n-k}\sum_{i=1}^{k}\sum_{j=1}^{n_i}(R_{ij}-\bar{R}_i)^2}=\frac{(n-k)H}{(k-1)(n-1-H)}$$

近似服从分布 $F(k-1,n-k)$，当 Z 大于临界值或检验 P 值小于显著水平 α 时，Kruskal-Wallis 检验拒绝原假设，认为样本组之间存在显著差异。

下面的程序是 R 自定义函数，用于计算 Kruskal-Wallis 秩和检验的检验 P 值，当参数 large = FALSE（默认值）时，使用卡方检验，否则使用 F 检验。

```
my.kruskal.test = function(x, g, large = FALSE){
  n = length(x);  k = nlevels(factor(g))
  ni = table(g);  rij = rank(x)
  ri = tapply(rij, g, sum)
```

```
  H = 12*sum(ri^2/ni)/n/(n+1) - 3*(n+1)
  if(large){
    H = (n-k)*H/(k-1)/(n-1-H)
    pv = pf(H,k-1,n-k,lower.tail = FALSE)
    df = c(k-1, n-k); names(df) = c("df1","df2")
  }else{
    pv = pchisq(H,k-1,lower.tail = FALSE)
    df = k-1; names(df) = "自由度"
  }
  structure(list(statistic=c(统计量=H), p.value=pv, method="Kruskal-Wallis
            检验",parameter=df), class="htest")
}
```

【例 9.10】 在数据框 iris 中，检验不同 Species 的 Petal.Length 是否存在显著差异，其中显著水平 $\alpha = 0.001$。

下面是本例 R 程序及其返回结果，返回的检验 P 值非常小，因此它们差异显著。

```
> my.kruskal.test(iris$Sepal.Length, iris$Species)$p.value
[1] 9.741475e-22
```

在 R 语言中，可以用 kruskal.test 函数计算 Kruskal-Wallis 秩和检验。它有以下 3 种使用形式。

（1）kruskal.test(x, …)：输入参数 x 是样本向量构成的列表，用于检验每个向量的中位数是否相等。

（2）kruskal.test(x, g, ...)：输入参数 x 是样本向量，参数 g 是分类变量，本函数首先按 g 对 x 中的数据进行分类，然后检验每类数据的中位数是否相等。

（3）kruskal.test(formula, data, subset, na.action, ...)：参数 formula 是 x ~ g 形式的公式；参数 data 用于指定 x 和 g 所在的数据框，如果 x 和 g 是自由变量，则无须指定 data。

Kruskal-Wallis 秩和检验的备择假设并不是单边假设，不能用作变化趋势检验。如果需要检验多组样本数据是否存在变化趋势，那么可以使用 Jonckheere-Terpstra 检验，其备择假设为 $m_1 \leqslant m_2 \leqslant \cdots \leqslant m_k$ 中至少有一个不等号成立。

9.5.2 Friedman 秩和检验

Friedman 秩和检验是用于比较两个或多个组别的非参数检验方法。Friedman 秩和检验适用于数据不符合正态分布的情况，如数据有异常值或者有离群点。与 Kruskal-Wallis 秩和检验一样，Friedman 秩和检验通过对组别的秩次进行比较，来推断它们是否来自相同的总体。但是 Friedman 秩和检验用于处理完全区组设计的试验数据分析，即每个区组的每个处理恰好有一个观测值。假设样本数据 x_{ij} 表示第 j 个区组第 i 个处理的试验数据，其中 $i = 1,2,\cdots,k$，$j = 1,2,\cdots,b$。在 Friedman 秩和检验中，先独立计算每个区组的秩次 R_{ij}，再把每个处理中的秩次相加，得到 $R_i = \sum_j^b R_{ij}$。如果处理之间没有差异，则每个处理的秩和 R_i 应该相等，因此 Friedman 检验用于检验每个处理是否存在显著差异。Friedman 秩和检验的原假设与备择假设与 Kruskal-Wallis 秩和检验相同，在样本数据不存在结的情况下，当 b 较大时，检验统计量

$$Z=\frac{12}{bk(k+1)}\sum_{i=1}^{k}\left(R_i-\frac{b(k+1)}{2}\right)^2=\frac{12}{bk(k+1)}\sum_{i=1}^{k}R_i^2-3b(k+1)$$

近似服从自由度为$(k-1)$的卡方分布。每个区组的平均秩和为$(k+1)/2$，若原假设成立，则 R_i 应该在 $b(k+1)/2$ 附近波动，所以当 Z 值很大时应拒绝原假设。下面是 Friedman 检验的自定义 R 函数，其中参数 x 是区组试验数据，每一行表示一个处理的试验数据。

```
my.friedman.test = function(x){
  k = nrow(x) ; b = ncol(x)
  rij = apply(x, 2, rank);  ri = apply(rij, 1, sum)
  Z = 12*sum(ri^2)/b/k/(k+1) - 3*b*(k+1)
  pv = pchisq(Z,k-1,lower.tail = FALSE)
  df = k-1;  names(df) = "自由度"
  structure(list(statistic=c(统计量=Z), p.value=pv, method="Friedman 检验",
            parameter=df), class="htest")
}
```

【例 9.11】 在不同城市对不同的人群进行血铅含量测试，有 A、B、C 共 3 个汽车密度不同的城市，按职业分成 4 组，测试他们的血铅含量（单位：μg/L）如表 9.18 所示。试问不同汽车密度的城市居民的血铅含量是否不同？其中 $\alpha=0.05$。

表 9.18　不同城市不同职业人群血铅含量数据　　（单位：μg/L）

城市	职业 I	职业 II	职业III	职业IV
A	80	100	51	65
B	52	76	52	53
C	40	52	34	35

把 3 个城市 A、B、C 看作不同的处理，4 种职业看作不同的区组，使用自定义函数 my.friedman.test 计算检验结果，R 程序如下。

```
> x1 = c(80, 100, 51, 65)
> x2 = c(52, 76, 52, 53)
> x3 = c(40, 52, 34, 35)
> y = matrix(c(x1, x2, x3), nrow = 3, byrow = TRUE)
> my.friedman.test(y)$p.value
[1] 0.03877421
```

返回的检验 P 值为 0.03877421< 0.05，在显著水平为 0.05 的情况下应该拒绝原假设，认为不同汽车密度的城市居民的血铅含量不同。

在 R 语言中，Friedman 秩和检验的检验函数为 friedman.test。它有以下 3 种调用形式。

（1）friedman.test(y, ...)：参数 y 是一个矩阵，每一列代表一个处理，即检验列与列之间是否存在显著差异。若用该函数计算例 9.11 的检验 P 值，则 R 程序可写成如下形式。

```
> friedman.test(t(y))$p.value
[1] 0.03877421
```

（2）friedman.test(y, groups, blocks, ...)：参数 y 是试验数据构成的向量，参数 groups 表示处理类别，参数 blocks 表示区组类别，即检验不同 groups 之间是否存在显著差异。

（3）friedman.test(formula, data, subset, na.action, ...)：参数 formula 是形如 y~groups | blocks 的公式，变量 groups 表示处理类别，变量 blocks 表示区组类别。

9.5.3 Cochran-Q 检验

当随机变量的观测值是一类二值数据时，如观测值是以“是”或“否”、“有”或“无”、0 或 1 等形式出现的观测数据，对于多组样本数据是否来自相同分布的问题，如果用 Friedman 检验会出现大量存在结的样本，所以用 Friedman 检验并不是很方便，而 Cochran-Q 检验法可以解决二分类样本数据存在大量结的秩次检验问题。

假设有 k 组容量为 b 的二值样本，记第 i 组“成功”次数为 N_i，成功比例为 $p_i = N_i / b$。如果这 k 组样本来自相同总体，则每个比例 p_i 应该相等。因此，Cochran-Q 检验问题可描述为

$$H_0: p_1 = p_2 = \cdots = p_k, \quad H_1: p_1, p_2, \cdots, p_k \text{不全相等}$$

设 x_{ij} 是取值为 0 和 1 的样本数据，$N_i = \sum_{j=1}^{b} x_{ij}$。记 $\bar{N} = \sum_{i=1}^{k} \frac{N_i}{k}$，$N = \sum_{i=1}^{k} N_i$，$L_j = \sum_{i=1}^{k} x_{ij}$，

则 Cochran-Q 检验统计量

$$Z = \frac{k(k-1)\sum_{i=1}^{k}(N_i - \bar{N})^2}{kN - \sum_{j=1}^{b} L_j^2} = \frac{k(k-1)\sum_{i=1}^{k} N_i^2 - (k-1)N^2}{kN - \sum_{j=1}^{b} L_j^2}$$

且当 b 较大时，统计量 Z 近似服从自由度为$(k-1)$的卡方分布。下面的 R 程序是 Cochran-Q 检验的自定义函数，其中输出参数 x 是由样本数据构成的大小为 $k \times b$ 的矩阵，矩阵每一行表示一组样本数据。

```
my.cochranQ.test = function(x){
  Ni = rowSums(x);  Lj = colSums(x)
  k = nrow(x);  N = sum(Ni)
  Z = (k*(k-1)*sum(Ni^2) - (k-1) * N^2) / (k * N - sum(Lj^2))
  pv = pchisq(Z, k-1, lower.tail = FALSE)
  df = k-1;  names(df) = "自由度";  names(Z) = "统计量"
  structure(list(statistic = Z, p.value = pv, method="Cochran-Q 检验",
               parameter = df), class="htest")
}
```

【例 9.12】 某村对 3 个候选人 A、B、C 的赞同与否进行调查，并选择 20 个村民进行调查分析，其中 1 表示赞同，0 表示不赞同。请根据下面的调查数据分析村民对 3 个候选人的认同程度是否存在显著差异？其中显著水平 $\alpha = 0.05$。

候选人 A：0, 1, 1, 0, 0, 1, 1, 1, 1, 1, 1, 1, 1, 1, 1, 1, 0, 1, 1, 1。

候选人 B：1, 1, 0, 0, 0, 1, 1, 1, 1, 1, 0, 1, 1, 0, 1, 1, 0, 0, 0, 0。

候选人 C：0, 0, 1, 1, 1, 0, 0, 0, 0, 0, 0, 0, 0, 1, 0, 0, 1, 0, 1, 0。

用自定义函数 my.cochranQ.test 计算检验 P 值，R 程序如下。

```
> A = c(0, 1, 1, 0, 0, 1, 1, 1, 1, 1, 1, 1, 1, 1, 1, 1, 0, 1, 1, 1)
> B = c(1, 1, 0, 0, 0, 1, 1, 1, 1, 1, 0, 1, 1, 0, 1, 1, 0, 0, 0, 0)
> C = c(0, 0, 1, 1, 1, 0, 0, 0, 0, 0, 0, 0, 0, 1, 0, 0, 1, 0, 1, 0)
> x = matrix(c(A, B, C), nrow = 3, byrow = TRUE)
> my.cochranQ.test(x)$p.value
[1] 0.02351775
```

返回的检验 P 值为 0.02351775 < 0.05，可认为村民对 3 个候选人的认同程度存在显著差异。

Cochran-Q 检验是双侧检测方法，如果需要从备择假设中检验变化趋势，则应该使用 Page 检验。另外，Friedman 秩和检验与 Cochran-Q 检验只能用在完全区组设计的试验中，如果需要对不完全区组试验结果进行检验，可以考虑使用 Durbin 检验。在 nonpar 包中，用函数 cochrans.q(x, alpha=NULL)可以返回 Cochran-Q 检验的相关信息。

小 结

本章介绍了方差分析、正交试验和多总体秩和检验方法，需要掌握的 R 函数有 rep、tapply、by、boxplot、aov、summary、table、boxplot、gl、shapiro.test、ks.test、kruskal.test、bartlett.test、pf、pchisq、nlevels、split、lapply、factor、pairwise.t.test、friedman.test。本章知识结构如图 9.3 所示。

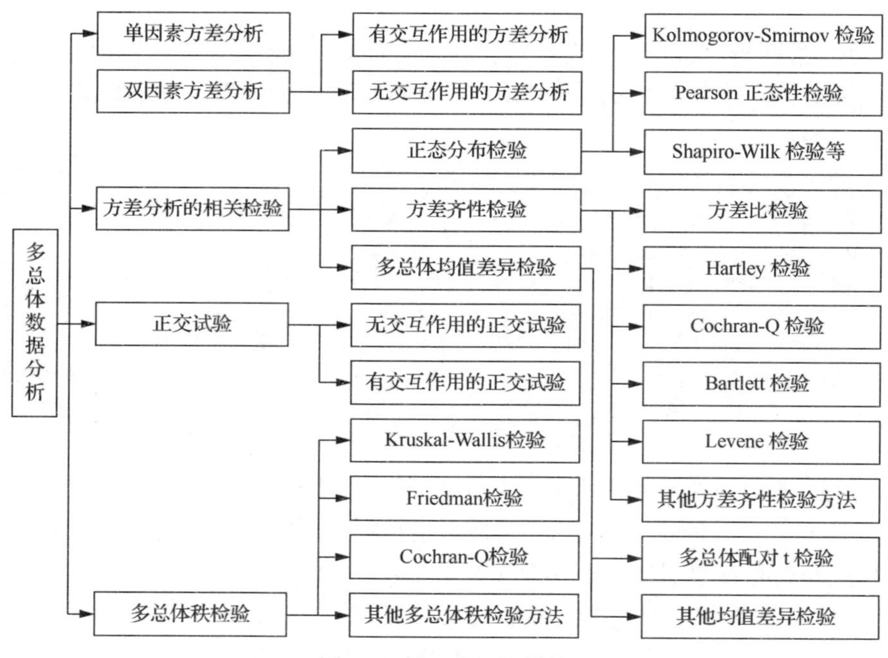

图 9.3 第 9 章知识结构

习题 9

一、选择题

1. 下列选项中，（　　）不是方差分析应该满足的条件。

A. 总体服从正态分布

B. 各个总体的方差相等

C. 各个总体的均值要求相等

D. 各个总体相互独立并且样本也相互独立

2. 方差分析所使用的检验统计量是（　　）。

A. F 统计量　　B. t 统计量　　C. 卡方统计量　　D. 正态统计量

3. 在单因素方差分析中，样本容量为 n，水平数为 r，则该因素的自由度为（　　）。

A. $n-r$　　B. r　　C. $r-1$　　D. $n-1$

4. 在因素 A 和因素 B 的双因素方差分析中，因素 A 有 r 个水平，因素 B 有 s 个水平，每个组合下重复试验 t 次，则交互因素 $A\times B$ 的自由度为（　　）。

A. $r-1$　　B. $s-1$　　C. $(r-1)(s-1)$　　D. $rs(t-1)$

5. 下列选项中，无法用作正态性检验的方法是（　　）。

A. Hartley 检验　　B. Kolmogorov-Smirnov 检验

C. Pearson 拟合优度检验　　D. Shapiro-Wilk 检验

6. 下列选项中，可以用作方差齐性检验的方法是（　　）。

A. Levene 检验　　B. Friedman 检验

C. McNemar 检验　　D. Kolmogorov-Smirnov 检验

7. 下列关于正交表的表头符号 $L_N(m^r)$ 的说法中，正确的是（　　）。

A. 有 N 个因素　　B. 有 r 个因素　　C. 有 N 个水平　　D. 有 r 个水平

8. 下列关于 Bartlett 检验的说法中，正确的是（　　）。

A. 要求各个样本容量相等

B. 可对任意总体的样本进行方差齐性检验

C. 检验统计量近似服从 F 分布

D. 检验统计量近似服从卡方分布

9. 下列关于 Friedman 检验的说法中，不正确的是（　　）。

A. Friedman 检验是通过比较样本的秩次来比较样本的中位数

B. Friedman 检验要求样本总体服从正态分布

C. Friedman 检验的检验统计量近似服从卡方分布

D. Friedman 检验用于比较多个样本的中位数是否相等

10．下列关于 Cochran-Q 检验的说法中，正确的是（　　）。

A．可以检验样本的变化趋势

B．检验统计量近似服从 F 分布

C．用于检验多个二值型样本是否来自同一分布

D．用于检验多个连续样本是否来自同一总体

二、操作题

1．小白鼠在接种了 3 种不同菌型的伤寒杆菌后的存活天数如表 9.19 所示，用方差分析法判断注射 3 种菌型后小白鼠的平均存活天数有无显著差异。

表 9.19　注射 3 种菌型后小白鼠的平均存活天数

菌型	存活天数										
1	2	4	3	2	4	7	7	2	2	5	4	
2	5	6	8	5	10	7	12	12	6	6		
3	7	11	6	6	7	9	5	5	10	6	3	10

2．将 24 只小白鼠按不同窝别分为 8 个区组，再给每个区组中的 3 只小白鼠随机喂养不同的饲料，一段时间后测得小白鼠肝脏中铁含量（单位：$\mu g/g$）如表 9.20 所示。请回答下面的问题，其中 $\alpha = 0.05$。

表 9.20　喂养不同饲料后小白鼠肝脏中的含铁量

饲料类型	窝别							
	1	2	3	4	5	6	7	8
饲料 A	1.00	1.01	1.13	1.14	1.70	2.01	2.23	2.63
饲料 B	0.96	1.23	1.54	1.96	2.94	3.68	5.59	6.96
饲料 C	2.07	3.72	4.50	4.90	6.00	6.84	8.23	10.33

（1）能否使用单因素方差分析法分析喂养不同饲料的小白鼠肝脏中的铁含量不同？

（2）能否使用式（9.2）定义的统计量分析喂养不同饲料的小白鼠肝脏中的铁含量不同？

（3）请选择适当方法分析喂养不同饲料的小白鼠肝脏中的铁含量不同。

3．为了比较同类 4 种不同食谱的营养效果，将 25 只小白鼠随机地分为 4 组，每组各采用食谱甲、乙、丙、丁喂养。假设其他条件均保持相同，12 周后测得体重增加量（单位：g）如表 9.21 所示。本例是否可以用方差分析法分析各食谱的营养效果有无显著差异？如果可以，请计算方差分析表，并给出最终的分析结论；如果不能，请选择适当的检验方法分析其显著性，其中 $\alpha = 0.05$。

表 9.21　不同食谱喂养 12 周后小白鼠的体重变化

食谱	体重增加值							
甲	164	190	203	205	206	214	228	257
乙	185	197	201	231				
丙	187	212	215	220	248	265	281	
丁	202	204	207	227	230	276		

4．对某农作物实施 5 种不同的耕种方案，在 6 块试验地进行对比试验，即将每块试验地分割成 5 份，每份试验地随机实施不同的耕种方案，得到如表 9.22 所示的产量（单位：公斤/亩）。

表 9.22　实施不同耕种方案后的产量

试验地编号	方案 1	方案 2	方案 3	方案 4	方案 5
1	442	476	499	458	514
2	472	502	525	475	525
3	455	488	526	464	559
4	427	471	528	487	517
5	455	506	508	497	543
6	452	526	517	485	530

（1）用单因素分析法判断不同耕种方案是否存在显著差异，其中 $\alpha = 0.05$ 。

（2）不同耕种方案两两间是否存在显著差异，其中 $\alpha = 0.05$ 。

5．对 3 个车间生产的某产品的某项指标进行抽样检验，测得指数值如表 9.23 所示。

表 9.23　不同车间某产品的某项指标值

车间	指标值
A	113, 96, 87, 114, 133, 93, 119, 131, 94, 133, 124
B	99, 100, 89, 135, 99, 109, 105, 120, 89, 122, 126, 129, 103, 108, 101
C	99, 93, 85, 89, 96, 92, 101, 119, 117, 104, 102, 109, 104, 125, 109, 100, 123

（1）请用方差分析方法分析不同车间的产品在此指标上是否存在显著差异，其中 $\alpha = 0.05$ 。

（2）请进行多重比较分析，其中 $\alpha = 0.05$ 。

6．某工厂进行技能比赛，3 名参赛者（编号为 *A*1、*A*2、*A*3）在 4 种不同的机器上（编号为 *B*1、*B*2、*B*3、*B*4）操作生产某零件数如表 9.24 所示。

表 9.24　不同参赛者生产的零件数

参赛者	机器编号			
	*B*1	*B*2	*B*3	*B*4
*A*1	8	7	7	10
*A*2	9	6	8	7
*A*3	9	12	9	11

请问参赛者之间的生产熟练程度、不同机器在加工零件方面是否存在显著差异？其中 $\alpha = 0.05$。

7. 为了提高化工厂的产品产量，需要试验出最优反应温度与反应压力的组合，在每组条件下做两次试验，产量如表 9.25 所示。

表 9.25　不同温度与压力下的产品产量

压力	温度		
	60℃	70℃	80℃
2kg	4.6, 4.3	6.1, 6.5	6.8, 6.4
2.5kg	6.3, 6.7	3.4, 3.8	4.0, 3.8
3kg	4.7, 4.3	3.9, 3.5	6.5, 7.0

（1）考虑交互因素，对上述数据做方差分析。

（2）找出最优方案。

8. 某学校想调查 3 套高考数学试题 A、B、C 的难易程度，其中数字 1 表示困难，数字 0 表示容易，表 9.26 是随机抽取 30 名学生的调查结果。请根据调查数据分析试题 A、B、C 之间的难易程度是否存在显著差异，其中 $\alpha = 0.05$ 。

表 9.26　不同学生对试卷难易程度的评定

试题	调查结果
A	1, 1, 1, 0, 1, 1, 1, 1, 1, 1, 1, 1, 1, 1, 1, 1, 0, 1, 0, 1, 1, 1, 0, 1, 0, 1, 0, 1, 0, 1
B	1, 0, 1, 1, 0, 1, 0, 1, 0, 1, 0, 0, 0, 1, 1, 1, 0, 0, 1, 1, 0, 1, 1, 0, 0, 0, 1, 0, 1, 0
C	0, 0, 1, 0, 0, 1, 0, 1, 0, 1, 0, 1, 1, 0, 0, 0, 0, 1, 1, 1, 1, 0, 1, 1, 1, 0, 1, 0, 0, 1

9. 为了研究磁疗对烫伤治疗的消肿效果，某研究小组选取 3 个因素进行正交试验研究，其中因素水平表如表 9.27 所示。

表 9.27　因素水平（1）

水平	$A1$：磁场强度（高斯）	$A2$：磁疗时间（分钟）	$A3$：振动（级）
1	800	90	1
2	850	120	2
3	900	150	3

不考虑交互作用，并选择 $L_9(3^4)$ 正交表安排试验，得到下面的消肿率（%）试验数据：31, 54, 38, 53, 49, 42, 57, 62, 64。请用极差分析法和方差分析法分析最优试验方案。

10. 某工厂为了提高零件内孔研磨工序质量进行工艺的参数选优试验，试验指标为孔的锥度值，其值越小越好。试验的因素水平表如表 9.28 所示。

表 9.28　因素水平（2）

水平	A：研孔工艺设备	B：生铁研圈材质	C：留研量（mm）
1	通用夹具	特殊铸铁	0.01
2	专用夹具	一般灰铸铁	0.015

试验结果如表 9.29 所示。

表 9.29　试验结果

试验号	试验结果			
1	1.5	1.7	1.3	1.5
2	1.0	1.2	1.0	1.0
3	2.5	2.2	3.2	2.0
4	2.5	2.5	1.5	2.8
5	1.5	1.8	1.7	1.5
6	1.0	2.5	1.3	1.5
7	1.8	1.5	1.8	2.2
8	1.9	2.6	2.3	2.0

（1）在考虑交互作用的条件下，设计正交试验表头。

（2）对数据进行方差分析，并给出较好的工艺组合。

参 考 文 献

A．帕普里斯，S.U.佩莱，2004．概率、随机变量与随机过程[M]．保铮，冯大玫，水鹏朗，译．西安：西安交通大学出版社．

G．格罗勒芒德，2020．R 语言入门与实践[M]．冯泽秉，译．北京：人民邮电出版社．

R．卡巴科弗，2016．R 语言实战[M]．王小宁，刘撷芯，黄俊文，等译．2 版．北京：人民邮电出版社．

安迪·尼古拉斯，理查德·皮尤，艾梅·戈特，2018．R 语言入门经典[M]．姜佑，译．北京：人民邮电出版社．

程乾，刘永，高博，2020．R 语言数据分析与可视化从入门到精通[M]．北京：北京大学出版社．

吕书龙，梁飞豹，2017．应用统计分析与 R 语言实战[M]．北京：北京大学出版社．

同济大学数学系，2017．概率论与数理统计[M]．北京：人民邮电出版社．

温斯顿·常，2021．R 数据可视化手册[M]．王佳，林枫，王祎帆，等译．北京：人民邮电出版社．

吴喜之，赵博娟，2019．非参数统计[M]．5 版．北京：中国统计出版社．

薛毅，陈立萍，2021．统计建模与 R 软件[M]．2 版．北京：清华大学出版社．

赵军，2020．R 语言医学数据分析实战[M]．北京：人民邮电出版社．

朱雪宁，任怡萌，张桂维，等，2021．统计分析（以 R 语言为工具）[M]．北京：北京大学出版社．